Ulrich Chaussy

DIE DREI LEBEN DES RUDI DUTSCHKE

Eine Biographie

Mt einem neuen Nachwort für
die Taschenbuchausgabe

Pendo
Zürich München

Abbildungen

I, II: Archiv der Familie Dutschke
III: Charles Wilp (Stiftung Preußischer Kulturbesitz)
IV: Ludwig Binder (Ullstein)
V: Eberhard Venohr
VI oben: Ludwig Binder
VI unten: Joachim G. Jung (Ullstein)
VII oben: Thomas Ehleiter
VII unten: Preben Tolstoy
VIII: Peter Probst (Ullstein)

»Die drei Leben des Rudi Dutschke«
erschien erstmals 1983 im
Luchterhand Verlag, Neuwied, die
stark überarbeitete Neuausgabe 1993
im Ch. Links Verlag, Berlin.

pendo pocket 32
Pendo Verlag AG, Zürich 1999
© Ch. Links Verlag, Berlin 1993
Umschlagentwurf: Federico Luci
Umschlagabbildung:
Portrait Rudi Dutschke,
Foto von Charles Wilp
Bildarchiv Preußischer Kulturbesitz, Berlin
Druck und Bindung:
Clausen & Bosse, Leck
Printed in Germany
ISBN 3-85842-532-X

Inhalt

I

Vater, Mutter. Soldaten, Soldaten *(1940–1961)*   15
Student, Rebell *(1961–1964)*   34

II

Genosse *(1965–1966)*   79
Bürgerschreck *(1966–2. Juni 1967)*   123
Revolutionär *(2. Juni 1967–11. April 1968)*   172

III

Opfer *(11. April 1968–April 1969)*   233
Exilant. Szenen *(1969–1979)*   291
Gestatten Sie mir bitte zu träumen
(24. Dezember 1979)   328

Nachwort   331
Anmerkungen   351
Personenregister   379

Am Morgen des elften April 1968 um 9.10 Uhr fährt der Interzonenzug aus Richtung München im Westberliner Bahnhof Zoo ein.

Unter den Reisenden, die mit ihren Koffern und Taschen bepackt aus den Waggons klettern und sich durch die Trauben der Wartenden auf dem Bahnsteig über Treppen und Gänge nach draußen drängeln, ist ein schmächtiger, junger Mann. Sein glattes Gesicht, bartlos und blaß, seine kurzgeschnittenen und sorgfältig gescheitelten Haare, die die Ohren frei lassen, und sein scheuer Blick geben ihm das Aussehen eines gerade Achtzehnjährigen.

Josef Bachmann, der am Vorabend um 21.52 Uhr in München in den Interzonenzug gestiegen ist, sieht niemand seine vierundzwanzig Jahre an. Dagegen könnte ein geschulter Beobachter an der leichten Wölbung der hellbraunen Wildlederjacke unterhalb der linken Schulter feststellen, daß Bachmann eine Pistole im Schulterhalfter bei sich hat.

Aber das haben zu seiner Erleichterung nicht einmal die Volkspolizisten bemerkt, die wie immer mitten in der Nacht zur Paßkontrolle in das abgedunkelte Abteil traten und routinemäßig nach Funkgeräten und Waffen fragten. Sie haben auch keinen Blick in seine blaugrüne Einkaufstasche geworfen, in der Bachmann seine zweite Pistole, Marke »Röhm« RG 5, Kaliber sechs Millimeter, die Gaspatronen und die etwa einhundert Schuß scharfe Patronen in Wäsche eingewickelt versteckt hatte.[1] Einer der Grenzbeamten hat nur wie üblich den vor seinem Bauch hängenden Koffer mit Visaformularen, Stempeln und Fahndungsliste aufgeklappt, den ihm hingestreckten Paß durchgeblättert, im schnellen Wechsel das Bild im Paß und den zu ihm aufschauenden Bachmann fixiert, weitergeblättert, den Visumstempel auf eine freie Seite gedrückt, hat schließlich den Paß zurückgegeben, seinen Koffer zugeklappt und ist aus dem Abteil verschwunden.

Bachmann hat sich die braune Reisetasche aus dem Gepäcknetz gegriffen und daraus die Zeitungen, die er vor der Abfahrt in München gekauft hatte, einen *Spiegel* und die *Bild-Zeitung*. Die hat er dann gleich beiseite gelegt und sich einem Artikel aus der *Deutschen Nationalzeitung* vom 22. März 1968 gewidmet, den er aus einem Umschlag mit anderen Zeitungsausschnitten heraussuchte.

Unter der Schlagzeile:

»STOPPT DUTSCHKE JETZT!
Sonst gibt es Bürgerkrieg
Nazis jagen – Kommunisten hofieren?«

sind fünf Fotos eines jungen Mannes zu sehen, eben dieses DUTSCHKE: Profil von links, von vorne, noch einmal links, redend mit offenem Mund, halbrechts von vorne, Profil von rechts. Bilder, wie aus einer Fahndungskartei der Polizei.

Bachmann hat noch einmal gelesen, was da stand:

»Die Forderung des Tages heißt: Stoppt die linksradikale Revolution jetzt! Deutschland wird sonst das Mekka der Unzufriedenen aus aller Welt. Was einst Petersburg und Paris waren, die Wiege von Weltrevolutionen, kann heute schon Berlin werden. Mit Verharmlosen ist niemandem mehr geholfen, seitdem die Dutschkisten sich nicht scheuen, offen die Revolution zu predigen. Noch sind ihre Terrormethoden verhältnismäßig harmlos, aber alle großen Revolutionen haben harmlos und aus scheinbar nichtigem Anlaß begonnen. Die Wohlstandsgesellschaft verfügt wohl über die geistigen Kräfte, um gegen Kommunarden und ihresgleichen immun zu sein, der nackten Gewalt aber wird sie nichts entgegensetzen, weil sie immer noch glaubt, daß Ruhe und Geldverdienen des Bürgers erste Pflicht sei.«[2]

Nach dem Lesen hat sich Bachmann noch einmal genau die Fotos angeschaut, das Licht gelöscht und zu schlafen versucht. In West-Berlin kennt sich Bachmann einigermaßen aus. Er ist am elften April 1968 nicht zum ersten Mal in dieser Stadt. Vom Bahnhof Zoo aus geht er zu Fuß in die Kantstraße. Dort, in einem An- und Verkaufsgeschäft, versetzt er ein Kofferradio aus seinem Gepäck. Er bekommt dafür 32 Mark. Jetzt kann er frühstücken, nur ein paar Schrippen und Wurst, auf einer Bank beim Bahnhof Zoo. Es ist etwa elf Uhr.

Nach dem Frühstück geht er zu den Taxifahrern auf dem Bahnhofsvorplatz.

»Wissen Sie vielleicht, wo Rudi Dutschke wohnt?«

Achselzucken. »Fragen Sie doch mal bei Ulbricht nach in der Zone«, sagt einer. Dann scheint ein anderer Bescheid zu wissen: »Der Dutschke ist doch so einer von der Kommune. Da müssen Sie in die Kaiser-Friedrich-Straße. Da sind die irgendwo.«

Bachmann macht sich auf den Weg. In der Kaiser-Friedrich-Straße trifft er einen Postboten. Von ihm erfährt er die Hausnummer. Er klingelt im Haus 54a. Nach einiger Zeit öffnet ein Mann mit Wuschelkopf die Tür. Den kennt Bachmann auch, das ist der

Langhans. Von dem sind zu dieser Zeit auch alle paar Tage Bilder in der Zeitung. Aber Langhans interessiert nicht. Er sucht Dutschke und fragt nach ihm. Nein, Rudi wohnt hier nicht, und ich weiß auch nicht wo, sagt Langhans und fügt noch hinzu, Bachmann solle doch mal im SDS am Kurfürstendamm 140 fragen. Dann schließt er die Tür wieder.

Bachmann sucht sich eine Telefonzelle, ruft an im Sozialistischen Deutschen Studentenverband, Landesverband Berlin, Kurfürstendamm 140. Aber die Telefonstimme gibt ihm über Dutschke keine Auskunft. Mit dem Einwohnermeldeamt ergeht es Bachmann genauso. Auskunftersuchen grundsätzlich nur persönlich, gegen Bearbeitungsgebühr. Er könne aber vorbeikommen.

Ungefähr um 15.00 Uhr ist Bachmann dort. Student sei er, er komme aus Westdeutschland und wolle Rudi Dutschke besuchen, nur so, in einer Privatsache. Die Angestellte schiebt ihm ein Antragsformular über den Schalter, kassiert eine Mark, verschwindet zwischen den Karteischränken und kommt mit einem Zettel wieder. Darauf steht: Rudolf Dutschke, Student, 1000 Berlin 31, Kurfürstendamm 140, bei Mahler.

Was Bachmann weiter unternimmt, hält später der Staatsanwalt in der Anklageschrift fest:

»Mit dem Autobus fuhr er zum Bahnhof Zoo, aß hier einen Teller Linsensuppe und zwei Bouletten und ging dann zu Fuß zum Grundstück Kurfürstendamm 140. Er ging dann in das Haus hinein, suchte jedoch nicht das Büro des SDS auf, sondern verließ das Haus wieder. Vor dem Eingang fragte er ein zufällig vorbeikommendes ›Falken‹-Mitglied nach Dutschkes Anschrift. Er überlegte nun, ob er sein Vorhaben vorläufig aufgeben, nach München zurückfahren und dort Dutschke treffen sollte. Er wußte, daß Dutschke einige Tage später in München erwartet wurde.

Als er gegen 16.35 Uhr den Kurfürstendamm überquerte und auf dem Mittelstreifen stand, blickte er sich noch einmal um. Dabei sah er, daß Rudi Dutschke mit einem Fahrrad aus dem Hause Kurfürstendamm 140 trat.

Der Angeschuldigte ging zurück und auf Dutschke zu.

Auf der Fahrbahn des Kurfürstendamms stieß er aus Unachtsamkeit gegen einen fahrenden PKW, dessen Außenspiegel zerbrach. Der Fahrer hielt an und forderte vom Angeschuldigten Schadenersatz. Dutschke hatte inzwischen am Fahrbahnrand das Grundstück Kurfürstendamm 142 erreicht.

Der Angeschuldigte ging zu ihm hin.«[3]

Rudi Dutschke erinnerte sich Jahre später so:

»An diesem 11.4.1968 befand ich mich circa 50 Meter entfernt vom SDS-Zentrum auf dem Berliner Kurfürstendamm. Weitere 20 Meter hinter dem SDS-Zentrum befand sich die Apotheke, von der ich für unseren gerade dreimonatigen Sohn Medizin zu besorgen hatte. Die Mittagspause der Apotheke war noch nicht beendet. Circa zehn Minuten hatte ich zu warten. Auf dem Fahrrad sitzend, mit einem Bein auf der Straße und dem anderen auf dem Gehweg, hin- und herschauend – schließlich war die ganze Hetzzeit nicht vergessen und nicht ganz weg – versuchte ich die Zeit zu verbringen. Nach einigen Minuten sah ich, wie ein Auto auf dem Mittelstreifen des Ku'damms einparkte, fast genau dem SDS-Zentrum gegenüber. Ein Mann stieg aus, ging nicht über die Straße, sondern setzte sich auf dem Mittelstreifen in meine Richtung in Bewegung. Ohne etwas zu ahnen, sah ich, wie er immer näher kam. Dann stand er nur noch sechs bis sieben Meter vor mir auf dem Mittelweg der Straße. Nachdem die letzte Autowelle an ihm und mir vorübergefahren war, ging Bachmann nun über die Straße, dicht an mir und meinem Fahrrad vorbei auf den Gehweg. Kaum hatte er diesen erreicht, wandte er sich direkt an mich und fragte, vielleicht zwei Meter entfernt: ›Sind Sie Rudi Dutschke?‹

Ich zögerte nicht und sagte ›Ja‹.«[4]

Taterhebung vor Gericht:

Richter: Also, Sie gehen auf Dutschke zu.

Bachmann: Ich ging über die Straße und bin auf ihn zugegangen und hab gefragt, ob er Rudi Dutschke ist.

Richter: Wie stand er da?

Bachmann: Mit dem Fahrrad am Straßenrand. In Richtung Bahnhof Zoo.

Richter: Und das Fahrrad war wo?

Bachmann: Das Fahrrad war auf der Straße, und Dutschke stand auf dem Bürgersteig. Ich bin um Dutschke herumgegangen.

Richter: So, daß Sie auch auf dem Bürgersteig waren?

Bachmann: Ja.

Richter: Und Sie haben ihn gefragt?

Bachmann: Ob er Dutschke ist, und er sagte ja.

Richter: Sie kannten ihn?

Bachmann: Man kennt ihn von Bildern.

Richter: Und dann?

Bachmann: Dann sagte ich, du dreckiges Kommunistenschwein. Dutschke kam auf mich zu, und ich zog den Revolver und schoß den ersten Schuß.
Richter: Warum?
Bachmann: Warum? Ich dachte, ich weiß auch nicht, mein überhitztes ...
Richter: Sie standen vor ihm, aus welcher Entfernung schossen Sie?
Bachmann: 1 1/2 Meter.
Richter: Und warum schossen Sie?
Bachmann: Ich war so im Haß, ich hatte so eine Wut.[5]

Josef Bachmann schießt dreimal. Der erste Schuß geht in die rechte Wange.

Halb springt, halb stürzt Dutschke von seinem Rad herunter auf die Fahrbahn, taumelt, reißt sich blitzartig die Schuhe von den Füßen und seine Armbanduhr vom Handgelenk. Dann sinkt er zu Boden.

Bachmann beugt sich leicht nach vorne und legt noch einmal auf den Mann an, der etwa einen Meter vor ihm auf dem Boden liegt, zielt auf seinen Kopf, schießt noch zweimal, trifft den Kopf und die Schulter.

Dann wendet sich Bachmann um und rennt los Richtung Zoo, biegt nach einigen hundert Metern rechts in die Nestorstraße ein und flüchtet sich dort in den Keller eines Rohbaues. Dort unten würgt er hastig etwa 20 Schlaftabletten hinunter.

Dutschke hat trotz der drei Kugeln, die ihn trafen, nicht das Bewußtsein verloren. Er richtet sich auf, torkelt mit blutverschmiertem Gesicht in Richtung SDS-Zentrum, bricht aber nach einigen Metern zusammen. Passanten betten ihn auf eine Sitzbank vor dem SDS-Zentrum.

Es ist 16.39 Uhr.

Etwa eineinhalb Stunden später erfahren die Berliner, die Menschen in der Bundesrepublik und der DDR von den Schüssen auf Rudi. Sie hören den Bericht eines Rundfunk-Reporters am Tatort:

»Soviel ist es noch nicht, was wir berichten können, wir sind vor einer halben Stunde an den Ort des Geschehens gekommen. Im Augenblick ist die Polizei bei der Spurensicherung. Es ist furchtbar anzusehen. Ich muß dieses so persönlich sagen. Es sind die beiden Schuhe von Rudi Dutschke noch auf der Straße, es sind die Blutflecken zu sehen, sorgsam von Kreidestrichen umrahmt, wie es bei den polizeilichen Untersuchungen so zu sein pflegt. Es ist außerdem ein Stück von dem Lauf der Pistole zu sehen, ein Stück, abgesägt scheint es mit der Kimme, ganz deutlich. Und außerdem liegt das Fahrrad noch genau in der Stellung, in der Rudi Dutschke auf den Bürgersteig dann stürzte, nachdem er von drei, vier Schüssen getroffen wurde.

Es ist – wirklich, es ist einfach schrecklich anzusehen. Nun, die Polizei, die Kriminalpolizei ist erst eine Stunde danach hier an den Unfallort gekommen. Einer der Augenzeugen ist in der Umgebung. Darf ich Sie bitten, Sie standen doch gegenüber und haben das ganze Geschehen erlebt?

Ja. Wir dachten, daß hier auf Tauben geschossen wird. Aber dann sahen wir einen Mann weglaufen und dann kamen wir hier rüber und sahen Herrn Dutschke liegen. Er stand auf und schrie nach Vater und Mutter und: ›Ich muß zum Friseur, muß zum Friseur‹, und ist dann ungefähr 50 Meter weitergelaufen und ist dort umgekippt. Und seine letzten Worte waren: ›Soldaten, Soldaten.‹«[6]

I

Vater, Mutter. Soldaten, Soldaten

Luckenwalde, 7. März 1940

Als Elsbeth Dutschke am 7. März 1940 ein Kind bekam, war ihr Mann Alfred weit fort. Nur eine Hebamme half ihr in dem Mansardenzimmer des kleinen Hauses ihres Schwagers. Vom Fenster an der geraden Stirnwand rechts der Schräge, unter der das Bett stand, blickte man jenseits der Dorfstraße von Schönefeld auf die brachen Äcker und die Wiesen der Mark Brandenburg.

Drei Kinder hatte Elsbeth Dutschke schon. Manfred, Günter und Helmut. Seit die Hebamme da war, warteten sie unten in der Küche mit Onkel und Tante.[7]

Auch diesmal wurde es ein Junge. Elsbeth Dutschke ließ ihn auf den Namen Alfred Willi Rudolf Dutschke taufen. Aber so redeten ihn später nur Staatsanwälte oder andere Amtspersonen an. In der Familie, bei den Freunden, später in den Zeitungen und Sendern, auf Demonstrationen und Buchtiteln hieß er Rudi. Rudi Dutschke.

Rudi Dutschkes Vater Alfred erfuhr die Nachricht von der Geburt seines vierten Sohnes durch einen Feldpostbrief an der Front. Seit einem halben Jahr war Deutschland im Krieg und der Postbeamte Alfred Dutschke Soldat.

Zu Hause im märkischen Dorf Schönefeld, 50 km südlich von Berlin, war 1940 von diesem Krieg nicht viel zu spüren. Elsbeth Dutschke hatte genug Nahrung und Kleidung und ein Dach überm Kopf für sich und ihre Kinder. Die weitverzweigte Verwandtschaft am Ort half, wenn Not am Mann war. Um alles, was in ihrer Macht lag und was sich mit ihren Händen machen ließ, war die resolute Frau nicht verlegen. Sie selbst stammte aus einer Bauernfamilie und hatte von Kind auf bis zu ihrer Heirat auf dem Hof, im Stall und auf den Feldern mitgearbeitet.

Elsbeth stammte aus Kolzenburg, wie Schönefeld ein kleines Dorf in der Umgebung der Kreisstadt Luckenwalde. Ihre engere Heimat, die Mark Brandenburg, hat sie nur für kurze Zeit verlassen. Das war, als sie mit 22 Jahren 1932 Alfred Dutschke aus dem Nachbardorf Schönefeld heiratete. Der, auch ein Bauernsohn, mußte Arbeiter werden, weil der Bauernhof seiner Eltern für die siebenköpfige Familie nicht genug abwarf. Er begann eine Elektrikerlehre. Doch die hängte er an den Nagel, als sich die Chance bot, zur Reichswehr zu gehen, denn Alfred Dutschke schwärmte für

Militär und Uniformen. 1933 schließlich wurde der Bauernsohn, der Elektriker werden wollte und Soldat geworden war, bei der Reichspost angestellt, zunächst in Koblenz. Dorthin zog Alfred Dutschke mit seiner Frau Elsbeth.

Nachdem er am 1. September 1939 mit Adolf Hitlers Befehl zum militärischen Überfall auf Polen wie Tausende den Einberufungsbefehl zur Wehrmacht erhalten hatte, kehrte Elsbeth Dutschke mit ihren drei Söhnen in die heimatliche Mark Brandenburg zurück. Sie war gerade wieder schwanger geworden. Unterkunft fand sie im Haus ihres Schwagers Willi. Dort kam Rudi am 7. März 1940 auf die Welt.

Elsbeth Dutschke wird als eine einfache, strenge und sehr fromme Frau beschrieben. Sie war die absolute Respektsperson im Haus, mußte es wohl sein, auf Jahre allein mit ihren vier Söhnen, deren Vater im Krieg war. Und Alfred war lange im Krieg, vom ersten Kriegstag an, bis er Anfang 1945 bei Brünn in russische Kriegsgefangenschaft geriet. In Kriegsgefangenschaft blieb er dann zwei weitere Jahre, bei harter Arbeit, irgendwo in einem Waldlager zwischen Leningrad und Moskau. Wegen Krankheit wurde er 1947 nach Hause entlassen. Dystrophie, zu deutsch: Unterernährung, stand auf dem Entlassungsschein.

An Politik war Elsbeth Dutschke wenig interessiert. Alfred Dutschke wählte bis 1933, als Hitler an die Macht kam, deutschnational. Eine Katastrophe sah er mit dem Krieg nicht heraufziehen, allerdings zog er auch nicht mit Freude ins Feld. Für ihn war das Soldat-Sein nationale Pflicht. Der Krieg kostete Alfred Dutschke sieben Jahre seines Lebens. Als er von zu Hause wegging, war er 39 Jahre alt. Mit 46 kam er zurück.

Ein Kind braucht nicht zu wissen, was Krieg ist und woher er kommt – es kann ihn spüren. Erinnerungen, die sich Rudi einbrannten: Die Fenster verdunkeln am Abend. Kein Licht darf nach außen dringen. Das Sirenengeheul und dann ab in den Luftschutzkeller. Meistens brummten die Bomberverbände der Alliierten über Schönefeld und Luckenwalde hinweg. Nur einmal fielen ein paar Bomben in der Nachbarschaft, versehentlich, hieß es, denn sonst hätte es eine Feuerhölle gegeben, wie man es aus anderen Städten gehört hatte. Angst aber hinterließen die Flugzeuge immer. Daran erinnerte sich Rudi später:

»Mit dem Beten begann ich schon in den vierziger Jahren, und als die Bomben in der Nähe unseres Hauses fielen, die unbekannten Flugzeuge über unsere Stadt flogen, hatte ich dazu, wie viele andere, durchaus Gründe.«[8]

In Ungewißheit und Angst zu beten, hatte Rudi von seiner Mutter gelernt. Auf den sonntäglichen Kirchgang in die evangelische Kirche nahm sie ihren Jüngsten immer mit. Schon früh fühlte er sich in der Gemeinde heimisch. Als Rudi drei Jahre alt war, wohnte die Familie inzwischen in Luckenwalde.

Eines Tages stand in der Küche ein Soldat. Rudi hatte Angst vor dem fremden Mann und warf sich seiner Mutter in den Schoß. »Was will der da. Der soll weggehen«, protestierte er. Aber der Soldat blieb, bis sein Fronturlaub zu Ende ging. Das war Rudis erste Begegnung mit seinem Vater – und für vier Jahre die letzte.

Strenge Regeln

Als Rudi fünf Jahre alt war, sagten die Erwachsenen, der Krieg sei vorbei. Zu essen gab es jetzt weniger als zuvor. Und noch immer mußte Elsbeth Dutschke allein für ihre vier Söhne sorgen. Die Stimmung zu Hause war gedrückt.

»Der Grund für das Beten, der Krieg, war weg, doch es ging noch weiter. Schließlich war der Vater noch nicht zu Hause, und die Mutter weinte des öfteren, es war nicht zu übersehen[9]«, erinnerte sich Rudi Dutschke später.

Wer in der Not der Nachkriegsjahre recht und schlecht durchkommen wollte, mußte sich zu helfen wissen. Dutschkes in Schönefeld hatten einen Gemüsegarten und gaben Elsbeth und ihren vier Kindern in Luckenwalde was ab. Auf der Fahrt nach Schönefeld begleitete Rudi oft seine Mutter. Ende 1945 sah er zum ersten Mal einen russischen Soldaten.

»Wenige Kilometer vor meinem Heimatdorf Schönefeld wurden Mutter und ich von dem Soldaten angehalten, und er nahm uns unser Fahrrad weg. Es war das meines Vaters, der sich zu dieser Zeit noch im Lager in der Sowjetunion befand. Der Verlust unseres Fahrrades regte mich weniger auf als meine Mutter, schließlich schauten die Augen des Soldaten freundlich auf uns, zum anderen erhielten wir ein anderes Fahrrad, eines für Frauen mit Kinder-Vordersitz. Es sah gut aus, hatte nur einen Mangel, der Vorderreifen war ohne Luft. Die letzten ca. vier Kilometer zu gehen, war nicht schwer. Schließlich waren wir x-mal die ganze Strecke von ungefähr 16 Kilometern mit dem Handwagen gegangen, um Kartoffeln, rote Rüben, Getreide und anderes mehr für uns zu beschaffen.

Mutter war nun von diesem Soldaten nicht vergewaltigt worden, wie so oft über das Verhältnis der sowjetischen Soldaten zu den deutschen Frauen erzählt wurde – zum anderen wußte ich nicht, was das wirklich ist. Wir kamen in meinem Geburtsort gut an, holten das Eßzeug von den Verwandten, Opa reparierte das ›neue‹ Fahrrad und wir kehrten bald ›erfolgreich‹ in unsere Kleinstadt Luckenwalde zurück.«[10]

1946 wurde Rudi in die Ernst-Moritz-Arndt-Schule eingeschult. Sein Schulfreund Klaus sagt, Rudi war Musterschüler und Rabauke zugleich. Einer, der paukte. In seinem Lieblingsfach Geschichte lernte er, bis er alle Jahreszahlen von Schlachten, Kriegen und Königen auswendig hersagen konnte. Aber für einen Streber, meint Klaus, war Rudi zu gesellig und zu frech. Er widersprach der Meinung seiner Lehrer, wenn er zu Hause beim Lesen auf andere Argumente stieß, und beteiligte sich an den Streichen seiner Mitschüler. Einmal bezogen die Banknachbarn Klaus und Rudi Prügel vom Lehrer. Sie hatten einem Mädchen in der Bank vor ihnen den Zopf abgeschnitten.

In Luckenwalde, der verschlafenen märkischen Kleinstadt, war wenig los. Wer sich nach Schulschluß nicht langweilen wollte, mußte sich selbst etwas einfallen lassen. Rudi verlegte sich auf Sport, erst spielerisch, dann voller Ehrgeiz. Fast jeden Tag stieg gleich nach Schulschluß ein Fußballmatch mit Schulfreunden. Nachmittags, nach dem Essen und den Schulaufgaben, trainierte Rudi alleine im Garten hinter dem Haus seiner Eltern: Hochsprung und Stabhochsprung über eine von der Garage zur Wäschestange aufgespannte Wäscheleine, Kugelstoßen und Gewichtheben mit schweren Steinen.

Sport war für Rudi mehr als nur ein Freizeitfüllsel. Sport war Kräftemessen mit anderen. Als Zehnjähriger heulte Rudi vor Wut, wenn ihn einer seiner älteren und körperlich überlegenen Brüder besiegte. Rudi schätzte seine Stärken und Schwächen ab. Athletisch war er gebaut, aber klein. Die meiste Kraft saß in den Beinen. Also gezieltes Training, vor allem im Dreisprung und Stabhochsprung. Rudi übte ohne Trainer, als hätte er zwei hinter sich, einen Antreiber und einen Aufpasser. Er steigerte nicht nur seine Leistungen, er gab sich auch strenge Regeln. Rudi rauchte nicht; Rudi trank keinen Alkohol.[11]

Seine Sportbegeisterung roch nach Askese. Sich fernhalten von schädlichen Genüssen, um anderswo um so mehr leisten zu können, war das Motto. Im Sport wuchsen viele Freundschaften, aber nur unter Jungen. Rudi störte das nicht, von den »Weibern«, wie er damals abschätzig sagte, wollte er nichts wissen. Mannschaftsfotos, vordere Reihe in der Hocke, die hintere stehend, zeigen ihn in Turnhose, Unterhemd, mit Bürstenhaarschnitt, die Arme um die Schultern der Freunde gelegt, lachend, einen Sportsfreund. Viel später erst sprach er von »sportlicher Enthaltsamkeit von der Sexualität«[12], konnte er zugeben, daß hinter der Verachtung auch Angst und Verklemmung gesteckt hat.

Fragen und Schweigen – der 17. Juni 1953

Daß es ab 1949 zwei deutsche Staaten gab, war auch in Luckenwalde in der Mark Brandenburg zu spüren. Die Lehrer in der Schule schärften die beiden Namen ein: »Deutsche Demokratische Republik« für den eigenen Staat, »Bundesrepublik Deutschland« für den westlichen Teil Deutschlands. Und noch eine Besonderheit gab es: Die Osthälfte der ehemaligen deutschen Reichshauptstadt hieß jetzt: »Das demokratische Berlin, Hauptstadt der DDR«, die andere Hälfte im Westen: »West-Berlin«. Die Radiosender aus der Bundesrepublik und aus West-Berlin verwendeten andere Namen. Da gab es höchstens eine »sogenannte DDR« oder die »Sowjetische Besatzungszone« oder ganz lakonisch »die Zone«.

Der 17. Juni 1953 war der erste Tag in Rudis Leben, an dem diese Unterschiede ins Gewicht fielen.

»Die Eigenartigkeit des 17. Juni 1953 wurde uns am frühen Morgen um 6.30 Uhr deutlich gemacht, als unsere Eltern meine Brüder und mich weckten. Vater und Mutter waren äußerst unruhig, sprachen immer wieder auf uns ein, auf keinen Fall dort hinzugehen oder stehenzubleiben, wo viele Menschen zusammengekommen seien, miteinander sprechen usw. Wir sollten der bevorstehenden Arbeit und Schule unverändert nachgehen und pünktlich nach Hause kommen, d.h. nach der Beendigung der Tätigkeit in der Fabrik, in der Landwirtschaft und in der Schule. Was war los? Warum diese Aufregung? Wir hörten unseren Sender, den der DDR; dieser sprach von ›Provokationen des westdeutschen Revanchismus im Bündnis mit dem US-Imperialismus‹. Das war mir ein ziemliches Rätsel, meinen älteren Brüdern, inzwischen 15 und 19 Jahre alt, gleichermaßen. Vater und Mutter wollten es uns nicht erklären – oder konnten es nicht. Wir hörten den ›RIAS‹ (›Rundfunk im

Amerikanischen Sektor‹), dieser sprach von ›Kampf um Freiheit‹ am meisten, wies aber auch auf nicht erfüllte Lohnforderungen der Arbeiter hin. Das klang für unsere jungen Köpfe einsichtiger, besonders für die meiner Brüder.[13]

Unsere Schule lief am 17. Juni so ab, wie an jedem Tag, über die sich weiter entwickelnden Unruhen in den Fabriken Ost-Berlins und in vielen Städten der DDR hörte ich nichts (!) in der Schule, das erfolgte erst gegen Abend, im besonderen, aber nicht nur, über die Westsender. Die Familie schimpfte gegen die eigene Regierung, über die westliche – und wußte nicht wirklich die Lage einzuschätzen. Die Erschießungen von Arbeitern empörten und verunsicherten uns, es war aber nicht ein Klassenbewußtsein, sondern ein christlich-allgemeines mit all seinen Schwierigkeiten.«[14]

Auch am Morgen des 18. Juni ermahnten die Eltern Rudi und seine Brüder, unverzüglich nach der Schule nach Hause zu kommen. Von seinem Freund erfährt Rudi auf dem Schulweg, daß dessen Vater, der in Ost-Berlin arbeitete, in der Nacht nicht nach Hause gekommen und die Familie in heller Aufregung ist.

Rudi betete in sich hinein. So hatte er das von seiner Mutter gelernt, wenn sie sich in Bedrängnis fühlte. Nach außen schaute er kritisch und erstmals mit Mißtrauen. Er sah, daß weniger Menschen als sonst auf der Straße waren. Dafür beherrschte die Rote Armee das Straßenbild. Überall Militärfahrzeuge, überall auf den Straßen russische Soldaten mit Gewehren in Kampfbereitschaft.

Diese Sowjetsoldaten schauten nicht so freundlich wie jener, der vor Jahren seiner Mutter das Rad des Vaters genommen und ihr eines mit Kindersitz für Rudi gegeben hatte:

»Die Augen der Sowjetsoldaten wie die Stimmung der ganzen Stadt waren am 18. Juni 1953 völlig anders. Es waren nicht mehr die befreienden Augen der antifaschistischen Front, des so großen Sieges über den deutschen Faschismus. Es waren vielmehr die hemmenden und überspannten Augen einer Roten Armee, die gegen die DDR-Arbeiter und Werktätigen, auch gegen uns auf den Straßen sich bewegte.

Als K. und ich ihnen auf dem Weg zur Schule begegneten, ihnen ein nicht ganz ehrliches ›mo gelam‹ (wie geht es?) zuriefen, blieben die Gesichter der Soldaten hart und verwiesen uns sprachlos auf die Litfaßsäule: Die Zusammenballung von mehr als zwei Personen in den Straßen wird aufgelöst; wer nach 20 Uhr auf der Straße angetroffen wird, hat mit Verhaftung und direkter Verurteilung zu rechnen – dies und anderes mehr stand dort. Die Unruhe der Eltern wurde verständlicher, aber es war damit für uns keine Aufklärung erfolgt.

Die Lehrer und Lehrerinnen in der Schule ließen den Unterricht bei uns so ablaufen, als ob die gesellschaftlichen Verkehrsformen jenes Tages, die Prozesse der Übergänge die gleichen wie vorher in der ›normalen Lage‹ der Stadt gewesen wären. Als ob in den Straßen, in den Fabriken, Wohnbezirken und Häusern nichts Spezifisches sich abspiele. Der Schein der Sicherheit, Ruhe und Ordnung wurde durch einen höheren Grad der Reizbarkeit der Lehrer und Lehrerinnen bestimmt. Es ging uns besser als ihnen, aber wir verstanden noch weniger jetzt als vorher. Aufklärung und eine Form der Information, die die Lage unserem Alter entsprechend für uns erkennbar gemacht hätte, erreichte uns nicht. Wir kehrten nach Hause zurück, ohne verstanden zu haben – unserem Alter gemäß.«[15]

»Niemals wieder eine Waffe in eines Deutschen Hand!«

Nach 1945 saßen den Deutschen die Schrecken des Krieges noch in den Knochen. Die Deutschen in der Bundesrepublik und in der Deutschen Demokratischen Republik meinten den Aufruf »Nie wieder Krieg!« damals sehr ernst. Beide Staaten hatten zu diesem Zeitpunkt keine eigenen Armeen, und es gab beiderseits der deutsch-deutschen Grenze nur wenige, die das Volk wieder unter Waffen sehen wollten. Die Trümmer lagen deutlich vor Augen. Der Krieg lebte noch.

Zu Hause verschlang Rudi alte Hefte aus der Reihe »Der Frontsoldat erzählt« aus der Jugendzeit seines Vaters. Alfred Dutschke hatte diese Hefte kurz nach dem Ersten Weltkrieg begeistert gelesen. Die kriegsverherrlichenden Bücher der Frontsoldaten des Ersten Weltkrieges machten auf Rudi jetzt einen anderen Eindruck als auf seinen Vater dreißig Jahre zuvor. Der sah seinen Sohn mal beim Schmökern und sagte: »Rudi, du wirst noch mal General!« Aber am Anfang der 50er Jahre fragte niemand in Luckenwalde/DDR nach Generälen oder Soldaten. Rudis Schulfreund Bernd Thesing erinnert sich:

»Damals lernten wir Antikriegsgedichte und lasen Texte, kritische Texte gegen den Krieg. Alle Lehrer, die wir hatten, waren so eingestellt. Ich erinnere mich noch an so Sprüche: ›Nie wieder soll eine deutsche Mutter ihren Sohn beweinen müssen‹, ›Nie wieder Krieg‹. Und ich weiß noch, daß wir damals dazu aufgefordert wurden und dann alle gemeinsam unser Kriegsspielzeug, das wir so hatten, auf den Müll geschickt haben.«

Verweigerung

»Nach 1952 lernte ich Rudi Dutschke kennen. Mir persönlich fiel er durch seine regelmäßige Teilnahme an den Gottesdiensten in der Kirche auf. Er kam aus einem sehr kirchlichen Elternhaus. Seine Mutter war ein treues Mitglied der Evangelischen Frauenhilfe. Der Vater war fast sonntäglich in der Kirche.
Die für Rudi zuständige Kirchengemeinde war die Kirchengemeinde Sankt Petri. Die Kirche war eine verhältnismäßig kleine, aber helle und schöne Kirche, ohne Seitenemporen, aber mit einer Orgelempore.
In dieser Kirche veranstaltete die ›Junge Gemeinde‹ zuweilen Gemeindeabende, die einen volksmissionarischen Charakter haben sollten. Rudi nahm daran teil, nicht nur als Zuhörer, sondern mitwirkend. Er ergriff gelegentlich zu einem Thema das Wort. Das geschah in sachlicher Weise und frei von künstlichem Enthusiasmus. Dabei stellte er seine Meinung nicht in den Schatten. Er war offen im Gespräch, zuweilen auch kritisch. Er besaß eine gewisse schon damals auffallende Begabung, in gut formulierten Sätzen das zu sagen, was er dachte oder sagen wollte.«[16]
So erinnert sich der ehemalige Pfarrer Skrodt der St.-Petri-Gemeinde an Rudi Dutschke. Die Versammlungen und Gruppenabende der »Jungen Gemeinde« standen im angenehmen Kontrast zur Atmosphäre der Schule und in der FDJ, über die er vier Jahre später als Abiturient resümiert: »Wie es so allgemein üblich war, trat auch ich in die FDJ ein, ohne die richtige Überzeugung zu haben. Obwohl ich nun schon seit vier Jahren an Wahleinsätzen, Versammlungen und Sportveranstaltungen der FDJ teilnehme, habe ich noch keinen richtigen Kontakt zur FDJ bekommen. Das liegt wahrhaftig nicht an meiner Gesinnung. Ich sehe den Hauptgrund darin, daß sich niemand von der FDJ mit mir in sachlicher Diskussion politisch auseinandergesetzt hat.«[17]
In der »Jungen Gemeinde« konnte frei geredet werden. Dabei ging es um Glaubensfragen, und nur einmal schlug ein brisantes politisches Thema bis in die Gesprächsrunde der »Jungen Gemeinde« durch. Aus der FDJ, deren Mitglied Rudi Dutschke eben-

falls war, kam die Anregung, auf die kirchliche Konfirmation zu verzichten und statt dessen nur an der staatlichen Jugendweihe teilzunehmen. Dagegen protestierte er heftig, ließ sich konfirmieren und blieb zugleich Mitglied der FDJ.

Die Veranstaltungen der »Jungen Gemeinde« waren zumeist rein gesellig: Tanzabende, Kostümfeste und immer wieder, vor allem im Sommer, Ausflüge in die märkische Landschaft zum Baden oder Spielen. Manchmal fuhr auch eine ganze Gruppe nach West-Berlin. Rudi war immer dabei.

1954 wechselte Rudi auf die Gerhard-Hauptmann-Oberschule über. In dem massigen Gründerzeitbau sind seit 1910 Generationen von Gymnasiasten ausgebildet worden.[18] Nun soll hier die Elite eines Arbeiter-und-Bauern-Staates geschliffen werden. Eliten aber sind verdächtig, ihre Mitglieder tanzen gern aus der Reihe. Die einzig legale Elite ist die Partei; sie will es bleiben und scheint die Gefahren für ihre Stellung durch den Schulbetrieb förmlich zu wittern. So ist der pädagogische Schulbetrieb von politischen Kontrollmechanismen der SED flankiert. Die Schule hat einen Direktor und ein Lehrerkollegium. Aber neben dem Direktor steht der Parteisekretär der Schule, der sich regelmäßig mit den Lehrerinnen und Lehrern berät, die in der SED sind und sich in der Betriebsparteiorganisation BPO über ihr Vorgehen in allen Schulfragen beraten. Außerdem ist dem Lehrerkollegium ein hauptamtlicher FDJ-Schulsekretär beigeordnet. Er sorgt dafür, daß die Initiativen, Direktiven und Parolen der Staatsjugend die Jugendlichen nicht nur in der wohlorganisierten Freizeit erreichen, sondern in schönem Gleichklang auch im Schulbetrieb.

Direktor Johannes Schöckel schwört auf zackige Fahnenappelle im Schulhof. Die auszurichten hatte der Genosse Direktor selbst in einer Eliteschule der unmittelbar vorangehenden Epoche gelernt. Er war nach der Erinnerung von Rudi Dutschkes Mitschülern Absolvent einer Napola, eine jener National-Politischen Erziehungsanstalten, in denen sich Nazi-Pädagogen um die Heranbildung von »Nationalsozialisten, tüchtig an Leib und Seele für den Dienst an Volk und Staat« mühten.

Jetzt war Schöckel SED-Mitglied. Selbst von den Kollegen und übergeordneten SED-Funktionären in der Betriebsparteiorganisation der Gerhard-Hauptmann-Oberschule kritisch beäugt, präsentierte er sich den Schülern als strammer Genosse, der in ideologisch-politischen Fragen keinerlei Abweichungen von der Parteilinie duldete.[19] Die aber machte zwischen 1954 und 1958 heftige Kapriolen. An zwei nicht so biegsamen, ansonsten sehr verschiedenen Zeitgenossen wird das auf tragisch-komische Weise sichtbar, an Rudi Dutschke und seinem Klassenkameraden Hans-Günter Bedurke.

In Rudis erstem Oberschuljahr 1954 verursachte eine Schreckschuß-Spielzeugpistole mit Knallplättchen allerhöchste Aufregung. Sie gehörte dem 14jährigen Hans-Günter Bedurke, der sie mitbrachte, um altersüblich seinen Mitschülerinnen und Mitschülern zu imponieren, und sich dabei von einem Lehrer erwischen ließ. Daß Bedurke damit zugleich eine politische Provokation gegen den pazifistischen Geist des friedliebenden Arbeiter-und-Bauern-Staates DDR gestartet hatte, machte ihm das folgende verschärfte Donnerwetter der Schulleitung klar, an das sich der Klassenlehrer Bodo Kulessa noch deutlich erinnern kann.

1958, vier Jahre später, hat sich die Arbeiter-und-Bauern-Macht wie die Bundesrepublik zur Remilitarisierung entschlossen und ruft nun mit der gleichen Entschlossenheit ihre männliche Jugend zu den Waffen, mit der bislang der pazifistische Ekel vor der Rüstung verkündet worden war.

Jetzt ist Hans-Günter Bedurke der einzige Stolz der Schulleitung in der Abiturklasse 12A. Denn von den sechs Jungen in der Klasse meldet sich nur Bedurke zum Militär, um diesmal eine scharfe Waffe zu tragen. Nach den Werbeaufrufen der FDJ und den persönlichen Appellen der Lehrer ist dieses Ergebnis eine agitatorische Pleite, die im *Schulecho*, der Zeitung der Gerhard-Hauptmann-Schule, nur mühsam mit Hilfe der Gesamtstatistik beider Abiturklassen in einen Erfolg umgebogen werden kann. »Die Abiturienten der Gerhard-Hauptmann-Oberschule haben erkannt«, so tönt das *Schulecho*, »daß es nicht nur notwendig ist, ihre Kraft für den Aufbau des Sozialismus einzusetzen, sondern daß es eine Ehrenpflicht eines jeden Patrioten ist, die Errungenschaften unseres Arbeiter-und-Bauern-Staates vor den aggressiven imperialistischen Kräften zu schützen. Daher haben von 26 Abiturienten 21 ihre Bereitschaft erklärt, nach Ablegung des Abitur den Ehrendienst in unserer Nationalen Volksarmee aufzunehmen.«[20]

In der Abiturklasse 12A steckte der pazifistische Wurm, und das Problem hatte vor allem einen Namen: Rudi Dutschke. Seit November 1957 konnte dies jeder an der Schule wissen. Denn da fand vor großem Publikum die Jahreshauptversammlung der FDJ-Schulgruppe statt. »Dort war es negativen Kräften gelungen, das

Bild zu bestimmen«, berichtet der Parteisekretär der Schule, Wolfgang Gattner, im Jahresrechenschaftsbericht 1957 für seine Genossen mit hörbarem Grausen und fährt fort: »So äußerte der Jugendfreund Dutschke, wenn er das Wort schießen höre, liefe es ihm kalt über den Rücken. Keiner wolle Krieg. Das Verbot der Westreisen sei ein Eingriff in die persönliche Freiheit. Man solle doch immer alle Deutschen an einen Tisch bringen. Und der Jugendfreund Neye setzte hinzu, daß die Schüler nicht von der Notwendigkeit des Eintritts in die NVA überzeugt seien. Er äußerte fernerhin sein Befremden über das Verbot einer ›Mißwahl‹ durch die Schule. Beide Schüler erhielten für ihre Ausführungen starken Beifall.«[21]

Die Reaktionen der Lehrer an der Gerhard-Hauptmann-Oberschule spiegeln Verunsicherung und Nervosität. So ist für sie die für den Abschlußball geplante Kür der drei hübschesten Abiturientinnen des Jahres 1958 durch ihre männlichen Mitschüler ein bedenkliches Zeichen »westlich dekadenter Lebensweise«. Diese Art ansteckender Krankheit kann man sich nach Meinung der SED-organisierten Lehrer vor allem mit einer Tagesreise nach Westberlin einfangen. Deshalb wird unablässig gegen solche Erkundungsfahrten gepredigt, die am Ende doch jeder unternimmt. Deshalb wird auch auf andere Anzeichen abweichenden Verhaltens geachtet. Beispielsweise auf den unstatthaften Pullover und Haarschnitt von Rudis Klassenkameraden Reinhard Bry, der bei der Eröffnung eines FDJ-Klubhauses Rock 'n' Roll tanzt und darauf in einem Artikel der Lokalzeitung *Märkische Volksstimme* bloßgestellt wird. Bry versucht sich mit einem süffisanten Leserbrief zu wehren. Doch die Zeitungsredaktion reicht diesen unveröffentlicht an die Schulleitung der Gerhard-Hauptmann-Oberschule weiter. Umgehend beantragt daraufhin Direktor Schöckel im Namen des Pädagogischen Rates der Schule bei der Schulbehörde die Entfernung Brys von der Gerhard-Hauptmann-Oberschule und allen weiteren Oberschulen der DDR. Brys Rettung ist: Irgendeine schützende Hand verweist auf einen Formfehler: Kein Lehrer hatte nach dem Zeitungsartikel mit dem Schüler gesprochen, wie er sich daraufhin verhalten solle. Und so wird die Angelegenheit mit einer scharfen Rüge Brys vor einer Schülervollversammlung in der Aula erledigt, bei der aber ein weiterer leidiger Fall im Mittelpunkt steht: Die Weigerung von Rudi Dutschke, sich freiwillig zum Ehrendienst bei der Nationalen Volksarmee zu verpflichten.[22]

Schon nach seinem Auftritt bei der FDJ muß sich Schulleiter Schöckel den aufmüpfigen Schüler Dutschke vorgeknöpft haben.

Der schickt mit dem Datum 4. Februar 1958 eine handschriftliche »Darstellung meiner Entwicklung« an den Herrn Direktor und hofft mit seinen Erfahrungen als Kriegskind auf Verständnis:

»So sah ich schon sehr früh die Schrecken des Krieges. Ich hörte, daß mein Onkel bei Maikop durch einen Volltreffer in seinem Panzer ums Leben gekommen war. Die Benachrichtigung darüber sagte aus: ›Gefallen für Führer und Reich‹. Was uns dieser Führer und dieses Reich gebracht haben, sehen wir erst heute, da an eine Einheit Deutschlands noch nicht wieder zu denken ist. Es soll nicht noch einmal heißen ›gefallen‹. Meine Mutter hat uns vier Söhne nicht für den Krieg geboren. Wir hassen den Krieg und wollen den Frieden. (...) Wenn ich auch an Gott glaube und nicht zur Volksarmee gehe, so glaube ich dennoch, ein guter Sozialist zu sein. Ich glaube auch zu wissen, was ich dem Staat, der mir den Besuch der Oberschule ohne finanzielle Opfer ermöglichte, schuldig bin. Ich werde in der Produktion so arbeiten, daß ich mithelfe, unseren Staat zu stärken und zu festigen.«[23]

Aus der Sicht des Direktors Johannes Schöckel ist dieser Brief eine Provokation: Dutschke hatte seine Chance einzulenken. Er hat sie halsstarrig ausgeschlagen. Er will Konfrontation. Die soll er haben, vor aller Ohren auf der Schülervollversammlung.

Etwa einhundertfünfzig Schüler der oberen Klassen und die Lehrer der Schule strömten Anfang 1958 in der Aula der Schule zusammen. Direktor Schöckel trat vor an das Rednerpult auf der blumengeschmückten Bühne.

Es gehe heute, begann er, um die freiwillige Teilnahme aller Schüler der Gerhard-Hauptmann-Oberschule an der Nationalen Volksarmee nach dem erfolgreich abgelegten Abitur und insbesondere um den Schüler Rudolf Dutschke. Im Gegensatz zu den meisten anderen Schülern seines Abiturjahrgangs, der 1958 die Gerhard-Hauptmann-Oberschule verlassen werde, habe es Jugendfreund Dutschke offen abgelehnt, nach seinem Abitur den freiwilligen Dienst bei der NVA anzutreten. Selbstverständlich sei dieser Dienst freiwillig, aber der Schüler Rudolf Dutschke müsse sich klarmachen, was seine Haltung bedeute. Dies sei nichts anderes als falschverstandener Pazifismus und als solcher eine nicht vertretbare gesellschaftlich inaktive Haltung.

Dutschke erhalte aber an dieser Stelle Gelegenheit, seine Haltung darzustellen und gegebenenfalls zu überdenken.

Jeder im Saal wußte, daß es jetzt um Rudis Zukunft ging. Um seinen Berufswunsch, für den er sich im Sprechen vor Publikum übte. Sein großes Vorbild war Harry Valerien. Schon seit 1956 hatten Dutschkes ein Fernsehgerät, in dem Rudi jede erreichbare Sportsendung verfolgte. Er wollte Sportjournalist werden und trainierte sich zu Hause vor seinen Brüdern als Rundfunk-Sportreporter. Aber das war einfacher, als vor Lehrern und Mitschülern zu begründen, warum er politisch anders dachte als sie.

Rudi drehte diese Frage in seiner Rede um. Warum, fragte er, denken die anderen, denken die Lehrer nicht wie er? Haben sie vergessen, was noch vor wenigen Jahren an dieser Schule gelehrt und gelernt worden ist? Er nannte Beispiele aus dem Unterricht der vergangenen Jahre, erinnerte Lehrer und Mitschüler an die Ächtung des Militarismus, daran, daß »niemals wieder eine Waffe in eines Deutschen Hand« geraten sollte. Rudi zählte pazifistische Gedichte und Texte auf, die noch vor kurzem bei den Lehrern und Schülern hoch im Kurs standen. Damals, sagte er, hat niemand Pazifismus als »gesellschaftlich inaktive Handlung« bezeichnet. Warum ist das heute anders? Rudi zitierte aus den Schulbüchern, aus denen er gelernt hatte. Warum haben wir vor wenigen Jahren noch als Kinder die Spielzeugwaffen auf den Müll geworfen und sollen jetzt an richtigen Waffen ausgebildet werden?

Rudi sprach ruhig, abgewogen, ohne Polemik. Er schloß damit, daß er an seiner Entscheidung nichts Unrechtes finde. Und schließlich sei der Dienst bei der Nationalen Volksarmee der freien Entscheidung jedes einzelnen überlassen. Er jedenfalls bleibe bei seiner Entscheidung, diesen Dienst mit der Waffe nicht anzutreten. Erst wenn es eine allgemeine Wehrpflicht gebe, werde er diese Frage für sich erneut überdenken.

So erinnert sich Bernd Thesing. Rudi Dutschke hat später einmal seine Argumentation in dieser Rede etwas anders dargestellt: »Ich bekannte mich zur Wiedervereinigung, bekannte mich zum Sozialismus, aber nicht zu dem Sozialismus, wie er betrieben wurde, und sprach mich gegen den Eintritt in die Nationale Volksarmee aus. Ich war nicht bereit, in einer Armee zu dienen, die die Pflicht haben könnte, auf eine andere deutsche Armee zu schießen, in einer Bürgerkriegsarmee, und zwar in zwei deutschen Staaten, ohne wirkliche Selbständigkeit auf beiden Seiten, das lehnte ich ab.«[24]

Nach seiner Rede klatschten seine Mitschüler spontan Beifall. Mehr Provokation erlaubten sie sich nicht mehr gegenüber dem Schulleiter Schöckel und dem FDJ-Sekretär, der nach Rudi noch einmal die Verpflichtung der Jugend zum Dienst in der NVA beschwor. Nach den Ansprachen des Schulleiters und des FDJ-Sekretärs rührte sich zwar keine Hand zum Beifall, aber niemand traute sich, Rudi in dieser Versammlung offen zur Seite zu stehen, auch nicht seine immerhin drei Klassenkameraden, die sich ebenfalls weigerten, zur NVA zu gehen. Sie hatten das Schweigen als Überlebensstrategie schon gelernt.

Rudi Dutschkes Auftritt hatte Folgen, nicht nur für ihn selbst. Wenige Tage darauf streiten sich die in der SED organisierten Lehrer bei einer BPO-Sitzung hinter verschlossenen Türen, wer für diese Panne verantwortlich ist:

»Genosse Schöckel: Dutschke ist ein Einzelfall von Pazifismus.

Genosse Glaubitz: Es fehlt ein konsequentes Auftreten der Jugendfreunde gegen pazifistische Strömungen, es fehlen Auseinandersetzungen.

Genossin Marinowitz: Wie kann Dutschke eine 1 in Geschichte bekommen?

Genosse Langnickel: Dutschke ist fleißig, er trägt aber recht seltsame Meinungen in Diskussionen, z. B.: Wäre es nicht ratsamer, das Geld, das für den Sputnik ausgegeben wurde, zum Wohnungsbau zu verwenden.«[25]

Die Quittung für sein unbotmäßiges Verhalten bekam Rudi Dutschke im Juli 1958 mit seinem Abiturzeugnis. Statt einer verdienten »Zwei« war die Gesamtnote auf »Drei« heruntergesetzt worden, und die Worte des Schulleiters von der »inaktiven gesellschaftlichen Haltung« fanden sich jetzt schwarz auf weiß im Zeugnis wieder. Damit war vorerst die Chance zum ersehnten Studium an der Hochschule für Sportjournalistik in Leipzig vertan. Ihm blieb nur noch, sich in einer Berufsausbildung und »in der Produktion zu bewähren«. Rudi Dutschke setzte darauf, daß ein Jahr später seine Worte in der Schulversammlung vergessen sein würden. Eine Lehrstelle war bald gefunden. Er lernte Industriekaufmann im VEB TEWA Luckenwalde, einem Betrieb, in dem Beschläge für Möbel hergestellt wurden.

Dieser Beruf interessierte ihn überhaupt nicht, aber er wollte von seinem Betrieb zum Studium vorgeschlagen werden. Er gab sich Mühe bei seiner Lehre und fand in seiner Freizeit viel Gelegenheit, Sport zu treiben, für Training und Wettkämpfe. Im Mai 1959 wurde er Bezirksmeister im Stabhochsprung mit 3,30 m, am 1. Mai 1960 gewann er in Genthin einen Wettkampf, an dem auch Sportler aus der Bundesrepublik teilnahmen, mit einem Sprung von 3,60 m.

Auch die nächste Hürde zum Studium nahm Rudi glatt. Nach einem Jahr schloß er seine Industriekaufmannsprüfung mit der Note »sehr gut« ab. Er schickte seine Bewerbungsunterlagen nach Leipzig.

Aber nun holte ihn die in der Oberschule angelegte Kaderakte ein. Rudi Dutschke wurde vom BGL-Vorsitzenden des VEB TEWA zu einem Gespräch gebeten, zu dem auch Hauptmann Schenk vom Luckenwalder Wehrkreiskommando erschien. Die beiden machten ihm klar, er müsse sich als Voraussetzung für das Studium zu einem zweijährigen freiwilligen Dienst in der NVA bereitfinden. Rudi Dutschke, lutherisch sturköpfig, fand sich nicht bereit.

Völlig deprimiert traf er unmittelbar nach diesem Gespräch seinen Freund Bernd Thesing. Ein Satz des NVA-Offiziers hatte sich Rudi besonders eingeprägt: Wenn er nicht zur NVA gehe, sei er für Adenauer. Und wenn er für Adenauer sei, flöge er innerhalb von drei Wochen von jedem Studienplatz, den er eventuell erreichen sollte.

Rudi, seine Eltern und Brüder waren zunächst ratlos. Aber nach langer Diskussion im Familienkreis wurde entschieden: Rudi wollte studieren – also sollte er. Weil er aber in der DDR nicht durfte, blieb nur noch West-Berlin. West-Berlin ist nur 50 km von Luckenwalde entfernt.

Rudi erkundigte sich nach den Bedingungen für ein Studium an der Freien Universität. Er erfuhr, daß er als DDR-Bürger angenommen werden würde, und auch, daß die DDR ihren Bürgern das Studium an der Westberliner Universität nicht verwehrte. Nur einen Haken hatte die Sache: Rudis DDR-Abitur wurde in West-Berlin nicht anerkannt. Aber mit einem einjährigen Kurs in West-Berlin konnte man das »Westabitur« nachmachen. Solch einen Kurs an der Askanischen Schule belegte Rudi noch im Sommer 1960.

Um täglich von Luckenwalde nach West-Berlin zu pendeln, war der Weg zu weit. Schon bald nahm sich Rudi seine erste Studentenbude in der Stadt. Die meisten Wochenenden aber kehrte er heim zu seinen Eltern, Brüdern und den Sportfreunden. In Luckenwalde war er zu Hause. Ans Abhauen dachte er nicht, auch als seit Anfang 1961 sich immer mehr DDR-Bürger über Berlin in den Westen absetzten. Ab und zu munkelte man im Sommer 1961 auch im Familienkreis, ob die Regierung das Schlupfloch Berlin nicht vielleicht dichtmachen würde. Aber das waren Gerüchte, niemand nahm sie so recht ernst.

West-Berlin wird Rest-Berlin: 13. August 1961

Ein Wochenendabschied am Sonntag, dem 6. August 1961: »Zu Hause in Luckenwalde konnte ich noch zu meiner weinenden Mutter sagen: Du, ich bin mit Sicherheit schnell wieder zurück. Ihr habt mit eurer Annahme bestimmt unrecht. Will doch unbedingt bald wieder mit den Brüdern unsere glänzend wachsenden Pflaumen von den Bäumen runterholen. Damit du wieder deinen so gut schmeckenden Pflaumenkuchen machen kannst. Ich lachte, Mutter weinte, Vater war äußerst ernst und die Brüder sprachlos – das Motorrad setzte sich in Bewegung.«[26] Helmut setzte seinen Bruder Rudi in West-Berlin ab, er selbst fuhr zurück nach Luckenwalde. Es dauerte sechs Jahre, bis sich die beiden Brüder wieder treffen konnten – genau bis zum 14. November 1967.

1961 erlebte die DDR den größten Flüchtlingsstrom seit ihrer Gründung im Jahr 1949. Die »Republikflüchtigen« – so der DDR-Jargon – gingen meist aus Unzufriedenheit mit der schleppenden wirtschaftlichen Entwicklung des Landes, viele aber auch aus politischer Enttäuschung über den »ersten sozialistischen Staat auf deutschem Boden«. Berlin spielte eine wichtige Rolle bei der einsetzenden Massenflucht. Die vier Siegermächte des Zweiten Weltkrieges hatten die Stadt wie einen großen Kuchen unter sich geteilt. Mit sowjetischer Duldung hatte die DDR-Regierung Ost-Berlin, den sowjetischen Sektor, zu »Berlin – Hauptstadt der DDR« erklärt, mit Duldung und Unterstützung der Westalliierten Amerika, Frankreich und Großbritannien hatte die Bundesregierung West-Berlin zum üppig dekorierten »Schaufenster der Freiheit« ausgestattet – so nannte West-Berlins erster Regierender Bürgermeister Ernst Reuter seine Stadt.

Wer die paar Schritte von der Allee »Unter den Linden« hinüber zum Potsdamer Platz ging, der überschritt die anderswo scharf bewachte und undurchlässige Grenze zwischen Ost und West. Kapitalistischer Nachkriegsboom und sozialistischer Neuaufbau lebten auf Tuchfühlung und Rufweite – das gab es nur in Berlin. Jährlich verkauften die Kinos und Theater in West-Berlin etwa acht Millionen Karten an DDR-Bürger. Aber es gab nicht nur die Neugierigen, die nach einem Schaufensterbummel und ein paar Stunden Kinogenuß wieder über den Potsdamer Platz in den Ostteil der Stadt oder einen anderen Ort der DDR zurückkehrten. Etwa 60 000 Ostberliner arbeiteten 1961 im Westteil der Stadt, weil es dort bessere Löhne gab. Diese Arbeiter fehlten in den Betrieben Ost-Berlins. Und es gab einen wachsenden Flüchtlingsstrom aus allen Teilen der DDR. Diese Menschen kamen nach Berlin-Ost und setzten sich dann in den Westteil der Stadt ab. Dieser Flüchtlingsstrom drohte, die Wirtschaft der gesamten DDR auszubluten.

Seit 1958 spielte die Regierung der DDR mit dem Gedanken, das Schlupfloch West-Berlin zu verstopfen. In diesem Jahr war erstmals die Idee aufgekommen, den Ostsektor der Stadt hermetisch von den Westsektoren abzuriegeln. Der geheime Plan hieß »Operation Chinesische Mauer«. Aber zunächst geschah nichts – bis 1961. Seit Januar verließen 1961 im Schnitt monatlich 15 000 Flüchtlinge über West-Berlin die DDR. Im Juni schnellte diese Zahl auf beinahe 20 000, im Juli auf 30 415. In den ersten Augustwochen waren es schon 17 528. Die letzten von ihnen kamen am Abend des 12. August. In der Nacht wurde die Grenze dichtgemacht.

Als die Berliner am Morgen nach dieser Nacht erwachten, verbreitete sich die Nachricht vom Beginn des Mauerbaus wie ein Lauffeuer in der Stadt. Inzwischen arbeiteten die Bautrupps der Volkspolizei nicht nur in der Ebertstraße und am Potsdamer Platz, sondern am gesamten Grenzverlauf zwischen Ost-Berlin und West-Berlin. Jede noch so kleine Straße wurde abgesperrt. Nicht überall mit Mauerwerk oder vorgefertigten Betonplatten, oft mit hastig gezogenen Holz- oder Drahtzäunen, manchmal nur mit einer von einer zur anderen Straßenseite ausgelegten Stacheldrahtrolle. Überall standen bewaffnete Posten der DDR Wache.

Viele Westberliner zieht es an diesem Sonntagmorgen an die Grenze. Da stehen sie mit einer Mischung aus Neugierde, Unglauben, Wut und Empörung in kleinen Gruppen beisammen und debattieren aufgeregt miteinander. Warum denn hier niemand was dagegen unternimmt, ereifern sie sich, wo doch sonst die Politiker immer den Mund so voll nehmen von wegen Wiedervereinigung. Wo sind die denn jetzt? Und wo sind denn jetzt die Amerikaner, die sind doch die große Schutzmacht Berlins?

Manchmal, wenn die kleinen Gruppen zu einer ansehnlichen Traube von Menschen werden, schallen Sprechchöre rüber in Richtung Ost-Berlin. »Weg mit der Mauer«, rufen die Leute, und: »Reißt die Mauer ein.«

Aber die Mauer bleibt. Keiner der politisch Verantwortlichen im Westen greift ein. Vor allem aber rollen die Panzer der westlichen Schutzmächte Großbritannien, Frankreich und Amerika nicht, wie es sich so mancher Berliner in diesen Tagen gewünscht hatte. Die einzige Reaktion der Westmächte auf den Mauerbau ist, mit drei Tagen Verspätung, eine schriftliche Protestnote.

Auch Rudi Dutschke zieht es am 13. August an die Sektorengrenze. Es ist das erste Mal in seinem Leben, daß er aus politischer Empörung auf die Straße geht. Die Gründe sind klar. Die Mauer bedeutet: Er sitzt davor, die Familie dahinter. Keine Besuche bei den Eltern, bei den Brüdern, bei den Freunden, in seiner Heimatstadt. Keine Gegenbesuche seiner Familie, bis zum Rentenalter. Die Mauer bedeutet auch: Nun muß er sich ein für allemal und endgültig entscheiden, entweder in der DDR oder im Westen zu leben. Eine Entscheidung, die sofort fällig ist, denn im Westen bekommt er Geld nur als anerkannter politischer Flüchtling. Von zu Hause kann er jetzt nicht mehr unterstützt werden. Noch am 13. August meldet sich Dutschke im Notaufnahmelager Marienfelde und läßt sich als politischer Flüchtling registrieren. Wie jeder DDR-Flüchtling wird er ausgiebig verhört, von den Franzosen, den Engländern und den Amerikanern und zum guten Schluß vom Bundesnachrichtendienst. Reine Routinesache, sagen die Beamten.

Rudi und einige seiner Freunde aus dem Ost-Abiturkurs der Askanischen Schule treffen sich am 13. August an der Sektorengrenze zu Ost-Berlin. Wie sie da stehen und mit dem Gefühl von Ohnmacht und Wut und in Gedanken an ihre Familien in der DDR rüberschauen, kommt einer auf die Idee, gemeinsam etwas zu unternehmen. Eine Aktion gegen die Mauer. Der Gedanke zündet. Den Abend verbringen die Freunde damit, ihren Plan auszuhecken.

Am 14. August abends ist es soweit. Im Schutz der hereinbrechenden Dunkelheit schleichen sie sich an einen Abschnitt der frisch errichteten Grenzmauer im Süden der Stadt heran. Unter dem Arm hat einer einen Stapel Flugblätter. Ein anderer hat ein Seil über der Schulter. Am Ende des Seils ist ein ankerförmiger Haken befestigt.

Dann geht alles sehr schnell. Einer wirft das Seil über die Mauer, ein anderer die Flugblätter. Als der Anker sich nach ein paar bangen Momenten irgendwo an der Mauerkrone verhakt, packen sie das Seil und zerren aus Leibeskräften daran. Die Mauer soll einreißen, wenigstens an dieser einen Stelle, wenn sonst schon niemand etwas unternimmt. Die Mauer aber steht fest, wankt nicht, reißt nicht ein. Am Ende reißt das Seil, sie fallen auf den Hintern. Enttäuscht ziehen sie ab.[27] Ihre Flugblätter drüben, jenseits der Mauer, werden die Volkspolizisten beim nächsten Kontrollgang einsammeln.

Zwei Tage später hört Dutschke auf dem Schöneberger Rathausplatz die Reden des Regierenden Bürgermeisters Willy Brandt und seines Stellvertreters Franz Amrehn. Zehntausende Westberliner sind gekommen. Eine echte und doch trügerische Einigkeit liegt über dem Platz. Allen, die gekommen sind, sprechen die Worte von der Wiedervereinigung und gegen die Spaltung aus dem Herzen. Nahtlos schmiegen sich die Politikerworte in diesen Stunden ein in die Empfindungen der Bürger. »Wir freien Berliner«, beschwören die Politiker oben auf dem Rathausbalkon die Massen der Bürger unten auf dem Platz. »Wir freien Berliner«, das sagen sie immer wieder.

Dann kehrte der Alltag der Spaltung ein. Durchbrochen von blutig vereitelten Fluchtversuchen von Ost- nach West-Berlin, durchbrochen von papiernen Protestnoten von West nach Ost, von Goodwill-Touren westlicher Politiker wie des amerikanischen Vizepräsidenten Lyndon B. Johnson nach West-Berlin.

Auch Berlin-Ost ging zur Tagesordnung über. Radio Berlin-DDR spielte den Mauer-Song:
»Unser schönes Berlin wird sauber sein /
denn wir haben den kalten Kriegern am Rhein /
ihre Menschenfalle verriegelt /
und mit rotem Wachs versiegelt. /
Ja, ja, der helle Berliner sagt: prima! /
das reinigt so dufte das Klima /
es ziehen jetzt Ruhe und Frieden ein /
und sauber, ja sauber wird unsere Hauptstadt sein!«

Student, Rebell

Erste Orientierung

Sport und Sportjournalismus faszinierten Rudi Dutschke immer noch. Anfang 1961 stellte er sein Interesse und seine Fähigkeiten auf die Probe. Er bewarb sich um ein Volontariat bei einer der Westberliner Tageszeitungen. Die Sportredaktion der *BZ*, der größten Morgenzeitung Berlins, akzeptierte den Bewerber Rudi Dutschke. Neun Monate lang arbeitete er dort als Sportreporter. Die *BZ* gehörte dem schon damals größten Verleger Berlins, der auch die *Berliner Morgenpost*, *Die Welt*, *Die Welt am Sonntag* und die *Bild-Zeitung* besaß, Axel Caesar Springer. Über seine Arbeit bei Springer sprach Dutschke später nicht mehr, selbst gute Freunde wußten davon nichts.

Solange die Mauer Rudi Dutschke noch nicht von seiner Familie abgeschnitten, solange eine berufliche Zukunft in der DDR noch im Bereich des Möglichen gelegen hatte, war es für ihn keine ausgemachte Sache gewesen, in West-Berlin oder der Bundesrepublik zu bleiben.

Jetzt war er gezwungen, über seine Zukunft ganz neu nachzudenken. Er kam zu einem die Familie und die Freunde überraschenden Ergebnis. Er teilte es einem seiner Schul- und Sportfreunde in Luckenwalde in einem ausführlichen Brief mit:

Berlin, 20.12.1961

Lieber Bernd!

Entschuldige bitte mein sehr langes Schweigen, doch Du kannst Dir sicherlich vorstellen, daß ich seit dem 10. August unheimlich viel erledigen mußte. In der Hauptsache war das, wie könnte es anders sein, bürokratischer Kram (Polizeiliche Anmeldung, Personalausweisausstellung; Studienangelegenheiten; Stipendium; Gebührenerlaß usw.). Jetzt bin ich gewissermaßen ›über den Berg‹; Studium rollt; Stipendium rollt.

Da es Sportjournalismus nur in Leipzig gibt, Journalistik allgemein aber ein Studienfach ohne Boden ist, habe ich mich entschlossen, Soziologie zu studieren. Da dieses Fach bei Euch an der Uni unter Dialektisch/Historischer Materialismus läuft, will ich Dir ein wenig über unsere Reflexion des Wortes Soziologie sagen. Nach Max Weber, einem der besten Soziologen der Welt um

1920, ist Soziologie eine Wissenschaft, die soziales Handeln deutend verstehen und dadurch in seinem Ablauf und seinen Wirkungen ursächlich erklären will. (Handeln = jede Tätigkeit mit einem subjektiv gemeinten Sinn verbunden; soziales Handeln = ein Handeln, das seinem von dem oder den Handelnden gemeinten Sinn nach auf das Verhalten anderer bezogen wird und daran in seinem Ablauf orientiert ist.) – Ich müßte noch mehr erzählen – doch nur noch die Gebiete der Soziologie. Es ist ein wirkliches »Allroundstudy« (Geschichte, Politik, Philosophie, Wirtschaft) (A. Comte, Begründer der Soziologie; Hobbes; Locke; Mill; Ferguson; Marx; Engels; Hegel; Kant; usw.).

Die ganze Menschheitsgeschichte rollt ab. Es macht unheimlich Spaß und unheimlich Arbeit.

Ich bin an der Philosophischen Fakultät immatrikuliert. Mein Abschluß ist Diplom-Soziologe oder Dipl. Soziologe und Dr. phil., wenn ich es schaffe. Um promovieren zu können an dieser Fakultät, muß man das »Große Latinum« u. a. nachweisen. Bisher besitze ich nur das Kleine. Zur Zeit büffle ich viele Lateinvokabeln, denn ich will recht bald diese Prüfung ablegen. Allerdings brauche ich sie erst zur Promotion. Die zweite Klippe in diesem Studium ist die Klausur über »Statistische Methodenlehre« (fast Mathematiksehr-trocken-Lernarbeit-stupide) nach dem zweiten Semester.

Nun zu meinen Nebenfächern: 1. Ethnologie (6 Stunden pro Woche); 2. Geschichte (neuere) zwei Stunden pro Woche; 3. Sozialpsychologie drei Stunden pro Woche; und nach dem zweiten Semester Journalistik. Zur Zeit habe ich 30 Vorlesungsstunden pro Woche belegt. Das ist bei uns hier sehr viel. Ich habe, um Dir einen Begriff von meiner bisherigen Arbeit zu geben, seit dem 6. November (Vorlesungsbeginn) folgende Bücher gelesen und durchgearbeitet (vollständig):

Sigmund Freud, »Psychoanalyse« (120 Seiten)

Platon, »Staat« (400 Seiten)

Ortega, »Aufstand der Massen« (150 Seiten)

Langspeer, »Häuptling Büffelkind« (200 Seiten)

M. Weber, »Soziologische Grundbegriffe« (50 Seiten)

P. Barth, »Phil. d. Geschichte d. Soziologie« (120 bisher von 800 S.)

Tischner, »Völker und Kulturen Oceaniens« (150 Seiten)

und noch sehr viele Aufsätze berühmter Leute der Soziologie und Philosophie (Jaspers, Geiger, Eisermann, König, Dahrendorf).

Du solltest nur einen Eindruck meiner Arbeit erhalten.

Wie geht es Dir, lieber Bernd? Bist Du noch Student oder bist Du

Soldat des ›Friedens‹? Wie hat der 13.8. Dein Leben verändert? Politik ist in diesem Brief nicht angebracht – nur eins – es gibt keine Rechtfertigung des 13. August (rechtlich wie menschlich). Das Gerede vom Menschenhandel ist eine glatte Lüge. Wer hat mich gelockt? Was? – Die Tatsachen sind eindeutig – jeder kennt sie. Genug davon. In Deiner Antwort auf diesen Brief bitte ich Dich, dieses Thema nicht zu berühren. Du kannst wohl auch noch heute zwischen falsch und richtig unterscheiden.

Körperlich bin ich fit, werde bald meinen ersten Wettkampf haben – nicht mehr in der Hauptsache. Rate mal, was es sein könnte! Erst, wenn ich das erste Turnier absolviert habe, schreibe ich Dir über Disziplin und Leistung. Was macht bei Dir der Sport? Ist Dein Knie wieder völlig auskuriert? – Für diesmal will ich schließen. Es wünscht Dir, Deinen Eltern, A. und W. ein gesegnetes Weihnachtsfest und ein gesundes neues Jahr

Rudi[28]

Es war kein Zufall, daß einer mit gleichen Fragen und Problemen der erste Freund in West-Berlin wurde: Bernd Rabehl, der wie Rudi Dutschke aus der DDR kam und nun genauso ratlos wie er vor der Mauer stand.

»Wir haben zwar nicht die gleiche Klasse besucht, aber wir gehörten zu den sogenannten ›Oststudenten‹, die das Abitur in West-Berlin nachmachen mußten, weil das DDR-Abitur nicht anerkannt wurde. Wir hatten sehr viel Zeit. Da haben wir uns kennengelernt in einem Café am Steinplatz. Er las damals Lenin, ich Camus, und ich konnte nicht verstehen, wie jemand, der aus der DDR kommt, jetzt noch Lenin liest. Ich haute ihn an und fragte: ›Warum liest du das Zeug, das brauchen wir jetzt doch nicht mehr.‹ Da meinte er, in der DDR hätte er das nie gelesen, sondern er wolle wirklich wissen, was dieser Lenin geschrieben hat, was überhaupt Marxismus-Leninismus heißt. So haben wir uns angefreundet.«[29]

Auch Rabehl hatte Soziologie belegt. Gemeinsam bereiteten sie sich auf die schwierige Statistikprüfung vor. Das heißt – sie sollten das tun. Aber meist diskutierten sie dann doch über ihre neuesten Erfahrungen in Berlin-West und die Bücher, die sie gerade gelesen hatten. Das Ergebnis: Beide fielen durch.

Blumenkohlohren

Rudi Dutschkes in seinem Brief an den Freund so geheimnistuerisch angedeutete Sportdisziplin war klassisches Ringen im griechisch-römischen Stil, eine Sportart, deren Anhänger Wert darauf legen, daß ihre Disziplin uralte Tradition und strenge Regeln hat. Kampf Mann gegen Mann, aber fair, sagen die Ringer, und – etwas verächtlich – wir sind schließlich keine Catcher. Trotzdem ist die Verletzungsgefahr groß. Nach ein paar Monaten erwischte es Dutschke. Ob ein Gegner unfair zugegriffen hatte oder ob er sich mit ungestümer Kraftanstrengung aus einer aussichtslosen Umklammerung lösen wollte, ist nicht klar. Jedenfalls riß ein Ohr ein, er mußte eine Weile in ärztliche Behandlung und sein Spaß am Ringen war dahin. Blumenkohlohren, typische Ringerverletzung, konstatierte der behandelnde Arzt.

Blumenkohlohren hab' ich, antwortete er den neugierigen Studienfreunden im Café am Steinplatz, als er dort mit seinem Kopfverband auftauchte. Blumenkohlohren. Die allgemeine Belustigung über den intellektuellen Ringer Rudi war groß, denn dieses Café war alles andere als ein Vereinslokal für Sportsfreunde.

Café am Steinplatz

Nicht nur bei Rudi Dutschke stippten die Buchecken einmal versehentlich in den Milchkaffee. Auch an den anderen kleinen Tischen türmten sich die Bücher neben den Tellern und Tassen. Studienlektüre war das, Wissenschaftliches und Wörterbücher, Camus aber auch und Kerouacs Kultroman »Unterwegs«, vereinzelt Marx oder andere sozialistische Autoren.

Am schönsten war es im Sommer. Dann standen draußen auf der Terrasse zum Steinplatz hin die Klapptische und -stühle aufgereiht. Die bücherlesenden Besucher rückten von Zeit zu Zeit ein wenig weiter mit dem Stuhl um den Tisch, den Sonnenstrahlen hinterher. Wenn es richtig warm war, kamen einige Besucher in Sandalen ohne Strümpfe oder sogar barfuß. Hier im Café gaffte deshalb niemand wie draußen auf der Straße, wo die Leute sich umdrehten und registrierten, was sich da noch alles einbürgerte: alte und zu große, reichlich runtergekommene Lederjacken, schlappige Pullover, offene Hemdkragen ohne Krawatte, die kürzeren Röcke, junge Frauen, die ungeniert auf der Straße rauchen, und eine gewisse Verwilderung des Haarwuchses bei jungen Leuten beiderlei Geschlechts.

Rudi Dutschke kam gerne in dieses Café, weil er hier immer wieder Studenten treffen konnte, die wie er aus der DDR gekommen waren. Trotz aller anderen Kontakte: Die DDR-Emigranten steckten immer wieder ihre Köpfe zusammen. Sie brauchten diese Nähe untereinander. So erging es auch Bernd Rabehl.

»Auf dieses westliche Leben waren wir nicht vorbereitet, wir hatten sehr viel Angst und waren unserer alten Gesellschaft gegenüber auch noch mit Schuldgefühlen beladen. Warum sind wir weggegangen? Warum haben wir es nicht mehr ausgehalten? Das mußten wir theoretisch aufarbeiten. Dann waren wir betroffen von der Oberflächlichkeit und von der Brutalität des Konkurrenzkampfes der Leistungsgesellschaft, von der Entfremdung, von der Sturheit der Menschen hier. Wir hatten Zweifel, ob wir uns hier durchschlagen könnten.«[30]

Doch nur im Unbehagen über die Westgesellschaft waren sich die aus der DDR stammenden Studenten einig. Die Ideen, etwas dagegen zu unternehmen, waren verschieden. Zu der Clique im Café am Steinplatz gehörte auch Hubertus Freiesleben. Er besuchte mit Dutschke die Ostabiturientenklasse an der Askanischen Schule. Nach dem Abitur begann er, Kunstgeschichte zu studieren. Er malte auch. Abstrakter Expressionismus. Rudi gefielen die Bilder. Gar nicht gut fand er Hubertus' politische Einstellung, der sich neben der Malerei mit Zen-Buddhismus und Meditation beschäftigte. Eingreifen, sagte der, die Außenwelt verändern, das könne man nicht. Es komme darauf an, das eigene Selbst zu entwickeln. Die gerade anstehenden Wahlen halte er für nutzlos, wolle sich nicht daran beteiligen. Rudi Dutschke widersprach heftig. Er müsse zur Wahl gehen, redete er auf Hubertus ein, dürfe nicht einfach zuschauen, wie andere über seinen Kopf hinweg Politik machten, die auch ihn betreffe. Hubertus F. erinnert sich unsicher daran, daß Rudi damals SPD wählte.

Da gibt es andere Erinnerungen, die nicht so recht zusammenstimmen wollen. Eines Tages kam jemand mit einem dicken, in Zeitungspapier eingeschlagenen Buch ins Café, dem »Kapital« von Karl Marx. Rudi soll geschimpft haben: ein dogmatisches Buch.

Dabei muß es um diese Zeit gewesen sein, als er selbst mit intensiver Marx-Lektüre begann. Der Marx, den er als Zwangslektüre in seiner DDR-Schulzeit und in der FDJ kennenlernen mußte, stieß ihn ab. Und der gleiche und doch andere Marx faszinierte ihn, den er in eigener Arbeit und im Soziologiestudium kennenlernte. Denn jetzt konnte er lesen, beurteilen, kritisieren oder verwerfen, mußte nicht undiskutiert und ohne Widerspruch Dogmen schlucken.

Tagebuch vom 18.2.1963:
»Arbeit und Kapital bedingen sich gegenseitig, bringen sich wechselseitig hervor. Der Marx analysiert fantastisch und eindeutig. Doch heute geht seine Analyse, für Westeuropa gesehen, ins Leere. Für Teile Italiens, für Spanien und Portugal, für Lateinamerika und viele Gebiete Asiens gilt meiner Ansicht nach fast noch jeder Satz der Marxschen Analyse der Industrieländer des 19. Jahrhunderts. Der Entwicklungsstand der Produktivkräfte in den genannten Ländern hat einen Stand erreicht, der einfach neue Produktionsverhältnisse erfordert, sonst ist Revolution unvermeidlich. Gilt besonders für Lateinamerika.

Natürlich verkauft auch der Arbeiter Westeuropas seine Arbeitskraft. Er verkauft sie gut. Er hat heute mehr zu verlieren als seine Ketten. Das proletarische Klassenbewußtsein, das sich im harten Kampf um die Verbesserung der allgemeinen Lebensverhältnisse herausgebildet hat, erwies sich nach verbesserten Lebensbedingungen als wenig haltbar. Die Arbeiter verbürgerlichen in den Ländern mit hohen sozialen Errungenschaften. Bewußtsein für eine Klasse, bzw. von der Zugehörigkeit zu einer Klasse ist keine biologische Gegebenheit, die vererbt wird. Hier findet auch kein dialektischer Prozeß statt. Der Mensch zerstört seine tradierten Normen nur unter der Voraussetzung des Verbessern-Könnens seiner Lage. Ist die Lage gut, auch nur scheinbar gut, will er und wird er nichts riskieren.«[31]

Studentenleben

Gewöhnlich stand Rudi sehr früh auf, denn er startete erst einmal zu einem Waldlauf, bevor er sich an das Frühstück und dann an seine Arbeit für die Universität machte. Seine Bude, ein Mansardenzimmer in einem Reihenhaus in der Lichterfelder Wasgenstraße, war karg möbliert und dafür um so voller mit Büchern, die sich überall stapelten, auf dem Tisch, der Kommode, dem Boden.

Bis zum ersten Seminar oder der Vorlesung saß er zu Hause und las. Wenn er losfuhr, packte er sich Lesestoff ein für alle Zwischenstationen des Tages. Das Lesen war mehr als nur Zuarbeit für das Studium, es war oft auch Material für die Auseinandersetzung mit seinen Freunden. Zum Beispiel diskutierte er gern mit seinem Freund Thomas Ehleiter, der mit seiner Familie 1956 nach dem Volksaufstand aus Ungarn geflohen war. Thomas über Rudis Lesewut:

»Er wußte, daß er in seiner bisherigen Lerngeschichte Lücken hatte. Was immer er hörte – einen Buchtitel oder ein Thema – das faszinierte ihn gleich. Dann mußte sofort darüber gesprochen werden.

Übrigens sah man ihn nie ohne Buch. Man konnte ihn manchmal ohne Schuhe sehen oder mit einem halben Hemd, aber nie ohne Buch. Wo immer er war, in der U-Bahn, in der S-Bahn, im Kaffeehaus, auf der Straße oder beim Arbeiten: Bücher hatte er immer dabei.

Rudi las sehr sorgfältig, indem er im Buch unterstrich, wichtige Sachen herausschrieb, sich zu Hause Rechenschaft ablegte: Was habe ich heute gelesen, was kam heraus? Über seinem Bett hing ein Zettel. Auf ihm war jeder Lektüreschritt genau angegeben.«[32]

Dutschke las für das Studium ungewöhnlich viel, weil sich die Seminare am Soziologischen Institut nicht als abstrakte wissenschaftliche Beckmesserei verstanden, weil ihre Themen und Fragen mit seinen persönlichen und politischen Problemen verschmolzen. Das lag an seinen wissenschaftlichen Lehrern.

Zum Beispiel an Soziologieprofessor Otto Stammer. Er hatte alles andere als eine typisch akademische Vergangenheit. Stammer kam aus Österreich. Er war dort Mitglied der Sozialdemokratischen Partei gewesen und hatte im Widerstand gegen die Faschisten gekämpft – und zwar mit der Waffe in der Hand im Arbeiterviertel »Wiener Neustadt«. Daraufhin wurde er von den Nazis ins KZ gesteckt und dort bis zum Kriegsende festgehalten. Danach arbeitete Stammer als Kellner in der DDR, stieg auf bis zum Leiter eines Industriebetriebes und kehrte 1952 aus Enttäuschung über den stalinistischen Weg des neuen deutschen Sozialismus der DDR den Rücken. Erst in West-Berlin, an der Freien Universität, wurde er Hochschullehrer. Stammer folgte also der Tradition eines freiheitlichen Sozialismus und interessierte sich und seine Studenten dafür, warum diese sozialistische Tradition verschüttet worden war. In einem Seminar Stammers über die Fraktionskämpfe innerhalb der österreichischen Arbeiterbewegung stieß Rudi Dutschke erstmals auf eine Schrift der Sozialistin Rosa Luxemburg: »Die russische Revolution«, geschrieben erst ein Jahr nach der russischen Oktoberrevolution, am Jahresende 1918 im Gefängnis von

Breslau. Rosa Luxemburg kritisiert darin die Haltung der Bolschewiki in der Frage der »Diktatur des Proletariats«:

»Ohne allgemeine Wahlen, ungehemmte Presse- und Versammlungsfreiheit, freien Meinungskampf erstirbt das Leben in jeder öffentlichen Institution, wird zum Scheinleben, in der die Bürokratie allein das tätige Element bleibt. Das öffentliche Leben schläft allmählich ein, einige Dutzend Parteiführer von unerschöpflicher Energie und grenzenlosem Idealismus dirigieren und regieren. Unter ihnen leitet in Wirklichkeit ein Dutzend hervorragender Parteiarbeiter, und eine Elite der Arbeiterschaft wird von Zeit zu Zeit aufgeboten zu Versammlungen, um den Reden der Führer Beifall zu klatschen, vorgelegten Resolutionen einstimmig zuzustimmen, im Grunde eine Cliquenwirtschaft, eine Diktatur allerdings, aber nicht die Diktatur des Proletariats, sondern die Diktatur einer Handvoll Politiker, das heißt, Diktatur im bürgerlichen Sinne.«[33]

Prophetisch beschreibt Rosa Luxemburg das, was Rudi Dutschke dann als Staatssozialismus in der DDR am eigenen Leib erlebt hat. Und sie tritt dafür ein, daß Sozialismus und Demokratie untrennbar zusammengehören. Das merkt er sich, zitiert es später immer wieder:

»Freiheit für die Anhänger der Regierung, nur für die Mitglieder einer Partei – mögen sie noch so zahlreich sein – ist keine Freiheit. Freiheit ist immer die Freiheit der Andersdenkenden. Nicht wegen des Fanatismus der ›Gerechtigkeit‹, sondern weil all das Belebende, Heilsame und Reinigende der politischen Freiheit an diesem Wesen hängt und seine Wirkung versagt, wenn die ›Freiheit‹ zum Privilegium wird.«[34]

In den ersten zwei Jahren seines Studiums war Rudi Dutschke so in seine Bücher versunken und so damit beschäftigt, »im Westen anzukommen«, daß er mit Ausnahme seiner Aktion gegen den Mauerbau an politischen Veranstaltungen nicht teilnahm.

Aber wo sollte er auch hingehen, wo sich anschließen? Berlin nach dem Mauerbau war eine Stadt in politischer Agonie, ein Patient mit nur noch wenigen bedingten Reflexen auf starke Reize.

Ein Revolutionär namens Jesus

Rudi Dutschke ging in den ersten Monaten nach dem Mauerbau fast jeden Sonntag in die Kirche in Schlachtensee oder in die Universitätskirche. Aber eine Gemeinde wie in Luckenwalde mit Familie und Freunden fand er nicht, hier gab es kein Gesprächszentrum wie in seiner Kindheit und Jugend. Das waren Gottesdienstbesucher, die kamen und wieder nach Hause gingen, wenn der Pfarrer seinen Segen ausgeteilt hatte.

Religion als Privatsache lag Rudi nicht. Er ging mit der Zeit nur noch unregelmäßig in den Gottesdienst, dann blieb er weg.[35] Aber seinen Jesus wollte er sich erhalten.

Aus dem Tagebuch vom Karfreitag, dem 20. März 1963:
»In diesen Stunden verschied keuchend im Morgenlande der Welt größter Revolutionär – Jesus Christus. Die nichtwissende Konterrevolution schlug ihn ans Kreuz. Christus zeigt allen Menschen einen Weg zum Selbst. Diese Gewinnung der inneren Freiheit ist für mich allerdings nicht zu trennen von der Gewinnung eines Höchstmaßes an äußerer Freiheit, die gleichermaßen und vielleicht noch mehr erkämpft sein will. Den Ausspruch Jesu: ›Mein Reich ist nicht von dieser Welt‹ kann ich nur immanent verstehen. Natürlich, die Welt, in der Jesus wirklich lebte und arbeitete, war noch nicht die neue Wirklichkeit. Diese galt und gilt es noch zu schaffen, eine hic et nunc-Aufgabe der Menschheit.«

Berliner Stilleben mit John und Jackie

Im Juni 1963 gerieten zehntausende Westberliner in den Straßen der Stadt und auf dem Schöneberger Rathausplatz vor Begeisterung außer Rand und Band.

Da oben auf dem Rathausbalkon stand neben dem Regierenden Bürgermeister Willy Brandt der junge amerikanische Präsident John F. Kennedy und sprach zu den Bürgern West-Berlins: »All free men, wherever they may live, are citizens of Berlin. And therefore, as a free man, I take pride in the words: Ich bin ein Berliner.«

An dem Massenspektakel nahmen Dutschke und sein Freund Rabehl nicht teil. Am Nachmittag dieses sonnigen 26. Juni 1963 saßen sie bei einer Kommilitonin und bereiteten sich gemeinsam auf eine Prüfung an der Uni vor. Von der Beusselstraße herauf drang durch die geöffnete Balkontür volksfestartiger Lärm. Beiderseits der Straße drängelten sich die Berliner an den Absperrgittern der Polizei, die Kinder und Jugendlichen unter ihnen schwenkten eifrig amerikanische Papierfähnchen, die die Parteien und der Senat in diesen Tagen kostenlos unters Volk gebracht hatten. Die drei da oben waren nicht in Feierstimmung und hingen über ihren Büchern. Aber als der Lärm unten auf der Straße anschwoll, gingen sie raus auf den Balkon. Da fuhr er vorbei, in einer offenen Limousine stehend, lächelnd, winkend, der junge mächtige Mann mit der schönen Frau, über die seit Tagen die Gazetten schrieben, John F. Kennedy, der Präsident, ein Hollywood-Traum aus dem Weißen Haus, der Held der westlichen Welt, smart und hart. Die Menschen auf der Straße jubelten ihm zu und klatschten Beifall. Nur wenige pfiffen, vermutlich einige Sympathisanten der SEW (Sozialistische Einheitspartei Westberlin). Kommunisten – wen wundert's, dachten sich die Frontstadt-Berliner und jubelten noch lauter.

Dutschke und Rabehl auf dem Balkon schauten nur zu, jubelten und pfiffen nicht. Sie blickten ihm auch nicht nach voll Haß wie fünf Monate später von seinem Fenster über den jubelnden Leuten in Dallas, Texas, Lee Harvy Oswald, der den winkenden, lächelnden Präsidenten ins Fadenkreuz seines Zielfernrohres nahm und ihn erschoß. Sie waren nur mißtrauisch gegenüber dem Mann und der Show und dem Gerede von der Freiheit, für die Amerika in Berlin einstehen soll. Sie teilten nicht den amerikanischen Traum aus Freiheit und Konsum, den das halbe, das westliche Berlin träumte. Gingen wieder rein in die Stube und lernten weiter.

Wer sich leer fühlte mit der wohlausgestatteten Dürftigkeit des bundesdeutschen Wohlstandes und ein Student dazu war, der füllte seine Abende und Gespräche mit Jazz und Existentialismus. Freilich wurde dann und wann über den Sinn des Seins an sich diskutiert, aber das eigene Privileg als Intellektueller und die Lebenspläne, die damals noch wie selbstverständlich von der Uni in die Chefetagen einmündeten, wurden nicht angezweifelt. Tageskampf und Freizeitschwermut vertrugen sich gut.

Verweigerung war etwas anderes. Verrückte mußten das sein oder Künstler. Ein paar davon gab es in Westdeutschland und in West-Berlin. Rudi Dutschke und Bernd Rabehl lernten sie kennen. Die Gruppe hieß: Subversive Aktion.

»Rudi und ich trafen auf einen westlichen Typus von Leuten, die sagten: Wir machen nicht mehr mit. Wir verweigern uns. Wir haben kein Interesse an irgendwelchen Karrieren. Bei bestimmten Leuten in der Subversiven Aktion war diese Verweigerung mit einem ungeheuren wissenschaftlichen Ehrgeiz verbunden, die Kulturkritik aufzuarbeiten. Wir waren in erster Linie ein Diskussionsclub, weniger ein Aktionsclub. Und für uns war es wichtig, über diese Diskussion die westlichen Verhältnisse kennenzulernen.«[36]

Subversive Aktion

Anfang Mai 1964. Stuttgarts Oberbürgermeister Klett tritt in der Liederhalle der Stadt an das Rednerpult. Der Oberbürgermeister will gerade mit ein paar belanglosen Worten eine Grußadresse an die im Parkett versammelten deutschen Werbeleiter und Werbeberater loswerden und ihrer Tagung einen guten Verlauf wünschen. Aber er kommt nicht über die Anrede der sehr verehrten Damen und Herren hinaus. Von der Empore der Halle ist plötzlich Musik zu hören. Verschiedene Musik, aus verschiedener Richtung, klassische aus der einen Ecke, Beat-Musik aus der anderen. Dann kommt Bewegung in die Szene. Ein paar junge Leute werfen Flugblätter von der Empore herab, andere gehen durch die Reihen der verdutzten Gäste und drücken ihnen dieses Flugblatt in die Hand:

Aufruf an die Seelenmasseure

IHR suggeriert den Leuten die Bedürfnisse ein, die sie nicht haben!
IHR stopft sie voll mit Produkten, damit sie sich ihrer wahren Bedürfnisse nicht mehr bewußt werden!
IHR sorgt dafür, daß die Menschen nur noch arbeiten müssen, um konsumieren zu können und dadurch Konsum mit Arbeit identisch wurde!
IHR habt erreicht, daß der subtile Zwangskonsum die Möglichkeit einer Welt ohne Arbeit verschleiert!
IHR habt die Lüge /consumo, ergo sum/ zur Wahrheit inthronisiert!
Deshalb seid IHR DIE PREDIGER DER UNTERDRÜCKUNG!
WIR fordern Euch auf:
Hört auf mit der totalen Manipulation des Menschen!
Hört auf, den durch Euch verblödeten Menschen auszunützen durch das Einpeitschen immer neuer Parolen!
Hört auf, die Menschen als eine knetbare Masse zu betrachten, die dumpf Euren eingehämmerten Befehlen gehorcht!
WIR wagen zu prophezeien:
Der Mann auf der Straße wird eines Tages der repressiven Gesellschaft und seiner selbst bewußt werden. Das Selbstverständnis von sich und der Gesellschaft wird ihn befähigen zu erkennen, wer am Untermauern des falschen Ganzen interessiert ist.
Er wird wissen, was er zerschlagen muß, um sich zu befreien!
Er wird wissen, daß seine Befreiung nur möglich ist in einer freien Gesellschaft.
Er wird wissen, daß das falsche System sich verselbständigt hat und selbst die Ideologen der Repression nur Abklatsch der repressiven Ideologie sind. Das Unrecht, das IHR permanent an den Menschen verübt, wird diese befähigen, das Recht zu erkennen.

Nachbemerkung:
Selbstverständlich wissen wir, daß die repressive Werbeindustrie auch nur ein Glied des repressiven Ganzen ist und nur zusammen mit dem Ganzen liquidiert werden kann. Trotzdem: Marionette zu sein, die selbst wieder gängelt und durch jeden ersetzbar ist, kann SIE nicht davon entbinden, die Fäden durchschneiden zu müssen.
Stuttgart, Mai 1964 SUBVERSIVE AKTION[37]

Nach einem kurzen Moment allgemeiner Erstarrung bricht ein Tumult unter den aufgebrachten Werbeleitern aus. Sie stürzen sich auf die Flugblattverteiler und übergeben sie der Polizei. Unter den Verhafteten sind Dieter Kunzelmann, Schriftsteller aus München, und der Student Frank Böckelmann. Nach peinlichen Verhören bei der politischen Polizei kommen sie frei. Die wenig später verhängte Geldstrafe von 80,- DM pro Person weisen die beiden »wegen groben Unfugs« zurück. Das Gericht spricht sie damals noch frei. Der Richter meint, Werbeleiter könnten »ruhig etwas härter angefaßt werden, da diese auch ihrerseits die Opfer ihrer Werbung nicht mit Samthandschuhen anfassen«.[38]

Happenings wie das in Stuttgart waren typisch für die Subversive Aktion. Dieter Kunzelmann, Ende der fünfziger Jahre Mitglied der Situationistischen Internationale, einer Künstlergruppe, die an die gesellschaftskritische Tradition der Dadaisten anzuknüpfen versuchte, hatte sie 1962 in München ins Leben gerufen. Hatten die Dadaisten noch mutig und eindeutig gegen den Ersten Weltkrieg Stellung bezogen, so vermißte Kunzelmann recht bald ein ähnlich deutliches politisches Engagement bei den in der Situationistischen Internationale zusammengeschlossenen Künstlern aus Frankreich, Belgien, Skandinavien und Deutschland. Zu selbstgefällig und ganz und gar nicht selbstkritisch sonnten sie sich im Gefühl, die Avantgarde der Avantgarde zu sein. Ihre gesellschaftliche Isolation, in Künstlerzirkeln unter Künstlern zu sein, störte sie nicht. Das wollte die Subversive Aktion ändern.[39]

Kunzelmann und seine ersten Mitstreiter Christopher Baldeney und Rudolphe Gasché – und wenig später Frank Böckelmann – waren sich einig in ihrer Kritik der bundesdeutschen Wohlstandsgesellschaft: Mitten im materiellen Wohlstand lebt das Leben nicht, sind die Menschen unfähig zum Genuß. Anstelle echter Befriedigung ihrer Träume, Wünsche und Lust lassen die Menschen sich willig mit Ersatzangeboten aus Konsum und Illusionen abspeisen. Diese Angebote verfangen so gut, daß die Menschen nicht mehr wie früher nur durch offene Gewalt und fühlbare Unterdrückung bei der Stange gehalten werden müssen. Die Rolle von Polizei und Gefängnis haben Kino, Fernsehen, Konsum und gesteuerte Freizeit übernommen. Das alles faßte die Subversive Aktion in den Begriff: repressive Gesellschaft. In den Strudel dieser Gesellschaft, so die Subversive Aktion, waren längst auch die geraten, die früher einmal mit politischem Widerstand gegen offene Unterdrückung gekämpft hatten: die Arbeiter und ihre Organisationen, von der Gewerkschaft bis zur SPD.

Für diese Gedanken der Subversiven gab es geistige Väter, namentlich die Professoren Theodor W. Adorno, Max Horkheimer und Herbert Marcuse. Alle drei waren vom Faschismus ins amerikanische Exil getrieben worden. Zu Hause in Hitler-Deutschland hätten sie als Linke und Juden den sicheren Tod im KZ zu erwarten gehabt. Im Exil und nach ihrer Rückkehr in die Bundesrepublik – nur Marcuse blieb auch nach dem Krieg in den USA – setzten sie sich aufs genaueste damit auseinander, wie aus Deutschland ein totalitärer, faschistischer Staat hatte werden können. Sie glaubten nicht an das Märchen von der erst plumpen und dann ausschließlich gewaltsamen Übertölpelung eines ganzen Volkes durch einen bösartigen Diktator.

Ihre Analysen galten jeder Form von Propaganda und dehnten sich auch, unter dem Eindruck der in Amerika verfeinerten und fortgeschrittenen Filmindustrie, des Radios und Fernsehens, auf alle Bereiche der Kultur aus, die von der Masse der Bevölkerung wahrgenommen wird.

Ihre Analysen gingen auch von dem Schock von Auschwitz aus. Wie war es möglich, daß Menschen Menschen millionenweise morden und sich dann achselzuckend auf »Führerbefehle« berufen konnten? Wie kam es zu jener oft lustvollen Unterwerfung, die mithin die einzige Lust schien, die diese Menschen zu leben imstande waren? – Adorno, Horkheimer und Marcuse schrieben Bücher und Aufsätze, in denen sie sich um das Verständnis dieses von ihnen so bezeichneten »autoritären Charakters« bemühten.

Im Westdeutschland der Nachkriegszeit interessierte sich kaum jemand für die in schwieriger Sprache geschriebenen Bücher der »Kritischen Theorie«. Der Drang zum Aufbau und die Verdrängung der eigenen Geschichte waren scheinbar unauflöslich miteinander verschlungen. Außer einem exklusiven Leserkreis rund um die Frankfurter Universität, an der Horkheimer und Adorno lehrten, gab es kaum jemanden, der ihre oder Marcuses Bücher kannte.

Aber nicht allein Analysen der Gesellschaft suchten die Subversiven, sie suchten auch nach Ansatzpunkten zum Ausbruch, zur Veränderung. Auch dazu fanden sie Stichworte und Thesen, vor allem in den Büchern Herbert Marcuses.

Als Angelpunkt der Repression entdeckten sie die Unterdrückung der Sexualität. Nur wer seine innersten Triebe freisetzen könne, der könne sich letztlich auch frei machen aus allen anderen gesellschaftlichen Formen von Unterdrückung. Das Ausleben des totalen Lustprinzips – ein von Marcuse entlehnter Begriff – werde die Menschen auch fähig machen zu revolutionärer politischer Veränderung. Frank Böckelmann skizziert, wie diese Ideen in Aktionspläne eingingen.

»Wir stellten uns vor, diese Gesellschaft durch verführerische Aktionen in eine Verwirrung zu stürzen, Unruhe zu stiften oder – wie Kunzelmann sagte – das Blaue vom Himmel herunter zu versprechen. Das waren alle möglichen Phantasien. Zum Beispiel hatten wir vor, Kaufhäuser zu überfallen und die gesamten Waren zu rauben, auf große Lastwagen zu laden und in die Vorstädte zu fahren und zu verteilen oder die Menschen zu großen Orgien zu verführen – das waren unsere Ideen.

Der Kommunegedanke hatte bei uns eine ganz entscheidende Bedeutung. Wir wollten nicht bis zum Sankt-Nimmerleinstag der großen Umwälzung warten, sondern wir wollten hier und jetzt etwas tun. Und das war sicherlich ein Gedanke, der in dieser Radikalität zum ersten Mal in der Subversiven Aktion aufkam. Wir handhabten zwar diese großartigen Begriffe: Totalität, Leistungsprinzip, Antagonismus etc., aber wir wollten und waren der Überzeugung, daß man bereits hier und jetzt quasi einen Vorschuß auf die befreite Gesellschaft nehmen könnte und das sogar tun müsse, um gewissermaßen durch symbolische Aktionen zu zeigen, was möglich ist, und damit auch andere mitzureißen ...«[40]

Es scherte die Subversiven herzlich wenig, was ihre akademischen Mentoren über die politische Verwendung ihrer Theorien dachten. Sie wußten, daß es besonders die in Frankfurt lehrenden Professoren Horkheimer und Adorno nicht gerne sahen, aus ihrem Elfenbeinturm hehrer Theorie herausgezerrt zu werden. Gerade deshalb versuchten sie es. Anfang Mai 1964 klebten sie in der Nähe der Universitäten München, Stuttgart, Tübingen und Berlin Plakate mit der Überschrift »Suchanzeige«. Unter dieser Überschrift führten sie Zitate von Max Horkheimer, Theodor W. Adorno, Günter Anders und André Breton auf:

»Mit dieser Welt gibt es keine Verständigung: Wir gehören ihr nur in dem Maße an, wie wir uns gegen sie auflehnen.«
»Alle sind unfrei unter dem Schein, frei zu sein.«
»Freiheitsberaubung wird als organisiertes Vergnügen geliefert.«
»Im stillen ist eine Menschheit herangereift, die nach dem Zwang und der Beschränkung hungert, welche der widersinnige Fortbestand der Herrschaft ihr auferlegt.«
Unter diesen Zitaten forderten die Subversiven die Leser dieses Plakates auf:
»Der deutsche Intellektuelle und Künstler weiß das alles schon längst. Aber dabei bleibt es. Wir glauben, daß Wissen nicht Bewältigung ist. Wenn auch Ihnen das Mißverhältnis von Analyse und Aktion unerträglich ist, schreiben Sie unter Kennwort ›Antithese‹ an 8 München 23, Postlagernd. Verantwortlich Th. W. Adorno, 6 Frankfurt/ Main, Kettenhofweg 123.«[41]
Zwei Dinge geschahen auf diese Plakataktion hin: Professor Theodor W. Adorno erstattete Anzeige gegen die Autoren des Plakates wegen unbefugter Verwendung seines Namens. Das ergab eine Geldstrafe von 100,– DM für Frank Böckelmann und sorgte für mehr Klarheit gegenüber den theoretischen Autoritäten. Bernd Rabehl und Rudi Dutschke meldeten sich auf diese Anzeige hin bei der Subversiven Aktion als Mitarbeiter.
Sie lernten die Subversive Aktion zunächst über Rudolphe Gasché kennen. Gasché, der aus Luxemburg stammte, studierte in Berlin Philosophie. Offiziell jedenfalls. Eigentlich übte er sich im Lebensstil eines intellektuellen Bohemien. Man traf sich bei ihm, jedoch keinesfalls vor Mittag. Man verteilte sich in Sesseln, auf dem Fußboden oder auf dem Bett und gewöhnte die Augen ein wenig an das dämmrige Licht, das durch den stets halb herabgelassenen Rolladen und die geschlossenen Gardinen drang. Und dann diskutierte man, über gelesene Bücher, zu lesende Bücher, über mögliche Aktionen. Das waren Diskussionen, denen keine Geschäftsordnungsdebatten, kein Rechtfertigungszwang gegenüber der Öffentlichkeit, kein Gerangel um Vorstandsposten im Wege waren. Die Subversive Aktion hatte keine Vorstandsposten, keine Mitgliedsbücher zu vergeben, keine Mitgliedsbeiträge zu erheben, kannte nur die sporadische Öffentlichkeit einzelner Aktionen.

Personenbeschreibung

Rudi Dutschke kam nicht aus der komfortablen Kälte eines Großstadt-Bürgerhauses, war kein Desperado aus Langeweile und Überdruß an einer Moral, von der immer nur gesprochen wurde, während sie Tag für Tag im Leben ein Stück weiter ausgehöhlt wurde. Die Familie mußte ihm kein Politiker wider bessere Erfahrung heiligsprechen, sie war erlebter sozialer Zusammenhalt.

Im persönlichen Umkreis, vor allem in der Familie, war doppelte Moral verpönt: die Diskrepanz zwischen dem, was einer sagte und was er dann tat. Das war eingefleischt, und moralische Appelle waren schon deshalb nicht zwecklos. Daß Ansprüche zum Feigenblatt werden, zu leerem Gerede über eine als falsch erkannte Wirklichkeit, die sich nach ganz anderen Gesetzen richtete, ging in seinen Kopf nur schwer hinein. Aber es befähigte ihn zur Empörung, wo andere schon aus Angst schwiegen, und zur Hoffnung, wo andere resigniert in Zynismus verfielen.

Frank Böckelmann über Rudi Dutschke:
»Von Dutschke ging eine Atmosphäre der Fremdheit aus, die zugleich begeisternd war. Er hatte wenig im Sinn mit unserer Art von Zynismus und unserer Gewohnheit, alles mehr oder weniger spielerisch anzugehen. Von ihm ging so etwas Strenges, Düsteres und gleichzeitig Entschlossenes aus. Wie er die Verhältnisse darstellte, konnte man sie wiedererkennen und gleichzeitig nicht wiedererkennen. Diese Zwiespältigkeit übte eine seltsame Faszination aus.

Er war auch umgeben von so einer Ahnung von Reinheit, man möchte fast sagen: Keuschheit. Er hatte etwas Asketisches an sich. Und auch das war so etwas wie ein moralischer Gegenanspruch zum Anspruch der Gesellschaft, daß man Karriere macht und sich einfügt und nicht unangenehm auffällt. Diese Radikalität, diese Ahnung von einer tieferen Unschuld, die von ihm ausging – während wir uns immer schon im Gegensatz zu ihm ›schmutzig‹ gefühlt haben und schmutzig sein wollten.

Wir waren auch marxistisch beeinflußt, aber wir verstanden uns nicht mehr als Marxisten. Das war für uns eine Theorie, die spätestens mit dem Ersten Weltkrieg ihre konstituierenden Bedingungen verloren hat und für die Gegenwart nicht mehr aussagekräftig war.

Dann kamen die Marxisten, die uns eines voraus hatten: eine geschlossene Theorie. Wir lebten von Fragmenten, von Ansätzen, wollten erst etwas entwickeln. Das war die Begegnung mit

Dutschke. Wenn er sprach, machte er es nicht unter zehn Minuten, während wir mehr tastend sprachen, in Andeutungen, small talk – und er hatte eigentlich sehr wenig unterschiedliche Redeweisen. Er sprach unter vier Augen genauso wie in Veranstaltungen vor fünfzig Leuten. Das vermittelte den Eindruck einer gewissen sympathischen Starrheit – ich meine es nicht im Sinne von Rigidität –, dafür lag zuviel Energie dahinter, zuviel Leidenschaft, als daß man davon hätte abgestoßen werden können.

Da war einer – denn Rabehl hat kaum gesprochen –, für den alles schon klar war, der die Antworten schon mitbrachte, der uns mit einem geschlossenen System konfrontierte – und wir waren drauf und dran, durch experimentelle Aktionen erst die Grundlagen zu erarbeiten für eine mögliche neue revolutionäre Theorie, so daß das Verhältnis zu Dutschke von Anfang an – jedenfalls was uns Münchner betraf, Kunzelmann und mich vor allem – sowohl einmal durch Begeisterung wie gleichzeitig durch Mißtrauen gekennzeichnet war. Er hat sich zurückbezogen auf Lukács, vor allem auf Rosa Luxemburg, gelegentlich auch auf Karl Korsch und die Organisations- und Parlamentarismus-Debatte zu Beginn der zwanziger Jahre; er wollte zu Marx zurückkehren, zu einem Marx-Bild, unverdeckt und unverfälscht von den ganzen Verstümmelungen und Pervertierungen, die Marx, Engels und Lenin in der Entwicklung des Staats-Marxismus durchgemacht hatten. Er operierte mit dem Begriff der Totalität, sowohl in einem strukturellen Sinn in der Art, daß nun sämtliche kulturellen, politischen, ökonomischen Bereiche der Gesellschaft nur aus dem Zusammenhang heraus zu verstehen sind, als auch in einem globalen Sinne, daß er uns ständig sagte: ›Wir dürfen nicht nur alleine bei der Bundesrepublik Deutschland stehen bleiben. Das ist nur ein Teil. Alles, was hier vielleicht so geschlossen aussieht, ist längst nicht mehr so geschlossen, wenn wir an die großen, globalen Konflikte denken.‹ China vor allem, das war damals eine Hoffnung für ihn, eine große Hoffnung 1964/65. Und wer weiß, wie es aussieht, wenn mal diese großen Gegensätze zwischen der Dritten Welt und den Monopolen aufbrechen. Wer weiß, wie lange wir dann unsere gewissermaßen komfortablen Repressionsformen genießen können. An diesem Begriff von Totalität hat uns in München gestört, daß hier noch ein geschichtsmächtiger Optimismus zu walten schien, die Kategorie einer Ganzheit, der sich alle Einzelfragen unterordnen lassen. Er enthält immer die Unterstellung, daß es einen Einheitswiderspruch gibt, einen großen, unaufhebbaren Widerspruch für diese Gesellschaft, so daß es nur noch darauf ankommt, sich längs dieses Risses zu orientieren und an der Vertiefung dieses Risses mitzuarbeiten. Optimistisch deswegen, weil nichts an Verrenkungen, an Verblendungen, an Brot und Spielen dazu führen kann, daß der Widerspruch verschwindet. Er produziert das Gefühl, von vornherein auf der Seite der stärkeren Bataillone zu stehen.

Allerdings herrschte in diesen Jahren Dutschke gegenüber eine merkwürdige Ambivalenz: Man machte sich ein bißchen lustig über ihn. Man nahm ihn andererseits auch ganz ernst, bewunderte ihn, vor allem seine rhetorischen Fähigkeiten. Wenn er sprach, blieb kein Auge trocken, da gab es auch keinen Widerstand, es war kaum möglich einzuhaken – und andererseits mokierte man sich. Es war leicht, ihn zu ärgern, weil er Ironie nie mitbekam. Er hatte zum Beispiel heftige Bedenken gegen so Leute wie Heidegger; das waren auch für uns Ungeheuer, aber wir kokettierten mit ihnen. Dutschke war damit leicht auf die Palme zu bringen. Da sagte ich mal so – die anderen wußten Bescheid: Das erinnert mich doch irgendwie an Heidegger, ich glaube schon, daß man da eine Verbindung herstellen kann zum Begriff der Geschichtlichkeit von Heidegger – und gleich ging Dutschke mit einer Tirade von einer Viertelstunde in die Luft, obwohl es nur ein Witz war, aber das hat er nicht mitbekommen. Selbst hinterher nicht, als er das Lachen gesehen hat. Wenn man merkt, ein Mensch läßt sich immer wieder in die gleiche Falle locken, dann reizt es, ihn zu kitzeln. So war es immer. Er kam uns irgendwie unschuldig vor, und gleichzeitig war er stark. Das fasziniert. Das ist das Material, aus dem Führerpersönlichkeiten geschmiedet werden: Robespierre; wir waren eher so kleine Dantons.«[42]

Erste Aktion

»Kritik muß in Aktion umschlagen. Aktion entlarvt die Herrschaft der Unterdrückung!« tönte der von Dieter Kunzelmann, Christopher Baldeney und Rodolphe Gasché herausgegebene Manifest-Text »Unverbindliche Richtlinien«.[43] Auch die Berliner »Mikrozelle« der Subversiven Aktion war kein bloßer Debattierklub. 1963 hatte der politische Mief des Mauerbaus auch auf die Freie Universität übergegriffen. Antikommunismus im nationalistischen Gewand begann hoffähig zu werden. An der Freien Universität, die sich als Gegengründung zur staatlich gegängelten Humboldt-Universität, als ihr republikanisches Gegenstück verstand, wurde im Januar 1963 ein Mitglied einer schlagenden Verbindung 1. AStA-Vorsitzender. Gegen die Wahl des »Savaria«- und CDU-Mitgliedes Eberhard Diepgen erhob sich zwar Protest, und in einer von den linken Gruppen angestrengten Urabstimmung wurde er gleich wieder abgewählt. Aber die Burschenschaften, laut Satzung an der Freien Universität verboten, versuchten hartnäckig, wieder Boden gutzumachen.

Inmitten der heftigen Diskussionen unter Studenten und Professoren über die Rolle von Burschenschaften und Corps sorgte ein Flugblatt der Berliner Mikrozelle der Subversiven Aktion für Heiterkeit.

Es lädt ein: Hac(k)e(n)-Crux TEUTONICA (schlagende Verbindung) zu einer urdeutschen Met-Shuffle

Willkommen sind alle Neuimmatrikulierten, auch all die Kommilitonen, die noch keinen Anschluß finden konnten. In unserer Verbindung finden Sie eine Gemeinschaft, die hilfsbereit alle individuellen Sorgen beseitigt und einen Kameradschaftsbund für das ganze Leben schafft, der immer dann einspringen wird, wenn die weltliche Not unerforschlich und ausweglos erscheint. Gerade in Berlin sind wir noch immer durch Falschheit und Neid von linken Wirrköpfen der Verleumdung preisgegeben, die unsere ehrwürdige Tradition mit Dreck besudeln wollen. Das Gerede von den alten Herren, die uns scheinbar gängeln, ist eine Mär, die in der Garküche Ulbrichts entstanden ist. Unsere Gemeinschaft pflegt seit ihrem Ursprung eine wahre, germanische Demokratie; bei uns ist man durch und durch unabhängig; Freiheit ist unser Prinzip. Unsere Demokratie geht sogar soweit, daß niemand gezwungen ist, sich zu schlagen oder Farben zu tragen.

Die Förderer unserer Verbindung werden Ihnen helfen, die richtige Einsicht zu finden; sie werden das Denken formen, was die heutige Industrie von Ihnen fordert: Tüchtigkeit, Fleiß und Eifer. Bei uns werden Sie auf Ihren späteren Beruf vorbereitet, und wir schaffen Ihnen die Stellen, die Ihnen dank unserer Verbindungen weit offenstehen und Ihrer Moral entsprechen. Ein glückliches und zufriedenes Leben harrt auf Sie!

Wir stehen fest auf dem Boden eines liberalen Staates, wie die Geschichte unserer Verbindung zeigt. Schon 1819 wurde ein elender russischer Spion (Kotzebue) von einem Angehörigen der Korporationen erstochen; 1871 waren wir die ersten, die das deutsche Reich bejubelten; 1914 eilten wir zu den Fahnen, um dem bedrohten Vaterland zu helfen; 1933 beugten wir uns der Gewalt und wir gingen in die HJ, um diese Organisation von innen auszuhöhlen; der uns aufgezwungene Krieg von 1939 fand uns wieder in der ersten Reihe; 1945 konnten wir endlich dem Anstreicher unsere Verachtung zeigen, denn wie hatte er seine Versprechungen an die deutsche Industrie gehalten? Er hatte sie zugrunde gerichtet!

Unsere Verbindungen entstanden unerschüttert wieder, denn schon zeigte sich der Strudel, der die Hirne ins Ausweglose riß und der schon in der Weimarer Zeit unsere Verachtung verdiente. Bolschewismus und Pazifismus wollten den Eifer der deutschen Studenten hemmen. Die Industrie schrie förmlich nach unserer Erziehung untertänigen Maßhaltens. Unsere Gönner unterstützten uns mit allen Mitteln; ihr Wunsch wurde uns zur Verpflichtung! In unserer Verbindung entsteht der ewig deutsche Mensch, der sich der Führung anvertraut, der beharrlich, ohne aufzumucken, das deutsche Wunder schafft – ein Schrecken für die Internationale Konkurrenz!

Die Einheit ist uns ein Herzbedürfnis, zu keiner Stunde vergessen wir unsere Lieben in der Zone; aber wir warnen vor jeder Überstürzung, die westdeutsche Industrie könnte leicht harten Schaden erleiden. Vertrauen wir auf Ehrhard – »Ich weiß von der tiefen Sehnsucht des deutschen Volkes, geführt zu werden« ... Die Freiheit halten wir hoch, denn ohne freie Konkurrenz kann keine Industrie bestehen, unser Profit nicht entstehen! ... Fromme Worte, gesalbte Einsicht und Vertrauen in die bewährte Mannschaft ist das Gerüst unserer Demokratie, denn Experimente können unseren Stellungen gefährlich werden ... Für das Recht kämpfen wir seit unserer Entstehung; wir fordern eine neue Urabstimmung – UNSER IST DAS RECHT!!

I. Vorsitzender: R. Dutschke (13 Mensuren); II. Vorsitzender R. Gasché (10 Mensuren); I. Schriftführer: H. Nagel (7 Mensuren); II. Schriftführer: B. Rabehl (7 Mensuren)

Nach der Flugblatt-Aktion notierte Rudi Dutschke in seinem Tagebuch:

»Mal hören, wie die vom SDS und Argument-Club unsere Aktion, unsere kleine Provokation gegen die Verbindungsleute des RCDS beachten. Die vom RCDS reagierten ziemlich sauer im Audi-Max, als wir uns zu Verbindungsleuten ernannten und versuchten, den ganzen Spuk lächerlich zu machen. Einige drohten mit Schlägereien, wagten es aber nicht. Ob wir uns lächerlich gemacht haben, weiß ich nicht. Ein Kommilitone sagte jedenfalls zu mir: Da sollten die vom SDS sich mal ein Beispiel nehmen.«[44]

Theorie, ohne Weltmacht im Rücken

Für Rudi Dutschke war theoretische Arbeit keine akademische Pflichtübung, nur interessiert an gut geölter Logik und schönen Sätzen. Schon seine ersten veröffentlichten Texte aus der Zeit der Subversiven Aktion haben etwas merkwürdig Überstürztes an sich. So kurz sie auch sind, sie kommen immer zum Ziel in ihrem holprigen Dreischritt: Analyse der gesellschaftlichen Situation, Lage der revolutionären Kräfte, Möglichkeiten zur Aktion. Seine Ungeduld beim Schreiben trieb ihn zu abenteuerlichen Gedankensprüngen, zu endlosen Einschüben, mit denen er den eigenen Hauptsätzen mit Einwänden ins Wort fällt und seine Leser zur Verzweiflung bringt. Er schrieb eine hastige Sprache wie einer, dem die Zeit am Schreibtisch abgeht bei irgendeiner Aktion auf der Straße, aber auch wortmächtig und -besessen wie einer, der sich ohne Sesam-öffne-dich-Worte dort nicht hintraut.

Gelesen hatte Dutschke viel und unermüdlich und aus dem Gelesenen sein Mosaik der Selbstverständigung zusammengesetzt. Wer gedankliche Originalität am Umfang der selbstformulierten Sätze und Ideen mißt, wird von ihm enttäuscht sein.

Er verstand sich darauf, längst vergessenes oder unterdrücktes Wissen aufzuspüren. Er zeigte, daß es Jahrzehnte später in die aktuelle politische Situation paßte, und er scheute sich nicht, einander sehr entlegenen Theorien für richtig befundene Antworten zu entnehmen und in sein Weltbild einzubauen. Er war, mit anderen Worten, ein begabter Eklektiker, einer der es verstand, aus den verstreuten theoretischen Ideen anderer ein eigenes politisches Konzept zu gewinnen. Dutschke beanspruchte kein Geniepatent auf Ideen, sondern wollte abgerissene Fäden wieder aufnehmen, Theoretiker und Politiker der sozialistischen Bewegung der Vergessenheit entreißen, gleich ob sie die damals Herrschenden oder die Gegner in den eigenen Reihen verdrängt, unterdrückt oder ermordet hatten. Im Vordergrund seiner Texte stehen andere Namen: natürlich Marx, Engels und Lenin, auch Trotzki, Liebknecht, Luxemburg, Lukács, Bucharin, Korsch, Marcuse.

Die Gesellschaft, aus der Rudi Dutschke kam, pries sich selbst als den »ersten sozialistischen Staat auf deutschem Boden« und bot doch keinen Raum für Sozialisten, die gar nicht im Grundsatz, sondern nur in einzelnen Fragen mit der Staatsräson in der Deutschen Demokratischen Republik nicht übereinstimmten, zum Beispiel in der ablehnenden Haltung gegenüber dem Militärdienst. In einem seiner ersten Aufsätze, veröffentlicht in der Zeitschrift *Anschlag* – in der die Mitglieder der Subversiven Aktion sich so etwas wie ein »theoretisches Organ« geschaffen hatten –, wirft Rudi Dutschke einen zornigen und doch analytischen Blick zurück auf die Vorgeschichte dieser DDR, auf die Ursachen ihrer politischen Erstarrung: ein Blick, der die DDR nur streift und bei Stalin haften bleibt.

»Es gibt noch keinen Sozialismus auf der Erde; der Sozialismus ist weiterhin eine reale Kategorie des Noch-Nicht-Seins, der durch den Kampf der revolutionären Kräfte im Weltmaßstab in die gesellschaftliche Wirklichkeit gebracht werden muß. Für die marxistischen Sozialisten in den kapitalistischen Ländern ist das Bestehen einer dem Anspruch nach sozialistischen, in Wirklichkeit ›nur‹ antikapitalistischen Sowjetunion eine ungeheure Belastung, die sich allerdings im Augenblick revolutionärer Umschläge in zur Zeit kapitalistischen Ländern – wir denken aktuell an die lateinamerikanischen Länder – als wesentliche Stützkraft der Revolution erweisen kann.«[45]

Das sind kühne Worte, persönlich wie politisch gesehen. Politisch, weil seit der Spaltung der Welt in kapitalistische und sozialistische Staaten durch die russische Oktoberrevolution 1917 kaum je Sozialisten in kapitalistischen Staaten ihre Rolle, fremd zu sein im eigenen Land, verfolgte und bedrängte Opposition, anders ertrugen als in enger Anlehnung an das »Mutterland« der Revolution, die Sowjetunion und die Politik ihrer kommunistischen Partei, der KPdSU. Noch die 1956 in der Bundesrepublik vom Bundesverfassungsgericht verbotene KPD beschwor bis zuletzt »unverbrüchliche Treue« zur Sowjetunion und billigte kritiklos alle politischen Maximen aus Moskau. Dutschke entdeckte hinter der Fassade der Treueschwüre die Gängelung eigenständiger sozialistischer Politik, hinter den Lobpreisungen der KPdSU und der Sowjetunion ein Land, in dem die Herrschaft des Kapitals zwar gestürzt, die politischen Freiheiten des Sozialismus aber dennoch nicht verwirklicht waren. Sein Schluß: Wer, von der Sache des Sozialismus nicht überzeugt, skeptisch vom kapitalistischen Wirtschaftswunderland Bundesrepublik nach Osten schaut, sieht diese Mängel noch schärfer. Verteidigen die Sozialisten im eigenen Land dies Land voller Mängel mit schönen Worten als Paradies, machen sie den Leuten keinen Appetit auf Sozialismus, sondern rufen nur Abscheu hervor. Mit dieser Haltung arbeiten sie, wenn auch ungewollt, der antisozialistischen und antikommunistischen Propaganda der Herrschenden in die Hand: Um so leichter kann Adenauers CDU mit Parolen verschrecken wie: »Alle Wege des Marxismus führen nach Moskau«. Dutschke wollte der sozialistischen Bewegung verlorengegangenes Unterscheidungsvermögen wieder zurückgewinnen, unter anderem durch die Rückbesinnung auf die Geschichte der russischen Revolution:

»Da bei jeder Diskussion mit dem Arbeiter in der Kneipe, mit dem Christen in der Gemeinde, mit dem Studenten im Seminar, der sozialistische Gedanke – wir verstehen darunter die Mündigmachung des Menschen und die Aufhebung der Ausbeutung des Menschen durch den Menschen – mit der stalinistischen Ausprägung des Bolschewismus konfrontiert beziehungsweise gleichgesetzt wird, müssen wir uns mit der durch Stalin geprägten Sowjetunion bis 1955 und der sogenannten Entstalinisierung auseinandersetzen.«[46]

Er steuert gleich aufs Zentrum der Ängste zu: den stalinistischen Terror. Achthunderttausend Bürger der Sowjetunion, vom Mitglied des Politbüros der KPdSU, Marschällen der Roten Armee, die ihm nicht bedingungslos in allen politischen Fragen folgten, bis zu den Tausenden einfacher Bauern, die sich der Zwangskollektivierung der Landwirtschaft widersetzten, hat Stalin in den zwei Jahren der »Großen Säuberung« von 1936 bis 1938 hinschlachten lassen. Freilich berief er sich dabei, wie all seine damaligen und zukünftigen politischen Gefolgsleute, auf Lenins Theorie von der Notwendigkeit der »Diktatur des Proletariats«.

Lenin ist die Geister, die er rief, nicht mehr losgeworden. In der Tat – das räumt Dutschke ein – war es Lenin, der schon im März 1921 den Aufstand der Matrosen von Kronstadt – revolutionäre Kämpfer aus den eigenen Reihen, beileibe keine Söldner einer gegen den Sozialismus gerichteten Konterrevolution – von der Roten Armee blutig niederschlagen ließ. Und es war Lenin, der alle Parteien außer der KPdSU, ja sogar Fraktionen innerhalb der eigenen Partei, ferner die öffentliche Rede- und Versammlungsfreiheit außer Kraft setzte. All dies, und erst recht die gewaltsame Beseitigung der Zarenherrschaft, waren Akte der Gewalt, ja des Terrors, ein Terror jedoch, den Dutschke als Antwort auf die barbarische Gewalt des alten Systems und zur Erreichung eines Umsturzes zugunsten einer gerechteren Ordnung für unvermeidlich und gerechtfertigt hält:

»Hier hatte die repressive Gewalt, der Terror, eine eindeutig aus der Situation heraus zu rechtfertigende soziale Funktion. Es geht uns nicht um eine Rechtfertigung jedweder Repression. Wir marxistischen Sozialisten unterscheiden sehr genau zwischen notwendigem und zusätzlichem Terror. (...) Dem nicht zu rechtfertigenden und den Sozialismus in aller Welt diskreditierenden zusätzlichen Terror der Stalinherrschaft lag keine sich aus der internationalen und nationalen Situation ergebende historische Notwendigkeit zu Grunde, wie uns die Stalinisten der Gegenwart, die es natürlich in Ost und West gibt, mit aller Gewalt einprägen wollen.«[47]

Kronzeuge dafür ist Leo Trotzki, einst engster Kampfgefährte Lenins, Organisator der Roten Armee, den Stalin nach Lenins Tod aus der Partei ausschloß, in die Verbannung schickte und später, im mexikanischen Exil, durch einen Geheimagenten ermorden ließ. In Trotzkis Buch »Die verratene Revolution« findet Dutschke seine Schlüsselsätze für die Einschätzung der »Diktatur des Proletariats«, die er zitiert und hervorhebt.

»Sie ›bildet die Brücke zwischen der bürgerlichen und der sozialistischen Gesellschaft. Ihrem Wesen nach ist sie somit zeitlich begrenzt ... Sehr wesentliche Aufgabe des Staates, der die Diktatur ausübt, besteht darin, seine eigene Aufhebung (damit auch die Aufhebung der Diktatur, R. D.) vorzubereiten.‹«[48]

Dutschke prangert an, daß Stalin den despotischen Ausnahmezustand der »Diktatur des Proletariats« nie zurückgenommen, ja sogar zum andauernden Stützpfeiler seiner gesamten Innenpolitik gemacht hat. Zwar begann sich Stalins Nachfolger Chruschtschow 1956, drei Jahre nach Stalins Tod, zunächst vorsichtig und später offen von Stalin – mit Worten – zu distanzieren, zwar wurden ab 1961 in der Sowjetunion Stalin-Denkmäler von ihren Sockeln gestürzt, nach ihm benannte Städte umgetauft, sein Machtmißbrauch angeprangert und sein Leichnam aus dem Lenin-Mausoleum am Roten Platz entfernt – seine Methoden der Machtausübung und der totalitären Kontrolle der Bürger aber überdauerten die Entrümpelung und das verbale Gewitter vollmundiger Distanzierungen seiner Nachfolger an der Spitze der Sowjetunion.

»Es fehlen in der heutigen Sowjetunion noch vollständig die politischen Voraussetzungen für den Aufbau des Sozialismus, nämlich schonungslose Abrechnung mit der eigenen stalinistischen Vergangenheit. Wie kann sich in der Sowjetunion der sozialistische Humanismus durchsetzen ohne vollständige Enthüllungsanalyse der reinen Negativität der Massenmorde, der Liquidierung des radikal-demokratischen Potentials der Bolschewiki?«[49]

Was nach der Generalabrechnung mit der Hinterlassenschaft der Oktoberrevolution noch bleibt, ist die Formel von der wenn schon nicht sozialistischen, so doch antikapitalistischen Sowjetunion. Darin sieht Dutschke etwa für die Revolutionäre in den Ländern der Dritten Welt einen Vorteil: Angenommen, in einem kapitalistischen Entwicklungsland wie Brasilien kommt es zu einer nationalen sozialistischen Revolution. Die USA oder eine der westeuropäischen Ex-Kolonialmächte muß interessiert sein, dieses abdriftende Einflußgebiet politisch und wirtschaftlich wieder unter ihre Kontrolle zu bringen, denn der Lebensnerv kapitalistischer Produktion steht auf dem Spiel: der Erhalt billiger Rohstoffe, der Absatz von immer mehr teuren Fertigwaren auf immer neuen fremden Märkten. Die Existenz eines gegen diese kapitalistischen Staaten gerichteten Machtblockes werde direkte militärische Interventionen der kapitalistischen Länder in solchen Fällen erschweren oder verhindern, meint Dutschke. Wenigstens anderswo also könnte mit Hilfe der Sowjetunion und der ihr verbündeten Staaten der Sozialismus blühen, wenn er auch längst im eigenen Land verkümmert sei.

In Dutschkes Text versteckt sich eine Frage, kurz eingeworfen, kurz, vage und unbefriedigend beantwortet: Wird er denn selbst, der sich als ein sozialistischer Revolutionär der Zukunft begreift, zu jener Grenzziehung zwischen unvermeidlich notwendiger revolutionärer Gewalt und unmenschlichem, die Ziele der Revolution zerstörendem Terror fähig sein? Gilt das Prinzip von der »Diktatur des Proletariats« noch, und wie soll es konkret gehandhabt werden? Er ist sich nicht sicher, spricht davon, man müsse »höchstwahrscheinlich ... neue Wege in der Problematik einer sozialistischen Transformation ... erschließen«, spricht von »Zwangsmaßnahmen vielfältigster Art (hart und weich)«,[50] aber auch von der unbedingten Verpflichtung, daß diese Phase nur ein zeitlich begrenzter Übergang sein dürfe. Gemessen an den entschiedenen Auskünften über Stalin im Rückblick ist die Frage nach vorn offen. Dutschke zögert und laviert. Offenbar spürt er das selbst, denn am Schluß seines Aufsatzes druckt er ohne weiteren Kommentar diese letzten Zeilen des Brecht-Gedichtes »An die Nachgeborenen« ab.

> Auch der Haß gegen die Niedrigkeit
> verzerrt die Züge.
> Auch der Zorn über das Unrecht
> macht die Stimme heiser.
> Ach, wir, die wir den Boden bereiten wollten
> für Freundlichkeit,
> Konnten selber nicht freundlich sein.
> Ihr aber, wenn es soweit sein wird,
> daß der Mensch dem Menschen ein Helfer ist,
> Gedenkt unsrer
> mit Nachsicht.

Eine Amerikanerin in Berlin

Ein Mädchen namens Gretchen Klotz kommt Anfang 1964 aus den USA in die Bundesrepublik. Ihre Eltern haben eine Apotheke in Chicago, ihre Vorfahren stammen aus Deutschland. Dieses Land und seine Sprache will Gretchen kennenlernen und vielleicht hier studieren. Nach zwei Monaten langweiliger Deutsch-Paukerei in der langweiligen Kleinstadt Ebersberg bei München lernt sie eine Französin kennen, der es dort auch zu langweilig ist. Diese Frau nennt Gretchen eigenwilligerweise Carol, weil ihr das besser gefällt als Gretchen, und hat im Juni die Idee, mit ihr nach Berlin zu fahren. Carol fährt gerne mit.

Berlin ist sehr verwirrend. Aber die französische Freundin kennt sich aus. Schleppt Carol ins Aschinger. Erbsensuppe für fünfzig Pfennig, Brötchen umsonst, das billigste Essen in ganz Berlin. Ein idealer Studententreff. Dort taucht Luigio auf. Die Französin kennt ihn. Luigio lädt die beiden ein. Mit noch ein paar Freunden gehen sie ins Aquarium und schauen sich exotische Fische an. Danach landen alle in einem Café am Steinplatz. Der zweite Studententreff, den Gretchen alias Carol an diesem Tag kennenlernt.

»Da waren schon Leute am Tisch. Und dann saß ich eben da, und zufällig saß neben mir Rudi. Das wußte ich aber nicht, ich kannte ihn nicht. Aber ich war neben ihm, und dann fing ich auch mit ihm an zu reden. Er hatte einen Stapel polnische Bücher, und ich habe gedacht: Der ist polnisch. Er redete auch immer ein bißchen anders. Ich fragte ihn, ob er aus Polen kam. Er hat natürlich gesagt, daß er nicht aus Polen kam, aber daß er Polnisch lernen wollte und so. Ich erzählte ihm, daß ich daran denke, Theologie zu studieren. Er meinte, daß Theologie ein gutes Studium wäre. Damals hatte ich mich noch nicht entschieden. Das haben wir diskutiert. Dann haben wir dort gesessen und gegessen.

Als wir damit fertig waren, sollte noch weiter was ausgedacht werden. Wir entschieden, diesen fürchterlichen Western, ich glaube ›High Noon‹, anzusehen. Ich habe nie Western gemocht. Aber sie wollten alle da reingehen. So sind wir auch alle, also die Leute am Tisch, ins Kino gegangen. So habe ich Rudi kennengelernt.

Die anderen, die da waren, haben dann irgendwie entschieden, daß wir zusammengehören. Die haben uns einfach mehr oder weniger gesagt, daß wir zusammenbleiben sollen. Also es war im Grunde die Entscheidung der anderen, von Luigio und Dagmar und Almar, so hieß der eine. An die anderen Namen kann ich mich nicht erinnern. Die fanden, wir passen gut zusammen. Na ja. Dann sind wir eben zusammengeblieben. Aber eigentlich nur ganz kurz. Nach einer gewissen Zeit dachte Rudi, daß eine Freundin seine revolutionäre Tätigkeit negativ beeinflussen würde. Dann sagte er, ich sollte gehen. Als er sagte, ich soll gehen, bin ich gegangen. Ich war traurig. Ich reiste zurück nach Amerika und habe lange nachgedacht ...«[51]

Rudi Dutschke war 24 Jahre alt. An politischer Erfahrung und Leidenschaft machte ihm keiner was vor ...

Wir sind satt, weil die anderen hungern

Die Münchner Mitglieder der Subversiven Aktion belächelten Rudi Dutschke als »frischfröhlichen Marxisten«, er schalt die Münchner bisweilen als »Kleinbürger«. Viel interessanter als die das Bild beherrschenden Gegensätze ist aber, daß sich die Gegner doch auch zuhörten, daß die Positionen aufeinander abfärbten. Dutschkes zweiter Aufsatz im ersten *Anschlag* gibt eine Ahnung davon. Es geht um die Ansätze zu einer möglichen revolutionären Praxis.

Nach Marx' Analyse treibe der geschichtliche Prozeß auf immer schärfere Widersprüche zwischen Kapitalisten und Proletariat hin. Wirtschaftlich gesehen werde sich die Kluft zwischen den beiden Klassen immer weiter vertiefen, den Besitzern der Produktionsanlagen, Banken und Fabriken eine immer mächtigere Verfügungsgewalt und ein immer größerer Reichtum zuwachsen, auf der anderen Seite die Verelendung der Arbeitermassen zunehmen. Gesellschaftlich gesehen werde jedoch die Klasse der Entrechteten und Besitzlosen immer größer und einheitlicher werden, eine politisch immer besser zu einende und somit stärkere Kraft. So werde das Proletariat objektiv, das heißt: durch die wirtschaftlichen Tatsachen zu einer revolutionären Klasse, die aber erst zur Aktion schreite, wenn sie auch subjektiv revolutionär werde, was heißt: durch das erfahrbare Leid dieser Entwicklung und die sichtbare Gemeinsamkeit mit immer mehr Menschen, die dieses Leid teilen, auch willig und entschlossen zur Revolution.

Aber so »frischfröhlich« marxistisch nimmt sich die Wirklichkeit der Bundesrepublik 1964 auch in Dutschkes Sicht nicht aus. Die Skepsis seiner im Wirtschaftswunderland aufgewachsenen

Freunde in der Subversiven Aktion bringt ihn von allzu ausgetretenen Denkpfaden ab, wenigstens teilweise:

»In den hochentwickelten Industriegesellschaften des Westens erfährt sich das potentielle Proletariat kaum noch als Objekt im alten Sinne, das heißt als denkendes Tier, das vom animalischen Hungertod täglich bedroht ist. Die sozialstaatliche Befriedigung der Bedürfnisse garantiert in ›wohlstandsgemäßer‹ Weise die Bedingungen der Reproduktion des Lebens. (Von zukünftig durchaus möglichen Krisen und Inflationen in der EWG u.a.m. möchte ich absehen, weil die Betonung der Möglichkeit von Krisen sehr oft die Hoffnung auf die Krise, damit Warten auf die Krise impliziert.)«[52]

Jedoch: Je weniger Dutschke derzeit von der Arbeiterschaft im eigenen Land erwartet, desto mehr setzt er auf die unterdrückten Proletarier in den Ländern der Dritten Welt. Ihre Unterdrückung nämlich und der Reichtum der westlichen Industrienationen, die Sattheit in Kopf und Bauch auch der Arbeiter dieser Länder, hängen zusammen. Diesen Zusammenhang will er bewußtmachen – und aufbrechen.

»Eine dialektische Analyse der gegenwärtigen mitteleuropäischen ›Wohlstandsgesellschaft‹ kann allerdings nicht umhin festzustellen, daß die sozialstaatliche Bedürfnisbefriedigung ein Korrelat zu der frühkapitalistischen Ausbeutung der Arbeiter und Bauern in Lateinamerika, Afrika und Asien ist. Heute haben wir tatsächlich eine Zweiteilung der Welt erreicht (ich denke hier nicht an die Verbalwahrheiten der Trennung der Welt in kapitalistische und sozialistische Länder), nämlich die Trennung der Welt in reiche und arme Länder. (…) Überspitzt gesagt, das hochindustrielle Mitteleuropa (West) konsumiert, produziert natürlich auch, weil die nichtentwickelten Länder bisher, teilweise weiterhin, billige Rohstofflieferanten und Abnehmer von teuren Fertigwaren sind.«[53]

Das klingt heute alles so schlüssig. Damals schien es leicht verrückt, ähnlich wie Dutschkes Einschätzung, daß am ehesten in Brasilien eine sozialistische Revolution bevorstehe. Nicht einmal die zahlreichen Kommilitonen aus den südamerikanischen Ländern, die er von der Freien Universität her kannte, zogen diese weitreichenden Schlüsse, die er bei jeder sich bietenden Gelegenheit vertrat.

Dutschke las die aktuellen Nachrichten aus Brasilien gegen den Strich. Denn am 2. April 1964 verjagten die Militärs den damaligen Staatspräsidenten João Goulart, der umfangreiche Bodenreformen, eine Demokratisierung des Wahlrechts, die Wiederzulassung der Kommunistischen Partei und die Verstaatlichung privater Ölfirmen angekündigt hatte. Nach Goulart kam die Militärregierung des Marschalls Castelo Branco. Der, schreibt Eduardo Galeano in »Die offenen Adern Lateinamerikas«, »lockte die ausländischen Kapitalisten an, wie die Kuppler eine Frau anbieten«.[54]

Dutschke erschien Brancos Militärregime als ein Zwischenspiel, so wie sich die zaristische Herrschaft nach dem Volksaufstand von 1905 noch einmal für weitere zwölf Jahre bis zur Oktoberrevolution behaupten konnte. Aber er glaubte nicht an einen Selbstlauf der Geschichte in Richtung Revolution. Ohne revolutionäre Avantgarde keine Revolution, in diesem Punkt war er Leninist, und Lenin hatte bekanntlich seine gesamten Energien vor der Revolution dem Aufbau und der theoretischen Schulung dieser Avantgarde gewidmet.

Rudi Dutschke hatte einen Job als wissenschaftliche Hilfskraft in der Bibliothek des Osteuropa-Institutes der Freien Universität: Bücherschleppen, Leihscheine schreiben, den anderen Kommilitonen Auskünfte geben. So lernte er die südamerikanischen Studenten am Institut der Reihe nach kennen, den Bolivianer León, den Mexikaner José-Maria, den Ecuadorianer Bolívar und etliche weitere. Einen nach dem anderen beredete er zwischen Bibliothek und Mensa mit seinen Ideen von der revolutionären Schlüsselrolle Lateinamerikas und insbesondere Brasiliens. Der Chilene Gaston Salvatore kannte zu dieser Zeit Rudi Dutschke nur vom Hörensagen und vom Sehen. Einmal pro Woche tauchte dieser im Studentendorf an der Potsdamer Chaussee auf, meist begleitet von Bernd Rabehl. Gaston war befremdet von dem, was er von seinen Mitbewohnern im Heim über diese Treffen hörte: »Rudi führte mit anderen Leuten ein Seminar im Studentendorf durch, wo ich wohnte. Die Südamerikaner, die dort wohnten, die Bolivianer, Venezolaner, Kolumbianer und so weiter – die haben alle geschwärmt von diesen Leuten, die ihnen über Lateinamerika erzählten. Ich war wütend und gekränkt, daß diese Deutschen sich anmaßen, alles besser zu wissen. Abends verschwanden sie immer gemeinsam in dem Fernsehraum mit den abgenutzten, schäbigen Möbeln und dem alten Fernseher und spät nachts kamen sie wieder raus. Und dann erzählten sie, der Dutschke weiß viel mehr über Lateinamerika als sie selbst. Das stimmte wohl auch. Damals wußte man verdammt wenig über das andere Land. Wir Lateinamerikaner haben immer gelebt in Hinblick auf Europa oder die

Vereinigten Staaten, vielleicht noch auf das angrenzende Land, aber nicht darüber hinaus. Aber damals war ich nur wütend und gekränkt. Also bin ich nicht hingegangen.«[55]

»Marxistische Grundbegriffe« erklärten Rudi Dutschke und Bernd Rabehl den Südamerikanern. Die sogen begierig auf, was die Mitglieder der Subversiven Aktion, besonders die Münchner, als allzu altbackene Theorie nur sehr skeptisch aufnahmen. Das lag an Rudi und an Südamerika. Rudi, immer halbbärtig und immer mehr bieder als schick im offenen Hemd und der Lederjacke, schulterklopfend, herzlich, laut, einer, der die anderen »Kameraden« nannte – er kam an bei den Südamerikanern. Der Rudi war selbst das Kind sogenannter kleiner Leute. Das spürten sie. Der war mit Sicherheit kein spätgeborener Sohn der Conquistadores, hatte deren feine Sitten nicht und auch nicht deren feine Arroganz. Und was er sagte, zündete. Auf Südamerika bezogen, färbten sich die Marxschen Begriffe aus schalen, veraltet klingenden Beschreibungen in Anklagen um. Die Verbindungen entstanden in den Köpfen der südamerikanischen Zuhörer. Mehrwert, Ausbeutung, Klassenwiderspruch – all das ist theoretisch und bildhaft zugleich in Erinnerungen an die Heimat, so wie sie Eduardo Galeano beschreibt.

»Die alte Frau bückte sich und bewegte die Hände, um das Feuer anzufachen. In dieser Haltung, mit gekrümmtem Rücken und ausgestrecktem, ganz von Falten umlaufenem Hals, ähnelte sie einer alten, schwarzen Schildkröte. Aber jenes armselige, abgetragene Kleid bot gewiß nicht denselben Schutz wie ein Panzer, und außerdem war sie ja nur der Jahre wegen so langsam. Hinter ihr stand windschief – ihre Hütte aus Holz und Blech, und weiter hinten andere, ähnliche Hütten in demselben Vorort von São Paulo; vor ihr begann in einem kohlefarbenen Kessel das Kaffeewasser schon zu sieden; sie führte eine Blechdose an die Lippen; bevor sie trank, warf sie den Kopf zurück und schloß die Augen. Sie sagte: ›O Brasil é nosso‹ (Brasilien gehört uns). Im Zentrum derselben Stadt und im selben Augenblick dachte, wenn auch in einer anderen Sprache, der Betriebsdirektor der Union Carbide genau dasselbe, während er ein kristallenes Glas erhob, um die Einverleibung einer weiteren brasilianischen Plastikfabrik zu feiern. Einer von beiden war im Irrtum.«[56]

Die Südamerikaner akzeptierten ihren deutschen Mentor wegen seines Wissens über die politischen Vorgänge auf ihrem Kontinent, in ihren Ländern. Er bewunderte seinerseits, wie klar die meisten seiner südamerikanischen Freunde auf das Ausräumen von Irrtümern, auf politische Analysen reagierten. Auf Erkenntnis folgte Wut. Auf Wut folgte die Entschlossenheit, für die Befreiung des eigenen Landes zu kämpfen, notfalls mit der Waffe in der Hand. Nicht wenige aus der lateinamerikanischen Schulungsgruppe gingen später zurück in ihr Heimatland und schlossen sich der Guerilla an. Ein Genosse, der nach Haiti zurückkehrte, starb im Befreiungskampf gegen den Diktator Duvalier. Warum gab es unter deutschen Verhältnissen diese Direktheit nicht: Aufklärung, Empörung, Aktion? Wie könnte sie zurückerobert werden? Dutschke schaute sich nach neuen Bündnispartnern um.

Betreten des Rasens und Revolutionen untersagt

»In einem Buch oder Artikel las ich: 1918 wollten deutsche Revolutionäre per Zug nach Berlin vorstoßen. Allerdings blieb der Kartenkontrolleur unauffindbar. Und die erreichten Berlin nie. Wann sollen wir Deutschen je eine Revolution erreichen? Da ist mir schon lieber, in einem Lande zu leben und zu kämpfen, in welchem anderes Leiden andere Leidenschaften hervorruft. Ich bin sicher, daß der Ernst Bloch, dessen ›Subjekt-Objekt‹-Buch und jenes über Thomas Müntzer mich so beeinflußten, mit Sicherheit in einer lateinamerikanischen Universität mehr Verständnis finden würde als in Tübingen.«[57]

Rudi hatte mit anderen eine entscheidende Erfahrung hinter sich, und die brachte ihn, mit drei Monaten Verspätung, zu diesem Tagebucheintrag.

18. Dezember 1964. Morgens um zehn Uhr früh versammeln sich auf dem riesigen Rondell vor dem Eingang des Flughafens Berlin-Tempelhof etwa siebenhundert Leute zu einer Demonstration. Es geht um einen Gast, der den Demonstranten nicht willkommen ist. Er heißt Moise Tschombé und ist der Ministerpräsident der Republik Kongo. Zwei Tage lang warb er bei bundesdeutschen Bankern, Unternehmern und Politikern um »Kapitalhilfe« für sein Land. Zum Abschluß seines Besuches soll er West-Berlin besuchen und pflichtgemäß die Mauer betrauern.

Das ist eine Provokation für die wenigen politisch engagierten Studenten Berlins. Seit sie am 15. Dezember von diesem Plan wissen, wird ununterbrochen diskutiert. Tschombé ist kein unbeschriebenes Blatt. Selbst sehr konservative Zeitungen in der Bundesrepublik und in West-Berlin haben berichtet, daß er bei der

Ermordung seines auf die nationale Unabhängigkeit bedachten Vorgängers Patrice Lumumba die Finger im Spiel hatte. Bekannt ist auch, daß Tschombé den Widerstand kongolesischer Bürger gegen seine Politik gewaltsam mit Hilfe ausländischer, weißer Söldner unterdrückt. Jeder kann wissen, daß Tschombé – gegen lukrative Eigenbeteiligung – nordamerikanischen und westeuropäischen Konzernen die billige Ausbeutung der kongolesischen Rohstoffe ermöglicht. Dieser Mann soll nach dem Papst in Rom, dem Bundespräsidenten Lübke, dem Bundestagspräsidenten Gerstenmaier, dem Kardinal Döpfner und der Crème de la Crème deutscher Wirtschaftskapitäne nun auch noch von Berlins Regierendem Bürgermeister Willy Brandt begrüßt werden und sich vor den Toten der Mauer verneigen.

Viele linke Studentengruppen protestieren so, wie man das eben demokratisch korrekt macht. Der Sozialistische Deutsche Studentenbund, der Liberale Studentenbund Deutschlands, der Argument-Club, der Afrikanische und der Lateinamerikanische Studentenbund verfassen eine schriftliche Protesterklärung. Der Berliner Sozialdemokratische Hochschulbund schickt ein Protesttelegramm an Willy Brandt. Natürlich wird der Besuch Tschombés nicht abgesagt.

Jetzt rufen SDS, Argument-Club, Lateinamerikanischer und Afrikanischer Studentenbund – und die »Anschlag«-Gruppe um Rudi Dutschke und Bernd Rabehl gemeinsam auf einem Flugblatt zur Demonstration auf.[58] Der Aufruf ist von allen gebilligt und abgestimmt. Die Freie Deutsche Jugend und die Sozialistische Einheitspartei Westberlin (SEW), die sich auch daran beteiligen wollten, springen ab, als die Mehrheit der anderen im Aufruf die »Tragödie der Mauer« ansprechen. Die Demonstration wird, demokratisch korrekt, bei den Behörden angemeldet und genehmigt: als Schweigedemonstration.

Es ist kalt am Morgen dieses 18. Dezember 1964 auf dem Platz der Luftbrücke. Brav und entrüstet nehmen die Demonstranten Aufstellung vor dem Ausgang des Flughafens, durch den Tschombé kommen soll. Schweigend halten sie ihre Transparente und Tafeln hoch. »Keine Berlin-Umarmung für Tschombé« steht darauf, und: »Kein Geld für weiße Söldner – Keine Blutbäder im Namen der Humanität.« »Kongo oui – Tschombé non!«

Frierend und schweigend warten die Demonstranten auf Tschombé. Sie warten umsonst.

Da kommt Bewegung in die wartende Menge. »Tschombé ist

schon längst da«, schreit einer, »die haben uns reingelegt und ihn still und heimlich durch einen anderen Ausgang geschleust!« Die Demonstranten begreifen spontan: Das also ist der Eindruck, den demokratisch legaler Protest auf die Herrschenden macht. Wer die Spielregeln des demokratischen Protests befolgt, den stecken sie in einen Sandkasten wie ein unmündiges Kind.

Minutenlang sind alle nur ratlos und wütend, rennen durcheinander, bleiben in kleinen Gruppen stehen, setzen sich nieder, beratschlagen, lösen ihre Stehkonvente wieder auf, gehen auseinander, treffen wieder andere.

Plötzlich löst sich aus dem Knäuel der Demonstranten eine Gruppe Richtung Mehringdamm, bleibt mitten auf der Fahrbahn stehen, setzt sich hin. Der Verkehr ist blockiert. Eine andere Gruppe rennt über den Mehringdamm los, durchbricht die noch gar nicht fest formierte Kette der tschakotragenden Polizisten, biegt ein in die Dudenstraße, rennt weiter in Richtung Schöneberg. Alles Nötige ist in Minuten beredet und beschlossen worden. Das Ziel des Marsches ist das Schöneberger Rathaus. Moise Tschombé und die verantwortlichen Politiker Berlins sollen sich nicht an dem Protest der Berliner Studenten vorbeimogeln können.

Die Polizisten sind völlig überrumpelt. An ihnen vorbei sind fast alle Demonstranten in die Dudenstraße eingebogen. Dort sammeln sie sich wieder, haken sich unter, bilden Ketten, marschieren gemeinsam weiter. »Tschombé raus« brüllen sie so, wie ihnen der Laufschritt Atem läßt, und das Unterhaken macht Spaß und verscheucht die Angst, etwas Unerlaubtes zu tun, und die Angst vor der Polizei. Die Polizisten, verwirrt und überrumpelt, werfen sich in ihre Mannschafts- und Streifenwagen, fahren blaulichtblitzend neben dem Demonstrationszug her und versuchen nicht, ihn aufzuhalten. Die Studenten rennen weiter, am Viktoria-Park vorbei, an der Katzbachstraße, durch die S-Bahnunterführung, in der die Wände die Parolen vielfach verstärkt zurückwerfen. Sie rennen und schreien sich ihre Angst aus dem Leib und kommen in Siegerlaune. Der Kennedy-Platz vor dem Schöneberger Rathausplatz ist von anderen Polizeikräften abgeriegelt worden. Das Schöneberger Rathaus ist Berlins Parlament, und rundherum gibt es eine Bannmeile. In die dürfen Demonstranten nicht rein. Sie schaffen es doch. Vor den Polizeiketten löst sich der Zug auf. Aus Demonstranten werden Spaziergänger, denen niemand ihre politische Meinung ansieht. Die Polizei ist hilflos. Auf dem John-F.-Kennedy-Platz vor dem Rathaus ist an diesem Freitag Markttag. Käufer und

Händler auf dem Platz können von der Polizei nicht eingeschlossen werden. Die Polizei muß ihre Sperre aufheben. Das letzte Wegstück der Demonstration kommen die Studenten im Schlendergang an den Obst- und Blumenständen des Markttreibens vorbei, jeder aus einer anderen Richtung, aus einer anderen Seitenstraße. Am Haupteingang des Rathauses treffen sie sich wieder. Der dort postierte Polizeioffizier staunt nicht schlecht. Sehr dringlich und doch wieder höflich fordern die Studenten ein Gespräch mit dem Regierenden Bürgermeister Willy Brandt. Der Polizist bringt sechs von ihnen zu Senatspressechef Egon Bahr. Aber von ihm wollen sich die Studenten nicht abspeisen lassen. Bahr begreift, daß Ärger in der Luft liegt. Er alarmiert den Regierenden Bürgermeister und legt ihm nahe, die Studenten zu empfangen. Brandt läßt sich schnell von seinem Pressemann breitschlagen und empfängt die Delegation der Studenten im Kleinen Sitzungssaal des Rathauses. Er ist zerknirscht und wachsweich. Als Berliner Bürgermeister müsse er leider auch Besucher empfangen, mit deren Politik er selbst nicht übereinstimme. Er werde dafür sorgen, daß die spontane Demonstration der Tschombé-Gegner nachträglich genehmigt werde.

Draußen vor dem Rathaus geht es inzwischen handgreiflich zu. Die Polizei zerrt Demonstranten weg, die sich auf der Rathaustreppe niedergelassen haben. Die Demonstranten sind wütend, daß sie Tschombé noch immer nicht zu Gesicht bekommen haben. Der kommt wieder einmal durch den Hintereingang. Aber der Staatsbesuch muß warten, weil sein Gastgeber Brandt mit den Demonstranten spricht. Als die schließlich nach 20 Minuten gehen, fertigt Brandt seinen ungeliebten Gast kühl in einer Viertelstunde ab.

Diesmal haben die Demonstranten das Spiel mit dem Hinterausgang gerade noch rechtzeitig durchschaut. Sie kommen in dem Augenblick, als Tschombé in schneller Fahrt mit einem Auto weggefahren wird. »Tschombé raus« skandieren sie hinter ihm her.

Dutschke und Rabehl haben an diesem Tag für die illegale Fortsetzung der Demonstration gegen Tschombé agitiert, freilich nicht allein, aber sie empfanden nicht nur Wut, die sie die Spielregeln des Protests durchbrechen ließ. Sie hatten die politischen Verhältnisse analysiert, und vor allem Rudi Dutschke war unbeugsam optimistisch, daß nach einer Durststrecke der politischen Einsamkeit die selbsternannte revolutionäre »Avantgarde« schließlich eine Wende in der Gesellschaft herbeiführen werde. Wie er sich das vorstellte, schrieb er seinen Münchner Genossen der Subversiven Aktion.

Hier wird es nun ernst ...

Achtzehn Seiten wissenschaftlicher Ableitungen, gespickt mit Fußnoten und Zitaten bekannter wie unbekannter sozialistischer Theoretiker, vier Seiten kommandoartig formulierter Vorschläge, wie die Subversive Aktion revolutionäre Politik betreiben kann und soll, eine konspirativ klingende Schlußbemerkung (»Dieser Text darf in dieser spezifischen Form keinen fremden Leuten in die Hand gegeben werden.«) so versuchte Dutschke im April 1965 ein letztes Mal, die anderen, besonders die Münchner Mitglieder der Subversiven Aktion, auf seinen politischen Kurs zu bringen. Denen wurde er langsam unheimlich: einer, der inmitten der bundesdeutschen Wohlstandsruhe davon redete, »sein Leben in den Dienst des Proletariats zu stellen«. Dabei gibt Dutschke in seiner Bestandsaufnahme selbst zu, daß es keinen Anlaß dazu gibt, sich 1965 in der Bundesrepublik in altbackenen marxistischen Hoffnungen zu wiegen. Die Hoffnung auf das Proletariat als revolutionäre Klasse erklärt er bis auf weiteres für passé.

»Hier wird es nun ernst für die Revolutionäre, die sich innerhalb unserer winzigen, gesellschaftlich noch für eine ziemliche Zeit völlig irrelevanten, weil weitgehendst außerhalb der Gesellschaft stehenden – mit Recht außerhalb stehend (was wir hoffentlich in den nächsten zwei bis fünf Jahren durchhalten werden) – Minorität als solche verstehen und sich als solche somit auszuweisen haben. Die totale Mobilisierung der ›Gesellschaft im Überfluß‹ gegen die immer möglicher werdende totale Befreiung des Individuums von Ökonomie, von Politik, von Öffentlichkeit usw. kann von uns nur durch vollen Einsatz der Persönlichkeit für die Emanzipation (Mündigmachung) der Menschheit beantwortet werden.«[59]

Das ist Dutschkes persönliche Antwort, wie er sich als Revolutionär verhalten wird. Aber welche Chancen er und seine Genossen haben werden, breite Schichten der Gesellschaft, vor allem die Arbeiterschaft auf ihre Seite zu ziehen – diese Frage beantwortet er von Seite zu Seite anders. Ein Argument-Slalom, Ausgang ungewiß.

Da stimmt er dem Marxschen Satz aus dem Kommunistischen Manifest zu, daß die bürgerliche Gesellschaft aus ihrem Schoß das Proletariat als stürzende, als die einzig revolutionäre Klasse hervorbringt. Räumt wenig später ein, daß das Proletariat nur zu einer Veränderung drängt in einer Zeit der Krise, des Hungers und des Mangels. Gesteht ein, daß eine Arbeiterschaft, die aus der Sattheit und dem Wachstum in die langerhoffte Krise stürzt, nicht um die eigene »historische Mission« weiß, vielleicht aufstehen, herrschende Macht stürzen, aber keine neue Gesellschaft entwerfen kann. Setzt noch mal an: Zwar stimme jedes Wort von Marx über die kapitalistische Wirtschaft, über die Ausbeutung des Arbeiters, über die Herrschaft des Kapitals über die lebendige Arbeit, stimme mit einem Wort die Buchhaltung übers alltägliche wirtschaftliche Unrecht. Aber das Warten auf die große Krise – Marx spricht von mit absoluter Notwendigkeit immer wiederkehrenden zyklischen Krisen –, auf eine Krise, die alle bislang noch gleichgültigen, politisch teilnahmslosen Menschen aufrüttelt und ihnen endlich Einsicht in ihre entrechtete Lage ermöglicht, ja endlich den Willen vermittelt, für eine Veränderung der Gesellschaft zu kämpfen – diese Hoffnung auf die Krise erklärt Dutschke zur blanken Illusion.

Das ist eine Bestandsaufnahme, mit der ein politischer Mensch begründen kann, warum er all seine Bemühungen aufsteckt und resigniert. Dutschke dagegen sagt: »Hier wird es nun ernst für den Revolutionär«, stellt Überlegungen über neue Bündnispartner an, über neue Aktionsformen.

Seine Freunde in der Subversiven Aktion sahen alles viel nüchterner. Ein Spinner! Dieses Pathos! – Biertischwertungen, abends in der Kneipe. Wenn sie dann wieder in der Gruppe über einem seiner Texte brüteten oder mit ihm diskutierten, kam das sachlicher, akademischer im Tonfall: Utopismus. Rudi setzt Voluntarismus wider Wahrscheinlichkeit. Jawohl, das bringt die Kritik auf den Begriff.

Rudi reagierte darauf reichlich unbeirrt und unterbreitete praktische Vorschläge: zunächst keine Arbeiterschulungen, solange die revolutionären Kräfte noch so schwach sind, kein Zerfleddern der eigenen Kräfte in der Zusammenarbeit mit allen möglichen linken, aber nicht revolutionären Gruppen oder Splittergruppen. Und dann die Idee, die erstmals bei der Demonstration gegen Tschombé in die Tat umgesetzt worden war: »Die Möglichkeit, die sich durch größere Demonstrationen ergibt, ist unter allen Umständen auszunützen. Genehmigte Demonstrationen müssen in die Illegalität überführt werden. Die Bedingungen dafür müssen günstig sein (verhaßtes Staatsoberhaupt usw.). Künstliche Radikalisierung, das heißt aus nichtigen Anlässen unbedingt etwas machen zu wollen, ist unter allen Umständen abzulehnen. Die Radikalisierung bei größeren Demonstrationen, die günstige Vorbedingungen liefern, ist kurzfristig, aber intensiv durch (bewußtseinsmäßig gestaffelte) verschiedene Flugblätter vorzubereiten, soll doch einigen an der Demonstration teilnehmenden potentiellen Mitarbeitern der ›Sprung‹ zu uns möglich gemacht werden.«⁶⁰

Die illegale Demonstration gegen Tschombé war ein Erfolg, mobilisierte Leute, füllte die Zeitungen. Auf solche Aktionen drängte Dutschke weiter. Er schrieb Flugblätter, druckte, führte Bündnisverhandlungen mit allen möglichen Gruppen und war auf der Straße dabei.

Er brüstete sich nicht, der Erfinder der Illegalität zu sein, eher mit der Geschichte, wie die Polizei hinter ihm her war: Rein in einen Hinterhof, wo es plötzlich nicht mehr weiterging, Anlauf, Sprung, rauf auf die Mauer und auf der anderen Seite wieder runter – Hochspringer mußt du sein, das kann politisch sehr wichtig werden.

Die Geheimnistuerei, daß niemand außer seinen Genossen von der Subversiven Aktion den Brief in die Hände bekommen durfte, war begründet. Schon Ende September hatten sich die Subversiven in Hamburg bei ihrem letzten Treffen vor allem auf Rudis Drängen hin darauf geeinigt, gemeinsam, jeder in seiner Stadt, dem Sozialistischen Deutschen Studentenbund (SDS) beizutreten. Das geschah auch in den kommenden Monaten. Bernd und Rudi schlossen sich im Januar 1965 dem Berliner SDS an. Da konnte es dem SDS-Mitglied Rudi Dutschke natürlich nicht recht sein, wenn seinen SDS-Genossen in Berlin diese Sätze aus dem Rundbrief an die Subversiven zu Ohren gekommen wären:

»Wir haben uns keinerlei Illusionen über den Charakter des SDS hinzugeben; er ist ein Gelegenheitsprodukt der revolutionären Ebbe der Nachkriegszeit. Bis vor wenigen Tagen dachte ich noch über den SDS wie Karl Liebknecht über die USPD dachte: ›Wir haben der USPD angehört, um sie voranzutreiben, um sie in der Reichweite unserer Peitsche zu haben, um die besten Elemente aus ihr herauszuholen‹; diese Meinung erhalte ich aufrecht, füge aber die wichtige Ergänzung hinzu: durch den SDS für uns, wobei wir für die revolutionäre Bewegung stehen, die Möglichkeit der Anknüpfung internationaler Beziehungen zu erhalten.«⁶¹

»Die« revolutionäre Bewegung, die Subversive Aktion, spaltete und zerstritt sich endgültig bei eben jenem Treffen, zu dem Rudi nicht kommen konnte und ersatzweise diesen Brief sandte. Rudi war verhindert, weil er als Mitglied einer SDS-Delegation »internationale Kontakte« knüpfte – auf einer Rußlandreise. Aber der

SDS war keine Dompteursarena, in der alle nur auf Rudis Peitschenknall warteten.

News from Berlin in Chicago

Die Tschombé-Demonstration lief auch über die internationalen Ticker der Nachrichtenagenturen. Gretchen, alias Carol, mittlerweile wieder zurückgekehrt aus Deutschland zu ihren Eltern nach Chicago, USA, las in diesen Tagen etwas von student riots against Mr. Tschombé in West-Berlin, Germany. Von Rudi persönlich war nicht die Rede, aber für Gretchen war klar, daß er mit dabei war bei den various groups of left-wing radicals. Er mußte ja dabei sein, wenn er sie mit der Begründung weggeschickt hatte, er sei mit der Revolution verheiratet!

»Ich hatte einen Lehrer, den ich von der Schule kannte. Ich traf ihn und erzählte ihm mein Problem. Er fragte mich: Was willst du? Ich: Bei Rudi sein. Dann sagte er: Dann schreibst du ihm und bietest ihm gleich an, ihn zu heiraten. Sagte ich, das wäre vielleicht ein bißchen zu viel. Aber ich schrieb doch einen Brief, in dem ich ihn ganz einfach fragte, ob ich zurückkommen könnte.«[62]

Beim »stinkenden Leichnam«

Die SPD war für Rudi Dutschke ein »stinkender Leichnam« (Rosa Luxemburg). Sie war für ihn die Partei, die am 4. August 1914 im Deutschen Reichstag der Bewilligung der ersten Kriegskredite zugestimmt und alle innerparteiliche Opposition der Antimilitaristen um Rosa Luxemburg, Karl Liebknecht und Clara Zetkin niedergehalten hatte; die Partei, die nach der Novemberrevolution von 1918 die Umwandlung Deutschlands in eine Räterepublik verhindert hatte. Die sozialdemokratische Regierung des Reichskanzlers Friedrich Ebert hatte unter dem Befehl des Sozialdemokraten Gustav Noske mit blutiger militärischer Gewalt die Rebellion der Arbeiter des Spartakusbundes und der USPD niedergeschlagen.

Aber: Aus der SPD kam auch das historische Vorbild Rosa Luxemburg. Vor allem war die SPD auch noch 1964 die Wahlpartei der bundesdeutschen Arbeiter.

Ende 1964 bekamen Bernd Rabehl und Rudi Dutschke ein Veranstaltungsprogramm des SPD-Bezirks Charlottenburg in die Hände. Ein politischer Arbeitskreis über die Novemberrevolution 1918 fiel ihnen besonders ins Auge.

Bernd Rabehl: »Der Sozialdemokrat Ristock machte diese Veranstaltung im Rathaus Charlottenburg, um den Sozialdemokraten historische Kenntnisse beizubringen, um sich sozusagen historisch definieren zu können gegen die Parteirechte, die jedes historische Bewußtsein verleugnete. Das interessierte uns, wir gingen gemeinsam hin, wir wollten die Revolution selbst zum Thema machen.«[63]

Harry Ristock: »Damals war ich Kreisvorsitzender der SPD in Charlottenburg. Charlottenburg war berühmt oder berüchtigt, je nachdem, wo man stand, als der linke Kreisverband und Ristock als der Radikale in der SPD. Ich habe seit der gesellschaftlich relativ toten Zeit der 50er Jahre Seminare durchgeführt, Grundkurse nannten wir das. Als Krönung sogenannte Oberseminare, sozusagen die Crème de la Crème. Irgendwann, genaue Geburtsstunde nicht bekannt, kam es dazu, daß sich Rudi Dutschke und der Ristock zusammenfanden, gemeinsam ein Oberseminar zu machen. Man traf sich um halb acht, pünktlich, diszipliniert. Redete in Rede und Gegenrede. Also zum Beispiel: Die Bedeutung des Gothaer Parteitages 1875. Was war los? Was waren die Fakten?

Bericht. Mehrere berichteten. Dann eine Wertung. Die Wertung lief meistens kontrovers. Das ging jeden Donnerstagabend. Im ersten Teil Analyse und Streitgespräch, im zweiten Teil Diskussion und Aufarbeitung. Und im dritten Teil, der begann um 22.15 und ging bis tief in die Nacht hinein, Gespräch am runden Tisch. Man stritt, soff, aß ein bißchen was zum Abendbrot. Neubauer war damals Jugendsenator. Das wurde alles ordentlich abgerechnet als Seminar. Ich weiß noch, wir bekamen 2,40 pro Abend und Person. Dafür gab's gerade zwei Brötchen und ein bißchen Hackfleisch oder sonst was und ein Bier. Auch so berühmte Leute wie Teufel und Kunzelmann waren dabei. Die durften bei Rudi aber nur reden, wenn er mürrisch war, sonst hatten sie Redeverbot. Die Gespräche gingen manchmal hart an den Rand der Verbalinjurien, hatten aber immer ein bestimmtes Niveau von Witz, hilfsweise.«

Für diese Heftigkeit gibt es, in Rabehls Erinnerung, klare politische Gründe: »Das nahm dramatische Züge an: Wir entdeckten im Zusammenhang des Seminars die Schriften von Richard Müller. Das ist ein revolutionärer Obmann von 1918/19, der eine spannende Geschichte der Novemberrevolution geschrieben hat. Die lasen wir und bereiteten uns vor. Daraus folgten heftige Kontroversen über den Charakter der Novemberrevolution. Das sprach sich in der Sozialdemokratie herum. Der Plenarsaal im Rathaus Charlottenburg überfüllte sich mehr und mehr, vor allem mit alten

Sozialdemokraten. Manchmal hatte es den Anschein, als wollten wir im Plenarsaal Charlottenburg entscheiden, ob Noske wirklich der ›Würger der Revolution‹ war.«

Ristock: »Rabehl mal gegen mich: Das ist ja die Scheiße mit dem Ristock. Hat die marxistische Larve, aber wenn man sie wegzieht, kommt der Kleinbürger hervor. Das führte auf meiner Seite zu heftigsten Verbalinjurien. Ende 1966 kam es nicht zum Bruch, aber wir gingen auseinander. Es muß in der letzten Sitzung gewesen sein, als Dutschke propagierte, was er im Grunde genommen wollte: ›Machen wir 'ne neue Partei.‹ Das hat er hinterher allerdings immer bestritten. Führer: Dutschke und Ristock. An die Antwort erinnere ich mich noch, das war eine sehr erregte Debatte. ›Ja, Rudi. Das kann ich mir vorstellen, Ristock die Karosserie, die du brauchst. Und du der Motor. Ein solches Bündnis gibt es nicht, weil wir hinsichtlich des Motors nicht übereinstimmen.‹«

Was der Junge bloß macht!

»Mensch, Bernd, du hast doch 'nen Anzug.«

»Ja.«

»Und 'ne Krawatte?«

»Ja und?«

»Mußt du mir unbedingt leihen. Morgen kommt mich Mutter aus Luckenwalde besuchen.«

Eines Tages stand plötzlich der Besuch von Mutter Elsbeth Dutschke an. Es war das erste und das letzte Mal, daß Rudi mit Bernd Rabehl über Klamotten sprach, die ihn, das war seit Jahr und Tag zu sehen, herzlich wenig interessierten. Ob Hose, Sakko und Hemd zusammenpaßten, die Socken von einem Paar, ob Triangel im Stoff waren oder die Schuhsohlen lose rumschlappten, in der Regel merkten das nur die anderen an ihm.

Dann grinste er kurz verlegen, murmelte manchmal was vom Gebrauchswert, auf den es doch bloß ankomme, und kümmerte sich nicht weiter darum. Jetzt aber wollte er Bernds Anzug mitsamt Krawatte und begann seine seit Monaten verdreckte Wohnung zu putzen und das Chaos in der Küche zu beseitigen.

Den nächsten Tag saß Rudi in seiner blanken Küche in Bernds viel zu großem Anzug und der schiefgebundenen Krawatte mit seiner Mutter am Küchentisch. Ja, er sei nach wie vor fleißig und zufrieden in seinem Studium. Doch, Soziologie sei ein solides Studienfach. Freilich, Soziologen würden auch gebraucht, die seien sogar sehr wichtig für die zukünftige Entwicklung der Gesellschaft.

Nein, in die Kirche gehe er nicht mehr, aber das sei eine lange Geschichte. Nein, nein, er habe nicht all die Jahre zu Hause vergessen. Das sei jetzt so:

Rudi versuchte seiner Mutter zu erklären, warum Lenin und Liebe im christlichen Sinn eben doch zusammenpaßten. Das ging lange, und Rudi war es ernst, seine Mutter zu überzeugen, daß er die Lektionen der Jugendjahre nicht vergessen habe.

Elsbeth Dutschke fuhr ein paar Stunden später so halbzufrieden wieder nach Luckenwalde zurück wie einige Zeit zuvor ihr Mann Alfred, der zum ersten Mal nachgeschaut hatte, was der Junge bloß macht. Erst im September 1964 erlaubte die DDR wieder Besuchsreisen in den Westen, wenn auch nur für Rentner.

Rudis Vater fuhr nicht zu seinem Sohn, sondern gleich an die Universität. Er wollte wissen, was es mit dieser Soziologie auf sich hatte, ob das was Ordentliches war. Fragte sich durch bei den Damen im Sekretariat bis zum Herrn Professor. Stellte sich vor als Vater von Dutschke, Rudolf, der doch hier seit vergangenem Jahr studierte. Erzählte dem Herrn Professor, daß er und seine Frau sich Sorgen machten um ihren Jüngsten. Die drei anderen, Manfred, Günter und Helmut, die haben doch was Vernünftiges gelernt. Landwirtschaft, Kaufmann, Elektrotechnik. Aber Rudi mit seiner Soziologie, wissen Sie.

Alfred Dutschke hatte Glück, daß das Soziologische Institut noch so überschaubare Ausmaße hatte, daß fast jeder jeden kennen konnte, auch die Professoren ihre Studenten.

Er hatte auch Glück mit seinem Sohn, der so eifrig war, der nicht bloß rumsaß in den Seminaren und mitschrieb und schwieg, der – daran konnte sich der Professor erinnern – sich von Anfang an zu Wort meldete, ganz höflich in der Form, respektvoll mit Handzeichen, abwartend, bis ihm das Wort erteilt war, dann aber aufstand und loslegte, kenntnisreich und belesen, in der Sache respektlos, wenn nötig auch dem Herrn Professor selbst gegenüber, der sich heiß reden konnte und dann am Ende seiner Wortmeldung manchmal ein wenig über sich selbst erschrocken schien, sich mit seinen dunklen Augen umschaute in der Runde, schnell seinen Stuhl wieder heranzog und sich hinter seine auf dem Tisch liegende Aktenmappe und die aus ihr herausgestapelten Bücher in Deckung brachte. Klar kannte der Herr Professor Lieber seinen Studenten

Dutschke als einen sehr interessierten, sehr strebsamen und, wie er meinte, sehr begabten Studenten der Soziologie. Herr Dutschke, Sie und Ihre Frau Gemahlin brauchen sich wirklich keine Sorgen um Ihren Sohn zu machen, sagte der Herr Professor Lieber. Ihr Sohn, Herr Dutschke, wird bestimmt einmal ein tüchtiger, angesehener Soziologe.

Alfred Dutschke bedankte sich für die Auskünfte und fuhr wieder nach Hause, weiter im unklaren über Soziologen im allgemeinen. Aber, erzählte er Elsbeth zu Hause, Rudi wird ein tüchtiger Soziologe.[64]

II

Genosse

Besuch beim SDS

Den Ku'damm ein Stück stadtauswärts vom Adenauerplatz, vielleicht zehn Minuten zu Fuß, an der Einmündung der Johann-Georg-Straße stand das Haus Nummer 140, ein keilförmiges Eckhaus, vorn zur Kreuzung hin abgeflacht. An dieser Seite war der Eingang, ein massiges Steinportal, besetzt von einem gewaltigen steinernen Adler, der im Dritten Reich das »Stabshauptamt beim Reichskommissar für die Festigung deutschen Volkstums« bewacht hatte. Von seiner alten schwülstigen Pracht gemausert, hielt er noch einen Pflug in den Krallen, das Hakenkreuz war ihm inzwischen abhanden gekommen, die Spitzen seiner Schwingen waren abgebrochen.

Eine Tür weiter links im gleichen Haus gab es Schnaps und Zigaretten, und wer eine Tür zu weit rechts erwischte, konnte nur Särge kaufen und Sterbeversicherungen abschließen.

Also rein unter dem Adler und vier Treppen, gleich zwei Stockwerke, hoch ins SDS-Zentrum. Rudi Dutschke kannte diesen Weg schon eine ganze Weile. Zum ersten Mal hatte ihn Nanne, Thomas Ehleiters Freundin und Mitglied im SDS, dorthin mitgenommen, als er ein Flugblatt abziehen wollte, und die im SDS hatten eine Druckmaschine. Das war im Sommer 1964. Die Besuche wurden häufiger, immer wieder mal zum Drucken, dann aber auch zu politischen Diskussionen. Man beschnupperte sich, lernte einander kennen, war aber auch mißtrauisch.

Am 27. Januar 1965 erschienen Rudi Dutschke, Bernd Rabehl und noch einige weitere Genossen der »Anschlag«-Gruppe auf der Gruppenvollversammlung des SDS der Freien Universität im SDS-Zentrum und erklärten, daß sie Mitglieder des Verbandes werden wollten.

»Was für eine Eintrittssitzung für uns von der Subversiven Aktion in den SDS! Wie mißtrauisch stellte uns der Genosse Tilman Fichter die Fragen, was wir eigentlich wollten und so weiter! Sicher, bei der Tschombé-Veranstaltung hatte er einiges zu spüren bekommen, was nicht SDS-typisch war.«[65]

Was aber war »SDS-typisch«? Was war das für eine Organisation, der Sozialistische Deutsche Studentenbund, in den Rudi jetzt hineindrängte und an dem ihm doch offensichtlich vieles gar nicht paßte? Was waren das für Leute, die zukünftigen Genossen, wie sah ihre politische Arbeit aus, und für welche Ziele setzten sie sich ein?

Ein wenig Vorgeschichte: Ganze 84 Leute, die meisten Studenten, aber auch ein paar Hochschullehrer, gründeten den SDS am 2. September 1946 bei einem Treffen in der Elbschloßbrauerei in Hamburg. Die meisten von ihnen waren Sozialdemokraten. Aber damals störte es noch nicht, daß auch parteiunabhängige Antifaschisten, Anhänger der Sozialistischen Arbeiterpartei (SAP, zu ihr gehörte Anfang der dreißiger Jahre Willy Brandt) und sogar Anhänger der KPD dabei waren.

Die Kommunisten und Sozialisten links der SPD machten mit, weil der SDS zwar als sozialdemokratische Hochschulorganisation gegründet wurde, aber zugleich organisatorische Unabhängigkeit von der Partei eingeräumt bekam. Noch überdeckten die gemeinsame Gegnerschaft zu den Faschisten und die gemeinsam erlebte Verfolgung in der Hitler-Zeit die Differenzen.

Eine sozialistische Wirtschaftsordnung und ein Deutschland, das mit seinen Nachbarn im Frieden lebte, strebten die SDS-Gründer in ihrer »Hamburger Erklärung« an, und alle, auch der damalige SPD-Vorsitzende Kurt Schumacher, der zum Schluß zu diesem Gründungskongreß sprach, glaubten noch an die Stunde Null, an die Überwindung des Kapitalismus durch den Krieg, an einen sozialistischen Neuanfang. Schumacher sagte: »... das damalige Gleichgewicht der Klassen ist zerstört worden, und letzten Endes ist mit dem Zusammenbruch der Nazis, die ja nur als Funktion des modernen Hochkapitalismus in diese politische Machtposition kommen konnten, auch der Kapitalismus als Prinzip in Deutschland, in Mittel- und Westeuropa zusammengebrochen«.[66]

Marx sollt ihr studieren, rief der hagere, einarmige Mann, der noch gezeichnet war von der Haftzeit im Nazi-KZ; »den Marxismus, die Methode der großangelegten ökonomischen Analyse«[67] sollten sie sich aneignen. Einer der sozialdemokratischen Studenten im Auditorium war ein gewisser Helmut Schmidt aus Hamburg. Er studierte Volkswirtschaft und wurde nicht ganz ein Jahr später im August 1947 zu einem der beiden SDS-Vorsitzenden gewählt.

Die Träume vom sozialistischen Neuanfang zerbrachen schnell. Die SPD verlor die erste Bundestagswahl. Konrad Adenauer, CDU, wurde mit seiner einen Stimme Mehrheit vom Bundestag zum ersten Kanzler der Bundesrepublik Deutschland gewählt. Die

Wiederherstellung der kapitalistischen Privatwirtschaft lief, vor allem mit amerikanischer Unterstützung. Das »Wirtschaftswunder« begann schnell zu blühen, diese explosive Mischung aus deutschem Fleiß und US-Kapital. Der Antikommunismus trieb buntschillernde Blüten. Er kombinierte die abschreckende Anschauung des von den Sowjets verordneten Zwangssozialismus in der DDR mit der CDU-Propagandalüge, derzufolge alle Wege des Marxismus nach Moskau führen. Kurt Schumacher starb im August 1952. Die SPD verlor die zweite Bundestagswahl im September 1953. Sie begab sich, politisch mit dem Rücken zur Wand, im Laufe der fünfziger Jahre zunehmend auf einen Kurs pragmatischer Anpassung. Zwar wehrte sie sich noch verzweifelt, aber vergeblich gegen die von Adenauer und den Westalliierten betriebene Wiederaufrüstung, die 1955 endgültig beschlossen wurde. Aber der Widerstand der Sozialdemokraten gegen die atomare Bewaffnung der Bundeswehr drei Jahre später fiel schon recht halbherzig aus. Im Sommer 1958 schließlich vollzog die SPD einen Schwenk in ihrer Wehrpolitik: Der Parteivorstand forderte die Mitglieder ihrer Jugendorganisation, die Jungsozialisten, und die den Sozialdemokraten nahestehenden Falken auf, sich freiwillig zum Wehrdienst zu melden.

Von diesem Zeitpunkt an ging der Sozialistische Deutsche Studentenbund, bis dahin die erste Sprosse auf der Parteikarriereleiter der Sozialdemokratie, auf Kollisionskurs mit der Mutterpartei. Der Riß wurde bald tiefer. Der SDS forderte dazu auf, das Recht auf Kriegsdienstverweigerung wahrzunehmen. Er unterstützte die außerparlamentarischen Aktionen und Demonstrationen gegen die Atombewaffnung der Bundeswehr auch noch, als die SPD ihre Kampagne gegen die Atomrüstung eingestellt hatte. Im SDS begann schließlich das Studium, zu dem 1946 Kurt Schumacher den frischgegründeten Verband aufgefordert hatte: die eingehende Auseinandersetzung mit marxistischer Theorie und der Geschichte der Arbeiterbewegung.

Am 6. November 1961 beschloß der Parteivorstand der SPD die Unvereinbarkeit der Mitgliedschaft in SDS und Sozialdemokratischer Partei. Seither konnte es sich der SDS leisten, so etwas wie das moralische, sozialistische Gewissen der SPD darzustellen. Er war frei von hinderlicher Parteidisziplin, war eigenständig, war aber auch abgeschnitten vom wirklichen oder vermeintlichen Einfluß auf die reale Tagespolitik. Die SDS-Studenten brauchten eine Weile, um sich auf ihre neue und ungewohnte Rolle einzustellen.

Sie arbeiteten daran, einen eigenen politischen Standpunkt zu finden, abzusichern, zu begründen. Arbeitskreise entstanden; sie handelten vom Verhältnis der Industrienationen zur Dritten Welt, von der Rolle der sozialistischen Intelligenz in unserer Gesellschaft. In die Öffentlichkeit drangen vor allem die Versuche des SDS, eine grundlegende Reform des Universitäts- und Bildungssystems zu erreichen. Besonders bekannt wurde die SDS-Denkschrift: »Hochschule in der Demokratie«. Ihre Hauptthese, auf der alle folgenden Forderungen aufbauten: Eine Gesellschaft ist nur dann wirklich demokratisch, wenn in allen Lebensbereichen demokratisch mitbestimmt werden kann. Die bestehende Ordinarienuniversität widersprach demokratischen Grundsätzen und sollte einer Reformuniversität weichen, in der Lehrende und Lernende gemeinsam über Forschung und Lehre bestimmten.

Es war dieses Engagement für die Demokratisierung der Universität, das sich wenige Jahre später, in Berlin seit 1963, für den SDS politisch auszahlte. Denn in diesem Jahr wurde zum ersten Mal nach dem Krieg die Dauerherrschaft des konservativen, CDU/CSU nahen Rings Christlich-Demokratischer Studenten (RCDS) in Studentenparlament und AStA gebrochen.

Im Berliner SDS gab es den Studenten Reinhard Strecker. Er baute in mühevoller Kleinarbeit ein umfangreiches Archiv über ehemalige Nazis auf, die in den Nachkriegsjahren in der Bundesrepublik oder in West-Berlin wieder zu Amt und Würden gekommen waren. Reinhard Strecker hieß auch »das Gewissen des Berliner SDS«. Immer, wenn er sich wieder einmal sicher war, einen heute wieder honorigen Alt-Nazi aufgespürt zu haben, organisierte er mit Hilfe von SDS-Genossen Protestaktionen. Dann trafen sie sich im SDS-Zentrum, hinten im Berliner Zimmer, beratschlagten, gingen wieder auseinander, besorgten Material, kamen wieder und machten sich an die Arbeit. Lauthals wurden Parolen gehandelt, von den Genossen mit Pinseln in den Händen, die vor den noch leeren Papptafeln und den vollen Farbtöpfen knieten, verworfen – nein, viel zu lang, nein, das versteht doch kein Mensch –, wurden beschlossen – ja, so kann man das formulieren, genau das trifft es –, wurden auf die Papptafeln gepinselt, die dann andere auf die mitgebrachten Holzlatten nagelten. Nebenan ratterte die Druckmaschine für das »Bevölkerungsflugblatt«. Wenn es spät wurde, gingen sie noch auf ein Bier, und wenn's zu spät war – denkt an morgen früh! – pilgerten sie gleich heim. Paßten auf, daß die Zimmerwirtin nicht aufwachte, wenn sie sich auf ihre Bude schlichen.

Schliefen dann trotz der gewissen inneren Unruhe vor der Aktion morgen ein, denn, das hatten sie wieder und wieder diskutiert, mit diesem Protest waren sie im Recht.

Sie entschieden sich morgens beim Zähneputzen vor dem Spiegel für das gute Sakko, für die schickere Bluse. Sie ließen lieber den heißen Kaffee stehen, um eben schnell noch die staubigen Schuhe zu putzen. Sie waren pünktlich beim verabredeten Treffpunkt. Sie bauten sich in einer geraden Linie links und rechts vom Eingang zum Kammergericht auf und hielten stumm ihre Plakate hoch. Die Plakate und ihre Flugblätter sprachen für sie. »Richter Gente ist ein Nazi«, »Keine Nazi-Richter – Nazis vor Gericht!« oder »Gente ist ein Faschist!«. Sie nahmen die eisigen Blicke der vorbeihuschenden Passanten in Kauf und standen selber ganz starr. Sie erduldeten die Schikanen der Polizei höflich, zeigten auch beim dritten Mal die Anmeldebescheinigung der Kundgebung vom Ordnungsamt, ließen geduldig reihum ihre Personalien feststellen. Sie waren über die Ordnungshüter fast so empört wie über den Ex-Nazi Gente, der drinnen als Richter saß; sie hätten aber diese Polizisten auch ganz unter sich nie Bullen genannt. Sie waren ordentliche junge Leute mit radikalen Gedanken im Kopf.

Bei allen Gemeinsamkeiten, über die sie schon oft diskutiert hatten, irgend etwas schmeckte vielen SDSlern nicht, als Rudi Dutschke jetzt plötzlich, am 27. Januar 1965, für sich und die anderen um Aufnahme in den SDS nachsuchte. Mißtrauische Fragen stellte einer, der Genosse Tilman Fichter, schreibt Rudi in seinem Tagebuch.

Welchen Eindruck machte er denn auf Tilman Fichter?

»Rudi war vom ersten Tag an – oder noch bevor er in den SDS eingetreten ist – der Kopf und der innere Motor einer Fraktion im SDS. Er war nicht Rädelsführer, und schon gar nicht des gesamten Verbandes, aber er war einer der wichtigsten Aktivisten und Köpfe einer bestimmten Tradition und Fraktion im SDS. Diese Fraktion hat im Gegensatz zu ihren internen und öffentlichen Erklärungen teilweise mit verdeckten Mitteln nicht immer demokratisch und schon gar nicht radikaldemokratisch gearbeitet. Insofern gibt es einen Widerspruch zwischen Theorie und Propaganda einerseits und Rudis Praxis andererseits.

Seine Hauptkonzeption war, durch eine bestimmte Kette von Aktionen den SDS in Rudis eigene politische Richtung zu drängen. Polemisch verkürzt: Man muß die versteinerten Verhältnisse dieses Adenauer-CDU-Staates zum Tanzen bringen, bevor der Umschlag in den autoritären Staat stattfindet. Der zweite Schritt war, daß politisches Denken in den Verhältnissen der sechziger Jahre überhaupt nur möglich ist, wenn die Verhältnisse wirklich tanzen. Das heißt: Nur die Aktivisten haben überhaupt die Chance, politisch und philosophisch durchzublicken.«[68]

Rudi hatte schnell einen erheblichen Rückhalt innerhalb des Verbandes. Der mißtrauische Frager Tilman Fichter wurde Ende Februar zum neuen SDS-Landesvorsitzenden gewählt. Der Neuling Dutschke aber schaffte auf Anhieb die Wahl in den »politischen Beirat« des SDS, der in etwa der Funktion eines Parteivorstandes entsprach.

Back again in Germany

Anfang des Jahres bekam Rudi von Gretchen aus Chicago Post. Sie schrieb ihm, daß sie zu ihm zurückkommen möchte. Wochenlang drückte er sich um eine Antwort herum. So eine Anfrage hatte er noch nicht erlebt. Endlich schrieb er an Gretchen, er freue sich, wenn sie zurückkommt.

Gretchen nahm das nächste Schiff, das sie kriegen konnte. Vorerst sahen sich die beiden nur besuchsweise, denn sie begann ihr Theologiestudium nicht in Berlin, sondern in Hamburg.

Vietnam-Szenen: Washington, Saigon, Hanoi, West-Berlin

1.
In den ersten Februar-Tagen des Jahres 1965 schrieb in der amerikanischen Hauptstadt Washington McGeorge Bundy, der Berater des amerikanischen Präsidenten Lyndon B. Johnson für Fragen Nationaler Sicherheit, ein Memorandum für seinen Chef. Das zu diesem Zeitpunkt streng geheime Papier enthielt militärische und politische Ratschläge für den Präsidenten für das weitere Vorgehen der USA in Vietnam.

Seit 1950 war es Ziel der USA, den Einfluß der in Hanoi etablierten kommunistischen Regierung Nordvietnams unter Staatschef Ho Chi Minh einzudämmen. Amerika unterstützte die wechselnden Regime Südvietnams, zunächst mit Geld und Militärhilfe, dann mit amerikanischen Militärberatern, schließlich mit regulären Truppen. Vietnam war aber auch Schauplatz vielfältiger amerikanischer Geheimdienstaktivitäten. In Nordvietnam begingen von den Amerikanern ausgebildete Agenten Sabotage gegen das Eisenbahnnetz und die öffentlichen Buslinien in Hanoi. In Südvietnam inszenierte und unterstützte der amerikanische Geheimdienst 1963 mit Wissen und Billigung des amerikanischen Präsidenten einen Staatsstreich, um den vorher unterstützten Präsidenten Ngo Dinh Diem loszuwerden. Diem erbrachte nicht die von den Amerikanern geforderte Gegenleistung für deren umfangreiche Unterstützung seines Regimes: Die wirkungsvolle Bekämpfung der mit Nordvietnam sympathisierenden Vietcong-Rebellen im eigenen Land gelang ihm nicht. Auch seine Nachfolger Kanh und, nach ihm, Marschall Ky konnten den Vietcong nicht besiegen. In der Folge verstrickte sich Amerika immer tiefer in den nicht erklärten Krieg gegen die Vietcong-Rebellen in Südvietnam und gegen Nordvietnam, das den Vietcong mit Nachschub und auch infiltrierten Rebellen unterstützte. So beschreiben die »Pentagon-Papers«, eine 1971 durch Indiskretion des Regierungsbeamten Daniel Ellsberg an die Öffentlichkeit gelangte Geheimstudie des amerikanischen Verteidigungsministeriums, die allmähliche Ausweitung des Vietnam-Krieges.

Eines der mehreren tausend Dokumente in den Pentagon-Papers ist auch das schon erwähnte Memorandum des Sicherheitsberaters McGeorge Bundy für seinen Präsidenten Johnson vom Februar 1965. Bundy macht sich Gedanken über den Fortgang des Krieges:
»Wir sind der Ansicht, daß der beste Weg zur Vergrößerung unserer Erfolgschancen in Vietnam in der Entwicklung und Durchführung einer Politik anhaltender Repressalien gegen Nord-Vietnam besteht – einer Politik, in deren Rahmen Aktionen der Luft- und Seestreitkräfte gegen den Norden im richtigen Verhältnis als Vergeltung für alle Gewalt- und Terrorakte des Vietcong im Süden gerechtfertigt sind.

Obwohl wir glauben, daß die Risiken einer solchen Politik tragbar wären, möchten wir betonen, daß die Kosten dafür erheblich wären; denn die US-Luftwaffe müßte mit erheblichen Verlusten rechnen, selbst wenn wir nicht in vollem Umfang in einen Luftkrieg eintreten. Wenn man dieses Programm jedoch an den Kosten einer Niederlage in Vietnam mißt, erscheint es billig. Und selbst wenn es keine entscheidende Wende herbeiführen sollte – was durchaus der Fall sein kann –, ist die erzielte Wirkung höher zu veranschlagen als die Kosten. In der Praxis können wir unsere Repressalien vielleicht zunächst mit relativ auffälligen Ereignissen wie dem Zwischenfall von Pleiku in Verbindung bringen. Später könnten wir aus Anlaß eines Attentats auf einen führenden Provinzbeamten Vergeltung üben, wenn auch nicht unbedingt wegen eines Mordes an einem Dorfschulzen. Wenn dann erst einmal ein Programm von Repressalien erkennbar angelaufen ist, dürfte es nicht mehr notwendig sein, jede einzelne Aktion gegen Nord-Vietnam mit einem speziellen Übergriff im Süden in Verbindung zu bringen.«[69]

Die Kosten der von McGeorge Bundy vorgeschlagenen Repressalien beliefen sich, auch das ist nachträglich ausgerechnet worden, auf 66 Millionen DM pro Kriegstag.

2.
Anfang Februar 1965 begann nach der Zeitrechnung des chinesischen Kalenders in Vietnam das »Jahr der Schlange«. Zu diesem Zeitpunkt begannen die amerikanischen Truppen in Vietnam die nüchtern kalkulierten Pläne McGeorge Bundys unter dem Namen »Operation Rollender Donner« in die Tat umzusetzen.

Die US-Luftwaffe war für ihre Aufgaben gut gerüstet. Über 800 meist hochmoderne Kampfflugzeuge und Bomber waren einsatzbereit, ihre Piloten Vietnam-erfahren. Schließlich bombardierten sie seit Jahren die vermuteten Nachschubwege der Vietcong oder manchmal auch Dörfer und Dschungelgebiete, die als Vietcong-Schlupfwinkel angesehen wurden. Die Bombenlast richtete sich nach dem Angriffsziel. Längst hatten sich die Militärwissenschaftler und die Rüstungsbetriebe zu Hause etwas einfallen lassen und Spezialwaffen für den Dschungelkrieg entwickelt. »Fauler Hund« heißt eine Splitterbombe, deren unzählige messerscharfe Metallteile etwa in Brusthöhe eines Menschen durch die Luft sirren. Ähnlich funktioniert »Claymore«, eine Mine, die in einem Meter Höhe Schrapnellgranaten in alle Richtungen ausspeit. »Fauler Hund« und »Claymore« töten flächendeckend; ihre Opfer verbluten. Für den Angriff auf Siedlungen stehen zur Auswahl: normale Sprengbomben verschiedener Sprengkraft, Phosphor-Brandbomben und Napalm-Bomben. Die Sprengbomben reißen die Fabriken und Häuser ein, die Phosphor-Bomben setzen sie in Brand. Napalm aber setzt vor allem Menschen in Brand. Napalm ist wie Benzin und Klebstoff zugleich. Es haftet auf der Haut, ist nicht zu entfernen, brennt und ist kaum zu löschen. Oft rennen von Napalm getroffene Menschen ziellos davon und fachen in ihrer hilflosen Flucht das Feuer noch an, das sie verbrennt. Ein Teil des in Vietnam eingesetzten Napalms wurde in den bundesdeutschen Zweigbetrieben amerikanischer Chemiewerke hergestellt.

Wie üblich starteten die Bomber auch am 7. Februar, dem Stichtag der »Operation Rollender Donner«, von den Flugplätzen in Da Nang und im Osten Thailands und den im Südchinesischen Meer stationierten Flugzeugträgern »Coral Sea«, »Hancock«, »Ranger« und »Wasp«. Aber sie schlugen einen anderen Kurs ein als gewohnt. Schnell war der 17. Breitengrad überquert, der die Grenze zwischen Nord- und Südvietnam bildet. Der Angriff am 7. Februar galt der nordvietnamesischen Stadt Donghoi. In den folgenden Tagen wurden andere Ortschaften bombardiert. Ab Ende Februar wurden die Piloten an manchen Tagen auf »freie Jagd« geschickt. Sie konnten sich die Ziele für ihre Bomben in Nordvietnam selbst aussuchen. Allein in der letzten Märzwoche des Jahres 1965 wurden von den amerikanischen Piloten 17 570 Einsätze geflogen. Auch im Dschungel wurde weiter gekämpft. Der *Spiegel*-Redakteur Siegfried Kogelfranz schrieb im Februar 1965 eine Reportage über den Dschungelkrieg:

»Im Unterholz am Ufer zerbrach dürres Holz. Izards Männer waren an Land gegangen, hatten eine gutgetarnte Bambushütte durchstöbert. Nun schleiften sie einen muskulösen braunen Mann in schwarzen, kurzen Hosen durch das seichte Wasser.

Vorgehaltene Karabiner brachten ihn zu dem Geständnis, 22 Vietcong hätten sich beim Nahen der Boote in den Dschungel abgesetzt. Der Gefangene wurde verschnürt auf das glitschige Bootsdeck gelegt. Eine Stunde später klickten die Karabiner-Verschlüsse der Bord-Scharfschützen. Sie hatten am Rande eines abgeernteten Reisfelds Bewegung ausgemacht. Granaten und Schnellfeuergeschütze rissen Sekunden später – es war 14.42 Uhr – braune Fontänen aus dem Reisfeld hoch.

Soldaten sprangen ins seichte Uferwasser und feuerten liegend auf etwa vierzig Männer, die im Zickzack auf den rettenden Rand des Dschungels zurannten. Einige schlugen mit hochgerissenen Armen und angewinkelten Beinen in den Schlamm.

Um 14.52 Uhr rührte sich nichts mehr im Kraterfeld, doch die Boote feuerten immer noch mit voller Kraft. Neulich hatten die Regierungstruppen einen Guerilla so mit Kugeln vollgepumpt, daß der kurz zuvor 120 Pfund schwere Vietcong tot 200 Pfund wog.

Vereinzelte Schüsse schepperten noch an die blechbeschlagene Außenwand unseres Bootes, dann wurde es ruhig. Die Soldaten hatten die Verfolgung der Partisanen aufgegeben. Denn: An der Buschgrenze beginnt die Herrschaft der Vietcong. Sie hätten ihre Verfolger mühelos abgeschossen.«

3.
In diesen Wochen, genau gesagt am 8. April 1965, trat der amerikanische Präsident Lyndon B. Johnson vor die Fernsehkameras. Das amerikanische Bombardement auf Nordvietnam dauerte noch immer an. Der Präsident erklärte seinem Volk in einer Coast-to-coast-Sendung, warum die amerikanische Luftwaffe ein Land bombardiert, mit dem sich die USA gar nicht im Kriegszustand befinden. Er benutzte andere Worte als die, die McGeorge Bundy fand, um seinem Chef, dem Präsidenten, zu erklären, warum Nordvietnam bombardiert werden müsse:

»Heute abend sterben Amerikaner und Asiaten für eine Welt, in der ein jedes Volk sich für seinen eigenen Weg der Lebensgestaltung frei entscheiden können soll. Dies ist der Grundsatz, für den unsere Vorfahren in den Tälern Pennsylvaniens kämpften, und dies ist der Grundsatz, für den unsere Söhne in den Dschungeln von Vietnam kämpfen.

Wir sind ferner in Südvietnam, um die Ordnung in der Welt zu stärken. Auf der ganzen Erde – von Berlin bis Thailand – sind Menschen, deren Wohlergehen zum Teil auf dem Vertrauen beruht, daß sie auf uns zählen können, wenn sie angegriffen werden.

Vietnam seinem Schicksal zu überlassen, würde das Vertrauen in den Wert amerikanischer Versprechen erschüttern. Die Folge davon würde vermehrte Unruhe und Unsicherheit oder gar Krieg sein.«

4.
In der Bundesrepublik und in West-Berlin besitzen im Februar 1965 etwa 55 Prozent aller Haushalte ein Fernsehgerät. Allein die *Tagesschau* des ersten Fernsehprogramms hat täglich im Schnitt mehrere Millionen Zuschauer. Sie berichtet in ihren Sendungen regelmäßig über den Vietnamkrieg. Von der Bombardierung Nordvietnams sieht man zumeist Filme, die durch die geöffneten Bombenschächte der amerikanischen Flugzeuge aufgenommen sind. Scheinbar in Zeitlupe trudeln die Bomben in langen Reihen herunter aufs Land, blitzen dort unten grell und lautlos auf und hinterlassen langsam verwehende Staubpilze und Flammen. Seltener sieht man von unten, welche Zerstörung zurückbleibt, sieht häufiger aber noch verwüstete Städte als mit Napalm verbrannte Menschen. Aus Nordvietnam gibt es am wenigsten Filmmaterial. Dennoch ist dies der erste, langanhaltende Krieg, der von Millionen von Menschen, die anderswo im Frieden leben und gerade ihr

Abendbrot essen, tagtäglich im eigenen Wohnzimmer miterlebt wird. Die meisten Bürger aber schlucken ihr Erschrecken herunter wie das Bier und die Butter und das Brot. Keine einzige maßgebliche Gruppe oder Partei in der Bundesrepublik oder in West-Berlin erhebt Protest. Die Bundesregierung schweigt. Alle empfangen sie kauend ihren täglichen Mord und erhalten von Zeit zu Zeit die Botschaft des mächtigen Herren in Washington, der den gläubigen Zuschauern bedeutet, daß dieses Sterben seinen Sinn in der Verteidigung unserer Freiheit findet.

Ein neues deutsches Abendmahl.

5.

Im Frühjahr 1965 beginnen im SDS West-Berlin drei Arbeitskreise. Zwei davon leiten die neuen Mitglieder Rudi Dutschke und Bernd Rabehl. Der dritte, den die SDS-Genossen Peter Gäng und Jürgen Horlemann ins Leben gerufen haben, befaßt sich mit Vietnam. Horlemann studiert Soziologie, Gäng Indologie. Beide sammeln schon seit Herbst 1964 alle nur erreichbaren Dokumente, Bücher und Presseartikel über den Krieg in Vietnam. Sie verfolgen die Wurzeln des jetzigen Kriegsgeschehens bis zum ersten Indochinakrieg in den vierziger Jahren, als die Japaner Vietnam okkupierten. Mit den anderen Teilnehmern des Arbeitskreises »Vietnam« arbeiten sie hunderte Bücher durch und verfolgen regelmäßig 65 Zeitungen und Zeitschriften des In- und Auslandes. Übersetzungen werden angefertigt, Artikel ausgewertet, die internationale Berichterstattung verglichen. Das Ergebnis ist überraschend und gibt der manchmal in Studentenkreisen aufflackernden moralischen Empörung über die Art der Kriegsführung in Vietnam mit Tatsachen Rückhalt. Entgegen der Darstellung und Berichterstattung in den bundesdeutschen Medien und Zeitungen wird in Vietnam nicht etwa die Freiheit des Westens gegen den Bolschewismus verteidigt. In Vietnam kämpft das vietnamesische Volk einen verbissenen Befreiungskampf um nationale Unabhängigkeit gegen die Großmacht Amerika, der es um strategische Positionen und Absatzmärkte zu tun ist. Die SDS-Genossen legen Wert darauf, daß sie ihre Ansicht vor allem auch auf die Auswertung amerikanischer Quellen stützen können.

Von Zeit zu Zeit ist Plenum im SDS-Zentrum. Dann treffen sich die Mitglieder aller Arbeitskreise und berichten sich gegenseitig ihre neuesten Arbeitsergebnisse. Rudi Dutschke ist fasziniert. Die Vietcong-Guerillas erfüllen seine Vision der radikalen Opposition gegen die alten und neuen Kolonialmächte mit Leben. Seine Gedanken bleiben nicht bei der Empörung über die mörderische Kriegsführung des Militärgiganten Amerika stehen. Der scheinbar nicht zu brechende Widerstand des Vietcong bedeutet für ihn in erster Linie Hoffnung auf die Möglichkeit von Revolution: zuerst in Vietnam, dann anderswo in der Dritten Welt, schließlich auch in den Metropolen Westeuropas.

6.
Am 2. Februar 1965, noch fünf Tage vor Beginn der Bombardierung Nordvietnams durch die Amerikaner, veranstaltet der »Vietnam-Arbeitskreis« des SDS im Henry-Ford-Bau der Universität eine Informationsausstellung für die Berliner Studenten über den Krieg in Vietnam. Gemessen an der Zahl des *Tagesschau*-Publikums sind sie eine winzige Minderheit. Die Studenten versuchen, ihren amerikanischen Gästen und den Zuhörern mit einer Fülle von Dokumenten und Pressezitaten zu beweisen, daß Amerika in Vietnam mit Unterstützung einer selbstgeschaffenen Marionettenregierung einen Krieg gegen das vietnamesische Volk führe, diesen Krieg seit Jahren ausweite, anstatt einer friedlichen Lösung zuzustreben. Sie argumentieren ähnlich wie zur gleichen Zeit der Präsidentenberater McGeorge Bundy in seinem streng geheimen Strategiepapier, das Präsident Johnson eine Taktik zur Ausweitung des Krieges nahelegt. Sie durchschauen, daß der Vietcong-Angriff auf den amerikanischen Stützpunkt Pleiku von den Amerikanern nur als Vorwand zum Beginn des Luftkrieges gegen Nordvietnam benutzt wird. Empört weisen die amerikanischen Gäste dies zurück und behaupten wie ihr Präsident, daß in Vietnam vielmehr die abendländische Demokratie und die Freiheit verteidigt werden. Die nicht überhörbaren Mißfallenskundgebungen der Zuhörer, die Pfiffe und Buhrufe aus dem Parkett, sind für die amerikanischen Gäste ein völlig neues und ungewohntes Echo, ganz besonders in West-Berlin.

In Rußland

Rußland. Ein Siebtel allen Festlandes auf diesem Planeten, der weiträumigste Staat der Erde. Rußland, große Mutter Rußland, Mutterland der Revolution, kurz darauf Schlachtbank der nicht rechtgläubigen Revolutionäre, Land der geschleiften Kirchen mit dem leibhaftigen Götzen Stalin im Marschallsrock, Stalins Rußland, das Hitler die Hand reicht auf Polens Kosten zu einem Nichtangriffspakt, Rußland, in dem Stalin stirbt und sein Geist weiterlebt – an all das, was er aus Büchern erfahren hatte, dachte Rudi Dutschke, erinnerte sich auch an die russischen Panzer, die 1953 in Berlin gegen Ostberliner Arbeiter auffuhren und 1956 gegen die ungarischen.

Trotzdem fuhr er am 21. April 1965 als Mitglied einer offiziellen Studentendelegation des SDS auf Einladung des »Komitees der Jugendorganisationen der UdSSR« nach Moskau und Leningrad. Warum? Im Tagebuch und in Briefen spricht er von der Notwendigkeit, internationale Kontakte zu knüpfen. Bei der Entscheidung zu dieser Reise hat der taktisch denkende Politiker über den politisierenden Moralisten gesiegt. Er hielt sich an das, was er selbst vor einem Jahr in der Zeitschrift *Anschlag* geschrieben hatte: Die Sowjetunion ist kein sozialistisches Land, hat Stalin nicht wirklich überwunden, die Einheit von sozialistischer Wirtschaftsordnung und demokratischer Politik ist nicht einmal in Ansätzen hergestellt. Aber sie ist ein antikapitalistisches Land. Rudi erwartete von der Sowjetunion konkrete Hilfe für die Freiheitsbewegungen und jene Länder, die in der Dritten Welt gegen die Bevormundung durch die alten und neuen Kolonialmächte rebellierten und um nationale Unabhängigkeit kämpften. Rudi und die anderen SDS-Genossen dachten dabei nach den Ereignissen der vergangenen Wochen vor allem an Vietnam. Rudis Mutter, die ein paar Tage vor der Reise wieder einmal zu Besuch gekommen war, dachte vor allem an die DDR und war empört. Ihr Sohn notierte im Tagebuch:

»Mutter rät mir ab, nach Moskau mitzufahren, ich könnte doch nicht einmal nach Luckenwalde zu Besuch kommen. Sollte mich sowieso mehr mit der Universität und dem Studiumsabschluß beschäftigen, mich nicht in die Politik reinmischen. Als SDS-Mitglied und eingeladen (zusammen mit anderen SDS-Mitgliedern) können die in Moskau und Leningrad mich nicht einfach ins Gefängnis stecken. Der barbarische Stalinismus ist zum anderen seit dem XX. Parteitag so wie vorher nicht mehr gegeben. Ich fahre auf jeden Fall mit.«[70]

Also fuhr er, wenn auch mit sehr gemischten Gefühlen, die er dem Tagebuch anvertraute. Die Reise ging per Zug:

»Ist schon verrückt. Ich komme aus Ost-Deutschland, aus der DDR, mußte abhauen. Jetzt fahre ich hindurch, darf nirgendwo aussteigen. Die Genossinnen und Genossen, die mit mir fahren, können dieses komische Gefühl wahrscheinlich nicht ganz nachvollziehen.«[71]

An der Grenze zwischen Polen und der Sowjetunion werden die Waggons des Zuges hochgehievt, um die Räder des Zuges auszutauschen. Die russischen Eisenbahnen haben eine breitere Spur als die der europäischen Länder. Beiläufig fragt sich Rudi im Tagebuch, ob die Sowjetunion wohl nicht zu Europa gehört. Nichts in diesem kleinen Halbsatz läßt erkennen, daß für ihn später diese Frage über Jahre hinweg im Mittelpunkt seiner politischen Überlegungen stehen wird.

Endlich die Ankunft in Moskau. Freundlich der Empfang durch die Komsomol-Mitglieder, hochrangige Jugendfunktionäre gesetzteren Alters in besserer Kleidung sind am Bahnhof, der Dolmetscher übersetzt immer wieder die Anrede »Genossen«. Helfende Hände winken die deutschen Gäste schnell in schwarze Limousinen mit Vorhängen, ab geht die Fahrt ins Hotel. Auf der Fahrt zum Hotel nähern sich die gönnerhaften Gastgeber ihren Gästen aus dem Westen mit Höflichkeiten, ersten Scherzen und den wieder und wieder angebotenen Zigaretten. Durch die Scheiben sieht man draußen im Vorbeihuschen die Normalbürger. Näher nie.

Sozialisten treffen Sozialisten unter Ausschluß des Volkes. Bei dieser Enttäuschung bleibt es nicht. Das Reisetagebuch wird zwei Wochen lang zur Klagemauer meist trauriger, auch ärgerlicher Eindrücke. Daß Rudi seinen Rand halten solle, hatte ihm auch der Leiter der Delegation, Jürgen Horlemann, vor der Ankunft in Moskau schon eingeschärft. Man werde die Russen mit Brandreden nicht ändern, höchstens den gerade geknüpften Gesprächsfaden gleich wieder durchschneiden. Meist hält sich Rudi an diese Devise, schimpft nur abends in sein Tagebuch hinein. Aber wenn der Zorn in ihm zu hoch kocht, platzt er doch auch vor den Gastgebern heraus. Zum Programm gehört eine Besichtigung des Denkmals für die Opfer der Revolution in Petersburg, das zwischen 1925 und 1930 errichtet wurde. Die Schmerzen der Revolution in Stein gehauen in den groben Konturen des sozialistischen Realismus und dazu die Funktionärsreden voller ausgeborgtem Pathos, das ist ihm zuviel. Wenn das also für alle ist, die in hochherziger Hingabe furchtlos ihr Blut und Leben für die Sache der Großen Russischen Oktoberrevolution gegeben haben im Kampf für eine neue Gesellschaft gegen die zaristische Despotie, gilt es gleichermaßen auch für die unschuldigen Opfer der Revolution in ihren eigenen Reihen, wo doch nachweislich Genossen Genossen gemordet haben, fragt Rudi, erinnert an die Parteisäuberung Stalins in den dreißiger Jahren, an die Moskauer Prozesse. Befremdete Gesichter bei den Russen, nein, daran habe man nicht gedacht, schneller Wechsel des Themas, als hätte einer etwas Unanständiges bemerkt. Härter ist ein Zusammenstoß mit einem Professor an der Moskauer Universität. Typisch trotzkistisch sei die Auffassung des jungen Kommilitonen, der Stalinismus sei auch nach dem XX. Parteitag noch nicht in allen Ecken und Winkeln der sowjetischen Gesellschaft beseitigt. Die These von der »Permanenten Revolution«, einer eindeutig falschen, schon von Lenin entlarvten und kritisierten Auffassung, stecke hinter den Ausführungen des Kommilitonen. Jawohl, er sei ein deutscher Trotzkist, hier gebe es so etwas nicht mehr, stößt der Professor erregt hervor. Rudi verbucht diese Anrede im Tagebuch als Ehrentitel. Trotzki und andere später verfemte Revolutionäre sind ihm in den Tagen dieses Besuches besonders gegenwärtig:

»Den Panzerwagen vor sich zu haben, von dem aus Lenin seine April-Thesen verkündete, die Thesen in etwa im Kopf zu haben und die Geschichte dieses Landes nicht schlecht zu kennen, brachte die verschiedensten Empfindungen, Vorstellungen und Phantasien mit sich. Mal sehe ich in meinem Kopf Bilder, wo Lenin vom Panzer aus redet, und wenige Meter von ihm entfernt steht neben ihm Trotzki, in einem anderen Bild ist Trotzki weggewischt, mal ist er mit Sinowjew, Kamenjew, Radek, usw., mal von ihnen befreit. Wie absurd. Die ›Komsomol‹-Gastgeber scheinen unsere, meine Probleme nicht im geringsten zu spüren oder zu verstehen.«[72]

Nicht nur die revolutionäre Vergangenheit sieht Rudi anders. Was Sozialismus für ihn werden soll, ist ganz anders als das, was er und seine Genossen auf dieser Reise erleben. Sie treffen Soziologen der Universität Moskau, Wissenschaftler wie sie selbst, deren Aufgabe es ist, gesellschaftliche Entwicklungen zu untersuchen, Prognosen zu entwickeln, Politikern Entscheidungshilfen zu geben, aufzurechnen: Was sind die Kosten? Was ist der Nutzen? Und für wen? – Die russischen Kollegen untersuchen seit einiger Zeit in einer aufwendigen Umfrage das Verhältnis der Arbeiter zum wissenschaftlich-technischen Fortschritt. Einhunderttausend Bürger werden sie befragen.

Worauf zielt die Befragung? fragen die SDSler. Die Antwort ohne Umschweife: Es geht darum, die wirtschaftliche Leistungskraft zu steigern. Die Mechanisierung der Arbeit muß weiter durchgesetzt werden. Die SDSler fragen nach: Wird das Problem zunehmender Monotonie der Arbeit vor allem an den Fließbändern gesehen? Die Abstumpfung der dort Arbeitenden? Die russischen Soziologen antworten: Wir können nicht weg von dem eisernen Zwang, die Produktivität zu steigern. Auch werden die Arbeiter an wechselnden Plätzen eingesetzt, das erhöht ihr intellektuelles Niveau durch immer wechselnde Anforderungen. Die Arbeit ist immer komplizierter, immer mehr aufgeteilt, das zeigt doch schon die veränderte Lage der Proletarier im Arbeitsprozeß, das ist kein Vergleich zu früher!

Diesmal hält Rudi an sich, denkt sich seinen Teil im Tagebuch: »Äußerst optimistisch wird der technische Fortschritt verstanden. Eine technisch-schöpferische Tätigkeit ermögliche und verlange aktives Denken, bringe keine Monotonie mit sich. Wie künstlich und betrügerisch ist jenes Geschwätz von der ›sozialistischen Moral‹. Von Arbeitszeitverkürzungen ist am allerwenigsten die Rede, die alte Arbeitsmoral und Arbeitsethik soll offensichtlich unverändert bleiben. ›Nehmen wir dem Menschen die Arbeit, so nehmen wir ihm sein Menschsein‹, das ist ein grundlegender Satz des ›Marxismus-Leninismus‹, die Persönlichkeit konstituiere und festige sich allein über die Arbeit, ›Arbeit wird immer Eigenschaft des Menschen bleiben‹.

›Selbsttätigkeit‹ und ›Spiel‹ tauchen nie auf. Herbert Marcuse wird als größter Gegner des ›Marxismus-Leninismus‹ gesehen.«[73]

Unverkrampfte Begegnungen, Situationen unbeschwerter Heiterkeit erlebt Rudi nur selten. Nur einmal ist die Atmosphäre eines politischen Gespräches herzlich und ohne Anspannung, als die SDSler mit Vertretern des UdSSR-Vietnam-Solidaritätskomitees zusammentreffen. Hier scheinen die Sowjets und ihre deutschen Gäste wirklich an einem Strang zu ziehen. Und sonst? Ein Fußballspiel mit russischen Kindern auf dem Leningrader Sportplatz, die Sepp Herbergers und Uwe Seelers Namen radebrechen. Billige Bücherfunde in Moskauer Antiquariaten, sozialistische Klassiker in deutscher Sprache, zu Hause nicht zu findende Kostbarkeiten, Zusicherungen auch von sowjetischer Seite, dem SDS Akten über noch nicht aufgedeckte Nazi-Verbrechen zu beschaffen. Und immerhin, zum Schluß eine Zusicherung des für die Reisegruppe zuständigen Komsomol-Dolmetschers beim Abschied auf dem Bahnhof: »Ich werde mir manche Marx-Texte noch mal neu anschauen.«

An der russisch-polnischen Grenze werden die russischen Wagenräder wieder auf die schmalere, europäische Sparweite umgestellt.

»Anschlag« im SDS

Kaum war Rudi Dutschke am 5. Mai aus der Sowjetunion zurück, gab es Arbeit und Ärger mit den Genossen – und zwar mit allen, die er so kannte.

Noch immer waren Rudi und Bernd neben ihrer SDS-Mitgliedschaft Mitarbeiter der Subversiven Aktion, die sich in Berlin »Anschlag«-Gruppe nannte. In Abwesenheit der beiden hatten sich die anderen in München getroffen und über fast alle anstehenden Fragen und Vorschläge zerstritten. Dieter Kunzelmann hatte sich ausschließen lassen. Rudi Dutschkes Manuskript »Revolutionäre Praxis auf lange Sicht« war in der Diskussion in München auf Ablehnung gestoßen.

Bernd und Rudi bekamen das ausführlich zu hören. Herbert Nagel brachte den beiden Protokolle und Tonbandaufzeichnungen der Münchner Gespräche mit. Stundenlang hörten Rudi und Bernd gemeinsam diese Bänder ab, stöberten die neuen Papiere durch.

Neben politischen Differenzen hatte es in München auch persönliche Angriffe gegeben. Rudi soll »geheime Briefe« an Dieter Kunzelmann geschrieben haben, von denen die anderen Gruppenmitglieder nichts wissen sollten.

Dutschke setzte einen Antwortbrief an Frank Böckelmann und die anderen Münchner auf, den letzten Brief, den er in Sachen Subversive Aktion schrieb. Dieser Brief ist nicht interessant der politischen Einzelfragen wegen, die darin angeschnitten werden, wohl aber, weil er Aufschluß gibt, wie Dutschke Politik angeht. Das klingt so, als sei Politik für ihn die Fortsetzung seines Sporteifers auf anderem Gebiet. Nicht von ungefähr tauchen die gleichen Begriffe in gleicher Nähe zueinander wieder auf wie zehn Jahre früher beim Fußball in Luckenwalde: Kameradschaft, Disziplin, Härte, Fairneß, Verpflichtung. Dutschke geriert sich wie ein launischer Trainer, der eben noch an den Kameradschaftsgeist appelliert, dann seine Schützlinge anbrüllt, um sie im nächsten Moment wieder in die Arme zu nehmen, und gleich darauf aufs neue schimpft.

»Wenn nicht einmal wir mit unserem hohen Anspruch in unserer Gruppe fähig sind, etwas vom emanzipierten Geist der Solidarität und Kameradschaft in unserer gemeinsamen Arbeit zu realisieren, so unterscheiden wir uns von den von uns Bekämpften nur noch verbal, das heißt in keiner Weise. Ich stelle fest: alle Briefe von mir waren für die Münchner Gruppe gedacht, es gab keine ›secret‹-Briefe und wird keine geben!

Am Tage nach meiner Rückkehr aus Moskau hatte ich mit Dieter ein ausführliches Telefongespräch, das ich mit folgender ›Erklärung‹ angefangen habe (wörtlich – habe es aufgeschrieben und abgelesen – Dieter war etwas, verständlicherweise, ›sauer‹ – für mich war es keine ›Disziplinfrage‹ [hoffentlich ist das für Euch einsichtig]): ›Als Mitglied der Anschlag-Gruppe (Subversive Aktion) bin ich auch bei Abwesenheit von der Tagung verpflichtet, die organisatorischen und personellen Entscheidungen, die von der Tagung getroffen wurden, als für mich bindend anzuerkennen.‹«[74]

Das muß man sich vorstellen, wie Rudi seinen vorbereiteten Zettel, auf den er die Erklärung gekritzelt hat, todernst abliest, worin er erklärt, daß er zwar organisatorische Beschlüsse der Münchner Versammlung mittragen wird, nicht aber die dort diskutierte theoretische Einschätzung der Lage, weil sein mühsam verfaßtes Papier in den Münchner Diskussionen nur mißverstanden worden sei, und wie er schließlich Dieter Kunzelmann am anderen Ende der Leitung dazu vergattert, schleunigst bei ihm vorbeizuschauen:

»Dein Selbstausschluß und der dann von der Tagungsmehrheit angenommene Antrag auf Deinen Ausschluß enthebt Dich nicht Deiner Pflichten als Revolutionär, das heißt, Du bist weiterhin verpflichtet, mir eine Information der Vorgänge, wie Du sie siehst, schnellstens zu geben, Dich der Diskussion über diese Vorgänge mit gruppenfremden Elementen vorläufig zu enthalten. – So am 6.5.65 per Telefon – diesem ›offiziellen‹ Teil schloß sich ein informelles Gespräch an.«[75]

Die Gemeinsamkeiten zwischen Rudi und Bernd und den anderen Mitgliedern der Subversiven Aktion waren endgültig aufgebraucht. Die anderen Genossen aus der »Anschlag«-Gruppe in Berlin sahen keinen Sinn in immer neuen Aktionen und Demonstrationen, wie sie die beiden forderten. Fassungslos berichtete Herbert Nagel über Rudi Dutschke in einem Brief nach München:

»Er (Dutschke, U. C.) glaube zwar, daß es in nächster Zeit immer weniger Möglichkeiten geben werde, die Versteinerung zu durchbrechen, dann aber würden sich wegen der Freisetzung der Menschen aus der Produktion neue Möglichkeiten ergeben. Diesen Vorgang begrenzte er auf die nächsten zehn Jahre. Auf jeden Fall sollte dies alles innerhalb seines Lebens stattfinden. Der Hinweis, dies sei optimistisch, wurde akzeptiert: ›Ja, ich bin Optimist.‹«[76]

So bereiteten Dutschke, Rabehl und die lateinamerikanischen Genossen aus der gemeinsamen Schulung allein eine Aktion vor, die ihnen nach den bestürzenden Zeitungsmeldungen der ersten Maitage dringend notwendig erschien. Niemand in Berlin hatte dazu etwas unternommen, auch nicht der SDS.

In der Dominikanischen Republik auf Kubas Nachbarinsel Haiti tobte ein Bürgerkrieg. Das aufständische Volk und Teile der Armee kämpften gegen eine diktatorisch herrschende Militärjunta und für die Rückkehr des 1961 demokratisch gewählten Staatspräsidenten Juan Bosch, der kurz nach seiner Wahl von den putschenden Militärs ins Exil gejagt worden war. Im April 1965 zeichnete sich ein Sieg der Aufständischen ab. Da griffen am 29. April amerikanische Truppen ein, um, wie Präsident Johnson behauptete, die Sicherheit der auf der Insel befindlichen amerikanischen Staatsbürger zu garantieren. Bis zum 8. Mai warfen die Amerikaner 36 000 Soldaten in das Land. Die Aufständischen mußten kapitulieren. Die USA-hörige Militärjunta war noch einmal gerettet, die Unabhängigkeit des Landes wieder einmal in die Ferne gerückt. Juan Bosch, resigniert und verbittert, trat im Exil in Puerto Rico vor die Mikrofone, nannte die Invasion der Amerikaner unmoralisch und kriminell, sagte die machtlosen Worte, daß er weiter warten wolle auf die Freiheit für sein Land. Er mußte.

In zwei Tagen haben die Lateinamerikaner und ihre deutschen Freunde die wichtigsten Informationen über die Geschichte der Dominikanischen Republik und die aktuellen Ereignisse dort gesammelt und in einem Flugblatt verarbeitet. Am 10. Mai ziehen sie mit Transparenten und Flugblättern über den Campus in Dahlem.

Nach geraumer Zeit tauchen einige verärgerte SDS-Genossen auf. Sie fordern die sofortige Herausgabe der Flugblätter. Das mit dem Impressum, sagen sie, ist eine Sauerei. »Anschlag-Gruppe im SDS« steht da drunter, was soll das. Das gibt es nicht. Entweder muß da stehen »Anschlag-Gruppe« oder SDS. Und wenn schon SDS, dann darf das nur unter dem Flugblatt stehen, wenn das Ding vorher inhaltlich in der SDS-Gruppe besprochen und gebilligt worden ist, sagen sie.

Darum haben sich Rudi und Bernd tatsächlich bemüht. Sie rücken die noch nicht verteilten Flugblätter raus. Die SDS-Genossen zensieren mit ihren Filzschreibern »im SDS« aus dem Impressum heraus.

Daß Rudi und Bernd mit dieser Unterschrift unter dem Flugblatt ein Versehen unterlaufen war, ist unwahrscheinlich. Wahrscheinlich wollten sie die Genossen im Verband aufschrecken, wollten provozieren.

Die Filzstift-Genossen hatten sich in eine peinliche Lage gebracht. Formal waren sie im Recht, und das setzten sie durch, mit einem Filzstift-Strich. Inhaltlich distanzierten sie sich damit von einer Aktion, die sie eigentlich gutheißen mußten. Das gab Ärger im Verband. Von da an hatten Rudi und Bernd ihr Etikett: die Dutschke/Rabehl-Fraktion. Mit dem Ärger kam aber auch mehr Leben in den SDS.

Freie Universität?

Rudi Dutschke, Bernd Rabehl und ihre lateinamerikanischen Freunde waren mit ihrem Protest gegen die US-Invasion in der Dominikanischen Republik nicht die einzigen Studenten, die die akademische Idylle auf dem Campus der Freien Universität mit ihren Transparenten und Flugblättern störten. In diesen unruhiger werdenden Tagen im Mai 1965 gingen sie mit ihrer Aktion eher unter in der Aufregung und Empörung einer ungewohnt zahlreichen Schar von Kommilitonen, die diesmal weit mehr zählte als der Kern der notorisch politisch Interessierten und nur ein Thema kannte: Kuby.

»Innerhalb Berlins sind wir hier in diesem Saal nun noch einmal an einem besonderen Platz, nämlich in der Freien Universität. Darf ich Sie darauf aufmerksam machen, daß vielleicht dem einen oder anderen bisher entgangen ist, daß der Name ein äußerstes Maß an Unfreiheit zum Ausdruck bringt. Nur jene polemische Grundsituation vermag zu verbergen, daß in dem Worte ›Freie Universität‹ eine innere antithetische Bindung an die andere, an die unfreie Universität jenseits des Brandenburger Tores fixiert ist, die für meinen Begriff mit den wissenschaftlichen und pädagogischen Aufgaben einer Universität schlechthin unvereinbar ist.«[77]

Im Juni 1958 hatte dies der Publizist Erich Kuby bei einem Vortrag in der Freien Universität gesagt. Das Echo bei den Zuhörern war geteilt, manche zischten mißbilligend, andere klopften ihren dezenten Beifall mit den Fingerknöcheln auf die hölzernen Stuhllehnen. Kein Mensch hätte daran noch im Mai 1965 gedacht, jedenfalls nicht die Studenten der Freien Universität, deren gewählte Vertreter Erich Kuby für eine Veranstaltung zum 8. Mai 1965 einluden, dem zwanzigsten Jahrestag der Befreiung vom Nationalsozialismus. Kuby sollte als einer der wenigen kritischen Geister in der Zeit allgemeiner Wirtschaftswunderseligkeit zu der Frage sprechen, ob es seit jener Stunde Null einen wirklichen Neubeginn gegeben habe oder ob etwa mit deutschem Fleiß nicht nur die Häuser und Bahnhöfe, sondern etwa auch das Staatswesen, die Obrigkeit, die Machtstrukturen in der Wirtschaft, der Bürgergeist ganz so wie früher aufgebaut worden wären.

»Restauration oder Neubeginn?« – Magnifizenz Professor Herbert Lüers gab auf diese im Titel der Veranstaltung gestellte Frage dann die kürzest mögliche Antwort: ohne die Veranstaltung und ohne Erich Kuby. Er verbot dem AStA der Freien Universität, Erich Kuby einzuladen. Der habe die Freie Universität vor Jahren als unfrei verunglimpft, und deshalb mache er von seinem Hausrecht Gebrauch.

Eine Flut von Flugblättern überschwemmt den Campus. Selbst kreuzbrave Studenten nutzen plötzlich das witzige Angebot einiger Studentengruppen, die Pinsel, Farbe und Papier mitbringen und jedem zur Verfügung stellen, dem eine Parole einfällt, der sie malen und sich damit hinstellen will. Viele Studenten stehen aufgeregt herum und diskutieren den Grundgesetzartikel fünf, den ihnen schon die Sozialkundelehrer eingebleut haben, von wegen Meinungsfreiheit in Wort, Schrift und Bild und vor allem der Freiheit von Wissenschaft, Forschung und Lehre. Allein die Mitglieder des CDU-nahen RCDS verteidigen den Eingriff des Rektors und statten Dank dafür ab, daß über ihnen und den anderen Studenten eine Obrigkeit wacht, die erlaubt oder verbietet, diesen Mann oder jene Meinung in den Räumen der Universität anzuhören. SED-Chef Walter Ulbricht werde andernfalls bald mit Bruderkuß vom AStA-Chef herzlich willkommen geheißen und dürfe im selben Audimax sprechen wie John F. Kennedy über Kriegshetzer, Militaristen und Faschisten im Westen und seine Mauer durch Berlin als Friedensgrenze. So düster beschwören sie in einem Flugblatt die Zukunft der Freien Universität, wenn in ihr allein die Studenten das Sagen hätten, und ernten helles Gelächter bei vielen Kommilitonen. Auch das ist neu in West-Berlin, daß über Antikommunismus gelacht werden kann.

Mit dem Grundgesetz, Kennedys Worten in der FU von der Verpflichtung zur Wahrheit und der von Studenten in Berkeley übernommenen Forderung nach Redefreiheit argumentieren jetzt die Berliner Studenten. Sie wollen auch »das Recht haben, jede beliebige Person überall auf dem Campus und jederzeit sprechen zu hören, ausgenommen, es entsteht dadurch ein Verkehrsproblem oder laufende Kurse werden behindert«.[78]

Es blieb bei dem Redeverbot für Kuby. Zur Frage, zu der er in der Freien Universität hätte sprechen sollen, hatten die Studenten weit mehr bei dem Versuch gelernt, seine Redefreiheit zu erkämpfen: daß es Demokratie nicht geschenkt gibt, daß sie noch zu schwach waren, ihr Recht zu erkämpfen, daß sie in Zukunft wacher sein mußten. Alle Studentengruppen mit Ausnahme des RCDS waren dafür auf Tausenden von Flugblättern eingetreten, hatten Diskussionen angezettelt, Resolutionen verabschiedet und Vorlesungen boykottiert. Besonders aktiv war der SDS, gerade auch die Genossen, die Bernd und Rudi sehr kritisch gegenüberstanden.

An der Freien Universität, die so frei gar nicht war, bewegte sich etwas. Die Leute hörten mehr zu, auch so einem wie Rudi Dutschke.

Der gute Draht

Gretchen ist jetzt oft bei Rudi in Berlin. Sie ist sehr in ihn verliebt und zeigt das auch. Rudi dagegen verhält sich Gretchen gegenüber sehr spröde, jedenfalls solange andere dabei sind. Anhimmelnde Blicke, zärtliche, gar leidenschaftliche Gesten in der Öffentlichkeit sind nicht seine Sache.

Demonstrationsauflagen der Polizei zu durchbrechen fällt ihm leichter als der Verstoß gegen den protestantischen Moralkodex der Mutter Dutschke. Zu Hause ist nie offen über Sexualität gesprochen worden, aber an Warnungen vor liederlichen Verhältnissen hat es nicht gefehlt. Dabei blieb offen, was ein liederliches Verhältnis eigentlich ist. Auf eigenartige Weise taucht Mutter Dutschkes erhobener Zeigefinger im Moralkodex des Revolutionärs wieder auf, der seine Leidenschaft der Revolution zu widmen hat, nicht etwa einer Frau. »Die asketische Verdrängung und Sublimierung unbefriedigter Bedürfnisse glaubte ich dagegen als höchsten Grad von Freiheit ausgeben zu können«, schrieb er fast zehn Jahre später einem Freund. Ihm vertraute er so viele Jahre später auch an, daß er mit 24 Jahren zum ersten Mal mit einer Frau geschlafen hat – mit Gretchen. Zu dieser Zeit taucht Gretchen in den Briefen Rudis allerdings nur in anderer Rolle auf – als Gefährtin des Revolutionärs:

»In einem Ecuadorianer, der ab 1966 in Mexiko bzw. in Argentinien sein wird, um als Verbindungsmann zwischen den Guerillas u.a.m. in den verschiedenen Ländern zu arbeiten, haben wir einen ausgezeichneten Kameraden gefunden. Durch Carol, eine Theologie-Studentin aus Hamburg, mit der ich zur Zeit hier in Berlin zusammenlebe, eine Amerikanerin, haben wir endlich einen ›guten Draht‹ nach Nordamerika, sind jetzt dabei, die New Yorker Leute, die wir kennenlernten, mit den Südamerikanern (Ecuador) in Verbindung zu bringen, um ›einige‹ praktische Dinge zu erledigen; bald mehr darüber! Herzliche Grüße. Rudi Dutschke.«[79]

In Sachen Espinoza gegen das Land Berlin

Noch im Mai 1965 tauchte in der lateinamerikanischen Studentengruppe, die sich regelmäßig mit Bernd und Rudi zur Schulung traf, ein neues Gesicht auf. Der Mathematik-Student Salomon Espinoza Quiros aus Peru hatte eine abenteuerliche Geschichte zu erzählen. Vor allem brauchte er sofort Hilfe, denn es drohte ihm die Ausweisung durch die Westberliner Ausländerpolizei. Rudi übernahm es, einen Rechtsbeistand zu besorgen. Er wandte sich an einen Anwalt, den ihm ein SDS-Genosse empfohlen hatte.

Dieser junge Anwalt hatte erst vor kurzem eine gediegene Kanzlei in der Konstanzer Straße in der Nähe des Kurfürstendamms übernommen. Er genoß einen hervorragenden Ruf in Wirtschaftssachen, seit er die Thyssen-Bank in einem Prozeß um die atemberaubende Streitwertsumme von 750 Millionen Mark bravourös vertreten hatte. Dieser Prozeßerfolg wog für die vorwiegend aus der Großindustrie kommenden Klienten bei weitem die Gerüchte auf, der junge Anwalt sei in seinen Studienjahren ein Mitglied des Sozialistischen Deutschen Studentenbundes gewesen und hinge immer noch linken Ideen an. Sein Äußeres versprach bürgerliche Seriosität. Er redete gewandt, trug gepflegte dunkle Anzüge, Krawatte und wirkte mit seinem schon schütteren Haar, der hohen Stirn und seiner massiven, schwarzen Hornbrille weit älter als ein Mann Anfang dreißig. Fest stand, daß in Sachen Gesellschaftsverträge und Kommanditvertragsstreitigkeiten kaum einer in West-Berlin brillanter plädierte als Rechtsanwalt Horst Mahler. Jetzt sollte er Rudi Dutschke in Sachen Salomon Espinoza Quiros helfen.

»Rudi Dutschke war für mich noch gar kein Begriff, das schon zu einer Zeit, da er im Berliner SDS zu einer bestimmenden Figur geworden war. Da rief mich jemand an mit dieser merkwürdigen

Stimme, ob ich die Verteidigung eines peruanischen Studenten übernehmen würde. Es handelte sich damals um Salomon Espinoza Quiros. Der hatte zu tun mit den Berliner Ausländerbehörden, sollte ausgewiesen werden, weil er sich geweigert hatte, mit dem amerikanischen CIA gegen seine eigenen Landsleute, die hier in Berlin studierten, zusammenzuarbeiten. Ich übernahm die Sache. Das war mein erster Kontakt mit Rudi. Er kam dann auf Grund dieses Telefongespräches mit seiner berühmten abgewetzten Aktentasche und machte zunächst einen recht merkwürdigen Eindruck auf mich. Dieser ›New Look‹ war damals noch nicht üblich, er kam gerade erst auf, als Teil dieser Bewegung.

Für Espinoza endete die Auseinandersetzung damit, daß die Angelegenheit für die Behörden so peinlich wurde, daß er seine Aufenthaltserlaubnis bekam und Albertz, damals Innensenator, schließlich öffentlich erklärte: Er sei der erste, der für diesen jungen Studenten Espinoza spende, damit er hier in West-Berlin unangefochten sein Studium weiterführen könne.«[80]

Dutschke war empört über den Vorgang, der ihn an die Überwachungsmethoden des DDR-Staates erinnerte: Das freie Amerika warb im freien Teil Berlins an der Freien Universität mit Erpressung Studenten an. Neben den Nachrichten aus Vietnam ließen solche Erlebnisse Rudi und seine Freunde anders über Berlins Schutzmacht Amerika denken als die große Mehrheit der Berliner. Die hatten beim Wort Amerika noch das Brummen der Rosinenbomber in den Ohren, die West-Berlin in den über elf Monaten der sowjetischen Blockade von 1948 vor dem Aushungern bewahrt hatten.

Der Einsatz für Espinoza hatte Erfolg. Fast alle linken und liberalen Studentenorganisationen griffen den Fall auf, drohten einen Vorlesungsboykott an. Nach etwa zwei Wochen wurde Espinoza aus der Abschiebehaft entlassen. Er verschwand jedoch aus Berlin, ohne die von Horst Mahler angestrengte Gerichtsentscheidung über seinen weiteren Aufenthalt abzuwarten.

Espinoza war weg, aber Rudi hatte in dem smarten Anwalt einen alten SDS-Genossen wiedererweckt. Die beiden sollten sich jetzt häufiger sehen. Horst Mahler wurde Dutschkes Verteidiger vor Gericht. Und man sah ihn wieder im SDS und bei politischen Aktionen.

»Das Land, das Brot und natürlich die Würde«

Seit Mitte 1965 arbeitete der SDS-Genosse Traugott König an der Übersetzung eines Buches aus dem Französischen. Es hieß »Les damnés de la terre« – zu deutsch: Die Verdammten dieser Erde. Rudi bekam Einblick in das noch unveröffentlichte Manuskript von Frantz Fanon. Was er las, elektrisierte ihn.

»Die Stadt des Kolonialherrn ist eine stabile Stadt, ganz aus Stein und Eisen. Es ist eine erleuchtete, asphaltierte Stadt, in der die Mülleimer immer von unbekannten, nie gesehenen, nicht einmal erträumten Resten überfließen. Die Füße des Kolonialherrn sind niemals sichtbar, außer vielleicht am Meer, aber man kommt niemals nah genug an sie heran. Von soliden Schuhen geschützte Füße, während die Straßen ihrer Städte sauber, glatt, ohne Löcher, ohne Steine sind. Die Stadt des Kolonialherrn ist eine satte, faule Stadt, ihr Bauch ist ständig voll von guten Dingen. Die Stadt des Kolonialherrn ist eine Stadt von Weißen, von Ausländern.

Die Stadt des Kolonisierten, oder zumindest die Eingeborenenstadt, das Negerdorf, die Medina, das Reservat, ist ein schlecht berufener Ort, von schlecht berufenen Menschen bevölkert. Man wird dort irgendwo, irgendwie geboren. Man stirbt dort irgendwo, an irgendwas. Es ist eine Welt ohne Zwischenräume, die Menschen sitzen hier einer auf dem anderen, die Hütten eine auf der anderen. Die Stadt des Kolonisierten ist eine ausgehungerte Stadt, ausgehungert nach Brot, Fleisch, Schuhen, Kohle, Licht. Die Stadt des Kolonisierten ist eine niedergekauerte Stadt, eine Stadt auf den Knien, eine hingelümmelte Stadt.[81]

Die Massen kämpfen gegen das gleiche Elend, mühen sich mit den gleichen Bewegungen ab und lehren mit ihren geschrumpften Mägen, was man die Geographie des Hungers genannt hat. Eine unterentwickelte Welt, eine elende und unmenschliche Welt. Aber auch eine Welt ohne Ärzte, ohne Ingenieure, ohne Administration. Angesichts dieser Welt wälzen sich die europäischen Nationen ostentativ im Überfluß. Dieser europäische Überfluß ist buchstäblich skandalös, denn er ist auf dem Rücken der Sklaven errichtet worden, er hat sich vom Blut der Sklaven ernährt, er stammt in direkter Linie vom Boden und aus der Erde dieser unterentwickelten Welt. Der Wohlstand und der Fortschritt Europas sind mit dem Schweiß und den Leichen der Neger, der Araber, der Inder und der Gelben errichtet worden. Das haben wir beschlossen, nicht mehr zu vergessen. (...)[82]

Natürlich hat die Dritte Welt keineswegs vor, einen Kreuzzug des Hungers gegen Europa zu führen. Sie erwartet von denen, die sie jahrhundertelang versklavt haben, nur eines: Der Mensch muß wieder in seine Rechte eingesetzt werden, der Mensch muß endlich und ein für allemal überall auf der Welt triumphieren. Dazu verlangen wir die Hilfe Europas. Aber es ist klar, daß wir die Naivität nicht bis zu dem Glauben treiben, die europäischen Regierungen würden uns dabei helfen. Wir rechnen nicht mit ihrer Zusammenarbeit und ihrem guten Willen. Das kolossale Werk, den Menschen, den ganzen Menschen zur Welt zu bringen, wird nur mit Hilfe der europäischen Massen gelingen. Die Massen Europas müssen sich darüber klar werden, daß sie sich in kolonialen Fragen oft, allzuoft mit unsern gemeinsamen Herren verbündet haben. Heute müssen sie sich entscheiden, sie müssen aufwachen, zu einem neuen Bewußtsein kommen und ihren verantwortungslosen Dornröschenschlaf ein für allemal aufgeben.«[83]

Fanons Buch bestätigte Satz für Satz Dutschkes Theorie über den Beginn revolutionärer Veränderungen in der Dritten Welt. Wie ein weit entferntes, aber kräftiges Echo füllten Fanons Alltagsbeschreibungen und Analysen von Armut, Hunger, Terror und Entwürdigung der Kolonisierten das Gerüst dürrer, in der Studierstube formulierter Theorie des Imperialismus. Aber Fanon klopft nicht einfach den scharfsinnigen europäischen Imperialismuskritikern lobend auf die Schulter. Er bittet nicht, er fordert aktive Unterstützung für den Befreiungskampf der Dritten Welt. Ohne Umschweife zeichnet Fanon auch das Gesicht dieses Befreiungskampfes: Er wird blutig sein und gewaltsam, denn er will eine auf Blut und Gewalt allein gegründete Unterdrückung beseitigen. Schrille Töne, ohne jegliche Debatte über Moral, ein Text, der den Unterschied zwischen Fanons Afrika und Dutschkes West-Berlin verdeutlicht. In Berlin schüttelten die Professoren die Köpfe, wenn sie auf den Flugblättern ihrer Studenten neuerdings Worte fanden wie Ausbeutung oder gar manchmal Revolution, hier räusperten sie sich, daß es mucksmäuschenstill wurde im Seminarraum, wenn so ein verträumter Kommilitone etwa diese Begriffe für hier und heute in die Debatte warf, und verbaten sich jovial solchen Schabernack in einem wissenschaftlichen Gespräch. Fanons Text belegte: In Afrika oder in anderen Ländern der Dritten Welt kamen solche Debatten über Revolution einem Selbstmord desjenigen gleich, der sie eröffnete. Wer dort überleben wollte, mußte sich unterwerfen oder die Revolution machen. Fanon, der schwarze

Bauernsohn von den Antillen, der dann Medizin und Philosophie in Frankreich studierte und später in Algerien als Psychiater arbeitete, hatte in beiden Welten gelebt und kannte die Unterschiede.

»Es schiebt sich also, in den kapitalistischen Ländern, zwischen die Ausgebeuteten und die Macht eine Schar von Predigern und Morallehrern, die für Desorientierung sorgen. Dagegen sind es in den kolonialen Gebieten der Gendarm und der Soldat, die, ohne jede Vermittlung, durch direktes und ständiges Eingreifen den Kontakt zum Kolonisierten aufrechthalten und ihm mit Gewehrkolbenschlägen und Napalmbomben raten, sich nicht zu rühren. Man sieht, der Agent der Macht benutzt die Sprache der reinen Gewalt. Der Agent erleichtert nicht die Unterdrückung und verschleiert nicht die Herrschaft. Er stellt sie zur Schau, er manifestiert sie mit dem guten Gewissen der Ordnungskräfte. Der Agent trägt die Gewalt in die Häuser und in die Gehirne der Kolonisierten. (...)[84]

Was er (der Kolonisierte, U. C.) auf seinem Boden gesehen hat, ist, daß man ihn ungestraft festnehmen, schlagen, aushungern kann. Und niemals ist irgendein Morallehrer, niemals irgendein Pfarrer gekommen, um an seiner Stelle die Schläge zu empfangen oder sein Brot mit ihm zu teilen. Moralist sein heißt für den Kolonisierten etwas Handfestes: Es heißt, den Dünkel des Kolonialherrn zum Schweigen zu bringen, seine offene Gewalt zu brechen, mit einem Wort, ihn rundweg von der Bildfläche zu vertreiben.«[85]

Als Rudi, Bernd und die lateinamerikanischen Freunde Mitte 1965 über Fanons Thesen der Gewalt diskutierten, dachte noch niemand an ihre spätere Bedeutung für einige der Genossen in den Metropolen der Bundesrepublik.

Jedem seine message

Ich find einfach keine
Befriedigung
Ich find einfach keine Befriedigung
So sehr ichs auch versuch und versuch und versuch und versuch
Ich find einfach keine
Ich find einfach keine

Wenn ich unterwegs bin in meinem Wagen
Und hör diesen Mann aus dem Autoradio

Und er quatscht mir die Ohren voll
Mit irgendwelchen sinnlosen Informationen
Die meine Phantasie anheizen sollen
(...)

Ich find einfach keine
Oh nein nein nein
Hey, hey, hey
Das sag ich dir

Ich find einfach keine
Ich find einfach keine
Ich find einfach keine
Befriedigung
Keine Befriedigung
Keine Befriedigung[86]

Ende August 1965 kam der Song »I can't get no satisfaction« heraus und stürmte die Hitlisten, dröhnte aus den Lautsprechern in den Plattenläden und Diskotheken in der Stadt, drang den Leuten durch Bauch- und Trommelfell in den Körper, machte sie nervig und wach. Anfang September kamen die »Rolling Stones, the greatest rock'n'roll band of the world« mit ihrem neuen Song nach Berlin, spielten »I can't get no satisfaction« und gerade noch zwei weitere Lieder, da fingen die Leute schon an, das zu spüren, wovon Mick Jagger sang, no satisfaction, keine Befriedigung; nur Wortfetzen und der Rhythmus, aber trotzdem eine genaue Beschreibung der Wut, die sie dann rausließen an Ort und Stelle an den Holzstühlen der Waldbühne, auch untereinander und an den Polizisten und den S-Bahn-Wagen auf der Heimfahrt. Der Tumult brach so schnell aus, daß die Stones gleich nach den drei Liedern von der Bühne mußten. Von den 21 000 Zuhörern schlugen sich schätzungsweise 2 000 noch am späten Abend mit der Polizei herum, es gab Verletzte auf beiden Seiten. 85 Leute wurden festgenommen, alles Jugendliche. Krawall- und Radaubrüder, jugendliche Rowdys, deren Motive man nicht ergründen könne, stand am nächsten Tag in den Zeitungen.

Dutschke gehörte nicht zu diesen Leuten. Er interessierte sich nicht für Rockmusik, ihn versetzte dieser Rhythmus nicht in Bewegung, das zog ihn nicht vor den Lautsprecher, ihm brauchte auch keiner die Texte zu übersetzen, die kaum einer verstand bis auf so eingängige Bruchstücke wie: no satisfaction. Seit den ersten Septembertagen wartete er auf einen ganz anderen Berlin-Besucher. Herbert Marcuse war zwei Tage vor der Ankunft der Stones in Berlin zum Honorarprofessor an der Freien Universität ernannt worden. Seine Kritik an der modernen westlichen Industriegesellschaft und am Sowjetmarxismus war für Rudi Dutschke und seine Genossen ungebrochen aktuell. Marcuse galt ihnen um so mehr, als er sein Festhalten an der Idee einer sozialistischen Gesellschaft nicht mit der gebetsmühlenhaften Wiederholung von Marx, Engels und Lenin oder gar Stalin bestritt, sondern mit eigenen, den neuen Verhältnissen der, wie er sie nennt, spätkapitalistischen Industriegesellschaft angemessenen Analysen.

Marcuse betrog sich und seine Leser dabei nicht um die Wahrnehmung von Tatsachen, die ein neues Nachdenken erforderten: Weil es den von Marx beschriebenen Manchester-Kapitalismus mit all seinem Elend nicht mehr gibt, so Marcuse, gibt es auch dieses Elend nicht mehr als Klammer eines politischen Klassenbewußtseins der Proletarier. Weil der Fortbestand der Ausbeutung, der Fremdbestimmung der Arbeiter zumindest in den Industrieländern Europas und den USA mit der Teilnahme der arbeitenden Massen an einem stetig wachsenden Konsum und Lebensstandard verknüpft ist, bricht der politische Widerstand der traditionellen Arbeiterbewegung. Die stellt jetzt nicht mehr den Kapitalismus als System in Frage; sie will ihn nur noch aus der Sicht der Arbeiter verbessern und gegen seine Auswüchse in Schutz nehmen.

Marcuses damals gerade in Europa neu erschienenes Buch »Der eindimensionale Mensch« dreht sich um das daraus folgende Problem. Eine Gesellschaft ohne Opposition entstehe, schreibt er, in der mit der Zeit andere, sinnvollere Formen gesellschaftlichen Zusammenlebens nicht einmal mehr im Bewußtsein und der Phantasie der Menschen überwintern könnten. Mit der Auslöschung der Idee einer vernünftigeren und menschlicheren Gesellschaft schwinde schließlich jede Hoffnung auf wirkliche Veränderung.

Von dieser »Eindimensionalität des Denkens«, die sich immer mehr in der Gesellschaft verbreite, müsse heute jeder auf grundsätzliche, revolutionäre Veränderung bedachte Mensch ausgehen. Er müsse darauf achten, daß der Ruf nach revolutionärer Veränderung – wenn überhaupt – heute aus ganz anderen Gruppen und Bereichen der Gesellschaft komme als in den vergangenen Jahrzehnten. Marcuse kann diese Gruppen am Ende seines Buches nur sehr ungefähr benennen, aber er gibt Hinweise:

»Unter der konservativen Volksbasis befindet sich jedoch das Substrat der Geächteten und Außenseiter: die Ausgebeuteten und Verfolgten anderer Rassen und anderer Farben, die Arbeitslosen und die Arbeitsunfähigen. Sie existieren außerhalb des demokratischen Prozesses; ihr Leben bedarf am unmittelbarsten und realsten der Abschaffung unerträglicher Verhältnisse und Institutionen. Damit ist ihre Opposition revolutionär, wenn auch nicht ihr Bewußtsein. Ihre Opposition trifft das System von außen und wird deshalb nicht durch das System abgelenkt; sie ist eine elementare Kraft, die die Regeln des Spiels verletzt und es damit als ein aufgetakeltes Spiel enthüllt. (...) Die Tatsache, daß sie anfangen, sich zu weigern, das Spiel mitzuspielen, kann die Tatsache sein, die den Beginn des Endes einer Periode markiert. Nichts deutet darauf hin, daß es ein gutes Ende sein wird.«[87]

Dutschke kannte diese Hinweise aus Marcuses Buch, aber er kannte die Rolling Stones und all die anderen, die so eine Musik machten, nicht, und auch nicht die vielen jungen Leute, die darauf ganz wild waren und die die Waldbühne in Null Komma nix zu Kleinholz machten. Von ihnen wußte er nicht mehr als das, was die entsetzten Kommentatoren der Berliner Zeitungen am nächsten Tag über die Radaubrüder, die Krawallmacher und die Randalierer schrieben. Von den Geächteten, von den Außenseitern, über die Marcuse schrieb, hatte Rudi, wenn er von seinen Büchern aufschaute, schon sehr klare und bildhafte Vorstellungen, da dachte er an die Bilder der geschundenen Vietnamesen oder die Fotos von den Ghettos der Schwarzen und die Schilder auf Bussen: Nur für Weiße. Er konnte mit den Stones einfach nichts anfangen, wenn seine Vorstellungen so weit in die Ferne schweiften. Auch in Berlin-West gab es Leute – keine Studenten wie Rudi oder seine Freunde –, die sich als Außenseiter fühlten. Einer hat das aufgeschrieben.

»Ich habe denn die Lehre abgebrochen und alle möglichen Jobs gemacht, also so bis 65, wo meine Geschichte dann anfängt, nicht mehr konform zu sein. Das fängt bei mir an über Rockmusik eigentlich, über Medium Musik und mit langen Haaren. (...) In dem Fall bei mir, also am Anfang in Berlin, war es ja so, daß es dir mit den langen Haaren plötzlich wie einem Neger gegangen ist, verstehst du. Die ham uns aus Kneipen rausgeschmissen, auf den Straßen angespuckt, beschimpft und sind hinterhergerannt, also du hast wirklich nur Trouble gehabt. Auf der Arbeit bist du rausgeflogen oder hast gar keine mehr gekricht, sagen wir mal besser so, oder du hast denn echt miese Jobs gekricht oder klar unterbezahlte, und ewig Ärger, also auch mit wildfremden Leuten auf der Straße, denen ich nun wirklich nichts getan habe, war ja nun echt ein vollkommen friedlicher Mensch. Bei mir war es gleichzeitig so, bei dieser Bluesmusik, diese Problematik, die da rauskommt, die Situation der Neger, du siehst denn plötzlich den Zusammenhang. Du bist denn plötzlich och sone Art Jude oder Neger oder Aussätziger, auf alle Fälle bist du irgendwie draußen, völlig unbewußt. (...) Über so Sachen fängst du denn an, den Kontakt, den du mit gleichen Leuten kriegst, anderen Drop-outs, oder wie man die Leute jetzt nennen will, auszubauen. Du fängst jetzt an, dich auch an anderen Sachen zu orientieren. Ich habe vorher nie Bücher angefaßt, weil mich niemand dazu angehalten hat, höchstens Karl May gelesen oder Jerry Cotton oder so einen Blödsinn. Denn hab ich angefangen so Allan Ginsburg, Jack Kerouac oder Sartre oder so 'ne Leute zu lesen. Jack London oder was weiß ich, lauter so wat, also Leute, die ähnliche Situationen gehabt haben. (...) Natürlich hat es denn schon skurrile Rituale und Symbole gegeben, zum Beispiel die beschriebenen Armeeparkas mit dem »BAN-THE-BOMB«-Zeichen drauf und den ganzen Sprüchen druff und den Namen von Rockgruppen und Bluesleuten und so. Auch die Ostermarsch-Bewegung hat ihren Auftrieb gekriegt. Da hab ich langsam Kontakt zur Politszene bekommen, aber das ist eigentlich eine ganze Geschichte, ein Entwicklungsprozeß. Das war schon so, daß du immer mehr Opposition bezogen hast von deinem Standpunkt gegen die bürgerliche Welt. Dann wurde es politisch, zum Beispiel bei den Springer-Zeitungen, die waren immer gegen uns, also den Hund konnte nun wirklich niemand leiden, automatisch nicht, weil er der größte Hetzer war. Nach diesem Rollingstonekonzert in der Waldbühne, wo alles zertrümmert worden ist, da ging es denn richtig los, daß bewußt scharf gemacht worden ist gegen uns, und darüber kriegt's dann schon einen politischen Gehalt und über die Ostermarschgeschichten. Da war ich auch dabeigewesen.«[88]

Michael Baumann war siebzehn Jahre alt, jobbte mal hier, mal dort, wohnte bei den Eltern in einer Vorstadt am Rande des Märkischen Viertels. Er hatte keine Vorstellung davon, daß sich im SDS und in der Uni Leute wie Rudi Dutschke darüber Gedanken machten, wen Herbert Marcuse meinen könnte, wenn er vom »Substrat der Geächteten und Außenseiter« schreibt. Er kannte einen Philosophen namens Herbert Marcuse überhaupt nicht, genausowenig wie Dutschke die Rolling Stones oder die Beat-Kneipen im Kiez. Dutschkes Sprache und die Begriffe, die er benutzte, täuschten über die Enge und die Begrenztheit des bisherigen Engagements hinweg. Global wurden die revolutionären Kräfte geortet, Weltanalyse sollte betrieben werden, das Verhältnis zwischen Erster Welt und Dritter Welt stand zur Debatte. Unter Weltmaßstab lief nichts. Das kann noch heute zu falschen Vorstellungen beim Lesen von Dutschkes Texten führen, denn die Weltanalyse fand bis dahin in ein paar Uni-Seminaren, verrauchten Kneipenhinterzimmern, in Studentenheimsälen oder im SDS-Zentrum statt.

Im Westberliner Maßstab waren sie ein Häuflein interessierter und isolierter Rebellen, von deren Existenz oder Ideen außerhalb des Uni-Campus kaum einer je etwas gehört hatte, auch Michael Baumann noch nicht. Aber der hatte Wut im Bauch und auf andere Art Rudi Dutschke auch. Marcuse und die Stones waren in Berlin, jedem seine eigene message. Wer die eine oder die andere mitgekriegt hatte, schaute sich nach Gleichgesinnten um. Rudi Dutschkes und Michael Baumanns Geschichten liefen aufeinander zu.

Der Große Plan

Herbert Marcuses Aussagen über den Verfall einer wirklichen Opposition in der spätkapitalistischen Industriegesellschaft waren reichlich abstrakt und, wo sie am deutlichsten waren, den amerikanischen Verhältnissen abgewonnen.

Aber was sich in der Bundesrepublik 1965 in den Monaten vor der Bundestagswahl abspielte, verlieh Marcuses Aussagen gespenstische Aktualität. Von unten her lähmte die Schwerkraft von Konsum und Zerstreuung die Bürger, deren politische Gelüste im Wohlstandsspeck erstickt oder sattsam gepolstert wurden. Von oben her planten die Herren an der Macht in Bonn, wie der oppositionelle Eifer der Bürger, die sich noch regten, gebändigt werden könnte.

Plan eins war das Vorhaben, Sondergesetze für den sogenannten Notstands- oder Spannungsfall zu schaffen, Gesetze, deren Anwendung die Außerkraftsetzung der wichtigsten Regeln der parlamentarischen Demokratie bedeutet: An die Stelle des Parlamentes tritt ein aus wenigen Abgeordneten zusammengesetztes Notparlament, das die Regierung nicht mehr kontrollieren kann. Die hingegen bekommt – unbefristet – Machtbefugnisse, die ihr sonst nicht zustehen. Sie kann sogar ohne das Notparlament von Notverordnungen Gebrauch machen. Den Bürgern dagegen mutet die Ausrufung des Notstandes die Beschneidung ihrer in der Verfassung garantierten Grundrechte zu: Meinungs- und Pressefreiheit, Versammlungsfreiheit, Vereinsfreiheit, die Garantie des Eigentums, die Freiheitsgarantie im Falle einer Festnahme, die Freizügigkeit im Bundesgebiet und die Unverletzlichkeit der Wohnung – all diese Bürgerrechte sind im Notstandsfall außer Kraft. Am unheimlichsten aber an diesen Plänen war, daß sie in Bonn nahezu unter Ausschluß der Öffentlichkeit diskutiert wurden. Am 21. Mai verlautete, alle drei Fraktionsvorsitzenden des Bundestages hätten sich auf eine Grundgesetzänderung zum Notstandsrecht geeinigt. Das bedeutete, auch der einst unter Hitler im Zuchthaus Brandenburg aus politischen Gründen inhaftierte SPD-Abgeordnete Fritz Erler billige die Gesetzespläne. Nun, wenig mehr als zwanzig Jahre später, stimmte er Notstandsregelungen zu, die nach Befürchtung vieler Kritiker ähnlich undemokratisch, ja diktatorisch die Freiheit der Bürger beschneiden könnten, wie es die Ermächtigungsgesetze des Dritten Reiches getan hatten. Mit deren Hilfe hatte Hitler 1933 seine politischen Gegner entrechtet, darunter auch Fritz Erler, der jetzt als Fraktionsvorsitzender der Sozialdemokraten im Bundestag saß.

In den Tagen nach dem 21. Mai machten die Gewerkschaftslinken gegen die Kumpanei der Sozialdemokraten mit den regierenden Christdemokraten in Sachen Notstand mobil. Auch der SDS wurde aktiv. Er veranstaltete acht Tage später in Bonn einen Kongreß gegen die im Eil- und Geheimverfahren geplante Grundgesetzänderung. Wissenschaftler wie der Rechtsprofessor Werner Maihofer, Rechtsanwälte und Gewerkschafter sprachen als Gastredner bei diesem Studentenkongreß. Rudi Dutschke, damals gerade einige Wochen wieder aus der Sowjetunion zurück, beteiligte sich nicht an der Vorbereitung des Kongresses.

Vor allem der entschiedene Protest aus den Reihen der Gewerkschaften veranlaßte die SPD kurz darauf zu einem Rückzieher. Zur großen Verärgerung der CDU kündigten die Sozialdemokraten die Übereinkunft mit den anderen Parteiführern über das Notstandsrecht schon acht Tage später, am 29. Mai, wieder auf und erklärten, sie wollten die Frage der Notstandsgesetzgebung erst nach der Wahl zum neuen Bundestag im Herbst 1965 behandeln. Den SDS-Studenten aber zeigte der Vorgang, daß die Sozialdemokratische Partei sich um den Preis der Teilnahme an der Macht auch die grundsätzlichsten demokratischen Standpunkte abhandeln lassen würde.[89]

Plan zwei gab sich recht unverdächtig schon wegen des Mannes, der ihn propagierte und der als unentwegt Zigarre rauchender Volkskanzler und Vater des Wirtschaftswunders auch in der Politik jenseits von Gut und Böse zu stehen schien. Seit März 1965, und immer häufiger im folgenden Bundestagswahlkampf, warb Ludwig Erhard, sonst eher fremdwortfeindlich und ein Liebhaber wolkiger und unverbindlicher Wendungen, unentwegt für einen Wandel in der deutschen Politik. Dieser Wandel, den »der Dicke« pries – so vertraulich nannten die Bürger ihren Bundeskanzler –, dieser Wandel sollte tiefergreifend sein als die von Erhard schon sattsam bekannten Appelle, maßzuhalten und den Gürtel enger zu schnallen. Was sich da wandeln sollte, war allerdings weniger sinnfällig zu begreifen als der für jedermann an der eigenen Hose abmeßbare Appell. Denn jetzt sollte sich gleich unser ganzes Gemeinwesen zu etwas mausern, das Erhard »formierte Gesellschaft« benannte und wohl nicht ohne Absicht in seinen großen öffentlichen Reden nur sparsam erläuterte. Erhard beschränkte sich darauf, von mehr Gemeinsamkeit im Volke für gemeinsam zu lösende Aufgaben und von der notwendigen Stärkung der Wirtschaftskraft der Bundesrepublik zu sprechen. Innerhalb der CDU und besonders in deren Wirtschaftsrat aber wurde Klartext gesprochen: Wenn die Bundesrepublik militärisch und außenpolitisch erstarken wolle, müßten erst einmal im Inneren alle vorhandenen Kräfte zusammengefaßt werden.

Diesen Prozeß nannte man Formierung. Erhards Berater, die das Konzept zur »Formierung« der Bundesrepublik ausarbeiteten, bilanzierten erst einmal die Lage aus ihrer Sicht. Sie befanden, in der Bundesrepublik gebe es zu viele untereinander mit ihren Einzelinteressen konkurrierende Gruppen mit jeweils zuviel Macht. Diese Gruppen seien auf Grund der ihnen im Pluralismus der Verbände, Parteien und Gewerkschaften eingeräumten Stellung in der Lage, ihre einzelnen Interessen mit zu großem Nachdruck gegenüber dem Allgemeinwohl durchzusetzen. Dieses Allgemeinwohl aber sei das Wachstum der gesamten Wirtschaft, denn von ihm hänge letzten Endes das Wohlergehen der Bürger im Inneren und die Macht des Staates nach außen ab. Der Erhard-Berater Professor Götz Briefs sprach dann aus, was einer »Formierung« der Bundesrepublik damals, im Jahre 1965, im Wege stand: daß »die Gewerkschaften zu einer Zeit, nämlich in den ersten Jahren nach dem Zweiten Weltkrieg, mächtig wurden, in der der Staat schwach, die Unternehmer gelähmt und die Demokratie durch die Besatzungsmächte restauriert war«. All diese Fehlentwicklungen gelte es jetzt durch die »Formierung« auszubügeln. Die Verbände, die Parteien, die Gewerkschaften, sie alle sollten in Zukunft nicht mehr konkurrieren, sondern kooperieren. Erforderlich sei daher, so orakelte die CDU-Zeitschrift »Gesellschaftspolitische Kommentare«: »die Begrenzung und Kontrolle dieser Macht, und zwar nach Möglichkeit auf Grund der eigenen Einsicht dieser Gruppen«.[90]

Es ist nicht genau zu ergründen, wodurch Dutschke auf die Erhardschen Formierungspläne aufmerksam wurde.

Sicher ist, daß der bis dahin eher als gleichmütig geltende Ludwig Erhard in den Wahlkampfmonaten des Sommers 1965 mit einer eigenartigen Gereiztheit auftrat, wann immer sich Opposition gegenüber seinen politischen Vorhaben ankündigte und von wem sie auch kam. »Ich muß diese Dichter nennen, was sie sind: Banausen und Nichtskönner, die über Dinge urteilen, von denen sie nichts verstehen. Es gibt einen gewissen Intellektualismus, der in Idiotie umschlägt ... Alles, was sie sagen, ist dummes Zeug«, schimpfte er im Bundestag mit hochrotem Kopf und ohne jeden Rest altväterlicher Gemütlichkeit eine Gruppe deutscher Schriftsteller, die es gewagt hatten, sich öffentlich für einen Regierungswechsel bei der anstehenden Wahl stark zu machen. Einen gar, den Dramatiker Rolf Hochhuth, versetzte er gleich ins Tierreich: »Da hört bei mir der Dichter auf, und es fängt der ganz kleine Pinscher an, der in dümmlichster Weise kläfft.«

Diese Gereiztheit ergriff in gewissem Maße auch die Öffentlichkeit bis hin zum Nürnberger Hundeclub, der ehrlich empört an deutsche Zeitungsredaktionen schrieb, der Pinscher-Club möchte feststellen, daß der Pinscher eine edle Hunderasse sei und mit den genannten Herren Dichtern nichts gemein habe, die man doch weiterhin wie bisher »Depp« oder »Kamel« nennen könne. »Sie werden diese Hunderasse nie bei Arbeitern finden, sondern immer nur beim gehobenen Mittelstand. Man muß die Tiere mit Zartgefühl und Verständnis behandeln.« Gleich zu Beginn seines Wahlkampfes hatte Erhard gegen die Gewerkschaften gewettert, deren Bosse die Bundesregierung unter Druck setzten, und das dürfe in Zukunft nicht so sein. Es kann also sein, daß allein diese Gereiztheit Dutschke darauf brachte, sich näher mit Ludwig Erhards Plänen für eine »Formierte Gesellschaft« zu befassen. Was der Kanzler plante, betraf nicht nur Pinscher im engeren Sinne wie Günter Grass, der zu Erhards Unmut als Schriftsteller für die SPD in den Wahlkampf zog und dem unbekannte erzürnte Bürger deshalb die

Haustüre in Brand setzten. Da waren alle gemeint, die anders dachten, Kommunisten sowieso, Sozialisten, Nestbeschmutzer und andere vaterlandslose Gesellen.

Die Auseinandersetzung damit, was eigentlich hinter Erhards Plan von der Formierung der Gesellschaft steckt, beginnt auf der Delegiertenversammlung des SDS Mitte Oktober in Frankfurt. Helmut Schauer, zu dieser Zeit Bundesvorsitzender des SDS, »ein äußerst aktiver Genosse, aber mit einem ziemlich anderen Ansatz«, wie Rudi respektvoll im Tagebuch notiert, spricht in seinem Referat Erhards Formierungspläne an. Nach Berlin fährt Dutschke mit einem Aufsatz des Publizisten Reinhard Opitz zurück, der kurz zuvor erschienen war. Opitz schreibt über den »großen Plan der CDU« in allen Einzelheiten. Was darin zu lesen ist und was wenig später der alte und neue Bundeskanzler Ludwig Erhard in seiner Regierungserklärung von notwendigen »weiteren Schritten in jene moderne Ordnung, die wir formierte Gesellschaft nennen«, verlauten läßt, bringt ihm Klarheit: Das Problem Formierung, sprich das Mundtot-Machen jeder radikalen Opposition, betrifft alle Genossen im Berliner SDS, ist kein Problem für Spezialisten. Also sollen sich alle in einem großen Arbeitskreis damit befassen, so bald wie möglich. Immer wieder und bei jeder sich bietenden Gelegenheit spricht Rudi davon. Mit der Zeit überzeugt er die Genossen. Im Februar 1966 beginnt der Arbeitskreis »Formierte Gesellschaft«, Rudi Dutschke leitet ihn.

Inzwischen macht er nicht nur im Berliner SDS einigen Eindruck. In Frankfurt schreibt er ins Tagebuch:

»Beinahe wäre ich Bundesvorsitzender des SDS geworden. Es kitzelte einfach nach den Diskussionen in mir, die Kongreß-Stimmung und andere Tendenzen im SDS aufzuzeigen. Den italienischen Genossinnen und Genossen gefiel meine Redeweise, und sie ließen mich ihren Beitrag für den SDS-Kongreß vorlesen.«[91]

Wie schon in Berlin, läßt sich Dutschke zu keinem mit Organisationsarbeit verbundenen Amt in seinem Verband breitschlagen. Die Studentenpolitik interessiert ihn im Studentenbund am wenigsten, und am meisten, wie das bislang noch vorwiegend an die Universität gebundene politische Interesse seiner Genossen mehr und mehr auf nationale und internationale Fragen gelenkt werden könne.

Die neuesten Ereignisse in Berlin kommen ihm dabei entgegen.

»Inspektor« und andere

Seit Mitte August 1965 ging ein Schlagzeilengewitter auf den SDS-Genossen Wolfgang Lefèvre nieder. Lefèvre war zu dieser Zeit AStA-Vorsitzender an der Freien Universität. Springers *BZ*-Kommentator mit dem ehrlichen Pseudonym »Inspektor« hatte ermittelt und forderte Konsequenzen:

»INSPEKTOR SAGT: ASTA AUF SED-KURS!
Ich bin immer für klare Fronten. Und Leisetreter sind mir ein Greuel. Deshalb begrüße ich es, daß der AStA-Vorsitzende der FU, Lefèvre, endlich klar bekennt, wes Geistes Kind er politisch ist. Der Studentensprecher unserer Freien Universität schlug sich gestern offen auf die Seite der Kommunisten. Er unterstützt deren Vietnam-Politik ..., und das übrigens an einer Universität, die ihre Gründung nicht zuletzt den Amerikanern verdankt. Deren Existenz auf dem amerikanischen Schutz für Berlin beruht! Herr Lefèvre hat was dagegen, daß die Amerikaner in Vietnam sich nach Kräften gegen den Terror der Kommunisten zu wehren beginnen, und schiebt ihnen eine Gefährdung des Weltfriedens in die Schuhe ... Ich finde: Die Freie Universität ist sich schuldig, ihr Verhältnis zu den beiden AStA-Vorsitzenden zu überprüfen. Denn es ist untragbar, daß die Studentenschaft noch länger von Leuten repräsentiert wird, die zu kommunistischen Mitläufern geworden sind.«[92]

Was war geschehen?
Seit dem 7. Februar fielen täglich amerikanische Bomben auf Nordvietnam. Die Bombenteppiche in Fernost wurden immer größer, die täglichen Zeitungsmeldungen in Deutschland immer kleiner. An diese kleine Dosis Beunruhigung pro Tag gewöhnten sich viele. In dieser Situation veröffentlichte der »ständige Arbeitsausschuß für Frieden, nationale und internationale Verständigung« in West-Berlin einen Aufruf für Frieden in Vietnam. Schriftsteller, Rechtsanwälte, Ärzte, Journalisten unterschrieben ihn – und unter den ersten 107 Unterzeichnern waren auch Wolfgang Lefèvre und sein Stellvertreter als AStA-Vorsitzender, Peter Damerow. Die beiden wußten, daß der »Arbeitsausschuß« der SED West-Berlin nahestand, das störte sie aber nicht. Wichtiger waren ihnen die Forderung nach Frieden in Vietnam und die Hoffnung, daß dieses Thema durch den Aufruf endlich auch außerhalb der Uni in der ganzen Stadt diskutiert wurde.

Aber wie es diskutiert wurde! Die »Inspektoren« bestimmten den Ton. »INSPEKTOR SAGT: DIE DIKTATUR DER MINDERHEIT MUSS ENDLICH WEG!«[93], meinte Inspektor am Morgen der FU-Konventssitzung, und am Abend nach dieser Sitzung war Wolfgang Lefèvre als AStA-Vorsitzender abgewählt. Zwei Tage atmet »Inspektor« auf: »Endlich ist auch an der FU wieder klargestellt, daß es in dieser Stadt eine Schande ist, sich mit den Kommunisten, den Feinden der Freiheit, zu verbünden! Das ist ein Erfolg! Und das läßt mich hoffen!«[94]

»Inspektors« Stimmungslage war ansteckend in dieser Zeit. Magnifizenz Rektor Lieber bedauerte, aus baupolizeilichen Gründen keine Räume für eine Informationsausstellung der Studenten über Vietnam zur Verfügung stellen zu können. Magnifizenz wollte genau wissen, welcher Herkunft die Filme über Vietnam seien, die der SDS an einem Abend zeigen wollte. Magnifizenz sorgte persönlich für Ausgewogenheit, um prokommunistische Propaganda zu verhindern, und trieb zwei amerikanische Filme über Vietnam zusätzlich auf. Magnifizenz fragte bei Studentenvertretern an, wie sie eigentlich sicherstellen wollten, daß keine Nichtstudenten solche Informationsveranstaltungen besuchten.[95]

Außerhalb des Uni-Campus sorgte eine Große Koalition aller wichtigen Berliner Tageszeitungen dafür, daß das Mitgefühl der Berliner in Sachen Vietnamkrieg in bündnistreue Bahnen gelenkt wurde. Am ersten Dezember veröffentlichten *Der Abend*, *BZ*, *Berliner Morgenpost*, *Der Kurier*, *Spandauer Volksblatt*, *Der Tagesspiegel*, *Telegraf* und *Nachtdepesche* einen Spendenaufruf an die Bevölkerung. Gespendet werden sollte für die Angehörigen der in Vietnam gefallenen oder verwundeten Amerikaner, für jede Familie eine Nachbildung der Berliner Freiheitsglocke aus Porzellan. Denn die Berliner wüßten ja, beschwor dieser Aufruf, in Vietnam verteidigten amerikanische Soldaten schließlich und endlich die Freiheit der Westberliner, und das solle symbolisch wieder einmal verdeutlicht werden. In keiner einzigen Berliner Zeitung fehlte dieser Aufruf, in keiner Zeitung fand sich ein Wort der Kritik an dieser Aktion.[96]

Nur Wolfgang Neuss, der Kabarettist, scherte sich nicht um das lähmende Klima von Gleichschaltung. Er beantwortete den Aufruf der Tageszeitungen Berlins mit einem sarkastischen Gegenaufruf:

Wir bitten um Unterstützung der amerikanischen Politik für Hitler in Vietnam. Und für was in Europa?
Wir bitten um klare Bezeichnung der amerikanischen Propagandakompanien in West-Berlin (Westberliner Tageszeitungen).
Spandauer Volksblatt, Der Tagesspiegel, Der Kurier – Telegraf – BZ – Morgenpost kurz, acht Westberliner Tageszeitungen bitten um Vertrieb in Saigon und Umgebung.
Wir bitten um Gasmasken und Luftschutzkeller für die Redaktionsstäbe der Westberliner Tageszeitungen. Wie leicht fällt aus Versehen so eine Napalmbombe der Amerikaner auf das Ullsteinhaus. (...)
Heute für die amerikanische Vietnam-Politik Geld spenden heißt sparen fürs eigene Massengrab.

> Eure Rührung ist mörderisch
> Das Wasser in euren Augen ist gut
> für die ewigen Blindenverführer
> Lasset die Toten die Toten begraben
> Ergründet wie die Lebenden Lebende bleiben

Die Redaktion Neuss Deutschland, Abteilung Begräbnishilfe[97]

Die Berliner Zeitungsverleger nahmen seinen Spaß sehr ernst. Sie sprachen sich ab und veröffentlichten ab sofort Neuss' Inserate nicht mehr, in denen er Ort und Zeit seiner Auftritte ankündigte. Eine klare Sprache: Wer ausschert, wird boykottiert.

Bis Ende Dezember erbrachte die Sammelaktion der Berliner Tageszeitungen 130 000 DM und hielt die Rührung der Bevölkerung mit immer neuen Trendmeldungen wach. Kritik an der amerikanischen Kriegsführung war nach wie vor nur in der Uni zu hören. Die Informationsausstellung der SDS-Studenten war nur in den Räumen der Evangelischen Studentengemeinde zu besichtigen. Rudi und seine Genossen spürten, daß ihre Kritik in einem Ghetto steckenblieb.

Kurz vor Weihnachten 1965 hatte US-Präsident Lyndon B. Johnson die Bombardierung Nordvietnams vorläufig einstellen lassen. Diese einzige gute Botschaft in Sachen Vietnam, die es in Berlin zu dieser Zeit gab, war nicht von langer Dauer. Schon Ende Januar 1966 gingen die Bombenflüge der Amerikaner gegen Nordvietnam weiter.

Jetzt mußte etwas passieren. Das wieder nur zu lesen und nichts zu tun war nicht auszuhalten.

Rudi Dutschke und seine Freunde hatten das inszenierte Mitleid der Berliner für die Amerikaner satt. Sie wollten nicht mehr um die

Genehmigung geeigneter Räume für eine Protestveranstaltung beim Herrn Uni-Rektor betteln. Sie hatten auch keine Lust mehr, mit allen Genossen, auch den vorsichtigsten, Wort für Wort um einen Flugblatt-Text zu feilschen, der niemandes Gefühle verletzen dürfe.

Rudi und Bernd sprachen nur ihre engsten Freunde innerhalb des SDS an. Das waren Genossen aus der früheren »Anschlag«-Gruppe und junge Genossen aus Rudis »Formierungs«-Arbeitskreis, Bernds Marxismus-Schulung und Jürgen Horlemanns Vietnam-Arbeitskreis. Es war nicht schwer, die richtigen Ansprechpartner herauszufinden. Der eine hatte gemurrt über die zahmen Parolen für die geplante gemeinsame Demonstration der Berliner Studentengruppen. Andere meinten, die Forderungen der Demonstranten müßten der Bevölkerung nicht gefallen, sondern sie provozieren. Ein paar hatten schon damals den Verdacht, daß sich die Berliner längst an solche Demonstrationen gewöhnt hätten. Aus der politischen Leidenschaft der Demonstranten wurde für die gaffenden Bürger am Straßenrand ein folgenloses Ritual. Keiner achtete mehr wirklich auf sie. Engagement starb den Tod der Gewöhnung. Also mußte eine Idee her – für eine Aktion, über die nicht so einfach zur Tagesordnung überzugehen war.

So entstand der Plan, in Berlin und in München eine Provokation zu starten, die so hart, so beleidigend war, so berechnet auf Empörung, auf Widerspruch, daß nicht nur deutsche Politiker und Parteien, sondern die Amerikaner selbst sich angesprochen fühlen mußten. Schließlich waren sie die Kriegsherren in Vietnam und die Herren in West-Berlin. Das Ergebnis der Überlegungen war dieses Plakat:

Erhard und die Bonner Parteien unterstützen
MORD

Mord durch Napalmbomben! Mord durch Giftgas! Mord durch Atombomben! Die US-Aggression in Vietnam verstößt nicht gegen die Interessen des demokratischen Systems: Wer es wagt, sich aufzulehnen gegen Ausbeutung und Unterdrückung, wird von den Herrschenden mit Brutalität niedergemacht.

Die Völker Asiens, Afrikas und Lateinamerikas kämpfen gegen Hunger, Tod und Entmenschlichung. Die ehemaligen Sklaven wollen Menschen werden. Kuba, Kongo, Vietnam – die Antwort der Kapitalisten ist Krieg. Mit Waffengewalt wird die alte Herrschaft aufrechterhalten. Mit Kriegswirtschaft wird die Konjunktur gesichert. Ost und West arrangieren sich immer wieder auf Kosten der wirtschaftlich unterentwickelten Länder. Jetzt bleibt den Unterdrückten nur noch der Griff zur Waffe. Für sie heißt Zukunft:

REVOLUTION!
Wir sollen den Herrschenden beim Völkermord helfen. Deshalb beschwören sie das Gespenst der gelben Gefahr. Wie lange noch lassen wir es zu, daß in unserem Namen gemordet wird?

AMIS RAUS AUS VIETNAM – Internationale Befreiungsfront[98]

Die eigentliche Verschwörung. Man traf sich in Privatwohnungen. Die anderen im SDS sollten keinen Wind von der Aktion bekommen. Man bildete Gruppen, aus zwei oder drei Genossen. Jede Gruppe bekam einen bestimmten Stadtbezirk zugeteilt. Gretchen erhielt den Auftrag, während der Aktion den Polizeifunk abzuhören. Alles sollte so professionell ablaufen wie bei einer Guerilla-Aktion, und alle Beteiligten hatten echte Guerilla-Gefühle. In der Nacht vom dritten auf den vierten Februar sollte es losgehen.

Am Abend des dritten Februar trafen sie sich bei Eike Hemmer in der Wohnung.

Die Verschwörer rührten den Kleister in ihren mitgebrachten Eimern an, zählten die Plakate ab und verteilten sie unter den Klebekolonnen. Gretchen hing schon über dem Weltempfänger und versuchte, aus dem verwirrenden Gebrabbel auf dem Polizeifunkkanal schlau zu werden, was völlig aussichtslos war.

In der Nacht zogen die Kolonnen los. Sie klebten die Plakate mitten auf andere an Litfaß-Säulen, an Verteilerkästen und Hauswände. Sie benahmen sich dabei recht auffällig, ganz und gar nicht guerillamäßig, schlicht und einfach tolpatschig. Jürgen Horlemann klebte Plakate in der Umgebung des Bahnhofs Zoo. Eines pinnte er an die Wand einer öffentlichen Toilette. Er war ganz vertieft in seine Arbeit und bemerkte den Mann nicht, der gerade wieder aus dem Pissoir herauskam. Der Mann besah sich das Plakat, erkannte an der fettgedruckten Überschrift von wegen MORD und REVOLUTION, daß hier staatsgefährdende Umtriebe im Gange waren, knöpfte seinen Hosenladen weiter zu und sagte zu dem überraschten Horlemann mit dem Kleistereimer in der Hand. »He, Sie da, warten Sie mal. So geht das ja nicht.«

Der Mann aus dem Pissoir war Polizist. Horlemann glotzte ihn fassungslos an. Wie ein Denkmal blieb er mit seinem Kleistereimer und den Plakatrollen unterm Arm einfach stehen, wartete wie gelähmt, bis der Polizist seinen Hosenladen amtsmäßig zugeknöpft hatte.

»So, jetzt kommen Sie erst mal mit aufs Revier.« Folgsam trottete Horlemann dem Wachtmeister hinterher und gab seine Personalien zu Protokoll.

Noch vier weitere Plakatkleber wurden in dieser Nacht festgenommen. Rudi erwischten sie nicht. Vielleicht sechzig bis hundert geklebte Plakate und fünf verhaftete Plakatkleber – nüchtern besehen war die mit konspirativem Aufwand vorbereitete Aktion in Berlin eine peinliche Pleite. Aber das Kalkül der Plakatkleber ging auf, die Provokation gelang.

Am Morgen des fünften Februar, des Tages, für den die große Vietnam-Demonstration der Berliner Studentenverbände angesagt war, waren die Berliner Tageszeitungen voll mit Berichten über die Plakataktion. Jetzt konnten alle Zeitungsleser erfahren, daß der Krieg in Vietnam – wenigstens nach Ansicht einiger, wenn auch linksradikaler Leute – MORD am vietnamesischen Volk sei, daß die Antwort der Unterdrückten REVOLUTION heiße, und vor allem, daß die obskure Gruppe mit dem Namen INTERNATIONALE BEFREIUNGSFRONT auf ihren Plakaten gefordert hatte: AMIS RAUS AUS VIETNAM! Für diesen neuen Sachverhalt erfanden die Journalisten ein neues Wort. Solche Parolen hießen ab jetzt: antiamerikanisch. Die groß aufgemachten Stories über die Aktion berichteten auch über die Verhaftung von fünf der Plakatkleber, die auf frischer Tat erwischt worden waren. Einige Zeitungen äußerten schon jetzt den Verdacht, hinter dieser Aktion hätten Mitglieder des SDS gesteckt.

Das heizte die Stimmung im SDS weiter auf. Zu der Verärgerung über die vorher nicht im Verband abgesprochene Aktion kam jetzt auch noch die Peinlichkeit, für etwas verantwortlich gemacht zu werden, was man selbst gar nicht gebilligt hatte. Zudem war es unmöglich, sich öffentlich von diesen Plakaten zu distanzieren. Denn was auf ihnen zu lesen stand, war – wenn auch äußerst scharf formuliert – die Meinung aller SDSler zum Krieg in Vietnam. Um das Gesicht nicht zu verlieren, mußte nach außen Solidarität demonstriert werden. Verbandsintern aber stand Streit an.

Heirat

»Wir diskutierten lange, ob wir heiraten sollten. Ideologisch wär's falsch, aber praktisch.«

Gretchen lacht und spricht weiter:

»Erstmals könnte man Geld kriegen. Zweitens wußten wir gar nicht, wie wir das unseren Eltern erzählen sollten. Da dachten wir, es wäre einfacher zu heiraten. Meine Eltern kamen aus Amerika, die bezahlten das Ganze. Die Predigt schrieben wir selbst, in allen Sprachen, von denen wir auch nur ein bißchen wußten. Dafür stellten wir Zitate aus der Bibel, aus Marx und eigenen Texten zusammen. Thomas Ehleiter war so etwas wie der Pfarrer.«[99]

Thomas Ehleiter: »... Und dann kam er also zu mir und sagte: Hör mal her, Thomas. Ich heirate also Gretchen, und wir machen da auch eine Feier. Die Eltern von Gretchen kommen, und ich hab' also da einen Kumpel im Tegeler Weg in Charlottenburg, das ist eine Bar, also keine ausgesprochene Bar, sondern ein Bierlokal. Und der Mann stellt uns das Haus ab elf Uhr früh zur Verfügung, und da soll folgendes gemacht werden ...«

Rudi gab Thomas einen Text aus den ökonomisch-philosophischen Manuskripten von Karl Marx:

»Setze den Menschen als Menschen und sein Verhältnis zur Welt als ein menschliches voraus, so kannst du Liebe nur gegen Liebe tauschen, Vertrauen nur gegen Vertrauen etc. ... Wenn du liebst, ohne Gegenliebe hervorzurufen, das heißt, wenn dein Lieben als Lieben nicht die Gegenliebe produziert, wenn du durch deine Lebensäußerung als liebender Mensch dich nicht zum geliebten Menschen machst, so ist deine Liebe ohnmächtig, ein Unglück.«

Carol, also Gretchen, hatte einen Text aus einem Psalm des Propheten Hosea herausgesucht.

»Und ich will zur selben Zeit ihnen einen Bund machen mit den Tieren auf dem Felde, mit den Vögeln unter dem Himmel und mit dem Gewürm auf Erden und will Bogen, Schwert und Krieg vom Lande zerbrechen und will sie sicher wohnen lassen. Ich will mich mit Dir verloben in Ewigkeit; ich will mich mit Dir vertrauen in Gerechtigkeit und Gericht, in Gnade und Barmherzigkeit. Ja, im Glauben will ich mich mit Dir verloben, und Du wirst den Herrn erkennen.«

Ein Text von Paul Tillich über Sozialismus folgte. Ehleiters Freundin Nanne dolmetschte, denn Gretchens Eltern konnten kein Deutsch.

Thomas Ehleiter rezitierte noch ein ungarisches Gedicht von Sándor Petöfi:

Freiheit und Liebe,
dieser beiden bedarf ich.
Für die Liebe geb' ich mein Leben,
für die Freiheit meine Liebe.

»Thomas trug das vor, wie Rudi und ich es wollten, ganz so formell und schön, wie in der Kirche. Das geschah alles in einer Bierkneipe im Tegeler Weg in Charlottenburg, die Horst Kurnitzky besorgt hatte. Sie war ein bißchen verfallen, aber weil es ganz dunkel war, fiel das nicht so auf.

Anwesend war ein internationales Publikum, also die Freunde aus Bolivien, aus Kolumbien, aus Puerto Rico, aus Kuba. Am späten Abend kamen einige, die machten Musik. Zu essen bekam jeder ein halbes Hühnchen. Das war die Hochzeit, filmreif.«

»Nun sind wir verheiratet. Mal sehen, wohin das führt. Die Genossinnen und Genossen haben ihre Bedenken lustig angemeldet.«
(Tagebuch R. D., März 1966)

Bürgerschreck

Sit-in mit Frischeiern

Die Teilnehmer der offiziell angekündigten Vietnam-Demonstration der Berliner Studentenverbände forderten auch die Freilassung der inhaftierten Plakatkleber. Hierzulande das Maul halten zu müssen über Vietnam oder andernfalls in den Knast zu wandern, das machte Vietnam in Berlin begreifbarer.

Zweieinhalbtausend Leute – zu dieser Demonstration waren mehr gekommen als zu einem Universitäts-Happening. Jetzt entdeckten die Vietnam-Gegner den Ku'damm, und die flanierenden Bürger auf dem Ku'damm entdeckten die Vietnam-Gegner.

Kaum war die Demonstration offiziell beendet, machten sich ein paar hundert Leute auf den Weg zum Amerika-Haus.

Die Polizisten waren zu überrascht, um all den Demonstranten den Weg zu versperren. Bis sie sich an den Zug hinten angehängt hatten, erreichten die ersten Leute schon das Amerika-Haus und setzten sich auf den Bürgersteig und die Straße davor. Sie hatten auch ihre Tafel mit den Parolen mitgebracht:

RAUS AUS DEM GEFÄNGNIS MIT DEN BERLINER STUDENTEN! VERHANDLUNGEN MIT DER FNL! FRIEDEN STATT DIPLOMATENLÜGEN! WO BLEIBEN FREIE WAHLEN FÜR VIETNAM? STATT US-WELTGENDARM – FREIHEIT UND SELBSTBESTIMMUNG FÜR VIETNAM! SOLIDARITÄT MIT KRIEGSGEGNERN IN USA!

Die Idee mit dem Sitzstreik war den amerikanischen Kriegsgegnern abgeschaut. Jetzt hatten die Amerikaner im Amerika-Haus die Berliner Studenten beim Blick aus dem Fenster genauso vor Augen wie die aufsässigen Berkeley-Studenten zu Hause, mitsamt den Parolen, die sich ähnelten. Auch die Berliner auf der anderen Straßenseite blieben stehen und verfolgten, was jetzt geschehen würde mit den merkwürdigen Leuten, die sich an einem kalten Februarsamstag vorm Amerika-Haus aufs Pflaster setzten.

Daß Sitzstreiks – der Begriff »Sit-ins« bürgerte sich gerade erst ein – eine friedliche Sache sind, sieht jeder. Wer einfach dasitzt, bedroht niemanden. Dennoch ist so ein Pulk von Leuten unübersehbar: Widerstand, gewaltfrei.

Das war auch die Situation vor dem Amerika-Haus in Berlin.

Wenn das schiefgeht und Gewalt ausbricht, dann zuerst an den Rändern. Wer da sitzt, hat vor sich in Augenhöhe die scharrenden Polizeistiefel, die Knüppel, die an der Koppel baumeln oder schon in den Fäusten liegen, und ein bißchen weiter oben schlenkern die Knarren der Polizisten im Lederhalfter am Gürtel. Über einem lauter drohende Gewalt in Bewegung, während man selbst freiwillig festgenagelt am Boden kauert und den Kopf ganz in den Nacken legen muß, um denen da oben in die Augen zu sehen.

Gegenperspektive. Ein Einsatzplan rollt ab. Erst drei Lautsprecherdurchsagen: »Hier ist die Polizei. Räumen Sie die Fahrbahn sofort. Zehn Minuten nach Nichtbefolgung dieser Durchsage kommen Zwangsmittel zum Einsatz.« Gespanntes Abwarten. Dann, nicht über Lautsprecher, nur an die Beamten das Kommando: Knüppel frei. Von oben zuhauen, die hauen dann schon ab.

In der allgemeinen Flucht schaffte es irgendwer, die amerikanische Flagge vor dem Eingang des Amerika-Hauses herunterzuholen. Ein paar andere rannten los und kauften eine Packung Frischeier, rannten zurück in das Räumungsgetümmel und knallten die Eier mit ein paar Würfen an die Fassade des Amerika-Hauses. Das war alles. In kurzer Zeit war die Demonstration auseinandergeprügelt. Viele kamen blutend oder mit blauen Flecken nach Hause.

Das öffentliche Echo am nächsten Tag, dem 6. Februar.
Berliner Morgenpost: »DIE NARREN VON WEST-BERLIN!«
Das öffentliche Echo am übernächsten Tag, dem 7. Februar.
Bild-Zeitung: »BESCHÄMEND! UNDENKBAR! KURZSICHTIG!
BZ: »INSPEKTOR SAGT: EINE SCHANDE FÜR UNSER BERLIN! Seit dem letzten Sonnabend gibt es in unserer Stadt eine neue Situation. Einer zahlenmäßig kleinen Gruppe von Linksradikalen ist die Kneipe zu eng geworden. Schon lange phantasieren sie von einer ›revolutionären Situation‹, die sie herbeiführen wollen. (…) Studenten, die wahrscheinlich zuvor bewegte Klagen über den Fortfall der Milchsubventionen geführt haben, warfen Eier gegen das Gebäude. Studenten, die ihr Studium in Freiheit in dieser Stadt den Amerikanern zu verdanken haben, vergriffen sich an der amerikanischen Fahne! Pfui Teufel!«

Jetzt wurden Entschuldigungsbriefe geschrieben, mit Datum vom 7. Februar, per Adresse Generalmajor John F. Franklin jr., US-Stadtkommandant von Berlin. Der Rektor der Freien Universität, Magnifizenz Lieber, brachte sein tiefstes Bedauern zum Ausdruck, vor allem wegen der »Beleidigung, die der Flagge Ihres Landes zugefügt wurde«. Der Regierende Bürgermeister Willy Brandt diktierte: »Schande über Berlin bringen solche Gruppen, die das Vertrauen zu den Schutzmächten zerstören wollen und die deutsch-amerikanische Freundschaft besudeln.« Und als am nächsten Tag bei John F. Franklin jr. die Briefe auf dem Schreibtisch lagen, kam auch noch der Bundesbevollmächtigte für Berlin vorbei und bekundete das Bedauern der Bundesregierung. Ganz Berlin und besonders die Bonner Regierungspartei CDU stehe zu den Amerikanern, versicherte er, und noch heute abend werde das in aller Öffentlichkeit mal deutlich gesagt.[100]

Es war dunkel abends am Bahnhof Zoo. Die Fackeln der Kundgebungsteilnehmer flackerten, und die Redner hatten Feuer auf der Zunge. »Im freien Berlin ist kein Platz für die Totengräber der Freiheit!« rief der CDU-Mann Ernst Lemmer; seine Zuhörer, farbentragende Studenten sah man darunter, johlten Beifall, klatschen konnten sie nicht mit den Fackeln in der Hand, und in das Gejohle rief Lemmer: »Und unsere Freiheit wird gefährdet, durch die Lauen, durch die Spinner, durch die östlichen Agenten.«

»Jawohl!« kam kehliger Beifall von unten. »Und die Gammler, die Langhaarigen!« schrien ein paar. »Da frage ich mich«, tönte der Redner, »warum verschwinden sie nicht aus unserem Berlin?«

Die Reden machten die Zuhörer heiß, die Worte von der geistigen Knochenerweichung, von den studentischen Wirrköpfen, den Nestbeschmutzern. Als die Reden gehalten, die Fackeln gelöscht und die meisten aus der lauten Masse wieder still und einzeln in den U-Bahn-Schächten verschwunden und auf dem Heimweg waren, blieben die Unzufriedensten noch auf dem Platz zurück und sammelten sich in unruhigen Menschentrauben, in deren Mitte zornige Männer debattierten. Die Erregtesten unter ihnen – das ganze Herumgerede nütze nichts, wenn am Ende doch keiner was mache – setzten sich dann in kleinen Gruppen langsam, scheinbar ziellos Richtung Bahnhof Zoo in Bewegung. Dort, vor den Türen stellten sie sich auf und stierten das ein- und ausgehende Publikum mit herausfordernden, von oben nach unten musternden Blicken an. Bald fanden sie, wen sie suchten, stürzten sich auf ein paar Jugendliche mit längeren Haaren und lässiger Kleidung, packten sie im Polizeigriff und an den Haaren und zerrten sie mit sich in die Bahnhofshalle zum Fahrkartenschalter der S-Bahn. Sie zwangen ihre Opfer, sich Fahrscheine nach Ost-Berlin, Friedrichstraße, zu kaufen. Dort gehörten sie hin. »Gammler raus«, schrien sie, schleiften die eingeschüchterten Jugendlichen über die Treppen hoch zum S-Bahnsteig und schubsten sie in einen wartenden Zug Richtung Friedrichstraße. Sie warteten, bis sich die Türen schlossen und der Zug abfuhr. Die Leute im Bahnhof guckten zu, manche belustigt, manche angstvoll, aber ohne Einspruch gegen das, was sich vor ihren Augen abspielte. Teufelsaustreibung lag in der Luft.[101]

Zur selben Zeit füllte sich das SDS-Zentrum. Auffallend viele SDS-Genossen, die in den früheren Jahren aktiv gewesen waren. Leute wie Horst Mahler, die schon lange nicht mehr mitmachten und mittlerweile irgendwo beruflich arbeiteten.

Ein paar Genossen mit unverdächtigem Äußeren kamen direkt von der CDU-Kundgebung und berichteten. Sie fürchteten, die aufgeputschten Leute dort könnten den SDS überfallen und alles kurz und klein schlagen. Aufgeregt forderten die Altgenossen eine Diskussion mit den Plakatklebern, und zwar sofort. Wolfgang Lefèvre hat ihren Auftritt miterlebt:

»Da war eine Sitzung im Zentrum, also, was heißt Sitzung: Da sausten die Altgenossen mit Schraubenziehern ran und entfernten erst mal die SDS-Embleme von der Tür, um den Überfall der Schwarz-Hundertschaften zu vermeiden, und setzten sich also an den Tisch und schimpften.

Sie wollten sofort die für die Plakataktion verantwortlichen Genossen ausschließen, da aber nur die Leute bekannt waren, die auch saßen, wollten sie die Betroffenen in Abwesenheit ausschließen. Zum Teil haben sie sich noch aufgeregt über die Philologie, also schlechten Satzbau, zum Teil noch außerdem über den Inhalt. Es war eine satirische Situation, weil man einige Genossen seit einem Dreivierteljahr das erste Mal wieder im SDS sah.«[102]

Die jüngeren Genossen bestaunten das Schauspiel. Die Altgenossen zogen alle Register. Wolfgang Fritz Haug erhob sich. Er war wütend über die Plakataktion, aber er mußte das sagen wie in einem Aufsatz in seiner Zeitschrift für wissenschaftlichen Sozialismus. Es war bekannt, daß sich Haug in den 36 blauen Marx-Engels-Bänden vorzüglich auskannte. Er hatte eine Stelle parat, bei der sich Marx genauso sauer anhörte, wie Haug selbst gerade war, und die trug er vor: »An die Stelle der kritischen Anschauung setzt die Minorität eine dogmatische, an die Stelle der materialistischen eine idealistische. Statt der wirklichen Verhältnisse wird ihr der bloße Wille zum Triebrad der Revolution. Während wir den Arbeitern sagen: Ihr habt 15, 20, 50 Jahre Bürgerkrieg und Völkerkämpfe durchzumachen, nicht nur um die Verhältnisse zu ändern, sondern euch selbst zu ändern und zur politischen Herrschaft zu befähigen, sagt Ihr im Gegenteil: ›Wir müssen gleich zur Herrschaft kommen oder wir können uns schlafen legen.‹«[103]

Marx' Worte aus Haugs Mund saßen. Genau das war der Streitpunkt: Die Fraktion um Dutschke und Rabehl wollte nicht mehr länger warten, sondern jetzt aktiv in die Verhältnisse eingreifen. Ihre Fraktion in Berlin und München war tatsächlich eine Minorität.

Rudi Dutschke aber war der felsenfesten Überzeugung, daß es zumindest unter den Studenten viele gab, die auf Provokationen nach Art der Plakataktion nur warteten, die davon nicht abgeschreckt, sondern angezogen wurden. Etwas praktisch zu tun, und sei es, nachts verbotenerweise mit einem Kleistereimer und Plakaten durch die Berliner Straßen zu geistern, mehr zu tun als sachlich und geduldig zu informieren, zu diskutieren, an die Vernunft zu appellieren – das erschien ihm als Hebel, mit dem die versteinerten politischen Verhältnisse zum Tanzen zu bringen seien.

Natürlich wollte er nicht irgend etwas tun. Aufklärung sollte Bestandteil solcher Aktionen sein. Die Aktionen sollten zur Selbstaufklärung derer beitragen, die bei ihnen mitmachten. Sie könnten einen Ausbruch aus der Ohnmacht aufklärerischer Worte bedeuten. Das mußte anziehend sein. Außerdem war er mißtrauisch. Ein solcher Marx-Satz, wie ihn Haug zitierte, kann zur bequemen Entschuldigung dafür werden, selbst nichts tun zu müssen, nach dem Motto: Die Verhältnisse, die sind halt so. Wer vom »bloßen Willen« spricht, der anstelle der Analyse der »wirklichen Verhältnisse« zum Triebrad der Revolution gemacht wird, kann hinter einem allgemeinen Satz Scheu, Angst, Unerfahrenheit, mangelndes Zutrauen in die eigenen Fähigkeiten verstecken. In der Aktion läßt sich darüber mehr und mehr in Erfahrung bringen. In der Aktion kann man dazulernen, einzeln und mit anderen gemeinsam.

Am nächsten Tag kam es zur offenen Diskussion dieser gegensätzlichen Standpunkte. Alle spürten, daß die Plakataktion die Polarisierung im SDS weitergetrieben hatte. Die Altgenossen setzten sich mit ihrer Absicht nicht durch, die Plakatkleber auszuschließen.

Auch die Vietnam-Demonstration am Vortag hatte gezeigt: Immer weniger wollten 15, 20 oder 50 Jahre lang warten.

Debattenkampf im SDS

Eben noch Aktivist auf der Straße, wurde aus Rudi Dutschke in den folgenden Tagen ein beachteter Agitator innerhalb des SDS. Diese Vielseitigkeit ließ sein Gewicht in der Organisation sprunghaft anwachsen. Am 9. Februar war »Jour Fixe« im SDS-Zentrum. Tagesthema: Legalität und Illegalität. Angelpunkte der Debatte waren die Plakataktion und die illegale Fortsetzung der Vietnam-Demonstration vor dem Amerika-Haus.

Wolfgang Fritz Haug hatte am Vortag ein Marx-Zitat gegen die Plakatkleber ins Feld geführt. Rudi konterte an diesem Abend wiederum mit Marx und mit Georg Lukács.

Solche theoretische Fertigkeit war im SDS wichtig: Hier wird wissenschaftlicher Sozialismus betrieben, guter Wille ist nett, aber naiv, und letzten Endes hat Politik auf wissenschaftlicher Erkenntnis zu fußen, andernfalls ist sie bürgerlich und somit abzulehnen. – So könnte es jeder beliebige Genosse im SDS gesagt haben, und wenn es sonst nichts Allgemeinverbindliches in diesem recht lockeren Verband gab, dann diese Grundlage, auf der sich alle streiten konnten. Egal, wie weit die, die sich stritten, wußten, daß sie Marx, Engels, Lenin, Lukács oder sonst eine philosophische Autorität als Pappkameraden vor sich herschoben und für ihr eigenes und nicht selten eigenwilliges Konzept benutzten, sie taten es mit belesener Verbissenheit. So auch Rudi an diesem Abend.

Erstmals nimmt er das Marx-Zitat aufs Korn, mit dem am Vorabend noch der Ausschluß der Plakatkleber aus dem Verband gerechtfertigt werden sollte. Näher besehen, meint Rudi, ist das nicht einfach eine Aufforderung zum Abwarten auf bessere Zeiten, dazu, viele Jahre die Hände in den Schoß zu legen. Da heißt es: »... Völkerkämpfe, *um euch selbst zu ändern*, um zur politischen Herrschaft zu befähigen«. Selbstveränderung also fordert Marx als Voraussetzung für das Gelingen einer späteren Revolution. Nur den plumpen Versuch verfrühter Machtergreifung lehnt er ab, Putschismus.

Putschismus aber ist eine Aktion wie die der Plakatkleber nicht. Ziel sei ja keine irgendwie geartete Machtergreifung gewesen, sondern Aufklärung. Aufklärung ist in diesem Falle nicht nur das, was auf den Plakaten an Informationen über den Vietnamkrieg steht, sondern auch die bewußte Mißachtung gesetzlicher Vorschriften: Bewußt, ja selbstbewußt die Regeln der bestehenden Rechtsordnung verlassen zu können ist eine Tugend des Revolutionärs. Die

Anerkennung der geltenden Rechtsordnung ist nicht mehr und nicht weniger als ein Spiegel der herrschenden Macht- und Gewaltverhältnisse in den Köpfen der Beherrschten. Eigentlich lehnt der Revolutionär also die bestehende Legalität ab, will eine neue schaffen, ist höchstens durch äußeren Zwang gehalten, die Legalität der Herrschenden anzuerkennen. Er trachtet aber danach, sie, wo immer möglich, praktisch abzulehnen. Der Revolutionär hat also ein lediglich taktisches Verhältnis zur bestehenden Legalität. Schon aus erzieherischen Gründen muß das so sein. Mit dieser Meinung beruft sich Rudi auf Georg Lukács, der 1920 über »Legalität und Illegalität« schreibt:

»... (Es) muß hinzugefügt werden, daß die Veränderung einer Gewaltorganisation nur dann möglich ist, wenn der Glaube sowohl der herrschenden wie der beherrschten Klassen an die alleinige Möglichkeit der bestehenden Ordnung bereits erschüttert ist. Die Revolution in der Produktionsordnung ist hierzu die notwendige Voraussetzung. Die Umwälzung selbst kann jedoch nur durch Menschen vollzogen werden; durch Menschen, die sich – geistig und gefühlsmäßig – von der Macht der bestehenden Ordnung emanzipiert haben. (...) Andererseits ist es sicher, daß selbst die gemäß ihrer Klassenlage an dem Erfolg der Revolution unmittelbar interessierten Gruppen und Massen erst *während* (ja sehr häufig erst *nach*) der Revolution sich innerlich von der alten Ordnung lossagen. Daß sie eines Anschauungsunterrichts bedürftig sind, um einzusehen, welche Gesellschaft ihren Interessen gemäß ist, um sich innerlich von der alten Ordnung der Dinge befreien zu können.«[104]

Rudis Thesen bleiben nicht unwidersprochen. Vor allem Klaus Meschkat ist an diesem Abend sein Kontrahent. Meschkat ist ein älterer SDS-Genosse, der wegen seiner theoretischen Kenntnisse allgemein sehr geschätzt wird. Auch Rudi Dutschke hat großen Respekt vor ihm, vor allem wegen dessen Doktorarbeit über »Die Pariser Commune im Spiegel der sowjetischen Geschichtsschreibung«, die als Geheimtip und Pflichtlektüre unter theoretisch ambitionierten SDS-Genossen gilt. Daß Meschkat sich in der Debatte mit Dutschke so ins Zeug legt, verleiht dem Vorgang Gewicht. Meschkat versucht, ihn von seinem theoretischen Höhenflug herunterzuholen.

Es ist lächerlich, meint er, in der heutigen historischen Situation eine illegale Aktion, bei der ein paar Leute ein paar Plakate recht stümperhaft an ein paar Wände geklebt haben, in der Sprache des Kriegskommunismus zu rechtfertigen. Diese Sprache und die Überlegungen Lukács' zu Legalität und Illegalität hatten ihre Berechtigung im Jahre 1920, in jener Nachkriegszeit, in der noch offenstand, ob das verelendete Proletariat ganzer Länder Westeuropas dem Beispiel der russischen Oktoberrevolution folgen würde. Heute, in einer nicht einmal vorrevolutionären Situation, ist es barer Unsinn, individuelle und isolierte Aktionen einiger weniger Genossen mit dem Brimborium revolutionärer Illegalität zu bemänteln.

Acht Stunden Debatte. Thesen. Belege. Widerspruch. Immerhin redet trotz gegensätzlicher Standpunkte niemand mehr über Ausschluß.

Ohne alle Genossen auf seine Seite ziehen zu können, hat Rudi ein offenes Forum im ganzen Verband für Ideen, die unter Sozialisten ketzerisch sind. Er schafft das, weil er diese Ideen innerhalb des traditionellen Rituals vorträgt. Da ist die theoretische Autorität Georg Lukács. Sein Argument, das Proletariat sei, obwohl unzweifelhaft objektiv das revolutionäre Subjekt, vor und während der Revolution ideologisch noch fest in die bestehende Ordnung eingebunden, ist die konventionelle Eröffnung. Von da aus darf weitergespielt werden, und es muß anders als gewohnt sein. Jetzt kann Rudi von einer Grundwahrheit Urlaub auf Ehrenwort nehmen, die die Politik der Arbeiterbewegung aus der Zentralstellung des Proletariats ableitet: das Primat der Partei. Aus Lukács' Worten folgert er: Als revolutionärer Sozialist kann ich nicht, darf ich nicht abwarten, bis *die* Partei oder *die* Klasse zum Handeln ruft. Die selbsternannte Avantgarde der Revolution hat ihre Berechtigung innerhalb einer sozialistischen Studentenorganisation, sie wird gebraucht.

Im Verband setzt Rudi Dutschke immer mehr die Politik durch, deren Konzept außerhalb, in kleinen Zirkeln, wie der Subversiven Aktion, erdacht und diskutiert worden ist.

Unter den radikalsten Genossen aber, zu denen Rudi nach wie vor zählt, tauchen wieder neue Probleme auf, für die, wieder erst im engsten Kreis, nach neuen Lösungen gesucht wird.

Der Kronzeuge widerruft

Hochzeitsreise, politische Informationsfahrt, akademische Expedition: Alles auf einmal war der Besuch, den Rudi Dutschke Anfang Mai 1966 dem ungarischen Philosophen Georg Lukács in Budapest abstattete.

Rudi und Gretchen fuhren mit dem Zug nach München und von dort aus weiter mit den SDS-Genossen Lothar Menne[105] und Inge Presser in Lothars Auto. Franz Janossy, der Stiefsohn von Lukács, und dessen Frau Maria begrüßten das Quartett der jungen Genossen sehr herzlich. Man werde einen Termin beim alten Herrn besorgen, versprach Janossy und bereitete den vier Besuchern in seiner Wohnung das erste Nachtquartier, denn für eine offizielle Unterkunft war es viel zu spät geworden. Das Gespräch mit dem Ökonomen Janossy, der sich intensiv mit der politischen Ökonomie des westdeutschen Wirtschaftswunders befaßt hatte, nahm den ganzen Abend in Anspruch.

Der Termin mit Lukács kam nicht gleich zustande. Am nächsten Tag, dem 1. Mai, streiften Lothar, Inge, Gretchen und Rudi durch die Stadt. Erinnerungen an Luckenwalde und Ost-Berlin kamen hoch: fast alle Häuser beflaggt und mit Jubelparolen behängt, Kinder an der Hand ihrer Eltern, in der freien Hand ein Fähnchen zum Winken; Maiparade. Viele Passanten drehten sich um und schauten den beiden Pärchen aus dem Westen nach, besonders dem einen, das alle paar Meter stehenblieb und knutschte wie in amerikanischen Spielfilmen. Wie in diesen Filmen schienen die beiden Küssenden nicht zu bemerken, wieviel Aufsehen sie erregten. Lothar packte Rudi und Gretchen am Ärmel und raunzte ihnen zu, sie sollten's nicht übertreiben.

Am nächsten Vormittag. Besuch bei Georg Lukács. Rudi bekennt in seinem Tagebuch, er war »kindlich aufgeregt«, einem Mann gegenüberzustehen, der seit den zwanziger Jahren als Theoretiker und Politiker in der ungarischen Arbeiterbewegung aktiv gewesen war, der ketzerische Aufsätze geschrieben und sich dafür viel Ärger eingehandelt hatte. Immer wieder führte er dessen frühe politische Schriften zur Rechtfertigung seiner Position in den Auseinandersetzungen im SDS an.

»Der Mann, der auf unser Klingeln öffnete, war klein, hatte ein freundliches Gesicht, eine Zigarette in der Hand, weiße Haare, große Ohren, ein Hemd mit Schlips, keine Jacke. Zu einem Gespräch kam es nicht gleich, wir waren zurückhaltend, und er wollte erst mal Kaffee trinken. Als Lothar und Inge die Roth-Händle rausholten und ihm gaben, freute er sich, lachte – und wir konnten uns ein wenig entkrampfen. Nun holte ich den Korsch raus und fragte, ob er diesen Text, den er damals vielleicht nicht zu sehen bekommen habe, gebrauchen könne. Er schaute darauf, lächelte, bedankte sich, ging aber nicht weiter auf das Buch oder diese Zeit ein. Bedankte sich desgleichen für meinen Brief. Ich hatte mir viele Fragen aufgeschrieben.«[106]

Die Fragen waren angekündigt, und Lukács schickte sich an, sie geduldig zu beantworten. Schließlich half er damit einem jungen Studenten der Soziologie, wichtige Informationen für die Erstellung seiner Doktorarbeit zu liefern. Der vereinnahmende Tonfall des jungen Mannes aus Berlin paßte dem alten Herrn weniger. »Genosse Lukács«, redete er ihn an. Lukács tat, als überhörte er das. »Und was macht Ihre Frau Gemahlin, Herr Dutschke?« Sein Unwille war unverkennbar, im nachhinein seine bis zu vierzig Jahre zurückliegenden politischen Aufsätze zu bewerten. Rudi Dutschke ließ nicht locker. Auf den Punkt gefragt, bekannte Lukács Farbe. Er finde es tröstlich, daß auch heute ein junger Mann ähnlichen linksradikalen Irrtümern nachhänge wie er damals. Er stehe heute nicht mehr zu diesen Aufsätzen, die er mittlerweile als Jugendsünden betrachte.

Er habe, so führte Lukács aus, damals die Dialektik der Natur nicht berücksichtigt, ohne die es keine Dialektik der Gesellschaft und der Menschen gebe. Sein Werk, an dem er im Moment schreibe, »Die Ontologie des gesellschaftlichen Seins«, mache gerade diese Dialektik der Natur zum zentralen Thema und er wolle auch die idealistischen Ansätze in seinen frühen Schriften einer Kritik unterziehen.

Rudi Dutschke war von diesen Auskünften sehr enttäuscht. Noch auf der Fahrt lieferte er seinen drei Mitreisenden immer neue biographische Interpretationen, warum Lukács heute zu seinen gleichwohl immer noch richtigen Aussagen von damals nicht mehr stehe.

Wieder zurück in Berlin, verteidigte er weiterhin die Positionen des jungen Lukács. Daß der alte Herr davon nichts mehr wissen wollte, verschwieg Rudi Dutschke sogar seinem Tagebuch.[107]

Panorama über den Kochelsee hinaus

Mitte Juni 1966 hatte Rudi eine Verabredung im Bayrischen. Treffpunkt war eine komfortable Villa in Kochel am Kochelsee. Von der Terrasse der Villa schaute man herab auf den See, darüber erhob sich das Alpenpanorama. Zur Villa gehörte ein riesiger Park und ein Haus für die Bediensteten. Das Hausmeisterehepaar hatte alle Hände voll zu tun für die sechzehn Gäste, die aus Berlin und München angereist waren. Neun Männer, fünf Frauen und zwei

Kinder bevölkerten Villa und Park. Die Villa gehörte einem reichen Textilkaufmann aus Krefeld, die Besucher waren Mitglieder des Münchner und Berliner SDS. Es gab nicht wenige Großbürgerkinder im Sozialistischen Deutschen Studentenbund, und Genosse Lothar Menne, der Sohn des Textilfabrikanten, war eines.

Die Genossen trafen sich nicht zum Spaß, im Gegenteil, die Situation war gespannt. Gemeinsam war allen, die nach Kochel kamen, die Unzufriedenheit über die schleppende Entwicklung der SDS-Politik. Sie wollten diese Ängstlichkeit, das Zaudern und Zögern in der SDS-Politik ergründen und darüber nachdenken, was sich dagegen unternehmen ließe. Überall war in den vergangenen Monaten eine Kluft aufgerissen zwischen der Radikalität im Kopf und dem, was dann, öffentlich und in Aktionen, zum Ausdruck kam. Das betraf fast alle Genossen.

An der Vietnam-Politik wurde es deutlich. Kein Genosse, keine Genossin hielt sich abends in der Kneipe mit dem Urteil zurück. Da gingen die Einschätzungen allen locker von der Zunge, die tagsüber, in den Arbeitskreisen, bei der Besprechung der Flugblätter für die Öffentlichkeit, umstritten waren. So betrachtet hätte es niemanden gegeben, der sich im Februar von den Vietnam-Plakaten distanziert hätte. Aber wenn es darauf ankam, gab es immer welche, die mit einem Ausdruck von Panik die anderen beschworen, es ja nicht zu weit zu treiben mit den Provokationen und mit der eigenen Radikalisierung. Auch bei den Mutigsten und Radikalsten bestand diese Kluft zwischen Kopf und Bauch.

In den Tagen in Kochel fiel den Genossen dieses absurde Nebeneinander in ihrem Leben auf, das hier, in dem luxuriösen Villenprunkbau inmitten der friedlichen Alpenlandschaft noch krasser erschien: Am späten Vormittag auf der Terrasse sitzen und beim opulenten Frühstück darüber reden, daß die Zeit zu kämpfen gekommen sei, Kaffee nachschenken und die Stirn über die Frage in Falten legen, ob man eher nach Bolivien oder zu den Genossen der MIR in Chile mit der Waffe in der Hand gehen solle, dann alle Überlegungen jäh abbrechen, um rechtzeitig zur Bergwanderung auf den Herzogstand aufzubrechen, beim Abstieg in der Abendsonne schließlich wieder Gespräche über die Taktik des Guerillakampfes, gefolgt von Debatten über die Taktik des Fußball-Bundestrainers abends vorm Fernsehgerät in der Gaststätte, wenn Deutschlands Elf bei der Fußball-WM in England kickte – immer hatten diese kleinen, privaten, alltäglichen, so gar nicht politischen Wünsche ein selbstverständliches, zähes Eigenleben. Ein Verdacht tauchte auf. Nie war miteinander über die private Existenz der einzelnen gesprochen worden, über die Stunden, die Nächte nach den Arbeitskreisen und Demonstrationen, über Angst, Glück, kaputte Liebesgeschichten, weinende Mütter, brüllende Väter oder den Kloß im Hals und den Angstschweiß an den Händen in der Prüfung bei irgendeinem Professor.

Dort, in den unbeachteten Winkeln des privaten Lebens, das jeder für sich führte, konnte wie selbstverständlich alles Reaktionäre, ja der ganze alte Bourgeois überwintern.

»Auf dem Treffen wurde daher vorgeschlagen, daß jeder auch etwas über seine privaten Probleme sagen sollte. Äußerer Anlaß dazu war, daß Rudi Dutschke einige Tage später kam, weil seine Eltern ihn besucht hatten. Das schien dem großartigen revolutionären Anspruch, den die Gruppe an sich stellen wollte, ins Gesicht zu schlagen. Wegen der Eltern, Repräsentanten der bürgerlichen Autorität, die man bekämpfen wollte, durfte niemand zu einem so wichtigen politischen Treffen zu spät kommen. Das meinten vor allem die Münchner. Und sie versuchten auch, die psychische Abhängigkeit in diesem Verhalten nachzuweisen. Ein Revolutionär, der beflissen darauf bedacht sei, seine Eltern nicht durch unbürgerliche Kleidung und Haarschnitt vor den Kopf zu stoßen, sei eben noch weitgehend seiner bürgerlichen Herkunft verhaftet. Diese irrationale Abhängigkeit gälte es aufzudecken.«[108]

Gelächter brandete auf, als Rudi die Entschuldigung mit seinen Eltern vorbrachte. Er hatte nicht die Gerissenheit, auf den Psychojargon der anderen einzusteigen. Er sagte einfach, was los war. Später dann, bei den nächtelangen Debatten sprach auch er davon, revolutionäre Kommunen zu gründen, ein für allemal mit der bürgerlichen Vereinzelung Schluß zu machen. Die treibende Kraft hinter den Kommune-Plänen war Dieter Kunzelmann aus München.

»Kunzelmann sagte: ›Ihr müßt Euch entwurzeln!

Die erste Form der Entwurzelung ist: Weg mit Euren Stipendien! Weg mit Eurer Sicherheit! Gebt das Studium auf! Riskiert Eure Persönlichkeit! Und die zweite Entwurzelung heißt: Raus aus Euren Zweierbeziehungen! Sucht nicht Eure Sicherheit und Euren Besitzanspruch bei dem anderen! Seid eine offene Persönlichkeit! Der Mensch besteht aus einer Vielzahl von Menschen, und in einer Zweierbeziehung findet permanent eine bespiegelte Selbstliebe statt. Die muß zerstört werden!‹ Und in den Gesprächen ging es immer ganz konkret darum: Wie ziehen wir zusammen? Welche Form von Wohnung nehmen wir, oder bauen wir uns ein Haus?

Wer wird dort ein Zimmer haben? Wird rotiert in diesen Zimmern, oder soll man ein eigenes Zimmer haben? Soll es feste Partnerschaft geben? Soll es eine offene Sexualität geben oder nicht? Was bedeutet denn überhaupt dieser Besitzanspruch? Was ist Liebe? Gibt es sowas überhaupt?«[109]

Dieter Kunzelmann sagte später,[110] Rudi sei von den Kommune-Plänen begeistert gewesen, bereit, jede nur denkbare Konsequenz auch für sein privates Leben zu ziehen. Laut Bernd Rabehl war Rudi dagegen von Anfang an skeptisch.

Am Ende fand eine verbindliche Verabredung statt. Die geplante Kommune sollte in Berlin entstehen. Die Münchner versprachen, noch innerhalb des nächsten halben Jahres dorthin zu ziehen. Drei von ihnen – Manfred Hammer, Dieter Kunzelmann und Dagmar Seehuber – hielten sich auch daran. Ab Spätsommer traf sich die Gruppe regelmäßig außerhalb des SDS. Andere SDS-Genossen, immer die Unzufriedensten, denen die ängstliche Betulichkeit des Verbandes auf die Nerven ging, kamen hinzu, z.B. Fritz Teufel, Ulrich Enzensberger.

Unabhängig von dem Treff in Kochel gab es in Berlin schon seit einiger Zeit eine Gruppe, die sich mit Kommune-Plänen trug. Gretchen und ihre amerikanische Freundin Joanna besorgten dafür Informationen über Kommune-Projekte, die amerikanische SDSler gegründet hatten. Mit dabei waren neben Gretchen und Rudi ihre Freunde Helga und Andreas Reidemeister. Andreas war Architekt und entwarf für die Gruppe ein Kommune-Haus. Gretchen Dutschke erinnert sich daran, daß der Grundriß auf die neuen, kollektiven Lebensformen in der Gruppe zurechtgeschneidert war. »Es war ein phantastisches Bauwerk, in dem sicher hundert Menschen hätten wohnen können. Die Kommune-Erfahrungen der zwanziger Jahre waren wieder ausgegraben worden, man stieß auf Reich und russische Experimente aus der Revolutionszeit. Um unsere Bedürfnisse besser analysieren zu können, lasen wir Marcuse, der vor nicht allzu langer Zeit ›Eros und Kultur‹ geschrieben hatte. Die Grundlagen der antiautoritären Bewegung wurden dort gelegt. Die Befriedigung der sexuellen Bedürfnisse sollte anders und ungehemmt möglich sein, Hand in Hand gehen mit der Befreiung der Gesellschaft von ihrer kapitalistischen ökonomischen Unterdrückung der freien Entwicklung der Persönlichkeit durch Sexualmoral und Arbeitszwänge. Neue Formen des Zusammenlebens mußten entstehen, wo die Kernfamilie aufgelöst sein würde und die Kinder von der Wohngruppe erzogen werden sollten.«[111]

Nach Kunzelmanns Umzug von München nach Berlin kam es bald zu Differenzen, zu einer Polarisierung in der immer weiter anwachsenden Kommune-Gruppe. Rudi und Gretchen hielten das von Kunzelmann propagierte Konzept für falsch und privatistisch, zu sehr auf persönliche Befreiung orientiert, zu wenig auf politische Arbeit bezogen. Bald wurde für die beiden klar, daß sie sich an einer Gruppe mit Kunzelmann nicht beteiligen würden.

Alle Kommune-Leute waren kopfüber voraus mit den Bauchthemen. Drunten, im Keller unter Kunzelmanns länglicher Ladenwohnung in Neukölln, in der es durchdringend nach Druckerschwärze roch, ratterte und schnaufte die Rotaprint-Maschine und spuckte Bogen für Bogen die Raubdrucke von Wilhelm Reichs »Die Funktion des Orgasmus« aus. Die Genossen – irgendwer brachte im Laufe des Herbstes das neue Wort von den »Kommunarden« auf –, die die Bögen falzten, hefteten und diese Raubdrucke tagsüber in der Uni feilboten, sie hatten das alles gelesen, was Wilhelm Reich über die Zusammenhänge von Sexualmoral und Politik geschrieben hatte. Aber keiner münzte seine Lektüre in offene Forderungen gegen einzelne Mitglieder der Kommune-Gruppe um. Als gäbe es eine stillschweigende Vereinbarung, war der Umgang miteinander vorsichtiger, als es die allgemeinen Parolen vom radikalen Bruch mit der Bürgerlichkeit der eigenen Existenz und das Lob auf die Entwurzelung vermuten ließen.

Die Torpedokäfer

Einer der späteren Kommunarden, Ulrich Enzensberger, erinnert sich an das Lebensgefühl der Gruppe – in das ein Rudi Dutschke zunehmend weniger hineinpaßte.

»Mit Kunzelmann kam ich über Hameister schon im Frühsommer in Berührung. Nach dem Treffen in Kochel hatte Kunzelmann schon ziemlich ausgeprägte Vorstellungen von Kommune. Das war eine Idee, die mir unheimlich entgegenkam. Deswegen war ich später hauptsächlich mit Kunzelmann zusammen. Ihn habe ich als die treibende Kraft in Erinnerung.

Er war der Autodidakt. Die anderen waren die großen Cracks. Er kam aus Bamberg. Sein Vater war Sparkassendirektor.

Kunzelmann war früher Gammler, war abgehauen aus Bamberg nach Paris, schlief dort monatelang unter den Caféstühlen. Dann kam er nach Schwabing.

In Berlin war alles anders für ihn. Im Sommer baute er ganz systematisch eine Gruppe um sich herum auf, zunächst mit starker Unterstützung von Hameister.

Hameister war Studienstiftler, ein Einserkandidat mit phantastischen Zeugnissen und einem riesigen Stipendium, er hatte damals schon so 800 Mark, das war ein Vermögen. Von ihm kam viel aus der Wilhelm-Reich-Ecke, denn er war Psychologe.

Zum Beispiel haben wir das Buch von Franz Jung gelesen ›Der Torpedokäfer‹. Franz Jung ist ein deutscher Schriftsteller der zwanziger Jahre, der nach der Oktoberrevolution nach Rußland ging, dort eine Fabrik aufbaute, sich nach einigen Jahren jedoch enttäuscht abwandte, ein anarchokommunistischer Schriftsteller wurde. Der schrieb seine Autobiographie, eben: ›Der Torpedokäfer‹.

Das war für uns ein bezeichnendes Buch. Die Moral von diesem Buch ist absolut pessimistisch. Der Torpedokäfer versucht immer wieder, ein Glas hochzukrabbeln und fällt immer wieder runter. Das Leben besteht aus Auflehnung, aber es ist eine sinnlose Rebellion. Wir hatten mit der bürgerlichen Existenz schon abgeschlossen. Das verlangten wir auch von den anderen: Sie mußten alle Hoffnungen fahren lassen, jemals auf einen grünen Zweig zu kommen. Dutschke war da natürlich von Anfang an ein Fremdkörper, denn er war Optimist. Rudi hatte immer eine sehr kräftige, überhaupt keine pessimistische Ausstrahlung, auch nicht so eine wie Fritz Teufel, der tolle Witze machen konnte, aber letzlich doch ein trauriger Clown war. Rudi war nie Clown.

Er hatte eine ganz andere Einstellung zur Familie, daran sind letzlich die ganzen Kommune-Pläne mit ihm gescheitert. Zu der Zeit hatten wir auch schon Reichs ›Die Funktion des Orgasmus‹ wieder gedruckt. Wir verfolgten den Gedanken, daß ein individuelles Ausleben von Freiheit und die Befriedigung von Wünschen unmittelbar mit der Möglichkeit sinnvoller politischer Arbeit gekoppelt ist.

Rudi hat sich immer etwas Politischeres unter Kommune vorgestellt, etwas im engeren Sinne Politisches. Wenn noch etwa ab Dezember 1966 Diskussionen mit Rudi stattfanden, dann schon als gemeinsame Gruppe gegen ihn. Da war schon klar: Das ist jemand, der macht bei uns nicht mehr mit.«[112]

Was Rudi Dutschke und die Kommunarden um Dieter Kunzelmann noch zusammenhielt, waren gemeinsame Aktionen. Ende Juli wurde ein ganz besonderer neuer Film angekündigt. Die Publikumswerbung versprach den Zuschauern ein schaurig gruseliges Sittengemälde aus Afrika, einen Film, der den schwarzen Mann so zeige, wie er sei: animalisch, primitiv, grausam, triebhaft. Jeder Schlüssellochphantasie wurde etwas geboten, las man zwischen den Zeilen, in denen stand, ›Africa Addio‹ biete bebilderte Menschheitswahrheiten und sonst nichts. Daß ›Africa Addio‹ in der Tat anders war, eine zynische Komposition aus Sex, Gewalt und reaktionärer Hetze gegen die schwarzen Afrikaner, das schrieben die Berliner Zeitungsfeuilletonisten.

Tagesspiegel, am 31. Juli 1966:
»DER GEWÖHNLICHE RASSISMUS: JACOPETTIS FILM ›AFRICA ADDIO‹
(...) Tschombés Söldner im Kongo, die Truppe des Kongo-Müller. Lachende Leute, blond, ja nun, tätowiert, aber sie machen Ordnung. Ein schwarzer Jugendlicher wird exekutiert, in optisch sehr ergiebigen Lichtverhältnissen, ein anderer Neger mit Genickschuß getötet, Nonnen begrüßen die Truppe als Befreier, weiße Gewänder, weiße Gesichter. Auf einem ungepanzerten Jeep, der ein Maschinengewehr trägt, befestigen weiße Söldner einen Totenschädel. Kommentar: so ein bißchen Studentenulk ... Doch gäbe es diese Leute nicht, wie viele Weiße wären noch getötet worden. Aber wie viele Schwarze unter Karabinerschüssen starben, das wird nicht mitgeteilt, es gibt sowieso übergenug, und was gilt deren Leben gegen das der Weißen. Hautfarbe als Fetisch der Menschlichkeit. Als Neger geboren werden ist ein Verbrechen gegen die Menschlichkeit. Der beste Neger ist ein toter Neger. Alles andere ist Humanitätsduselei. So lehrt der Film.«

Für die Kommune-Gruppe schien die weitere Entwicklung absehbar. Der SDS und andere Organisationen würden Flugblätter und eine Protestdemonstration gegen diesen Film organisieren, seine Absetzung fordern und dann wieder nach Hause gehen. Die Zuschauer würden in Massen in das Kino strömen. Die Polizei würde vor dem Kino wachen. Der Film würde ein Kassenerfolg werden.

»Damals ging das Gerücht um, Jacopetti, der Regisseur des Films, habe Erschießungen veranstalten lassen, um sie filmen zu können. Das war der emotionale Treibsatz. Und außerdem war es ein schauerlicher Film. Das übliche folgenlose Protestritual wollte die Kommune-Gruppe mit einem sorgfältig vorbereiteten Plan durchbrechen. Das erste Mal – ausgenommen die Plakataktion – wurde etwas konspirativ vorbereitet. Als wir reingingen, war schon Polizei da und das Kino abgeriegelt. Wir hatten alles gut vorbereitet, mit einem scheußlichen, stinkenden Zeug, das wir in Spritzen reingefüllt hatten. Die Spritzen haben wir dann in die Sesselpolster gestoßen, die Polster teilweise mit Messern aufgeschnitten. Wir hatten Mäuse mitgebracht und ließen sie frei.

Vorher wurde noch, das war bezeichnend für den Zustand des SDS, diskutiert: Ihr müßt den Film erstmal anschauen, bevor ihr was macht! – Aber nach zwanzig Minuten sprengten wir die Vorstellung. Eine ganze Reihe von Leuten ging auf die Bühne, Fritz Teufel und Hameister auch. Rudi nicht, aber er war auch dabei.

Das war eine Eskalation der Auseinandersetzung, und eine sehr wichtige Erfahrung für alle, die mitgemacht haben. Diese Aktion bedeutete die erste ganz geplante, gezielte Sachbeschädigung. Uns ging es darum, das Kino so kaputtzumachen, daß man es tagelang nicht mehr benutzen konnte.«[113]

»Hier ist nichts verbürgt ...«

»Ohne der ketzerischen These von Korsch aus dem Jahre 1950, daß Marx ›heute nur einer unter vielen Vorläufern, Begründern und Weiterentwicklern der sozialistischen Bewegung der Arbeiterklasse ist‹, vollständig zuzustimmen, scheint uns Korsch darin ganz recht zu haben, daß die historischen Alternativen und ›Weiterentwicklungen‹ der Marxschen Formung des Sozialismus, also die Beiträge der utopischen Sozialisten, die von Proudhon, Blanqui, Bakunin, den deutschen Revisionisten, französischen Syndikalisten und den russischen Bolschewisten (inzwischen dürften neue Namen hinzugekommen sein) bei der Neubegründung einer revolutionären Theorie und Praxis für die hochkapitalistischen Länder aufgearbeitet werden müssen, und zwar nicht als Vorläufer von Marx und nicht als Abweichler der ›reinen Lehre‹, sondern als ambivalente Antworten auf die jeweiligen Veränderungen der geschichtlichen Wirklichkeit: besonders gilt das für die nachmarxsche Zeit.«

Ein Plädoyer gegen vorschnelle Antworten, gegen Ausgrenzung und Verketzerung abweichender Meinungen und letztlich auch für eigenständiges politisches Denken und Handeln. Formuliert und niedergeschrieben hat es Dutschke im September 1966 gleich nach der Bundesdelegiertenkonferenz des SDS in Frankfurt. Seit einigen Monaten schon hatte der SDS in fast allen Gruppen einen spürbaren Zulauf neuer Mitglieder. Dutschke befürchtete, daß einige SDS-Genossen aus dem Verband jetzt einen Tempel reiner Marxscher Lehre machen wollten.

Konkret richtete sich die Kritik gegen den Vorschlag zu einem Schulungsprogramm für alle SDS-Gruppen, das die Marburger Genossen Kurt Steinhaus und Frank Deppe in Frankfurt vorgestellt hatten.

Darin witterte Dutschke Parteischulungsmief wie einst bei der FDJ. Er fürchtete, die Marxsche Geschichtsbetrachtung werde einschrumpfen auf einen schmalen Kanon überzeitlicher ökonomischer Lehrsätze, die Geschichte der politischen Klassenkämpfe verengt auf einen sich mit eherner Notwendigkeit fortentwickelnden Wirtschaftsprozeß. In solchen Analysen gewännen die gesellschaftlichen Verhältnisse eine ihnen nicht zustehende Übermacht über die Menschen – gerade auch über diejenigen, die sie als Sozialisten und Kommunisten verändern wollten. Sein Gegenvorschlag: eine »Ausgewählte und kommentierte Bibliographie des revolutionären Sozialismus von Karl Marx bis in die Gegenwart«.[114] Über fünfzig Buchtitel, theoretische Werke, Memoiren, Parteigeschichten, entlegene Zeitschriftenbände – meist Untersuchungen, wie die Arbeiterklasse in verschiedenen Ländern in bestimmten geschichtlichen Momenten die Marxsche Theorie verstanden und in Politik umgesetzt hatte, Untersuchungen auch darüber, wie der Ausgang solch politischer Kämpfe die Fortschreibung der Theorie beeinflußt hat. Historisches Anschauungsmaterial sollte die Genossen zur Untersuchung von Fragen befähigen, die auch in den Fraktions- und Machtkämpfen der Arbeiterbewegung nur zu oft in der Sprache und mit den Mitteln der Inquisition beantwortet worden waren. Gebrandmarkte Abweichler und Ketzer könnten so sich als Propheten erweisen, linientreue Lehrsatzverwalter als unfähige Politiker. Dutschke appellierte an die Lesewut und theoretische Neugierde der Genossen, nicht zuletzt aber auch an den Unwillen der Antiautoritären, sich per Schulungsplan die eigene politische Orientierung einengen zu lassen. Diese Rechnung ging auf. Die meisten SDS-Gruppen weigerten sich, das Schulungsprogramm von Deppe und Steinhaus anzunehmen, die daraufhin als Schulungsreferenten des SDS-Bundesvorstandes zurücktraten.

Presse-Premiere

Den Namen Rudi Dutschke kannten außerhalb des SDS bis zum September 1966 nur wenige. Da erlebte ihn ein Berichterstatter der Wochenzeitung *Die Zeit* auf der Delegiertenkonferenz in Frankfurt. Und so schildert er ihn seinen Lesern:

»›Genossinnen! Genossen! Unser Ziel ist die Organisierung der Permanenz der Gegenuniversität als Grundlage der Politisierung der Hochschulen!‹ – Zugegeben, dieser Satz liest sich schauderhaft, aber er hört sich großartig, ja furchterregend an, wenn Rudi Dutschke vom Berliner SDS ihn formuliert. Jedesmal, wenn er im Großen Saal des Frankfurter Studentenhauses, wo der Sozialistische Deutsche Studentenbund seinen 21. ordentlichen Bundeskongreß abhält, ans Rednerpult tritt, wird es still unter den Delegierten. Wie Peitschenschläge fahren seine Thesen auf das Auditorium nieder. Dutschke, Slawist und Experte in der Geschichte der Arbeiterbewegung, hat das Zeug zum Demagogen. Unter schwarzen Brauen blickt er finster drein, die Haarsträhnen fallen ihm in die Stirn, der schmächtige Körper scheint zu beben, sobald das Temperament mit ihm durchgeht. Und jeder weiß, wen (und was) er meint, wenn er im Eifer des Gefechts nur noch die Vornamen heraussprudelt: ›Rosa – Karl – Leo!‹«[115]

Wie der Mann aussieht. Wie er auftritt. Wie er spricht, dieser Rudi Dutschke. Das Herzklopfen des Journalisten zwischen Furcht und Bewunderung. Bald endeten die Artikel über Rudi, wenn so viel und nicht mehr gesagt war. Dieser hier, erschienen am 9. September 1966, der erste überhaupt, in dem Rudis Name fällt, geht weiter, spaltenweise. Beschreibt, *was* er gesagt hat, was *andere* einwandten, was beschlossen wurde, wägt Ergebnisse ab, weitgehend fair und sachlich. Der Mann ist entdeckt. Der ist gut für Farbe in den Berichten. Den muß man sich näher anschauen.

Gretchens Nebenwidersprüche

Frauen hatten nichts zu melden bei all den Hinterzimmertreffen. Die Freundinnen der Genossen waren dabei wie Aktentaschen, mitgebracht, aus der Hand gegeben zu Beginn des Termins, nicht weiter beachtet, danach wieder mitgenommen. Zwischendurch scherte sich keiner darum, was die schweigenden Frauen in der Runde von der sich einbürgernden Spezialsprache der männlichen Genossen verstanden, offenbar verstanden sie auch sehr wenig, weil kaum einmal eine Genossin – auf diese Bezeichnung legten die Männer Wert – das Wort ergriff, und, traute sich doch eine, wurde sie männlicherseits mitleidig belächelt oder gar ausgelacht.

Gretchen freundete sich mit anderen SDS-Frauen an, denen es ähnlich erging. Die Frauen entzogen sich den Diskussionen, die nicht die ihren waren, anfänglich noch mit schlechtem Gewissen, dann in trotziger Gewißheit, daß es sehr wohl Fragen gab, die die hochqualifizierten und vielbelesenen Genossen nicht im mindesten beantworten konnten, schon, weil sie sich diese Fragen gar nicht stellten. In erster Linie war das die Frage, ob es eine Emanzipation der Gesellschaft überhaupt geben könne ohne die Emanzipation der Frauen. Gemeinsam lasen sie August Bebels Buch »Die Frau und der Sozialismus«. Allein mit Rudi, versuchte Gretchen ihm klarzumachen, daß er die Frauenthematik im SDS zum Thema machen müsse.[116] Sein Tagebuch enthüllt, daß er auf diesem Ohr so taub war wie alle anderen SDS-Männer:

»Gretchen machte auf der Delegiertenkonferenz mir den Vorschlag, mal nicht übers Kapital und Geschichte und Klassenbewußtsein zu reden, vielmehr die Lage der Genossinnen im SDS zum Thema zu machen. Schließlich habe ich doch in Berlin sehen können, wie SDSler unruhig wurden, als die Frauen begannen, einen selbständigen Arbeitskreis in die Hand zu nehmen und das Bebel-Buch zu studieren. Wie Genossen miserabel mit Genossinnen umgingen, kannte ich aus der Subversiven Aktion. Ich bin nicht bereit, daraus einen grundlegenden Konflikt zu machen. Was bleibt denn sonst noch übrig? Objektiv müssen da erst noch Voraussetzungen geändert werden.«[117]

Amerika, Amerika

»Da arbeiten wir nun seit Tagen im Amsterdamer Institut. Gretchen macht ihre Übersetzungsarbeit ins Englische, um ein paar Mark mehr zu haben; ich besorge mir unbekannte Texte (Korsch, Das Buch der Abschaffungen, und Rjasanovs Rußlandanalyse, usw.). Und plötzlich macht der Tod der Mutter von Gretchen sich bemerkbar durch das Telegramm des Vaters ... Gretchen ist geschockt. Krebs hat die Mutter gehabt. Sie will nun unter keinen Umständen allein nach Chicago hinreisen. Wir gehen zur amerikanischen Botschaft. Schwierigkeiten wird es nicht geben – so dachten wir. Aber ganz im Gegenteil. Die wollten mich einfach nicht mit meiner amerikanischen Frau nach Amerika fliegen lassen. Ganz habe ich das bis heute nicht verstanden, es soll da irgendeinen Anarchismus-Point geben, der genauere Nachprüfung verlange, bevor ein ›foreigner‹ ins ›Land der Freiheit‹ hineindürfe. Aus der DDR kommt man nun immer schlechter heraus, nach Amerika nicht leicht hinein. Wie verworren.

Gretchen weinte ununterbrochen ... und irgendwann konnte der

Herr Botschafter es nicht mehr ertragen; wir erhielten beide die Zulassung. Freude konnte man unter der Voraussetzung dessen, was uns in Chicago erwartet, nun wirklich nicht haben, dankbar waren wir aber doch schon ein bißchen ...«[118]

Gretchens Traurigkeit und Nervosität überschatteten die Reise. Sie wollte die tote Mutter nicht sehen, erwartete, daß der Vater deswegen verletzt sein würde, der war es auch. Rudi versuchte zu vermitteln. Das Tagebuch verrät, daß Rudi nicht mit Touristenblick in die Fremde fuhr. Nur ein Tag vor dem Begräbnis bleibt, um Chicago anzuschauen und die Plätze aufzusuchen, an denen Gretchen ihre Kindheit verbracht hat, die Schule, die Apotheke der Eltern, den Sportplatz. In den Tagebuchnotizen bleibt Rudis Blick nicht einmal an den breiten Highways, den Unmengen der dahingleitenden Straßenkreuzer oder den spiegelnden Glasfassaden der Wolkenkratzer hängen; er fixiert soziale Verhältnisse: »Besuchen die Universität und gehen dann die große Straße rüber, um das schwarze Viertel zu durchlaufen. Die Armut war unübersehbar, so wie die Zerschlagung bzw. Auflösung von so vielen Häusern. Sehen, wie schwarze Kinder um einen weißen Polizisten herumspielen, bis ran an die Pistole. Jeder zeigt auf den anderen.«[119]

Auch über die lange Rückreise von Chicago nach New York im Greyhound-Bus schwieg sich Rudi im Tagebuch aus. Und New York? Es bestand für ihn aus Buchläden, in denen er seine Bibliothek revolutionärer Bücher erweitern konnte, so oder so, kaufen oder klauen. Eines dieser Bücher wurde bald in Berlin wichtig: »... bringe das Buch von Malcolm X. mit, lese im Flugzeug viel darin. Alle Worte sind nicht erfaßbar, auch nicht für die weiße Amerikanerin. Oder gerade deswegen?«[120]

Gegen die große Verbrüderung

»Einmal mehr zeigt sich, daß offenbar niemand die harten und weniger von Korruption bedrohten Bänke der Opposition drücken will«, schrieb der Publizist Waldemar Besson sehr ahnungsvoll schon Anfang 1962, und: »Im Grunde ist die Allparteienregierung der geheimste Wunsch aller Gruppen. Das große Herrschaftskartell, die oppositionslose Demokratie, ist eine verborgene, selten offen zugegebene Zielvorstellung vor allem der durchschnittlichen Parteipolitiker, die in besonderem Maße den Druck der Interessenverbände spüren.«

Wie stark die von Besson beschriebene Sehnsucht die Sozialdemokraten trieb, war für aufmerksame Beobachter spätestens seit dem im Mai 1965 versuchten Kompromiß mit der CDU über die geplante Notstandsgesetzgebung offenkundig. Der politische Flirt mit der CDU, der vielleicht schon damals um den Preis der Teilhabe an der Macht geführt wurde, scheiterte am empörten und kurz vor den Wahlen gefürchteten Widerstand aus den Gewerkschaften. Im Oktober 1966 eröffneten die inneren Schwierigkeiten der CDU/FDP-Koalition Ludwig Erhards eine neue Chance für die SPD. Die *Frankfurter Allgemeine Zeitung* schrieb: »Erhards Abgang von der Bühne der Macht vollzog sich innerhalb einer knappen Stunde; genau: 11.24 Uhr bis 12.05 Uhr am Donnerstag, den 27. Oktober 1966. 24 Minuten nach 11 Uhr hatte Vizekanzler Erich Mende seinen Regierungschef telefonisch von einem Beschluß der FDP-Fraktion unterrichtet, den viele am Abend zuvor vorausgesagt hatten, der aber für Erhard dennoch überraschend kam: Rücktritt der vier FDP-Minister.«

Die Novembertage brachten in schneller Folge die Demontage eines politischen Denkmals. Die FDP erklärte, sie verstehe sich von jetzt an als Opposition. Die SPD forderte den Bundeskanzler auf, im Parlament, in dem er keine Mehrheit mehr hatte, die Vertrauensfrage zu stellen. Erhard weigerte sich, diesem Antrag nachzukommen. Die Bundestagsfraktion von CDU und CSU benannte den baden-württembergischen Ministerpräsidenten Kurt Georg Kiesinger zum Kandidaten für Erhards Nachfolge. Kiesingers erneute Koalitionsverhandlungen mit der FDP scheiterten. Am 27. November kam eine Koalitionsvereinbarung zwischen CDU und SPD zustande: Die »Große Koalition« war perfekt.

Rudi Dutschke war über die Große Koalition empört. Seine Argumente fielen deutlich schärfer aus als die der gelähmten und maßlos enttäuschten linken Sozialdemokraten, die in diesen Tagen ihrem Protest landauf, landab in spontanen Demonstrationen Luft machten. So auch in Berlin.

Harry Ristock, Führer der Berliner SPD-Linken, wettert auf einer eilig vom Sozialdemokratischen Hochschulbund einberufenen Kundgebung am 28. November gegen den machtpolitischen Schachzug der führenden Genossen. Zwei Drittel der Parteibasis lehnten solch eine Koalition ab, empört er sich, und die Zuhörer, die seiner Meinung sind, stehen auf dem Wittenbergplatz mit Schildern, auf denen »Wir wollen Willy!« zu lesen ist. Auch Dutschke und Rabehl sind zur Stelle. Irgendwoher haben sie einen Lastwagen besorgt. Ein Seitenbrett ist runtergeklappt, und von der zur provisorischen Rednerbühne erklärten Ladefläche herab agitiert Dutschke, daß dieses Koalitionsbündnis kein Ausrutscher machtbesessener sozialdemokratischer Obergenossen sei, sondern Prinzip. »USPD, USPD!« schreien seine Zuhörer. Die Forderung nach einer Unabhängigen Sozialistischen Partei trifft, was er meint. Am nächsten Tag hat er Gelegenheit, das genauer auszuführen, diesmal auf demselben Podium und am selben Rednerpult wie Ristock, der Kreuzberger SPD-Linke Erwin Beck, der Falken-Vorsitzende Alfred Gleitze und noch einige andere Redner. Die Falken haben zu einer Großveranstaltung in der *Neuen Welt* in Neukölln aufgerufen. Das Rednerpult, mit einer großen Falken-Fahne geschmückt, steht auf der Bühne vor der pseudobayrischen Kulisse des Berliner Oktoberfestes, das in diesen Tagen hier gefeiert wird. Der Saal ist voll mit mehr als tausend Leuten, Falken, SPD-Mitglieder, Gewerkschafter, Studenten.

Vor dieser Kulisse spricht Rudi Dutschke. Er zitiert Rosa Luxemburg. Die hat schon 1918 den Sozialdemokraten in Regierungsgewalt mißtraut:

»Noch viel weniger ist es getan damit, daß ein paar Regierungssozialisten mehr an die Spitze treten. Sie haben vier Jahre die Bourgeoisie unterstützt, sie können nichts anderes, als dies weiter tun. Mißtraut denen, die von Reichskanzler- und Ministerstellen herunter glauben, eure Geschicke lenken zu dürfen. Nicht Neubesetzung der Posten von oben herunter, sondern Neuorganisation der Gewalt von unten herauf.«

Dutschke sagt: Heute trifft Rosa Luxemburgs Einschätzung wieder zu, auch ihre harschen Worte über die sozialdemokratische Partei, die sie einen »stinkenden Leichnam« nannte. Und er fügt hinzu, was zu tun ist: Wer nicht mehr mitmachen will, soll außerhalb der SPD kämpfen. Entweder eine unabhängige sozialistische Partei anstreben oder sich in die entstehende außerparlamentarische Opposition einreihen. Dies entspricht dem, was Rosa unter Rätewesen verstand, am ehesten: Neuorganisation der Gewalt von unten herauf.

... und Vietnam

I. *Tagesschau*. Vietnam-Bilder: für die deutschen Zuschauer seit Monaten täglich das Gleiche. Schraffierte Landkarten mit symbolisch eingezeichneten Truppenbewegungen. Nahkampfbilder. Bombenschachtperspektive. In der Gleichförmigkeit der Berichte fällt die Eskalation des Krieges kaum auf. Wer jeden Tag sein Kind sieht, bemerkt das Wachstum nicht.

II. Unterm Strich wurde den Gegnern des Vietnam-Krieges klar: Die USA beantworten die Fortdauer des Widerstands von Nordvietnam und Vietcong mit einer nicht enden wollenden Eskalation des Krieges. Mehr Soldaten, mehr Waffen, mehr Geld, mehr Bombenflüge. Die gesteigerte Brutalität des Krieges läßt all die Worte vom Kampf in Vietnam für die Werte der westlichen Welt zur Phrase werden. Aber nur wenige Bürger begriffen das durch den Nebel der Ferne des Krieges, der Abstumpfung, der Gewöhnung an eine amerikafreundliche Berichterstattung in den Medien. Diesen Schleier zu zerreißen, eigene Öffentlichkeit herzustellen, gegen die Gleichgültigkeit der Masse der Bürger anzukämpfen, darum ging es in den ersten Dezemberwochen in Berlin.

III. Die Aktionen in der Uni scheinen schon ausgereizt, werden mehr und mehr zum Bumerang. Am 6. Dezember sind gleich zwei Veranstaltungen zu Vietnam in der Freien Universität. Der SDS zeigt einen nordvietnamesischen Film über den Krieg. Das Audimax ist beinahe voll. Im Theatersaal diskutiert bei einer Podiumsveranstaltung des RCDS der südvietnamesische Botschafter in Bonn Nguyen Ouy Anh vor etwa einhundert Zuhörern. Der Vorschlag von Vertretern des SDS, beide Veranstaltungen zusammenzulegen, wird von den RCDSlern abgelehnt; der vietnamesische Botschafter aber erklärt, die SDSler sollten ruhig Fragen an ihn stellen.

600 Leute ziehen hinüber in den Theatersaal. Die RCDSler wollen nur schriftliche Fragen zulassen. Wieder ist es der Botschafter, der auch gegen mündlich gestellte Fragen nichts einzuwenden hat. Es wird unruhig im Saal. »Ans Mikrofon, ans Mikrofon«, rufen ein paar Zuhörer, die aus dem Audimax herübergekommen sind.

Der RCDSler auf dem Podium redet von Versammlungsleitung und Hausrecht. Die Unruhe wird zum Tumult. RCDS-Ordner bauen sich hinter den Diskutanten am Podium auf. Was dann geschieht, schildert, »mit vorzüglicher Hochachtung«, der RCDS-Vorsitzende Othmar Nikola Haberl auf Aufforderung seinem Uni-Rektor Professor Hans-Joachim Lieber in einem Brief, der auch Namen nennt: »Herr Dutschke stürmt auf das Podium und den Botschafter zu, so daß diesem nichts anderes übrig bleibt, als ihm

Rederecht zu geben. Englisch formuliert Herr Dutschke seine Meinung. Er wird vom Beifall der Zuhörer begrüßt. Vorher war Herr Dutschke zweimal von einem Mitglied des RCDS zurückgehalten worden ...« Vorher, da hat der Botschafter Südvietnam und die Bundesrepublik verglichen. »Vietnam ist wie das geteilte Deutschland«, sagte er, »Unabhängigkeit gibt es in Südvietnam nur, weil es wie die Bundesrepublik unter dem Schutz der Amerikaner steht.« Das genügt. Drüben im Audimax hatten sie doch gerade die Bilder aus den von amerikanischen Flugzeugen zerbombten Dörfern gesehen. Rudi, in der ersten Reihe vor der Bühne des Theatersaales, schräg vor dem Rednerpult des Botschafters, braucht nur einen kurzen Anlauf. Die Hochspringerei rentiert sich politisch immer wieder. Neben dem Botschafter stehend, radebrecht er in Englisch seine Frage: »Weiß Exzellenz, daß nach Angaben amerikanischer Geheimdienste 80 % der südvietnamesischen Landbevölkerung die Befreiungsfront unterstützen?« Exzellenz antwortet mit einer rhetorischen Frage ans Publikum: »Glauben Sie etwa, daß die Befreiungsfront Südvietnam repräsentiert?« Unten rufen sie ja und lassen Ho Chi Minh hochleben. Erregt geht der ungleiche Dialog weiter, wird schärfer, geht schließlich unter im Lärm des Publikums, als der Botschafter die Vietcong als Mörder und Terroristen beschimpft. Nach eineinhalb Stunden verschwindet er durch die Hintertür des Theatersaales, die RCDS-Leute brechen die Versammlung ab, schalten die Mikrofone aus.

Das Presseecho der Aktion war miserabel. Bis in jede Provinzzeitung drang die Nachricht, der Botschafter sei niedergeschrien worden, aber kaum ein Bericht ging auf die Argumente der Auseinandersetzung ein. Die versuchte Aufklärung wurde als gelungener Tumult verbucht. Auch universitätsintern kündigte sich Ärger an. Die RCDSler bedauerten, in ihrem Bericht über die Geschehnisse des Abends nur Herrn Dutschke, Herrn Schlotterer und Herrn Hackelberg als Mikrofonstürmer denunzieren zu können: »Es sind noch einige andere SDS- bzw. Argument-Clubmitglieder an diesem ›Sturm aufs Mikrofon‹ beteiligt, allerdings können wir deren Namen nicht ausmachen«,[121] versichern sie untertänigst. Immerhin werden auf Grund dieses Briefes gegen die namentlich Denunzierten Disziplinarverfahren eingeleitet, so auch gegen Rudi Dutschke.

IV. Blieb das Mittel der Straßendemonstration, um die Öffentlichkeit auch ohne auflagenstarke Zeitungen und andere Medien zu informieren, daß man anderer Meinung war als die anderen. Die

Kampagne für Abrüstung, der sich fünf weitere Organisationen und der SDS anschlossen, rief für den 10. Dezember zu solch einer Demonstration auf.

Am 10. Dezember war weltweit »Tag der Menschenrechte«. In Berlin aber herrschte vor allem vorweihnachtliche Einkaufsstimmung. Um diese Idylle nicht zu stören, wurde die ursprünglich geplante Demonstrationsroute über den Berliner Kurfürstendamm von den Behörden nicht genehmigt. Die Demonstranten durften nur vom U-Bahnhof Spichernstraße zum Wittenbergplatz ziehen, eine vergleichsweise unbevölkerte Route, gemessen an den brodelnden Einkaufsboulevards.

Im Unterschied zu den bisherigen spontanen Verabredungen, getroffen von jetzt auf nachher an irgendeiner Straßenecke, wurde diesmal im SDS und im Argument-Club die Durchbrechung der Demonstrationsauflagen schon vorher verabredet. Es ist unklar, wie weit die Polizeiführung über diesen Plan informiert war. Jedenfalls gelang diesmal den Demonstranten kein überraschender Durchbruch. Die etwa 200, die versuchten, auf der Bundesallee im Laufschritt zum Bundeshaus durchzukommen, wurden sofort von dichten Polizeiketten abgedrängt, zurückgeprügelt in Richtung Spichernstraße. Schon hier wurden elf Studenten festgenommen. Voller Wut zog der Zug weiter bis zum Wittenbergplatz. Alle wußten, dort sollte Abschlußkundgebung sein, dann sollten sie sich alle wieder nach Hause trollen. Abschlußkundgebung, ein bombastisches Wort für die öffentliche Verlautbarung unwirksamer Appelle. Diese Wut teilte Rudi Dutschke, sie war nicht sein privates Mütchen, das er kühlen wollte.

Erst spricht Dutschke über Vietnam, dann über die unwürdige Behandlung der Demonstranten, denen der Senat und die Polizei verwehren wollen, ihre Forderungen wirklich öffentlich zu bekunden: »Die Zeit ist reif für eine neue Organisationsform der außerparlamentarischen Opposition!« ruft er aus. »Laßt uns sofort damit beginnen!«

Es sind Hunderte, die sich daraufhin in großen und kleinen Gruppen in Bewegung setzen, mehr, viel mehr als die bis jetzt schon politisch aktiven Studenten in den verschiedenen Hochschulgruppen von LSD bis SDS. Auch jüngere Gesichter sind dabei, Schüler, Lehrlinge. Ihr Ziel ist der Ku'damm. Sie kommen auf den verschiedensten Wegen dorthin oder nicht, denn die Polizei ist mit mehreren Hundertschaften unterwegs. Sie soll dafür sorgen, daß die Westberliner Weihnachtseinkäufer von Protesten gegen den Vietnamkrieg nichts zu hören und zu sehen bekommen.

Der Einsatz ist hart, die Gegenwehr auch. Die Polizisten knüppeln, verhaften, zerstören und beschlagnahmen Transparente und Schilder. »Weihnachtswünsche werden wahr – Bomben made in USA« oder »Am toten Vietnamesen soll die freie Welt genesen« steht darauf. Bis sie zerrissen werden. Die Geprügelten lassen sich weniger denn je gefallen, einige werfen Steine auf die Polizisten. Den ganzen Nachmittag bis zum Einbruch der Dunkelheit gibt es Handgemenge, Prügeleien, Straßenkämpfe. Am Ende sind 74 Demonstranten verhaftet.

Der Mann, der die Polizei befehligt und sie zu harter Gangart antreibt, ist der Berliner Innensenator und designierte Nachfolger des Regierenden Bürgermeisters Willy Brandt. Er ist evangelischer Pastor, Mitglied der SPD und heißt Heinrich Albertz.

V. Am Spätnachmittag des 10. Dezember – die Dunkelheit ist schon hereingebrochen – bietet sich den Gästen des exclusiven Café Kranzler ein erregendes Schauspiel. Dort sitzen sie an ihren Fensterplätzen mit Blick auf das Ku'dammgewimmel, schlürfen einen besonderen Kaffee, den korrekt livrierte Ober hier für mehr Geld als anderswo mit dafür sonst nicht mehr zeitgemäßer Untertänigkeit servieren. Hier ist dank einer Tradition, auf die die Leitung des Hauses Wert legt, ein privilegierter Ort. Nur der im üppigen Endfünfziger-Jahre-Stil erbaute halbrunde, verglaste Pavillonbau erinnert daran, daß seit der Gründung des Cafés die Novemberrevolution, die Weimarer Republik, der Faschismus und der Zweite Weltkrieg, in dessen Bombennächten das Kranzler-Stammhaus Unter den Linden in Trümmer fiel, draußen vorbeigezogen sind. Drinnen ist noch alles beim alten, und das Bedürfnis nach dieser Atmosphäre sowie die Preisgestaltung der Speisenkarte regulieren sanft, aber wirksam die Zusammensetzung des Publikums aus den schon immer oder schon wieder wohlbetuchten Kreisen Berlins.

Vor diesem Café Kranzler tauchen im Schutz der Dunkelheit einige Mitglieder der Kommune-Gruppe auf, stecken eilig zwei etwas grob, aber doch erkennbar modellierte Pappmachéköpfe des US-Präsidenten Johnson und des SED-Vorsitzenden Ulbricht auf die mitgebrachten Holzlatten, setzen, was in der Kälte gar nicht so leicht geht, ihre Kunstwerke in Brand, versuchen es auch noch mit einem vom Ku'damm geklauten öffentlichen Weihnachtsbaum, den sie mit einem Sternenbanner drapieren, skandieren im Chor

»FREI-HEIT FÜR VIET-NAM«. Hunderte von Schaulustigen strömen zusammen. Viele davon sind Teilnehmer der aufgelösten Demonstration, die an den prügelnden Polizisten vorbei zum Ku'damm durchgekommen sind. Die klatschen Beifall und fallen in die Sprechchöre ein. »FREI-HEIT FÜR VIET-NAM« hören die Kuchenesser im Café Kranzler durch die Glasfassade, sehen draußen die Pappköpfe lodern und in ihrem Schein den Spaß in den Gesichtern der umstehenden Demonstranten. Kurz nur, dann marschieren Polizisten auf, treiben sie auseinander und beschlagnahmen die verkokelten Pappköpfe.

Eine Kaffeeportion lang dauert die Verwirrung. Dann ist wieder Ruhe vorm Café Kranzler.

VI. Die Leser der Berliner Tageszeitungen erfahren am Tag darauf in den Berichten über die Vietnam-Demonstration zum ersten Mal den Namen Rudi Dutschke. »Sprecher des SDS« steht da oder »Sprecher des pekingfreundlichen SDS-Flügels«. Harmlos.

Abstand von der Kommune

Auf dem Höhepunkt der Zusammenarbeit Rudi Dutschkes mit der Kommune-Gruppe zeigten sich die Risse, die zum Bruch führten.

Protest und Provokation gegen eine versteinerte Öffentlichkeit sind nur möglich, wenn die in ihr gültigen Regeln des Wohlverhaltens, ausgegeben von Vätern, Müttern, Lehrern, Professoren, Polizisten, Pfarrern und Politikern, mißachtet werden. Gegen diese Autoritäten wird antiautoritäres Verhalten gesetzt. Soweit dachten und handelten Rudi und die Genossen der Kommune-Gruppe gleich.

Eine Autorität aber galt für Rudi Dutschke: die Theorie. Die Kritik, die er übte, die er auf die Straße trug, war zu entwickeln aus theoretischer, ja wissenschaftlicher Arbeit. Das intensive Studium ungezählter Bücher, die zu lesen er nie müde wurde, die er als Wegweiser durch das Labyrinth sozialistischer Theorie verstand, galt ihm als unabdingbare Voraussetzung seiner Politik. Irrtümer und Wahrheiten dieser Bücher zählten dabei gleich. Dahinter stand die Vorstellung, daß am Ende der theoretischen Anstrengung eine verbindliche und richtige Theorie gefunden werden kann.

Die meisten Genossen aus der Kommune-Gruppe aber erfuhren diesen Anspruch als Unterdrückung. Dagegen wehrten sie sich. Als das neue Semesterprogramm im SDS besprochen wurde, stand eine Genossin der Kommune-Gruppe auf und las einen Programmvorschlag vor, den Rudi als Provokation empfinden mußte:

»Das Colloquium wird in den Mittelpunkt seiner Diskussion die Frage stellen, inwieweit die Tendenzanalyse als klassische Form des heruntergekommenen Marxismus noch imstande ist, den Weg revolutionärer Praxis zu zeigen. ›Provos‹ und ›fuck for peace‹ sind unserer eigenen Existenz näher als die revolutionären Bewegungen der Dritten Welt, die für den SDS zum Gegenstand der Betrachtung gemacht worden sind, weil eigene Praxis als unmöglich erscheint.«[122]

Das traf Rudi – und es traf ihn nicht. Er persönlich benutzte Theorie nicht als Feigenblatt, um selbst politisch nicht aktiv werden zu müssen. Aber den Kommunarden – wie etwa Ulrich Enzensberger – waren die Ansprüche zuwider, die von seiner Art des Theoriestudiums ausgingen.

»Wie der im SDS geredet hat. Er war jemand, der seine drei Bände Marx unterm Arm hatte; auf jeder Seite dieser Bücher hatte er mit einem fünffarbigen Kugelschreiber, den er ständig bei sich trug, jede Zeile unterstrichen. Einige Zeilen waren nur blau, andere waren blau und rot, und die anderen waren blau, rot und grün unterstrichen. Danach hat er auch geredet. Das Verblüffende war, daß er trotzdem in der Lage war, zum Sprecher der Bewegung zu werden. Er hat nicht auf Theorie verzichtet. Wir aber wollten von dem ganzen Zeug nichts mehr wissen. Dagegen war die Kommune ein Aufstand, gegen die Theoretisiererei, gegen Autoritäten, die im SDS herrschten, die dazu neigten, spontane Bewegungen, Äußerungen und Aktionsformen unter den Daumen zu kriegen und zu unterdrücken. Du mußtest dich immer rechtfertigen. Wir sagten: Wir rechtfertigen uns nicht mehr.«[123]

Noch waren einige dieser Theoretiker, besonders Rudi Dutschke, offen für unorthodoxe Vorschläge, wie ihre Politik mit neuen Einfällen propagiert werden konnte. Das Happening vor dem Café Kranzler war der erste dieser Einfälle. Andere lieferten die Provos von Amsterdam.

Amsterdam, Juli 1965: PROVO

»PROVO ist eine Monatszeitung für Anarchisten, Provos, Beatniks, Pleiners, Scherenschleifer, Knastbrüder, Säulenheilige, Magier, Pazifisten, Scharlatane, Philosophen, Bazillenträger, Oberstallmeister, Happeners, Vegetarier, Syndikalisten, Krawallbrüder, Brandstifter, Sandmännchen, Kindermädchen und andere.

PROVO hat etwas gegen Kapitalismus, Kommunismus, Faschismus, Bürokratie, Militarismus, Snobismus, Professionalismus, Dogmatismus und Autoritarismus.
PROVO sieht sich vor die Wahl gestellt: Verzweifelter Widerstand oder ergebener Untergang.
PROVO ruft zum Widerstand auf, wo es möglich ist.
PROVO sieht ein, daß sie schließlich die Verliererin sein wird, doch die Möglichkeit, diese Gesellschaft noch einmal aus Herzensgrunde zu provozieren, will sie sich nicht entgehen lassen.
PROVO sieht den Anarchismus als Quell der Inspiration zum Widerstand an.
PROVO will den Anarchismus erneuern und unter die Jugend bringen.«[124]

Mit diesem Manifest traten im Juli 1965 die Provos von Amsterdam als politische Bewegung ins Rampenlicht. Ihre Absage an ideologische Gängelung war verbunden mit einem bislang unbekannten Reichtum an Phantasie für völlig neue politische Aktionsformen. Weiß war ihre Lieblingsfarbe. Sie malten das Denkmal eines grausamen niederländischen Kolonialhelden nachts weiß an und erklärten es zum »Symbol des Kolonialismus«. Sie protestierten gegen den »Asphaltterror der motorisierten Bourgeoisie«, indem sie öffentliche »Weiße Fahrräder«, unverschlossen, als alternatives Verkehrsmittel jedermann und jedefrau zu Verfügung stellten. Sie verabscheuten Gewalt und warfen gern Rauchbomben. Sie hatten keine Organisation, keine Vorstände, keine Kassen und waren somit ungreifbar für Polizei und Justiz. Die einzelnen, die sich mit Polizei oder Justiz anlegten, verstanden sich darauf, die Vertreter der öffentlichen Ordnung der Lächerlichkeit preiszugeben. So verteilte das Provo-Mädchen Koosje Koster auf einer Marktstraße Rosinen. Weil ein Gesetz solche »öffentliche Schaustellung ohne Genehmigung« verbot, wurde sie verhaftet. Die Verhaftung und das Verfahren gegen sie gerieten zu einem Tribunal gegen veraltete und verkrustete Strafrechtsbestimmungen.

SPAPRO/SPAziergangsPROtest in Berlin

In den Tagen nach der Vietnam-Demonstration war der Amsterdamer Schriftsteller Leo Klatzer in Berlin zu Besuch. Er war ein älterer Herr von etwa fünfzig Jahren, konventionell gekleidet mit Anzug, weißem Hemd und Krawatte, mit schütterem, nach hinten dichtem schwarzem Haar, ein ehemaliger Aktivist der linkskommunistischen Bewegung in den Niederlanden. Jetzt sympathisierte er mit den Provos.

Als er am 13. Dezember im SDS zu Gast war, herrschte Ratlosigkeit unter den Genossen. Die Polizei hatte hart zugeschlagen. Die Zeitungen hatten dazu applaudiert. Den Protest der Studenten hatte der neue Regierende Bürgermeister Heinrich Albertz mit den Worten weggewischt, die Studenten der Freien Universität sollten sich »schämen über die politischen Rüpel- und Radauszenen« der Vietnam-Demonstration.

Leo Klatzer berichtete von den Demonstrationen der Provos in Amsterdam: Auch dort prügelten die Polizisten gern und schnell, wenn vielleicht auch nicht so gründlich wie in Berlin. Die Provos prügelten nur sehr ungern und machten das zu ihrer Taktik: Kein offener Kampf! Keine Übernahme der Gewaltmethoden des Gegners! Den Gegner provozieren, angreifen lassen, ihm ausweichen, ihn ins Leere laufen lassen.

Klatzers Ratschläge zündeten, vor allem bei den Kommunarden. Am 10. Dezember hatten sich die Polizisten auf eine Demonstration gestürzt, die vom erlaubten Weg abgewichen war. Die Demonstration hatte wie üblich aus Gruppen, aus Marschblöcken, Plakat- und Transparentträgern bestanden – eben einer Formation, die erkennbar und somit auch angreifbar war. Die Demonstration durfte einfach keine Demonstration sein, oder jedenfalls dann nicht, wenn die Polizei sie angreifen wollte. So entstand die Idee zum Spaziergangsprotest. Gleich am nächsten Tag wurde auf einem internen Jour Fixe die Taktik des SPAPRO ausgeklügelt und ein Flugblatt geschrieben:

»... Aus Protest gegen die brutalen Schläger dieser Demokratie gehen wir auf die Straße. Um uns nicht zusammenschlagen zu lassen, um nicht die hilflosen Objekte der Aggressivität junger Leute in Polizeiuniform zu sein, demonstrieren wir nicht in der alten Form, sondern in Gruppen – als Spaziergänger; wir treffen uns an vorher bestimmten Punkten, um uns beim Nahen der Freunde von der Polizei zu zerstreuen, zu Passanten zu werden, um an einem anderen Ort wieder aufzutauchen. Diese Spa-Pro-Taktik will die versteinerte Legalität lächerlich machen, will das Irrationale der rationellen Ordnung bloßlegen, will durch Spaß zeigen, daß die Vor- und Leitbilder dieser Gesellschaft Narren sind.
Wir ›spazieren‹ für die Polizei!!!
Wir fordern für sie die 35-Stunden-Woche, damit sie mehr Zeit zum Lesen haben, mehr Muße für die Bräute und Ehefrauen, um im Lie-

besspiel die Aggressionen zu verlieren, mehr Zeit zum Diskutieren, um den alten Passanten die Demokratie zu erklären.
Wir fordern eine ›moderne‹ Ausrüstung für die Polizei.
Statt des Gummiknüppels eine weiße Büchse, in der sich Bonbons für weinende Kinder befinden und Verhütungsmittel für Teenager, die sich lieben wollen, und Pornographie für geile Opas.
Wir fordern eine Gehaltserhöhung:
Das Gehalt muß größer sein als der Sold der Springer-Schreiber, denn die Polizei ist die letzte Stütze der Demokratie, denn eines Tages wird sie als bewußte Oppositon der ›Großen Koalition‹ in den Bundestag einziehen müssen.
Ausschuß ›Rettet die Polizei e. V.‹«[125]

Schon am Morgen des 17. Dezember warf die Aktion ihre Schatten voraus. Während die SDSler vor ihren Kleiderschränken darüber sinnierten, in welcher Aufmachung sie heute nachmittag am ehesten einem ganz beliebigen Ku'dammbummler und Weihnachtseinkäufer ohne jeden studentischen oder gar radikalen Einschlag gleichen konnten, schäumte der Pressesprecher des Senats in einem Radio-Interview: »Berlin braucht keine Provos. Berlin braucht Studenten, die bereit sind, für die Zukunft Deutschlands zu arbeiten. Berlin läßt sich nicht auf der Nase herumtanzen, schon gar nicht von Leuten, die sich Studenten nennen.« Die trieben mittlerweile ihre Maskerade für den Tanz auf der Nase Berlins weiter. Wie verabredet, gehörten zur Ausrüstung eines Spaziergang-Protestlers nicht nur seriös anmutende Kleidung und eine gepflegte Frisur, sondern auch ein weihnachtlich anmutendes Paket zur Tarnung der vielen Flugblätter für die lieben Passanten. Kein SPA-PRO-Demonstrant sollte aussehen, wie man sich einen leibhaftigen Bürgerschreck vorstellte, und auf die waren die Berliner durch das schlagzeilenfette Entsetzen der *Bild-Zeitung* vorbereitet: »STUDENTEN WOLLEN WIEDER KRAWALL!«
Ab 15.00 Uhr wimmeln nervös um sich blickende Polizisten über den Ku'damm. Vierzehn Einsatzleiter und 205 Beamte schauen sich vergeblich nach den Demonstranten um, die schon da sind. Auf den Flugblättern in ihren Weihnachtspaketen, die sie hin und wieder einem wirklichen Passanten zustecken, steht: »Keine Keilerei/Mit der Polizei/Kommt die Polizei vorbei/Gehen wir an ihr vorbei/An der nächsten Ecke dann/fängt das Spiel von vorne an.« Es funktioniert ganz einfach: Kindertrompete aus der Tarnkiste, ein Signal, alle Genossen verteilen Flugblätter, beginnen Gespräche mit den Passanten. Gruppen bilden sich, man debattiert und be-

kommt auch sehr Unfreundliches zu hören: »Geht doch lieber arbeiten«, sagen die Leute. Für Gegenargumente keine Zeit, jetzt kommen die Gegenspieler, Stiefelgetrappel, Uniformierte im Laufschritt, Tschakos und Dienstmützen zwischen den anderen Köpfen in Bewegung kündigen sie an. Eine Sekundensache, die Flugblätter in den Karton, den Karton unter den Arm, weitergehen, als wäre nichts geschehen. Meistens rennen die Polizisten ins Leere. Das Spiel macht sie mürbe und aggressiv. Wieder vor dem Café Kranzler drehen sie durch. Ketten werden gebildet, der Platz geräumt, 74 Leute festgenommen. Nur ein kleiner Teil davon sind tatsächlich SPAPRO-Demonstranten, die anderen Weihnachtseinkäufer, Ku'dammbummler, Touristen und zwei Journalisten. Keiner kümmert sich um ihre Beschwerden. Auf der Straße schlägt die Stimmung um, richtet sich gegen die Polizei. Berlins Zeitungen rücken am nächsten Tag alles wieder ins gewohnte Bild. Auch *Bild* reimt unter den Fotos:

»FREIFAHRT IN GRÜNER MINNA FÜR 86 KRAWALLSTUDENTEN!

Von der Stirne heiß/floß der Polizisten Schweiß.«

Zu den 86 Festgenommenen gehörten auch Rudi und Gretchen. Die öffentlichen Aktivitäten der vergangenen Wochen hatten ihn ins Fadenkreuz der Aufmerksamkeit gebracht. Auch bei der Polizei. Er wurde gleich zu Beginn des Spaziergangsprotestes von vier Beamten in Zivil abgeführt, bevor er sich überhaupt an der Aktion beteiligen konnte. Absurd dann die Beschuldigung, die er zum ersten, aber nicht zum letzten Mal erfuhr: Er sei »Rädelsführer« der Aktion gewesen.

Rudi blieb gelassen. »Gretchen und ich bewegten uns gerade auf dem Gehweg des Ku'damms, da hielt neben uns ein Auto, vier Herren sprangen heraus, fielen über mich her, mein Karton, gedacht als spontane Redner-Unterlage, wird mir entrissen, einer zeigte ein Kriminalpolizei-Abzeichen. Sie wollten mich sofort in das Auto abführen. Ich wehrte mich mit Händen und Füßen. Gretchen war beiseite geschoben worden, und eine ältere Dame, die direkt alles mitbekam, rief empört: ›Das ist ja, wie es im Faschismus war!‹ – Wird wahrscheinlich nicht stimmen, aber die Willkür polizeilicher Entscheidungen, jenseits der immer so beschworenen ›demokratischen‹ Rechte, erinnerte mich an DDR-Verhältnisse. Aber es sind dennoch keine DDR-Verhältnisse, dort wird noch brutaler gegen Widerstand vorgegangen. Bei denen wird versucht, es gar nicht erst zu einem kommen zu lassen.

Nachdem Gretchen andere von der Verhaftung unterrichtete, wurden sie und ein ganz junger Freund von der Schülerorganisation festgenommen. Die von der Polizei hatten sich geirrt, die ›Unruhen‹ auf dem Ku'damm nahmen zu, viele wurden nun festgenommen ...«[126]

Einige Zeitungen in Berlin, wie zum Beispiel die *Berliner Morgenpost*, vermeldeten tags darauf die polizeiliche Vermutung als Tatsache und schmückten Rudis Namen mit dem gerade neuerworbenen Ehrentitel »Rädelsführer« oder »Initiator der Krawalle«. Das war die zweite Erwähnung Rudis in den Zeitungen innerhalb einer Woche.

Dutschkes dolles Ding

Seit dem 21. Dezember 1966 war die studentische Unruhe in der Stadt für die Bürger Berlins identisch mit dem Namen und dem Bild Rudi Dutschkes.

Zwei Tage zuvor hatte er mit dem belgischen Trotzkisten Ernest Mandel und dem Amsterdamer Schriftsteller Leo Klatzer eine Podiumsdiskussion bestritten. Dabei ging es um eine in Berlin doppelt interessante Frage: »Die proletarische Kulturrevolution in China«. Zum einen interessierte sehr viele Studenten, wie die befremdlichen Meldungen und Bilder aus der Volksrepublik China zu verstehen seien, die seit August 1966 immer häufiger in den westlichen Zeitungen zu finden waren. Worauf sollte man mehr geben: auf die faszinierend klingenden Beschlußformulierungen des Programms über die »Große Proletarische Kulturrevolution«, das so ganz anders klang, als man das von kommunistischen Parteiführern gewohnt war und doch vom 8. Zentralkomitee der Kommunistischen Partei Chinas Anfang August 1966 beschlossen worden war, mit so urdemokratisch klingenden Sätzen wie: »Die Methode, in allem für die Massen zu handeln, darf nicht angewendet werden. Vertraut den Massen, stützt Euch auf sie und achtet ihre Initiative! Habt keine Angst vor Unordnung! Die Massen müssen sich in dieser großen revolutionären Bewegung selbst erziehen und es lernen, zwischen richtig und falsch zu unterscheiden!« – Oder sollte man mehr geben auf die Sprache jener Bilder in Zeitungen und Fernsehen, die den Programmsätzen von der Mündigkeit der Massen für westliche Augen hohn sprachen? Was bedeuteten die Bilder preußisch-ordentlich angetretener Marschblöcke von jungen Rotgardisten, die ihre roten Büchlein mit den weisen Worten des geliebten großen Steuermannes der Revolution Mao Tse Tung in ihrer rechten Hand rhythmisch nach oben über ihre Köpfe schwenkten?

Noch etwas interessierte die Zuhörer, die zu Hunderten in die brechend volle Aula der Askanischen Schule gekommen waren: Kulturrevolution in China hin oder her, was war dran an den Zeitungsmeldungen der vergangenen Wochen, die von einer »Roten Garde West-Berlin« sprachen oder die Dutschke als Führer eines »prochinesischen Flügels des Berliner SDS« hinstellten?

Aber was waren die 500 Besucher der Veranstaltung gegen die Tausende von Lesern der auflagenstärksten Berliner Boulevard-Zeitung *BZ* aus dem Hause Springer! Vier Zentimeter Stabreimschlagzeilen, Vierspalter live spannende Kampfberichterstattung vom Diskussionscatch dunkler Wortathleten plus neun mal fünfzehn Zentimeter Szenenfoto Hauptakteur. Dem Berichterstatter zwischen Furcht und Faszination war auch noch nicht klar, wo das mit dem Dutschke hingehen würde. Ende offen, Punkt, Punkt, Punkt.

»DER FÜHRER DER BERLINER ›PROVOS‹ VERTEIDIGTE DAS TREIBEN DER ›ROTEN GARDEN‹
DUTSCHKE DREHT AN EINEM DOLLEN DING ...

Schwarze Strähnen in der Stirn. Stechende Augen unter buschigen Brauen. Lederjacke und Pullover – Rudi Dutschke vom Sozialistischen Deutschen Studentenbund sieht aus wie der leibhaftige Bürgerschreck. Wo er auftaucht, da riecht es nach Rabatz. Wo er als geistiger Führer der Berliner ›Provos‹ auf ein Podium steigt, da wimmelt es von Polizisten und ›Geheimen‹. Am vergangenen Sonnabend wurde der Staragitator des SDS bei der Ku'damm-Demonstration festgenommen und als Rädelsführer beschuldigt. Vorgestern diskutierte Dutschke über Chinas ›Rote Garden‹. Vorweg: In der Aula der Askanischen Schule war man fast unter sich. Pro-sowjetische und pro-chinesische Marxisten. Provos aus Amsterdam. Junge Leute mit Rauschebärten und furchterregenden Mähnen. Umgangssprache: Parteichinesisch.

Rudi Dutschke, als Zonenflüchtling nach Berlin gekommen, warf sich für Maos Rote Garden in die Bresche. Seine Thesen: Peking muß sich auf die ›amerikanische Aggression‹ vorbereiten. Die Rotgardisten garantieren die ›Permanente Revolution‹! Die Kreml-Führer sind Rechtsabweichler!

Daß Amerika tatsächlich angreift, darüber gibt es für diese ›echten Marxisten‹ überhaupt keinen Zweifel. Daß in Rotchina Horden von 14jährigen Schülern Häuser stürmten und alte Leute auspeitschten? Sieht man die Dinge dialektisch, dann ist das für Dutschke nur ›sogenannter Terror‹.

ÄRMEL WERDEN HOCHGEKREMPELT
Längst ist Dutschkes Pullover in die Ecke geflogen. Als ihn sein Gegenredner – ein Trotzkist – in die Zange nimmt, krempelt er die Ärmel hoch.

Keine Antwort bleibt er schuldig. Er nimmt seine Hände zu Hilfe. Er knetet seine Argumente in die Menge wie ein Bäcker die Rosinen in den Teig.

Plötzlich springt er auf, stemmt die Fäuste in die Hüften – ein Feuerwerk revolutionärer Parolen brennt ab.

Immer heftiger wird die Diskussion. Dutschke beschwört die Erzväter des Marxismus. Dem Hausmeister der Schule wird angst und bange. Auch er führt einen Kampf. Gegen die Raucher in der Aula. Ab und zu taucht er gestikulierend zwischen dem Vorhang hinter dem Podium auf. Doch die 500 Zuhörer hängen an Dutschkes Lippen. Apropos Rauchen: Maos Rote Garden haben es verboten. Für Berlin allerdings besteht da keine Gefahr. Trotz ›Kommune‹-Plänen sind sich die führenden Köpfe einig: Mit Roten Garden käme man an der Spree nicht weit. Berlin ist noch nicht ›reif‹ dafür. Wir können also weiter rauchen, Blumen züchten und Sonnenbrillen tragen. Wir brauchen unsere Häuser nicht rot anzumalen, keine Mao-Sprüche zu lernen und den Theodor-Heuss-Platz nicht in ›Platz der Arbeiter, Bauern und Soldaten‹ umzutaufen.

Die Diskussion ist beendet. Da glüht es in Dutschke noch einmal auf: ›Im Frühjahr wird es 500 000 Arbeitslose geben. Aber wir haben noch keine Organisation, um sie zu erfassen.‹ Er fordert seine Anhänger auf, sich den Kopf zu zerbrechen. Etwas anderes zu finden als einen Neuaufguß der KPD oder einer USPD. Er will ›Revolution‹ mit ganz neuen Formen.

Großes Palaver nach der Versammlung. Es muß ein dolles Ding sein, an dem der Dutschke dreht. Revolutionäre Herzen können wieder höher schlagen ...«[127]

Ganz anders schlägt sich diese Veranstaltung in Dutschkes Tagebuchnotizen nieder.

»Agitatorisch, und was sozialistisch orientierte Glaubwürdigkeit angeht, werde ich vielleicht dem Genossen Ernest Mandel ebenbürtig gewesen sein. Dennoch ist er mir überlegen in der internationalen und ökonomischen Kenntnis der Weltmarktlage und des internationalen Klassenkampfes. Da muß ich viel von ihm lernen. Niemals allerdings werde ich die Formel vom ›Arbeiterstaat mit bürokratischen Auswüchsen‹ für die Stalin-Zeit und heute anerkennen. Schon zu Lenins Zeiten war die Partei überall dabei, von der Arbeiterklasse wenig zu sehen und fast gar nichts zu hören. Da fehlt dem Genossen Mandel eine bestimmte Lebenserfahrung in der DDR. Sehr klar war der Gen. Mandel in der politischen Verteidigung Chinas gegen potentielle Angriffe des US-Imperialismus, warf der Sowjetunion vor, da nicht eindeutig Klassenstandpunkt zu ergreifen. Gut finde ich, daß er sehr strikt die Permanente-Revolutions-Konzeption von Trotzki unterscheidet von den Versuchen, ›kulturrevolutionär‹ ein bißchen bürokratische Scheiße loszuwerden. ›Echte Selbsttätigkeit der Massen ist bei Mao nicht gestattet‹, eine verdammt kritische Bemerkung. Neu ist für mich auch, daß in China wie in Rußland jegliche Fraktionierung in der Partei mit Parteiausschluß und Liquidation endete. Einig waren wir darin, daß die Errungenschaften der Revolution immer wieder verlorengehen können. Sprachen zum Schluß über die Klassenkampflage in der BRD. Die uns im SDS völlig überraschenden 600 000 Arbeitslosen werfen neue Probleme des politischen Kampfes auch für uns auf. Janossy hat also mit seiner Analyse fast minutenhaft richtig gerochen. Wie wird die Bourgeoisie mit diesem Problem zurechtkommen, und wie wird dieser Widerspruch von uns politisch ausgenutzt?«[128]

Nie wieder nach dieser Diskussion führt Dutschke die Aktionen der »Roten Garde« als Beispiel für die von ihm so wichtig erachtete »Selbsttätigkeit der Massen« an. Dieser Begriff wird für ihn immer wichtiger. Er meint etwas Urdemokratisches, Spontanes, keinerlei Gängelung Unterworfenes. Auch bei ihm schlägt Wunschdenken durch, bestehende historische Bewegungen als Vorbild für den politischen Zustand bestimmen zu können, auf den er selbst hinauswill. Aber er hütet sich davor, es über seine analytische Vernunft triumphieren zu lassen.

Dann die »Entdeckung« der Arbeitslosigkeit. Fast alle SDS-Genossen, nicht nur Rudi, hatten diese Entwicklung bislang kaum beachtet. Jetzt, ab Ende 1966, nimmt sich Rudi das Manuskript Janossys gründlich vor, das der ihm im Mai in Budapest geschenkt hatte. »An die jüngste Buddenbrooks-Generation« hatte er auf das Deckblatt geschrieben. Die Frage, die sich Rudi und seinen Genossen in den kommenden Wochen und Monaten stellt: Gibt es einen Zusammenhang zwischen der ersten wirtschaftlichen Krise der Bundesrepublik und den sich zuspitzenden Auseinandersetzungen an den Universitäten? Liegt das bislang mehr atmosphärische Unbehagen der Studenten, auch dort, wo es sich ausschließlich auf Mißstände innerhalb der Mauern der Universität richtet, nicht eigentlich in Mißständen außerhalb der Universität begründet?

Die Tage und Wochen der Kommune

Rudi Dutschke gab am 31. Dezember 1966 zum ersten Mal ein ausführliches Radio-Interview. Der Interviewer fragte ihn auch nach den Gerüchten über die Kommune-Pläne.

»Ich denke, daß die Kommune als Form der losen und politischen Zusammenarbeit und des direkten Zusammenlebens von freien Individuen die adäquate Antwort unserer Tage sein könnte, nämlich von Individuen, die in der Lage sind, die Gesamtheit der anstehenden Probleme theoretisch zu begreifen und damit praktisch neue Antworten zu finden, daß sie in der Kommune eine neue Form des Zusammenlebens finden könnten, die im alten, etablierten Gleichgewicht die Keimzellen des Neuen abgeben könnte. Das ist natürlich nicht so zu verstehen, daß ich die eventuelle Kommune als Heilanstalt für schlecht Angepaßte begreife, sondern ganz im Gegenteil: Für mich ist die Kommune die Form des Zusammenlebens, in der jenes zusätzliche Maß an Repression, was wir in der Gesellschaft finden, auf ein gegenwärtig noch notwendiges Maß an Repression vermindert werden kann. Positiv gewendet: Wo wir die heute mögliche Freiheit – ohne zu glauben, daß wir Freiheit überhaupt schon erreichen können in dieser Gesellschaft – wirklich praktizieren. Was heißen soll: Daß diese Form des Zusammenlebens eine Form koordinierter wissenschaftlicher und menschlicher Zusammenarbeit ist, wobei die wissenschaftliche Arbeit im Mittelpunkt steht, begriffen als revolutionäre Wissenschaft, nämlich eine solche Wissenschaft, die gegenwärtige Widersprüche in bestimmten Bereichen der Gesellschaft zum Ausgangspunkt ihrer Analyse nimmt, um praktisch werden zu können ...«[129]

(Doch, so spricht er. Die unfreiwillige Karikatur des deutschen Schachtel- und Bandwurmsatzes ist seine Redeweise. Relativsätze wie Orgelpfeifen gestaffelt bringen treppauf und treppab das Wort, das am Beginn steht, auf das Niveau des Begriffes, den er meint. Mit Rednerkunst hat das nichts zu tun. Die Abschrift der Interviews und Reden Rudis tilgt seine Stimme, macht seine Reden zum Skelett und legt unerbittlich auch ihre Schwächen bloß. Da er aber seine Zuhörer mit diesen Reden fasziniert, gehören auch ihre Schwächen zur Erklärung des Erfolgs. Oft geht das so: Die Sätze halten Möglichkeiten offen, etwas zu tun, wovon eigentlich jeder schon weiß, daß es nicht möglich ist. Es soll aber möglich sein. Für diese Sehnsucht lassen Rudis Sätze Platz. Etwa, wenn er über die Kommune sagt: »Wo wir die heute mögliche Freiheit – ohne zu glauben, daß wir Freiheit überhaupt schon erreichen können in dieser Gesellschaft – wirklich praktizieren.« Auch grundsätzlicher Kritik fehlt der sonst Intellektuellen eigene Sog ins Resignative.)

Rudis Gemeinsamkeiten mit der Kommune-Gruppe waren zum Zeitpunkt dieses Radio-Interviews bereits endgültig dahin. Seit Mitte Dezember beteiligte er sich nicht mehr an den Debatten der Gruppe um die geplante Wohngemeinschaft. Für den Rest der Gruppe war Silvester 1966 ein entscheidender Tag:

»Zum 1. Januar 1967 hatte die Gruppe endlich eine große Wohnung gefunden, nachdem der ursprüngliche Plan, ein ganzes Haus zu mieten, als unrealistisch fallengelassen worden war. Auf einer Plenardiskussion am Silvesterabend hatten sich zwölf Leute bereiterklärt, einzuziehen. Am nächsten Morgen machte ein Teil von ihnen diesen Entschluß wieder rückgängig: Auf der gemeinsamen Sitzung hatte die Angst, von der zukünftigen kollektiven Lebenspraxis ausgeschlossen zu sein, alle Widerstände verdrängt. Am nächsten Morgen aber entdeckten fünf aus der Gruppe: Die Angst, den psychischen Schutz einer eigenen Wohnung aufgeben zu müssen, war noch größer. Mißtrauen und Angst vor den Genossen waren vier Monate lang unter dem Mantel abstrakter Einigkeit gegen die bisherige Form von Politik und theoretischem Lernen versteckt worden. Die erste Probe aufs Kommune-Exempel hatte den falschen Konsensus zerrissen.«[130]

Das Durcheinander der Einzelpersonen ist nachträglich nur schwer zu entwirren. Bis Anfang Februar bildeten sich zwei Wohngemeinschaften aus dem Kreis der Kommune-Gruppe. Schon ab Januar die Kommune 1. Dieter Kunzelmann, Dagmar Seehuber, Ulrich Enzensberger, Fritz Teufel und Volker Gebbert gehörten dazu. Ihr provisorisches Domizil war in der Niedstraße 14, eine Atelierwohnung des Schriftstellers Uwe Johnson. Der hatte sie Ulrich Enzensberger während eines USA-Aufenthaltes überlassen. In dieser Wohnung, aber auch in den noch nicht aufgegebenen Buden der anderen, jagte eine Diskussion die andere. Einzelgespräche. Gruppengespräche. Der Versuch, gemeinsam ein Zirkular zu formulieren, aus dem hervorgehen sollte, warum die große Wohngemeinschaft gescheitert war und worin die zukünftige Gemeinsamkeit liegen sollte. Dreizehn Sitzungen bis zum 29. Januar, mehrere die ganze Nacht hindurch, verzeichnet das Tagebuch eines Beteiligten. Das erarbeitete Zirkular war gerade vier Schreibmaschinenseiten lang. Seine letzten Sätze lauten: »Wir wollten die Bewegung artikulieren, von der wir glaubten, sie hätte auch mit uns stattgefunden. Mit uns hat aber keine Bewegung stattgefunden.« Auf der Zirkulardiskussion krachte die Kommune-Gruppe endgültig in zwei Fraktionen auseinander. »Warum reden wir über die Große Koalition zwischen SPD und CDU, die uns einen Scheißdreck angeht, warum reden wir nicht über unsere persönlichen Schwierigkeiten«, warf Ulrich Enzensberger in die Runde. »Das ist privates Sektierertum, das Ende von Politik«, erregten sich die anderen. Bevor überhaupt Politik gemacht werden könne, müsse man erst mal die gemeinsamen psychischen Probleme bearbeiten, entgegneten die Kommune-1-Leute. So endete das Gespräch.

Wochenlang hörte man daraufhin nichts mehr von den Kommune-1-Leuten. Es war die Zeit des selbstgewählten Rückzuges in die Gruppe, an die sich Ulrich Enzensberger später so erinnert:

»Später wurde jeder richtiggehend verhackstückt. Da kam auch der Begriff ›Psychoterror‹ auf, und der Begriff ›Zweierbeziehung‹ in einer ganz abwertenden Bedeutung. Jeder wurde psychologisch auseinandergenommen auf seine Autoritäten, auf seine Leitbilder und sein Verhalten hin untersucht, total überprüft. Jeden Tag irgendwelche Tränenausbrüche, Zusammenbrüche, kleine innere Katastrophen. Der Aktionismus der Kommune wurde aus diesen Diskussionen geboren. Die Aktionen hatten auch dieses Etikett: Ausbruch aus dieser selbstverursachten Isolation, aus dieser Hochdruckkammer, in der Du warst.«[131]

Der Widerspruch zu Rudis Vorstellungen ist offensichtlich. Ähnlich wie er dachte anfangs der Rest der Kommune-Gruppe, der sich nicht der Kommune 1 angeschlossen hatte: Sie planten eine Wohngemeinschaft, in deren Mittelpunkt die gemeinsame politische Arbeit stehen sollte. Die Schwierigkeiten miteinander, persönliche, psychische Probleme unter den Mitgliedern würden mit der Zeit durch diese politische Arbeit gelöst werden. Die gemeinsame Arbeit sollte die Organisierung des Berliner SDS-Verbandes sein. Statt eines Vorstandes – eine Kommune. Eine faszinierende Idee:

Die alte Organisationsstruktur mit Vorständen, Kassierern und was es sonst an Funktionsämtern gab, mit einem Schlage abschaffen und die Wohn- und Arbeitsgemeinschaft Kommune als neues politisches Organisationsprinzip an deren Stelle setzen. Logischerweise sollte dann der Ort des Arbeitens auch der Ort des Wohnens sein. Die Mitglieder dieser Kommune sollten im SDS-Zentrum wohnen.

Endlich Schluß mit der bürgerlichen, jawohl bürgerlichen Trennung zwischen Privatleben und Freizeit-Sozialismus, weg mit dem sozialdemokratischen Ortsvereinsgetue mit Hierarchie und Pöstchen! Die Idee schlug ein. Als sie im Februar zur Abstimmung stand, hoben auch die Altgenossen zustimmend die Hände und grinsten sich eins. Sie hatten, als der Spuk losging, im November ihren eigenen Kreis gebildet und brüteten seither über Parteiplänen. Mit dem SDS, das sahen sie, ließ sich nichts machen, der war nicht in den Griff zu kriegen. Aber er sollte die Freiheit haben, sich zugrunde zu richten, dachten sie sich.

Ab dem 4. Februar gab es den kollektiven SDS-Landesvorstand: Uwe Bergmann, Jörg Schlotterer, Rainer Langhans, Eike Hemmer und Eberhard Schulz, Berlins Kommune Nummer 2, die SDS-Kommune.

»Wir kamen jeden Abend zusammen, Eingezogene und Noch-Nicht-Eingezogene, und diskutierten darüber, wie man den SDS in ähnliche Kollektive auflösen könne, und welche inhaltlichen Themen für diese Gruppen wichtig wären. Wir kamen dabei nicht viel weiter als bis zu dem Vorschlag, kleine Arbeitskreise zu bilden, in denen die persönliche Situation der einzelnen Teilnehmer mitbearbeitet werden sollte, mit dem Ziel, sie in Wohnkommunen zu überführen. Die Diskussion über politische Themen zerfranste immer mehr, immer stärkere Spannungen traten zwischen uns auf. Persönliche Verhaltensschwierigkeiten, Unlust oder bestimmte Wünsche konnten nicht mehr einfach der Diskussion entzogen werden, indem der Betroffene nicht mehr teilnahm, nichts sagte oder nach Hause ging. Sie drängten sich immer mehr auf, je mehr man die Reaktionen der anderen durch den täglichen Umgang zu verstehen versuchte. So brach eines Abends Lisbeth Schlotterer mit einem verzweifelten Vorwurf in unsere Debatte ein: ›Was wollt ihr eigentlich verändern in dieser Gruppe, wenn ich jeden Tag für alle abwaschen muß und die Küche mache und keiner sich mal mit Michaela (ihrer kleinen Tochter) beschäftigt! Das ist genauso wie bei den Berufspolitikern in den Parteien.‹«[132]

Kommune machen war wie eine ansteckende Krankheit. Die Genossen, die sich nicht beteiligten, hielten sich fern. Sie sahen zu, wie die Kommunarden schlapp wurden, politisch betrachtet. Sie sahen den Zerfall voller Entsetzen. Der Zerfall war laut, grell und abstoßend: Türenknallen, Hysterie, Kaputtheit, Gemeinheit, politische Gleichgültigkeit. Was nebenbei abfiel an neuen Fragen und Empfindlichkeit, war politisch sperrig, nicht verwertbar. Vorerst nicht.

»Extreme Elemente« und eine »neue konservative Partei«

Ende Januar machte man sich Sorgen in der Republik über die befremdlichen Nachrichten aus Berlin. Es gab Leute in Bonn und in West-Berlin, die sich jetzt dienstlich und geheim oder dienstlich und ganz öffentlich der »extremen Elemente« annahmen. Am 26. Januar nachmittags kümmerten sich sechzehn Berliner Polizeibeamte im Auftrag der Staatsanwaltschaft um die Räume des SDS-Zentrums. Man wollte gern ein wenig mehr wissen über die Identität jener Störer, die unter Verletzung der billigsten Regeln akademischen Anstands Ende November Magnifizenz Rektor Lieber das Wort nahmen und sich erfrechten, ihn und seine hochqualifizierten Kollegen auf einem Flugblatt als »professorale Fachidioten« zu beleidigen. Man interessierte sich auch dafür, wer sonst noch außer den dankenswerterweise namhaft gemachten SDS-Mitgliedern Dutschke und so weiter seiner Eminenz, dem Herrn Botschafter Ngyen Ouy Anh, unbotmäßige Fragen zum Vietnamkrieg gestellt hatte. Man hatte kein Verständnis dafür, daß der SDS trotz der ausdrücklichen brieflichen Aufforderung, jene Störer und »extremen Elemente« in seinen Reihen namhaft zu machen, dieser im öffentlichen Interesse liegenden Bitte nicht nachgekommen war. Also wurde die Mitgliederkartei des Verbandes beschlagnahmt.

Man machte sich auch in Bonn Sorgen um die Ordnung. Während einen Tag später im Audimax der Berliner Freien Universität 3 000 Studenten stundenlang und lautstark die Beschlagnahme der SDS-Kartei mißbilligten und bei gleicher Gelegenheit auch noch Beschwerde führten über das Verhalten der Polizei auf den vergangenen Demonstrationen, über die geplante Erhöhung der Studiengebühren und das Verbot, eine Demonstration gegen diese Erhöhung in der Stadt durchzuführen – während also wieder einmal

Unruhe war und »extreme Elemente« das Wort ergriffen, fragte im Bonner Bundestag der Abgeordnete Dr. Pohle, ob der Bundesregierung denn bekannt sei, was sich da abspiele an der Freien Universität in Berlin und welchen Charakter denn dieser SDS habe, von dem ja nachweislich so viel Unruhe ausgehe. Und der Staatssekretär im Innenministerium Dr. Werner Ernst antwortete ihm: »Der Bundesregierung ist bekannt, daß im Sozialistischen Deutschen Studentenbund prokommunistische Kräfte in letzter Zeit stark an Einfluß gewonnen haben. Mein Minister hat Auftrag gegeben, daß darüber ein detaillierter Bericht vorgelegt wird.« Man war in Sorge um die wachsende Gefahr von links. Man nahm sie jetzt genau ins Visier.

Nebenher lief das Radio. Originalton *SFB* am 27. Januar 1967. Ein Interview mit einem honorigen Mann, dem Bauernverbandspräsidenten Edmund Rehwinkel.
»Sie sollen gesagt haben, man muß damit rechnen, daß viele Landwirte die NPD wählen?
– Ja klar, daß sich viele Landwirte neu orientieren werden und entweder zur FDP stoßen oder zur N..., zur NP..., zu der neuen N...
– NPD heißt sie, was? ... zur NPD.
Sind Sie selbst irgendwie parteipolitisch gebunden?
– Ich bin nicht parteipolitisch gebunden.
Ja, was werden sie denn wählen?
– Och Gott, ich habe früher DP gewählt, ich habe dann CDU gewählt und FDP.
Und Sie werden jetzt nicht NPD wählen?
– Das ist eine Gewissensfrage. Ich möchte erst mal abwarten, was aus der ..., ja sagen wir mal ... wie heißt sie? NPD?
NPD, richtig.
– Ja, was aus dieser NPD wird. Wenn sie also eine Partei würde, wie die Deutschnationalen oder die Nationalliberalen früher oder wie die alte DP, dann würde ich sie auch wählen. Selbstverständlich. Was wäre es denn so schlimm, wenn einige hunderttausend Bauern NPD wählen würden?«[133]
In Bayern hatten letzten November bei der Landtagswahl 7,4% ihr Kreuz auf dem Stimmzettel bei dieser Partei gemacht. In Mittelfranken waren's über 10%. Und in Hessen, im gleichen Monat 7,9% für diese neue N... NP... oder so ähnlich. Die waren doch wenigstens für Sicherheit und Ordnung. Stand auf jedem Plakat von der ... NPD.

»Ça Ira« oder: Wer sich sonst noch bewegen läßt

»Das Ganze spielte sich in einer Holzbaracke ab, die sich der Jugendclub Ça Ira gemietet und eingerichtet hatte. Obwohl mich der Leiter unseres Kulturzentrums schonend darauf vorbereitet hatte, war ich verstört, als ich einen Raum betrat, der buchstäblich zum Bersten voll war, wo auf den Tischen, auf der Erde und aufeinander bärtige, bebrillte Zuschauer zwischen 15 und 30 in Pullovern saßen, die auf den ersten Blick eher einen Auftritt der Rolling Stones hätten erwarten können. Die zweite Überraschung brachte die Diskussion nach dem Film, eine Diskussion, an der fast alle teilnahmen, die sich, ohne jede Spur von Provokation, durch weitreichende Kenntnisse und absolute Offenheit auszeichnete. Doch den größten Schock erlebte ich erst beim Weggehen, als ich irrtümlicherweise die falsche Tür öffnete und mir plötzlich wie in der Vision des kleinen Jiříks vorkam, d.h. wie irgendwo in der Tschechei vor dem 1. Mai. In diesem Raum waren Hunderte von Transparenten, die eine andere bärtige Brigade fertigmalte. Die Transparente riefen die Amerikaner auf, aus Vietnam zu verschwinden. Denn der Ça-Ira-Club hatte vollzählig beschlossen, sich am nächsten Morgen zusammenprügeln zu lassen, anläßlich des Ostermarsches der Kriegs- und Atomwaffengegner, der in West-Berlin stattfand. Der kleine Unterschied lag darin, daß sie es vorhatten, sich verprügeln zu lassen, denn die Mitglieder dieser freien Vereinigung kamen zu diesem Entschluß auf der Grundlage der freien Wahl.«

So beschreibt der tschechoslowakische Schriftsteller und Filmemacher Pavel Kohout seine Eindrücke anläßlich einer Diskussion über einen seiner Filme im Jugendclub Ça Ira, einem damals auch für bundesdeutsche oder Westberliner Verhältnisse außergewöhnlichen Jugendclub. Falken-Funktionäre hatten ihn gegründet, die Mitte der sechziger Jahre die Nase voll hatten von einer von oben verordneten, im Grunde langweiligen sozialdemokratischen Jugendarbeit.[134] Sie waren die ersten, die das gutgemeinte antifaschistische Pathos der gängigen Arbeiterkultur anödete. Sie hatten nichts gegen die Inhalte, aber schließlich gab's mittlerweile Bob Dylan oder Joan Baez oder die Stones. Sie wollten nicht einfach irgendwo antraben am 1. Mai und irgendwelchen Funktionären zuhören. Sie wollten selber was machen. Und die Falken-Funktionäre, die den Ça-Ira-Club aufgebaut hatten, förderten diese Eigeninitiative ganz bewußt. Die Jugendlichen, die regelmäßig mitmachten, kümmerten sich selbst um die Einrichtung des Clubs und die Veranstaltungen. Pete Seeger spielte dort oder Franz Josef Degenhardt. Von Zeit zu Zeit kamen Politiker, aber nicht zu stundenlangen Vorträgen, sondern zu Interviews, die die Jugendlichen mit ihnen auf der Bühne veranstalteten. Ein paar Tage vor Bildung der Großen Koalition war Willy Brandt zu Gast, damals der Regierende Bürgermeister von Berlin. Die Jugendlichen fragten ihn, ob die SPD tatsächlich mit der CDU ... – Nein, nein, antwortete ihnen Brandt. Die Jugendlichen konnten sich ihren Teil später denken. Die meisten von ihnen waren Lehrlinge, junge Arbeiter, Schüler, junge Angestellte, Mitglieder der Gewerkschaftsjugend und/oder der Falken. Günter Soukup, einer der Gründer des Ça Ira, erinnert sich an Rudi Dutschkes ersten Auftritt dort:

»Rudi Dutschke kam zunächst an der Spitze einer Gruppe von Volkstribunen an. Für sie war es nicht uninteressant, jetzt mal zum Volk zu gehen. Das Volk war der aufstrebende junge Angestellte und der gesellschaftlich organisierte Arbeiter. Die kamen aus Interesse an der Musik hierher, aber wurden dann durch die anderen Veranstaltungen immer stärker politisch interessiert. Dann kam der Dutschke und wirkte zunächst beängstigend. ›Mensch, was wollen die denn hier!‹ sagten die Jugendlichen. In der Veranstaltung ging es um die Große Koalition. Das endete so, daß der Rudi eine Art Ziehvater für eine Gruppe von Lehrlingen wurde. Sonntagvormittag machten sie Schulung im Ça Ira. Einer der Vorwürfe von einem Teil der Jugendlichen war: ›Die reden so komisch.‹ Bei dem anderen Teil kam aber die Faszination dazu, daß der auch in einer Sprache, die man nicht recht verstand, wirklich begeisternd reden konnte.«[135]

In dieser Zeit begann Rudi Dutschke in seine Aufzählung derer, die sich nicht mehr alles gefallen ließen, die nicht mehr mitmachen wollten, Lehrlinge, Schüler und junge Arbeiter aufzunehmen. Bislang hatte er nur von den Studenten gesprochen. Im Ça Ira verringerte sich die jahrelang aus historischen und theoretischen Überlegungen genährte Skepsis, die Arbeiterschaft sei nicht gegen den Kapitalismus zu gewinnen.

2. Juni 1967

Am Abend des ersten Juni 1967 tauchte im Jugendclub Ça Ira in der Münsterschen Straße ein neuer Besucher auf, den niemand der Jugendlichen dort kannte. Der Besucher war ein Student, der erst vor kurzem von Westdeutschland nach West-Berlin umgesiedelt war. Die Jugendlichen, die mit ihm an der Theke ein Bier tranken, spürten seine Unerfahrenheit in den Berliner Verhältnissen und kamen mit ihm darüber in eine erregte Unterhaltung. Sie lachten ab und zu etwas höhnisch, wenn der Neue ihre Erzählung über die Zustände in Berlin und besonders das brutale Verhalten der Polizei auf den Demonstrationen der vergangenen Monate rundheraus und in einem von ihnen als naiv empfundenen Brustton der Überzeugung als überspitzt, ja hysterisch abtat. Nein, so ist es ja wohl wirklich nicht, sagte er. Doch, widersprachen sie ihm, genauso ist es, daß die Knüppel schon seit letztem Jahr immer locker sitzen, das haben wir schon fast alle auf unseren Rücken und Köpfen zu spüren gekriegt. Und wenn er ihnen nicht glaube, bitteschön, morgen habe er Gelegenheit, sich selbst davon zu überzeugen. Wieso morgen? – Weil morgen seine Majestät, der Folterkaiser Schah Reza Pahlevi, mit seiner Illustriertenpuppe und Ersatzsoraya persönlich nach Berlin kommt. 5 000 Polizisten stehen zu seinem Schutz bereit. Mit drohendem Unterton schreiben die Zeitungen, die Situation ist polizeilich völlig im Griff. Da wird es wieder rund gehen vor dem Schöneberger Rathaus, oder abends, an der Strecke durch die Stadt. Gut, sagte der Neue, das werde ich mir morgen mit eigenen Augen ansehen. Schließlich ist so eine Demonstration ja rechtmäßig. Was soll da schon passieren.[136]

Am 2. Juni abends um 20.30 Uhr im Hinterhof des Hauses Krumme Straße 66/67 geschah mehr, als alle Beteiligten des Gespräches am Tresen des Ça Ira sich vorstellen konnten. Der ungläubige Neuling, der sich sozusagen absprachegemäß an der Demonstration gegen den Besuch Schah Reza Pahlevis abends vor der Oper in der Bismarckstraße beteiligte, geriet auf der Flucht vor der wild knüppelnden Übermacht der Polizei in jenen Hinterhof, wo er und einige andere Demonstranten gestellt wurden. Dort wurde er, während drei Beamte mit ihren Schlagstöcken auf ihn eindroschen, durch einen Schuß von hinten aus der Dienstpistole des Polizeiobermeisters Karl-Heinz Kurras getötet. Der Erschossene war der 26jährige Student Benno Ohnesorg.

Soweit in der Bundesrepublik der Revolte der Studenten historische Bedeutung zuerkannt wird, gilt dieses Datum des Todes von Benno Ohnesorg als ihr eigentlicher Beginn. Der Ablauf der Demonstration ist vielfach und in allen Einzelheiten beschrieben worden. Das Schlachtengemälde aus Hunderten von Zeugenaussagen, Fotos, Filmausschnitten, Tonbandaufnahmen und anderen Dokumenten, das ein studentischer Ermittlungsausschuß unter der Leitung von Rechtsanwalt Horst Mahler zusammentrug, war in den Berliner Junitagen das einzig wirksame Notwehrinstrument gegen das in dieser Juninacht beispiellose Zusammenspiel von polizeilicher Brutalität und veröffentlichter Lüge, dem die Studenten ausgesetzt waren. Die Politik der Lüge begann schon, als die Greiftrupps noch ausschwärmten und die Knüppel noch tanzten. Ein Polizist sei von Demonstranten erstochen worden, verbreitete die Einsatzleitung der Polizei wider besseres Wissen noch eineinhalb Stunden nach Ohnesorgs Tod in einer Durchsage ihrer Lautsprecherwagen. Springers Boulevard-Zeitung *BZ* veröffentlichte am nächsten Tag auf der Titelseite ein Foto des erschossenen Benno Ohnesorg und behauptete in der Bildunterschrift, er sei das Opfer gewalttätiger Demonstranten geworden. Nahezu die gesamte Berichterstattung folgte wochenlang dem von Berliner Senat und Polizei ausgegebenen Tenor, das Verhalten der Demonstranten allein sei verantwortlich für die Eskalation der Gewalt in der Nacht des 2. Juni und letzten Endes deswegen auch für den Toten in den eigenen Reihen.[137]

Es ist so viel über den Tod Benno Ohnesorgs und die heftigen Unruhen, die ihm folgten, geschrieben worden, beinahe so, als habe es in dieser Berliner Juninacht die Stunde X gegeben, von der allein die Monate der folgenden Revolte ausgingen. Der historische Augenblick aber hatte eine gewisse Beliebigkeit. Das Zufallsgespräch am Tresen einen Abend zuvor, das den in Demonstrationen unerfahrenen Benno Ohnesorg in die Schußbahn des Todesschützen Karl-Heinz Kurras laufen ließ, belegt das. Alles hätte auch schon Monate vorher, vielleicht auch später oder gar nicht geschehen können. Die Brutalität der Polizeieinsätze und das Ausmaß der öffentlichen Hetze gegen die kritische Minderheit der Studenten konnten schon seit Ende 1966 tödlich sein. Diese Gefahr war langsam gereift, unbemerkt auch von vielen, die dafür Verantwortung trugen. Ganz an der Spitze der Stadt war das der Regierende Bürgermeister Heinrich Albertz. Der Schock über den Tod Benno Ohnesorgs lehrte ihn, das zu bezweifeln, woran er lange Jahre geglaubt und wonach er gehandelt hatte:

»Wir kamen aus den Jahren nach dem Bau der Mauer mit einer ans äußerste grenzenden Empfindlichkeit. Sie richtete sich gegen alle und alles, was in irgendeiner Weise mit denen zu tun haben könnte, die diese Stadt West-Berlin eingemauert hatten. Wir waren völlig fixiert auf den einen Tatbestand, daß diese Stadt, wie sie nun mal war, nur überlebt bei einer nahtlosen Übereinstimmung mit den Vereinigten Staaten. Heute ist das bei den Verantwortlichen noch weitgehend genauso. Wenn man Bürgermeister von Berlin ist, hat man von morgens bis abends mit dieser Situation zu tun. Das bringt Einäugigkeit mit sich. In diese Gesamtsituation kamen nun plötzlich Studenten mit roten Fahnen und Ho-Chi-Minh-Rufen und klagten die Macht, die hier die sogenannte oder tatsächliche Freiheit garantierte, als die Zerstörer von Menschlichkeit und Freiheit an. Das war psychologisch sehr schwer durchzuhalten. Auch die Polizei war ja völlig getrimmt, eingestellt auf die Auseinandersetzung mit ›stadtweiten kommunistischen Unruhen‹ – wie das damals so schön hieß. Die ganze Bewegung wurde unter diesem Gesichtspunkt bei der Polizei und leider auch bei den politisch Verantwortlichen eingeordnet. In falscher Einschätzung habe ich mit anderen geglaubt, das wäre mit ein paar ziemlich deutlichen und drastischen polizeilichen Gegenmaßnahmen auf der Straße zumindest einzudämmen oder zu beenden.

Die ganze Geschichte hängt eng mit dem Informationsschema zusammen. Das ist jetzt nicht als Entschuldigung gemeint, sondern als Feststellung von Tatsachen. Also: Daß die Polizeileute über die Dinge nicht wirklich Bescheid wußten, das nehme ich denen nicht übel. Aber daß die Leute in der Kultusverwaltung und vor allen Dingen die Herren Professoren selber, die mit den Studenten dauernd zu tun hatten, einen nicht ein bißchen früher auf diese Dinge aufmerksam gemacht haben; und daß das dann eben alles durch diesen ganz engen Kanal ging, in dem ein Mensch an der Spitze dann die Geschichte dreimal gesiebt auf den Tisch bekommt und dann auch nicht die Zeit hat, sich in vielen Gesprächen zu kümmern, obwohl es eine Reihe von Gesprächen mit Studenten vor dem 2. Juni gegeben hat – das gehört dazu. Und dann kam – das darf ich ja als Theologe nicht sagen, aber bitte: als Zufall – das hätte ja irgendwo anders ganz genauso passieren können, dieser schlimme Schuß eines nervös gewordenen Polizeibeamten bei der Aktion am 2. Juni, der gewirkt hat wie ein Funke, der ins Pulverfaß schlägt.«[138]

Albertz, Springer

In seiner Autobiographie »Blumen für Stukenbrock« kommt Heinrich Albertz auf die Ereignisse am späten Abend des 2. Juni zurück.

»Das Gerücht, ein Student sei erschossen, dann: ein Polizist sei erschossen, drang schon in die Oper. Eine verläßliche Meldung lag nicht vor. Ich saß steinern neben der steinernen Farah Diba. Ich habe nie in meinem Leben so wenig von einer Oper gesehen und gehört. Ich glaube, es war Mozart. Als wir das Haus verließen, war die Straße leer von Demonstranten. Ich begleitete den Bundespräsidenten und den Schah zu ihren Wagen. Der meine stand auf dem Mittelstreifen, von der Polizei geschützt. Ich fuhr nach Hause. Ja, ich fuhr nach Hause. Warum fuhr ich nach Hause? Warum nicht ins Polizeipräsidium – warum von dort nicht ins Krankenhaus, zu dem toten Studenten? Äußerlich war alles klar: Ich war nicht Innensenator, ich wußte noch nicht einmal verläßlich, ob ein Mensch und wer erschossen sei. Ich mußte meine Frau heil nach Hause bringen. Ich war todmüde, angeekelt von allem, was geschehen war. Aber ich werde die Schuld für dieses persönliche Versagen tragen müssen, bis ich vor meinem ewigen Richter stehe ...

Am nächsten Morgen mußte ich den Schah zum Flugzeug bringen. Ich fragte ihn, ob er von dem Toten gehört habe. Ja, das solle mich nicht beeindrucken, das geschehe im Iran jeden Tag.«[139]

»EIN JUNGER MANN IST GESTERN IN BERLIN GESTORBEN. ER WURDE OPFER VON KRAWALLEN, DIE POLITISCH HALBSTARKE INSZENIERTEN.

GESTERN HABEN IN BERLIN KRAWALLMACHER ZUGESCHLAGEN, DIE SICH FÜR DEMONSTRANTEN HALTEN. IHNEN GENÜGT DER KRAWALL NICHT MEHR. SIE MÜSSEN BLUT SEHEN. SIE SCHWENKEN DIE ROTE FAHNE, UND SIE MEINEN DIE ROTE FAHNE. HIER HÖREN DER SPASS UND DER KOMPROMISS UND DIE DEMOKRATISCHE TOLERANZ AUF. WIR HABEN ETWAS GEGEN SA-METHODEN. DIE DEUTSCHEN WOLLEN KEINE ROTE UND KEINE BRAUNE SA. SIE WOLLEN KEINE SCHLÄGERKOLONNEN, SONDERN FRIEDEN.«

(*Bild-Zeitung* Berlin, 3. Juni 67)

»DIE ANSTÄNDIGEN IN DIESER STADT ABER SIND JENE MASSEN DER BERLINER, DIE BERLIN AUFGEBAUT UND BERLINS WIRTSCHAFT ANGEKURBELT HABEN. IHNEN GEHÖRT DIE STADT, IHNEN GANZ ALLEIN ... WER TERROR PRODUZIERT, MUSS HÄRTE IN KAUF NEHMEN.«

(*BZ*, 3. Juni 67)

Revolutionär

Ratlos

Rudi Dutschke war am 2. Juni 1967 in Hamburg. Er war auch nicht dabei, als spätnachts in Berlin, Stunden nach der Demonstration, eine Reihe von Leuten aus dem Republikanischen Club (RC) plötzlich im SDS-Zentrum auftauchten.

»Genossen«, sagten sie, »wir müssen was unternehmen. Wir müssen uns wehren. Die sind doch entschlossen, die Außerparlamentarische Opposition (APO) jetzt mit der Polizei zu zerschlagen. Wir brauchen Waffen. Drüben im RC tun sie so, als gäbe es nichts Neues. Die reden schon wieder über Demonstrationen und Flugblätter.« Von den SDS-Genossen erwarteten die späten Besucher aus dem RC mehr. Einer von ihnen hatte die Idee, gemeinsam mit den SDSlern Polizeikasernen zu stürmen und sich dort zur eigenen Verteidigung zu bewaffnen.[140]

Die SDSler schauten sich fragend an. Jetzt fiel also das Image politischer Radikalität, das sich der SDS innerhalb der Berliner Linken erworben hatte, auf ihn zurück. Einer war tot, von der Polizei erschossen. Alles war viel schlimmer als in den schlimmsten Prophezeiungen über undemokratische, autoritäre Zustände auf den Flugblättern, die – man spürte es jetzt – bislang nur Papier gewesen waren. Die SDSler sollten, mußten eine Antwort wissen, eine praktische, eine theoretisch ausgewiesene Antwort, eine militante Antwort. Sie waren genauso ratlos wie ihre Besucher und durften es nicht mehr sein.

Endlich fand einer seine Sprache wieder. »Putschismus bringt uns nicht weiter. Polizeikasernen stürmen, das ist politischer Selbstmord und vermutlich persönlicher Selbstmord dazu.« Es dauerte Stunden, bis sich die Besucher aus dem Republikanischen Club wieder beruhigt hatten. Dann diskutierten sie auch im SDS wieder über Aufklärungsaktionen.

Die Phantasien vom »Bewaffneten Kampf« sind am Abend der Ermordung Benno Ohnesorgs geboren worden, in der Angst und auf der Flucht.

3. Juni morgens um zehn. Rudi war aus Hamburg zurück und wie Hunderte anderer gleich auf den Campus geeilt. Dort, auf einem Parkplatz, eine improvisierte Versammlung. Auffällig still war es. Mühelos verständlich schnarrten die Megaphonstimmen einiger

Sprecher über die Köpfe der Versammelten. Sie machten Aktionsvorschläge.

»Wer stimmt für den Antrag, daß die Versammelten umgehend zu einem Protestmarsch zum Schöneberger Rathaus aufbrechen?« Geräuschlos und beinahe synchron gingen die Arme hoch. Keine Streitereien. Kein Jubel. Nach ein paar Minuten Aufbruch. Sie kamen nicht weit. Ein paar hundert Meter weiter auf der breiten Allee versperrten Spanische Reiter den Weg. Dahinter war eine beachtliche Polizeistreitmacht aufmarschiert. Dann kam die Polizei auch von der Seite, drängte den Demonstrationszug ab in eine Nebenstraße, aus der es kein Entkommen gab. Die Eingeschlossenen schickten Rudi zum Einsatzleiter der Polizei. Freien Abzug gibt es nur, Herr Dutschke, wenn die nichtgenehmigte Demonstration aufgelöst wird. Daß das klar ist, Herr Dutschke.

Es war klar in dieser Lage. Nach einer halben Stunde durften sie sich dann trollen, einzeln oder in kleinen Gruppen.

Zur selben Zeit fielen wichtige Entscheidungen im Senat. Der Regierende Bürgermeister, seine Senatoren, die Fraktionsvorsitzenden der im Abgeordnetenhaus vertretenen Parteien und die Rektoren der Hochschulen tagten gemeinsam. Als Ergebnis verkündete der Senat am Nachmittag ein allgemeines Demonstrationsverbot für ganz West-Berlin. Den Herren Rektoren versprach der Senat jeden erdenklichen Rückhalt, auch den der Polizei, bei der Ausübung des Hausrechtes.

Trotzdem gehörte der Campus bald über Tage hinweg den Studenten. Entmutigt und zornig zurück vom mißglückten Zug zum Schöneberger Rathaus, füllten sie die Wiesen zwischen den verschlossenen Hörsälen. Die Luft war warm, und das Gras lud ein, sich zu setzen. Mit aufgekrempelten Ärmeln hockten sie sich hin, die Arme auf die Knie gestützt. Schweigend lauschten sie den vom Jaulen der Megaphone verschlimmerten schlechten Nachrichten. Sie warteten und wußten nicht worauf. Senat hat Demonstrationsverbot verhängt, Rektor verfügt Schließung der Universität, der Regierende steht voll hinter dem Vorgehen der Polizei, Polizeigewerkschaft fordert endlich Ende der weichen Welle gegen Demonstranten, schrillte es über die Köpfe. Da und dort hockten sich zwei gegenüber und beredeten ihre Ratlosigkeit. Weiche Welle ist, wenn ein Student erschossen wird, spottete einer, aber wieviel erschossene Studenten brauchen die für eine harte Linie?

Einschätzungen kursierten und Scherze für ein kurzes, schnell abreißendes Auflachen. Die meisten schwiegen.

Niemand war erstaunt, als am Nachmittag die Polizei auftauchte. Etwas entfernt stellte sich das Fußvolk auf. Polizeitaktischer Bereitstellungsraum eingenommen. Die Beamten der Einsatzleitung sondierten das von Störern besetzte Gelände des Anzeigeerstatters. Diese auf dem Rücken verschränkten Arme, dieses betont langsame Schlendern, diese wie zufälligen Blicke in die Runde verhießen nichts Gutes.

Jawohl, eine nichtangemeldete und nach geltendem Hausrecht verbotene Versammlung auf dem Boden der Freien Universität liegt eindeutig vor. Ist aufzulösen, Ermächtigung Ihrer Magnifizenz liegt uns vor. Meine Damen und Herren, wenn Sie das Gelände nicht freiwillig verlassen, sehen wir uns gezwungen. Nehmen Sie doch bitte Vernunft an.

Diese verschämte Art, mit Gewalt zu drohen. Die ersten erhoben sich und wandten sich zum Gehen.

Die Türen sind auf! Dekan Wetzel hat die Türen der Wirtschafts- und Sozialwissenschaftlichen Fakultät aufgesperrt! Die Uni ist offen!

In Sekunden wußten alle Bescheid. Wie in einem Sog strömten sie auf die weitgeöffneten Türen zu, stürmten über die Gänge und sammelten sich in einem großen Hörsaal. Draußen marschierte die Polizei wieder ab.

Von da an bis zum 8. Juni war die Universität das Rathaus der Revolte. Vollversammlungen gebaren Komitees und Arbeitsgruppen. Delegationen machten sich auf den Weg oder wurden empfangen. Prominente und Professoren kamen. Allein ihre Anwesenheit war ein Solidaritätsbeweis für die Studenten, die von den Vertretern des offiziellen Berlin und von den Medien wie Vogelfreie behandelt wurden.

»Wie die Heilsarmee müssen Sie an Berlins Straßenecken stehen und bei der Bevölkerung um Verständnis für Ihre Ziele werben«, riet Erich Kuby. Er war pessimistisch, ging davon aus, daß die Berliner Bevölkerung mit dem Vorgehen der Polizei voll einverstanden sei. Professor Richard Löwenthal hielt dagegen. »Hier in Berlin gibts eine alte kämpferische, eine demokratische Tradition. Sie müssen einen Weg zu den Massen der demokratischen Bevölkerung finden. Sie müssen sich diesen Leuten verständlich machen.« Und beschwörend setzte er hinzu: »Die Leute hier haben in erster Linie Angst vor dem Osten. Machen Sie Ihnen unverwechselbar Ihre Anliegen klar, die nicht die Anliegen des Ostens sind.«[141]

Zu den Massen

Jeden Abend, wenn die berufstätigen Berliner zwischen Büro und Abendessen über den Ku'damm hetzten, um vor Ladenschluß noch Schrippen, Butter, Wurst und Bier für den Feierabend zu besorgen, waren die Studenten schon da. Schüchtern boten sie ihre Flugblätter an. Nur wer von selbst stehenblieb und mehr wissen wollte, wurde in ein Gespräch verwickelt. Nur ja nicht der Polizei den Vorwand geben, wegen eines Verstoßes gegen das Versammlungsverbot einzugreifen. Keine großen Transparente, keine großen Ansammlungen. Nichts riskieren, keine Provokationen in diesen Tagen, in denen der Polizei alles zugetraut wird. »Hier spricht der studentische Ordnungsdienst«, sagte zwischendurch eine Megaphonstimme. »Wir bitten die einzelnen Diskussionsgruppen, nicht zu sehr anzuschwellen, da sich bereits das als Provokation herausstellen könnte. Bitte, lassen Sie Platz für die Bevölkerung. Außerdem bitten wir Sie, rational zu diskutieren. Danke sehr«, sagte die Megaphonstimme.[142]

Auch die Flugblätter sprachen eine sanfte Sprache. »Ist es denn schon soweit gekommen, daß der Tod eines Studenten als gerechte Sache empfunden wird?«[143] schrieben Mitglieder der Evangelischen Studentengemeinde auf ihr Informationsblatt Nummer 4, und: »Wir glauben, daß die Christen in dieser Stadt aufgefordert sind, dem gegenseitigen Mißverstehen, dem blinden Haß, dem Verschweigen der Wahrheit entgegenzuwirken.« Dort, von der Straße, vom Ku'damm und der Steglitzer Schloßstraße kamen die Erfolgsmeldungen. Denn es waren immer mehr Studenten, mehr als je bei einer politischen Aktion zuvor, die am Vormittag schon zu den Informationstreffs des Komitees für Öffentlichkeitsarbeit strömten. Sie berichteten von den Gesprächen des Vorabends, von den nachdenklichen Passanten, die verständnisvoll genickt hatten, die sich empört hatten über die Polizei, die gesagt hatten, sowas gehe ja nun doch bei aller Ordnungsliebe zu weit, von den besseren Herrschaften, die auch etwas für die Witwe, das arme Ding, spenden wollten, von den Bummlern, die ihren Einkauf Einkauf sein ließen, die Tasche abstellten und bis lange nach Geschäftsschluß mit ihnen diskutiert hatten. Nie zuvor hatte es das gegeben, daß Studenten in ein paar Tagen mühelos über 300 000 Flugblätter an die Berliner Bürger losschlagen konnten, daß sie gar nicht genug an Informationsmaterial aufbieten konnten.

Das andere Berlin schwieg, huschte an den Diskussionsgruppen vorbei, schrieb allenfalls Briefe an die Springer-Zeitungen oder an den AStA der Universität.

»Abgesehen von den wenigen anständigen Elementen, die sich an diesen Ausschreitungen nicht beteiligten, kann man heute die Berliner Studentenschaft gleichwertig mit dem Abschaum der Menschheit betrachten. In der Rangordnung marschieren neuerdings unsere Herren Studenten gleich hinter den dreckigen langhaarigen Gammlern und den weniger appetitlichen Strichjungen vom Bahnhof Zoo.«

Viele Briefe, wie dieser, waren mit vollem Namen gezeichnet. Das war ein besorgniserregender Brustton der Überzeugung. Was für eine Stimmung, in der ein anderer, ebenfalls namentlicher Briefschreiber der schwangeren Witwe des erschossenen Benno Ohnesorg schrieb: »Liebe Frau Ohnesorg! Der Tod Ihres Mannes kann nur noch einen Sinn haben, wenn es Ihnen gelingt, dem Kind, das Sie erwarten, klarzumachen, daß sein Vater ein Fehlentwickler war.«[144]

Wieviel dumpfer als je zuvor die Ohnmacht der Studenten. Unbefristetes Demonstrationsverbot in Berlin. Ein Sandkastenrecht, sowieso, hatten viele gewettert vor den Juni-Tagen: Die Hechte lassen die Frösche am Teichrand quaken. Jetzt, ein Senatsbeschluß wie ein Federstrich, und ein Amtmann sitzt im Polizeipräsidium, hat ein windiges Schriftstück mit Aktenzeichen, Stempel und Unterschrift, das er herauszieht, hier, bitte sehr, vom Innensenator, woraus klipp und klar hervorgeht, daß unter dieses Verbot auch die für den dritten Juni geplante Demonstration gegen den Vietnamkrieg fällt. Jetzt darf der antiimperialistische Kampf nicht mehr angemeldet werden, die Obrigkeit erlaubt das nicht, die Anmelder haben sich zu trollen. Kein Genehmigungsbescheid, keine Demonstrationsroute, kein Aufmarschplatz, kein Kundgebungsplatz, keine Lautsprecheranlage, die Flugblätter können sie einstampfen, nichts.

Nur noch: Wer ein Auto hatte, setzte sich ans Steuer, fuhr kreuz und quer durch die Stadt und hupte. Lang, lang, dreimal kurz. Immer wieder lang, lang, dreimal kurz. Mit Ho Chi Minhs Namenszeichen wurde auch an den Türen geklingelt: Lang, lang, dreimal kurz.

Heimat, anders

Der 8. Juni war der Tag des Gedenkens an Benno Ohnesorg. In einem der zweihundert Autos, die seinen Sarg in einem Autokorso durch die DDR auf dem Weg in Ohnesorgs Heimatstadt Hannover begleiteten, saß Rudi Dutschke.

Die Stille der morgendlichen Trauerfeier, des kilometerlangen Trauermarsches, der Ohnesorgs Sarg vom Campus bis zum Zehlendorfer Kleeblatt folgte, das Nachdenken über Helmut Gollwitzers Abschiedsworte vor der Grenze wurde jäh zerrissen von den Reden, die die mit Trauerflor behängten Autoantennen aus dem Berliner Äther fischten, die aus den Lautsprechern der Autoradios drangen, anderswo aus Musiktruhen in bürgerliche Wohnzimmer, in Pilskneipen und Imbißstuben, in Kantinensäle.

Das Abgeordnetenhaus hielt eine Sondersitzung ab. Man hörte die Worte eines Redners von der menschlichen Tragik, das Rascheln der sich von ihren Plätzen erhebenden Abgeordneten, den Ausdruck des Mitgefühls und des Bedauerns und der Anteilnahme für die Angehörigen fernab der Schuldfrage und den Regierenden Bürgermeister Albertz. »Der tote Student ist hoffentlich das letzte Opfer einer Entwicklung, die von einer extremistischen Minderheit ausgelöst worden ist, die die Freiheit mißbraucht, um zu ihrem Endziel, der Auflösung einer demokratischen Grundordnung zu gelangen ...«, und man hörte auch die Zwischenrufe: »Sehr richtig! Sehr wahr!«, und wieder den Bürgermeister: »Ich stelle hier fest, wer Ursache und Wirkung verwechselt, macht sich bereits schuldig.«

Der Autokorso, der schwarze Cadillac mit dem Sarg an der Spitze, passierte den Grenzkontrollpunkt Babelsberg, durchgewinkt, ohne Aufenthalt, ohne Kontrolle, der erste unkontrollierte nichtmilitärische Konvoi von West-Berlin in die Bundesrepublik seit Kriegsende. Rudi Dutschke kannte den Weg, es war der, den er früher nehmen mußte, um nach Luckenwalde zu fahren. Für ihn, den Republikflüchtigen, waren es noch immer verbotene Wege; nach wie vor durfte er seine Familie nicht besuchen. Aus den Autofenstern konnte er dann in Potsdam-Babelsberg links und rechts die in ihren Blauhemden zum Spalier angetretenen FDJler mit ihren Fahnen und Spruchbändern sehen. »Wir gedenken allen Opfern des Westberliner Polizeiterrors« stand darauf.

Im Autoradio debattierte das Abgeordnetenhaus. Man machte sich Sorgen um den Schaden, der dem jungen Bäumchen Demokratie erwachse durch den Terror der Straße, durch die Anarchie. Man sprach über das Problem der radikalen Studenten, das gelöst werden müsse. »Wenn der Blinddarm schmerzt und wenn die Qualen nicht mehr auszuhalten sind, dann bleibt nichts anderes übrig, als ihn herauszuoperieren, wenn man das eigene Leben nicht riskieren will.«

In Magdeburg stand wieder die FDJ Spalier, in Marienborn in der Dämmerung noch einmal mit Fackeln. Wieder in der Bundesrepublik verschwand der Konvoi Richtung Hannover in der Nacht.

Linker Faschismus?

Die Antwort der Studenten auf die unversöhnliche Haltung des Berliner Senats ist der binnen einer Woche von den Studentenvertretungen der Universitäten Berlins und Hannovers vereinbarte Kongreß »Bedingungen und Organisation des Widerstandes«.[145]

Trotz der kurzen Einladungsfrist ist die Sporthalle Hannover mit 7 000 Studenten aus der ganzen Bundesrepublik und West-Berlin fast überfüllt. Vertreter der anderen Seite, des Senats von Berlin, der Parteien, sind nicht geladen. Nur einige der wenigen deutschen Professoren, die Verständnis und Solidarität gegenüber den Berliner Studenten bekundet haben, sind nach Hannover gekommen, unter ihnen Helmut Gollwitzer, Hartmut von Hentig, Wolfgang Abendroth, Peter Brückner, Jürgen Habermas und der Journalist Erich Kuby. Es ist Kuby, der mit seinem Gewicht als anerkannter Publizist in einer minutiösen Chronik der Ereignisse des 2. Juni dem staunenden Publikum Punkt für Punkt Fehlinformationen, Halbwahrheiten, Verdrehungen und Lügen in den ständig wechselnden Versionen der Berliner Behörden über den Tod Benno Ohnesorgs nachzeichnet.

Vier, fünf Stunden lang spitzen sich die Beiträge der Redner auf die Frage zu, was in den nächsten Wochen in Berlin und in der Bundesrepublik zu tun sei.

Die Professoren solidarisch, aber oft vorsichtig. »Sie, die Studenten, wir die wenigen Intellektuellen«, wendet Wolfgang Abendroth ein, »wir repräsentieren keine Macht, die das Establishment der Bundesrepublik und West-Berlins allein zum Rückzug zwingen könnte. Worauf es hier ankommt ist, daß die Intellektuellen erkennen, daß die Kraft, die die Verhältnisse in der Bundesrepublik verändern und die Demokratie retten kann, unter den Millionen deutscher Arbeiter zu suchen ist, um deren Leben es hier geht.« Skeptischer noch, kühl sezierend, vorlesungsartig, Jürgen Habermas, der sich nicht lange damit aufhält, daß die Studenten mit ihrer Kritik im Recht sind. Ein Soziologe entwirft Modelle, was Menschen tun, die so isoliert sind wie die Studenten von Berlin: »Lassen Sie es mich so ausdrücken, meine Damen und Herren: Die Durststrecke zwischen Theorie und Praxis ist in der heutigen Lage ungewöhnlich lang.« Kommt zu den Folgen. Die Studenten, Versuchstierchen gleich, bewegen sich auf drei Skalen, meßbar. Bewegen sich in ihrem politischen Verhalten zwischen dem Extrem unpolitisch und aktionistisch um jeden Preis. Werden als Wissenschaftler faktengläubige Faktensammler oder neigen zu irrationalen oder übervereinfachten Vorstellungen. Versenken sich scheuklappentragend in die reine, hehre Wissenschaft oder verdrängen mit allzeit vorhandener revolutionärer Dauerbereitschaft jede theoretische Anstrengung. Die Gefahr des blinden Aktionismus bei den aktiven Studenten Berlins diagnostiziert er noch nicht. Wo der sich aber durchsetzt, warnt Habermas, wird er die in unseren gesellschaftlichen Verhältnissen eingebaute, schlummernde Gewalt herauslocken.

»Geduldig ausfalten das Schweißtuch der Theorie«, so wie Hans Magnus Enzensberger in einem Gedicht Habermas' Lehrer Adorno bewundert und bespöttelt zugleich, so muß Rudi Dutschke Habermas bei seiner Rede empfunden haben. Mit aller rhetorischen Macht stemmt er sich gegen die Lähmung und Resignation, die ihm von dessen Rede auf die Tausende in der großen Halle auszugehen scheint. »Die materiellen Voraussetzungen für die Machbarkeit unserer Geschichte sind gegeben. Die Entwicklungen der Produktivkräfte haben einen Prozeßpunkt erreicht, wo die Abschaffung von Hunger, Krieg und Herrschaft materiell möglich geworden ist. Alles hängt vom bewußten Willen der Menschen ab, ihre schon immer von ihnen gemachte Geschichte endlich bewußt zu machen, sie zu kontrollieren, sie sich zu unterwerfen, das heißt, Professor Habermas, Ihr begriffsloser Objektivismus erschlägt das zu emanzipierende Subjekt.« Rudi Dutschke rechnet die Chancen vor, die er für die rebellierenden Studenten sieht: Die Bedeutung der Studenten und späteren Intellektuellen im Produktionsprozeß ist im Steigen begriffen, ihre Unzufriedenheit auf Grund der bürokratischen Hochschulreform nimmt zu. Immer mehr Studenten sammeln sich im antiautoritären Lager. Die Gegenseite, der Staatsapparat, die Universitätsbürokratie und die Parteien sind nicht in der Lage, eine Massenbasis gegen die Studenten zu mobilisieren – auch nicht in der Bevölkerung. Die Mobilisierung der Massenmedien gegen die Studenten ist unvermeidbar, aber relativ unwichtig. Die Methode der Provokation ist kein hirnloser, verzweifelter Aktionismus, sondern wohlüberlegt.

»Wir hatten in monatelanger Diskussion theoretisch herausgearbeitet, daß die bürgerliche Demokratie, in der wir leben, sich gerade dadurch auszeichnet, daß sie es dem Lord gestattet, mit seinem Hund spazierenzugehen und so auch den Vietnam-Protesten den Weg zur Verfügung stellt und die Kanalisation des Protestes durchführt. Aus dieser theoretischen Einschätzung der Integrationsmechanismen der bestehenden Gesellschaft ist es für uns klargeworden, daß die etablierten Spielregeln dieser unvernünftigen Demokratie nicht unsere Spielregeln sind, daß der Ausgangspunkt der Politisierung der Studentenschaft die bewußte Durchbrechung dieser etablierten Spielregeln durch uns sein mußte.«

Nichts macht den Umschwung der Studentenschaft in den Junitagen deutlicher als der stürmische Beifall, den Rudi Dutschke an dieser Stelle aus dem Saal bekommt. Noch vor etwas mehr als einem Jahr hätte er mit diesen Argumenten sogar im Berliner SDS riskiert, ausgepfiffen, ausgegrenzt zu werden.

Wie es weitergehen soll in Berlin? Rudi Dutschke schlägt vor, eine Demonstration gegen das Demonstrationsverbot anzumelden, und, wenn sie nicht genehmigt wird, Kampfmaßnahmen zu beraten. Außerdem: Überall Aktionszentren bilden, an allen Universitäten, so wie in Berlin nach dem 2. Juni.

Was er denn unter Kampfmaßnahmen verstehe, fragt ein Student aus dem Saal den Herrn Dutschke.

Eine passive Protest-Sitzstreik-Demonstration, antwortet der.

Nach Rudi Dutschkes Rede, es ist schon Mitternacht, löst sich die Versammlung langsam auf. Draußen im Auto, kurz vor der Abfahrt, läuft in Jürgen Habermas noch einmal ab, was er gerade gehört hat. Rudi Dutschkes körperlich spürbare Entschlossenheit und die Vagheit einiger Begriffe in seiner Rede gehen eine brisante Verbindung ein. Habermas befürchtet, daß da einer mehr meint als Sitzstreik, wenn er von Kampf spricht.

Er will Klarheit, geht noch einmal in die Halle zurück ans Rednerpult. Äußerlich kühl spiegeln seine Worte die innere Erregung. Er habe Grund, sagt er, den von Dutschke gepredigten Voluntarismus linken Faschismus zu nennen. Beifall, Buh-Rufe und Pfiffe mischen sich. Habermas ist unsicher, setzt noch einmal an: »Ich hätte gerne geklärt, ob Dutschke nun willentlich die manifeste Gewalt herausfordert nach den kalkulierten Mechanismen, die in diese Gewalt eingebaut sind, und zwar so, daß er das Risiko von Menschenverletzung, um mich so vorsichtig auszudrücken, absichtlich einschließt oder nicht.« Das freilich ist etwas anderes als die Kurzformel vom »linken Faschismus«, meint, die in unserer Gesellschaft schlummernde Gewalt könne geweckt, zum Zuschlagen gegen die Wehrlosen, die sie geweckt haben, ermutigt werden. Aber das böse Wort des linken Professors vom linken Faschismus gegen den Linken Dutschke ist gefallen und findet sich von jetzt ab auch im Repertoire der Journalisten, die über die Studenten schreiben. Rudi Dutschke, schon wieder abgereist, kann Habermas nicht mehr entgegnen. Das tut jetzt ausgerechnet der Genosse, der in der erbitterten Auseinandersetzung um die Plakataktion im Februar 1966 Dutschke und seine Fraktion damals selbst eines gefährlichen Voluntarismus bezichtigt hatte: Klaus Meschkat. Er sagt: Jetzt müssen die Studenten von Berlin in der Offensive bleiben. Und dann, zum Schluß seiner Rede von einem der gewichtigsten Gegner innerhalb des Verbandes, zur Person: »Abgesehen von Differenzen in bestimmten ideologischen Fragen, wo ich eine andere Auffassung als Dutschke habe, bin ich stolz darauf, daß der Berliner SDS Genossen hat, die sich in dieser Situation in der letzten Woche so bewährt haben, ein solches Maß an Besonnenheit gezeigt haben, wie gerade Rudi Dutschke.«

Der SDS rückt jetzt näher um Rudi Dutschke zusammen.

Ex cathedra für Teufel

20. Juni 1967. Der Todesschütze von Benno Ohnesorg, Polizeiobermeister Kurras, ist immer noch frei. Der Student Fritz Teufel, der angeblich am Abend des 2. Juni vor der Oper einen Stein auf einen Polizisten geworfen haben soll, ist immer noch in Haft.

Die Berliner Presse hält weder das eine noch das andere für einen Skandal. Klar ist, wenn nicht bald etwas unternommen wird, um auf Teufels Situation aufmerksam zu machen, wird sich die Justiz nicht bequemen, ihn freizulassen.

Studenten des SDS und der Humanistischen Studentenunion beschließen einen Hungerstreik. Als sie zur Neu-Westend-Kirche kommen, in der sie für 48 Stunden hungern wollen, steht vor dem Eingang eine Kette aufgebrachter Gemeindemitglieder. Die stillen Herren in Zivil von der politischen Polizei stehen auch herum. Passanten gaffen. Mitten im Gedränge beschwichtigen zwei Kirchenleute, der Superintendent Sudrow und der Gemeindepfarrer, ihre wehrhaften Kirchenbesucher.

Viele der vor die Kirche gezogenen Demonstranten können nur noch grinsen, mit den Händen in den Hosentaschen die wildgewordenen milden Christenmenschen spöttisch mustern. Zu komisch, diese Bürgerwehr gegen den Antichristen. Komisch aber auch der Genosse Rudi, todernst, fordernd, unablässig auf die Gemeindemitglieder einredend. Überhört alle Einflüsterungen: Krieg dich ein, Rudi, zwecklos, die agitierst du nicht, laß es bleiben. Mit Hilfe des Pfarrers kommt er schließlich in die Kirche, steuert wie selbstverständlich auf die Kanzel zu und redet, nein, predigt von da oben. Ein lutherischer Bußprediger mit offenem Kragen, ärmelloser Weste, aufgekrempelten Hemdsärmeln, der wettert wie einst der Herr gegen die Tempelhändler: Hoffnungslos, beschämend, was in dieser Gesellschaft aus der Kirche geworden ist! Letzte Zufluchtstätte der Entrechteten, das müsse die Kirche sein, und wenn sie es nicht mehr ist, wieder werden. Wenn hier jemand nichts zu suchen habe, dann die Herren Polizisten in Zivil. Das meint dann auch der Pfarrer.

Genossen und Christenmenschen lassen sich in bunter Reihe auf den Holzbänken nieder. Hier passiert nichts mehr; die meisten Zivilpolizisten ziehen ab. Manchmal, das Gepäck für den Hungerstreik, Decken, Schlafsackrollen, Aktentaschen zwischen sich, reden sie jetzt ruhig miteinander. Vor ihnen, auf den Holzkonsolen, liegen die Gesangbücher. Eine Stunde später, es geht schon auf elf Uhr, wird ein Kompromiß gefunden. Die Hungerstreiker ziehen ab in das Heim der Evangelischen Studentengemeinde (an der Gelfertstraße). Höflich bedankt sich Dutschke für die Gastfreundschaft der Gemeinde.

Kein Mensch weiß nachträglich, wer denn wirklich gehungert und ob und wer vielleicht heimlich abseits der Pressevertreter halbe Brathähnchen vom Grill oder Butterstullen mit Wurst aus der Jackentasche gezogen und verdrückt hat. Sicher ist nur, daß die Atmosphäre von Selbstkasteiung, die von Rudi ausging, den Mitgliedern der Kommune 1 nicht recht war. Nicht halbfromm, asketisch und duldend sollte um Teufels Freilassung gebeten, sondern kämpferisch demonstriert werden. – Aber der Eindruck auf die liberale Öffentlichkeit?! – Ach, scheiß auf die liberale Öffentlichkeit, Rudi. – Die Kommunarden rächten sich auf ihre Weise: Fest überzeugt davon, daß zumindest Rudi nicht einen Bissen angerührt hatte, brachten sie die Nachricht in Umlauf: Rudi hat heimlich gefuttert.[146]

Das Gefängnis und das Wohnhaus

Dicht an dicht sind die Stuhlreihen im Auditorium maximum mit Studenten besetzt. Die, die keinen Platz gefunden haben, sitzen im Schneidersitz auf der Bühne vor dem Podium, stehen dahinter auf den zur Wand aufsteigenden Stufen, die Arme verschränkt, darüber die in der Hitze des Saals ausgezogenen Jacken gebreitet – und lauschen, zu Tausenden, einem alten Mann.

Hemdsärmelig sitzt Herbert Marcuse am Tisch, die Ellenbogen auf der Tischplatte, die Hände, Fingerspitzen auf Fingerspitzen gelegt, unter der scharfen, das schmale Gesicht beherrschenden Nase gefaltet. »Alle materiellen und intellektuellen Kräfte, die für die Realisierung einer freien Gesellschaft eingesetzt werden können, sind da. Daß sie nicht für sie eingesetzt werden, ist der totalen Mobilisierung der bestehenden Gesellschaft gegen ihre eigene Möglichkeit der Befreiung zuzuschreiben.«[147]

Der alte Mann hat den Kopf ein wenig zwischen den Schultern eingesenkt, als spüre er die Erwartung seiner Zuhörer nach konkreten Ratschlägen. Er spricht mit kräftiger, metallisch klingender Stimme, deren Akzent mal vertraut berlinerisch, mal merkwürdig gedehnt erscheint.

Marcuse kam aus Amerika zu Besuch, aber hier in Berlin war er geboren. Hier hat er schon 1918 auf Versammlungen des Arbeiter- und Soldatenrates gesprochen. Damals war er zwanzig Jahre alt. Die Räterevolution, für die er eintrat, scheiterte. Fünfzehn Jahre später mußte er vor den Nazis aus Deutschland fliehen. Er ahnte, was ihn als Linken und Juden erwartete. Im amerikanischen Exil arbeitete er im Dienst der amerikanischen Regierung gegen die Nazis. Die Bücher, die er seit den dreißiger Jahren schrieb, blieben lange Zeit unbeachtet. Er war kein Schlagzeilenlieferant, kein Enfant terrible der amerikanischen Geisteswissenschaft, sondern bis in die sechziger Jahre ein weithin unbekannter deutschstämmiger amerikanischer Politikprofessor. Dann erst stießen die kritischen Studenten auf seine Arbeiten. Wenige Wochen nach der Erschießung Benno Ohnesorgs luden ihn die SDS-Studenten nach Berlin ein. Marcuse nahm die Einladung spontan an und kam aus Amerika in seine Vaterstadt Berlin. Vier Abende lang, vom 10. bis zum 13. Juli, sprach er jeden Abend vor den Studenten und diskutierte mit ihnen.

Mit zwei Vorträgen zu Beginn der ersten Diskussionsabende steckt Marcuse seine Positionen ab. Den ersten betitelt er: »Das Ende der Utopie«. Er sagt: Die Abschaffung von Ausbeutung, Hunger, Elend und Krieg ist auf dem gegebenen Stand der Entwicklung der Produktivkräfte zum ersten Mal in der Geschichte weltweit möglich. Diejenigen, die darauf hinweisen, die dafür kämpfen, sind

Realisten. Denn die geschichtliche Entwicklung selbst hat die Vorstellung von einer befreiten und herrschaftsfreien Gesellschaft zu einer realpolitischen Möglichkeit werden lassen. Deshalb ist die Idee einer befreiten Gesellschaft keine Utopie mehr, eine nur erträumte und theoretische Vorstellung, für die es in der wirklichen Welt keinen Ort gibt.

Für Marcuse ist damit die neue Opposition der Studenten historisch berechtigt, ja notwendig. Das Thema des nächsten Abends ist brisanter. Es hängt seit Wochen in der Berliner Luft, in den Treffs der Studentengruppen, abends in den Kneipen: »Das Problem der Gewalt in der Opposition«.

Er berichtet darin von der »Neuen Linken« Amerikas. Auch dort sind es die Studenten, Privilegierte also, die den Ton der Bewegung angeben. Anders als in der Bundesrepublik schließen sich in Amerika der Bürgerrechtsbewegung auch unterprivilegierte Gruppen an, rassisch diskriminierte schwarze Bürger oder Puertoricaner. Die Mehrheit, sagt Marcuse, ist das in beiden Fällen nicht. Die Mehrheit, insbesondere die nach marxistischer Erwartung den gesellschaftlichen Fortschritt tragende Arbeiterklasse ist apathisch, integriert, nicht interessiert an gesellschaftlicher Veränderung. Die neue Opposition ist in der Minderheit, und die auf die Mehrheit gestützten Herrschenden schaffen das positive Recht, geben die Gesetze, definieren auch, welche Vorschläge, welche Form von Widerstand der Opposition rechtmäßig sind oder nicht.

»Demgegenüber«, sagt er, »steht die Anerkennung und Ausübung eines höheren Rechts und die Pflicht des Widerstandes als Triebkraft der geschichtlichen Entwicklung der Freiheit, ›civil disobedience‹, als potentiell befreiende Gewalt. Ohne dieses Widerstandsrecht, ohne dieses Ausspielen eines höheren Rechts gegen das bestehende Recht ständen wir heute noch auf der Stufe der primitivsten Barbarei.«[148] Langanhaltender Beifall rauscht auf im Saal, voller Erleichterung. Marcuse wartet, bis es wieder still ist, er ist noch nicht fertig, Konfrontation um der Konfrontation willen, setzt er dazu, ist Unsinn, und genauso: Gewaltlosigkeit als Prinzip zu verkünden bedeutet die Kapitulation vor der bestehenden Gewalt. Aussicht auf Erfolg aber entsteht der neuen Opposition letztlich nur aus der mühsamen sozialen Verbreiterung ihrer Bewegung.

Schon am Abend des ersten Marcuse-Vortrages geht die neue Ausgabe des *Spiegel* von Hand zu Hand. Da steht Konkreteres zu lesen, in einem fünf Seiten langen Interview des Magazins mit Rudi

Dutschke. Darin hat Rudi öffentlich gemacht, was in den ständigen Diskussionen der Studenten seit dem 2. Juni immer wieder erwogen und gefordert worden ist: die Enteignung des Presse-Zaren Axel Caesar Springer. Jetzt, in der Diskussion nach Marcuses Vortrag, scheint Rudi die Unzufriedenheit der Zuhörer im Audimax zu spüren. Er meldet sich zu Wort.

»Konkrete Alternative. Professor Marcuse hat gesagt, er könne das für Berlin nicht leisten. Dazu muß aber was gesagt werden von den Kräften, die gegenwärtig in der außerparlamentarischen Opposition eine Rolle spielen.« Er holt weit aus, kommt schließlich auf Springer. »Ich meine, die nächste wichtige Etappe in der Verbreiterung der außerparlamentarischen Opposition in West-Berlin wäre, Springer-Auslieferungen durch systematische Kampagnen, wochenlange Kampagnen in der Bevölkerung zu verhindern, einen systematischen Aufklärungsprozeß durch die Aktionskomitees der verschiedenen Hochschulen, Universitäten, Schulen, vielleicht auch Betriebe und andere Vertreter der Gesamtbevölkerung, zu beginnen und immer weitere Schichten der Bevölkerung zu erreichen, die sich nicht mehr manipulieren lassen.«[149]

Was heißt das bitte, direkte Aktionen, und welche, hatte der *Spiegel*-Mann nachgefragt. Rudi hatte ihm erklärt, man werde »passiven Widerstand gegen die Auslieferungsprozedur« leisten. Ein Sitzstreik also, der noch dazu angekündigt werden soll. So werden keine auf gewaltsame Auseinandersetzung angelegten Aktionen propagiert, aber die Angst vor einem durch die Studenten provozierten Ausbruch der Gewalt sitzt in vielen Köpfen.

Der dritte Diskussionsabend mit Marcuse zeigt das. Wieder ist das Audimax gesteckt voll. Mit Marcuse sitzen die Berliner Professoren Jacob Taubes, Richard Löwenthal, Alexander Schwan und Dieter Claessens auf dem Podium, außerdem der Assistent Peter Furth und als Vertreter der Studenten Wolfgang Lefèvre und Rudi Dutschke. Löwenthal geht gleich zu Beginn in die Offensive und greift Marcuses Thesen vom Vortag heftig an. Dabei meint er die Studenten. »Ich möchte vor der Möglichkeit warnen, daß ein Appell zur totalen Zerstörung der bestehenden Institutionen, dem kein realisierbares Ziel gegenübersteht, zu etwas führen muß, was wenig mit Marx und mehr mit Bakunin zu tun hat, der die Lust zur Zerstörung als eine schaffende Lust bezeichnete.«[150] Marcuse antwortet Löwenthal mit einem Gleichnis.

»Wenn man an der Stelle eines Gefängnisses ein Wohnhaus bauen will, muß man in der Tat das Gefängnis demolieren, sonst kann man das Wohnhaus nicht einmal zu bauen anfangen. Sie sagen dann mit Recht: wenigstens muß man wissen, daß man ein Wohnhaus an die Stelle des Gefängnisses setzen will. Genau das, glaube ich, wissen wir. Und es ist nicht nötig, schon einen genauen Plan dieses Wohnhauses zu haben, um anzufangen mit der Demolierung des Gefängnisses, vorausgesetzt, daß man weiß, daß man willens ist und daß man die Kraft hat, an die Stelle des Gefängnisses ein Wohnhaus zu setzen, und daß man auch weiß – und ich glaube, das ist entscheidend – wie ein anständiges Wohnhaus auszusehen hat. Über die Einzelheiten kann man sich dann allerdings später verständigen.«[151]

Löwenthal läßt nicht locker: »Wovor ich warnen möchte, ist die Gleichsetzung des Widerstandes gegen rechtswidrige Unterdrückung mit der Anwendung von Gewalt durch Minderheiten nur deswegen, weil sie glauben, aus der Minderheitsposition nicht herauskommen zu können«[152]

Da geschieht etwas Unerwartetes. Wolfgang Lefèvre platzt der Kragen. Jahrelang hatte er als Studentenpolitiker in Gremien gesessen, hatte beständig verhandelt, hatte Eminenzen und Bildungspolitiker eindringlich auf dieses oder jenes Bedenken der Studenten aufmerksam gemacht, hatte das Desinteresse solcher Leute wie Rudi Dutschke ertragen, die lieber Weltanalyse machten als Alternativformulierungen für die nächste Sitzung des Akademischen Senates zu basteln, hatte mißtrauisch und verärgert auf Überflieger wie Rudi Dutschke geschaut und sie nicht selten Voluntaristen genannt. Jetzt plötzlich redet er selbst wie Rudi: »Über offenkundigen Schwachsinn wie die Zwangsexmatrikulation lassen die Institutionen der Freien Universität keine rationale Auseinandersetzung zu. Auf dem Ku'damm schleppen sie jeden Studenten weg, der bloß mit einem Plakat rumsteht. Der Öffentlichkeit ist das egal. Die Presse ist gleichgeschaltet. Da müssen allerdings Eier aufs Amerika-Haus fliegen, damit überhaupt geredet wird!«[153] Und in dem Augenblick, in dem Lefèvre dem beargwöhnten Genossen Dutschke so nahe gerückt ist wie noch nie zuvor, vollzieht dieser eine neue Wendung: »Ich denke, an Lefèvre anschließend, daß wir allerdings einen Punkt erreicht haben, wo Eier absolut nicht mehr ausreichen, das heißt, Eier und Tomaten waren wirklich Formen nichtorganisierten Widerstandes, um überhaupt in der Öffentlichkeit wahrgenommen zu werden. Jetzt haben wir eine Phase innerhalb unseres politischen Prozesses erreicht, wo es Dummheit wäre und rückständig hinter dem, was wir erreicht haben, wenn wir mit

Eiern und Tomaten fortführen. Wir sind nicht mehr dreißig, vierzig Spinner, die einen Traum von einer ach so fernen Welt haben, sondern es gibt hier an der Universität ein antiautoritäres Lager von vier- bis fünftausend Studenten.«[154]

Che Guevara

»Eines Tages treffe ich Rudi auf der Garystraße vor der Freien Universität. Er hatte die Schrift von Che Guevara bei sich ›Schaffen wir zwei, drei, viele Vietnam‹ – auf Spanisch – und sagte: ›Das muß man unbedingt ins Deutsche bringen. Ich würde es am liebsten morgen haben.‹ Dann haben wir uns bei ihm zu Hause hingesetzt.

Er wohnte in der Nähe des Hohenzollerndamms, in einer Nebenstraße, in einer wahnsinnig dreckigen Bude. Die Teller waren schon grün, monatelang nicht gewaschen. Wir arbeiteten zwei oder drei Nächte.

Der Text erschien als erstes Buch in einem neuen Verlag, dem Oberbaumverlag. Ab dann waren wir ziemlich unzertrennlich.«[155]

Durch die Berliner Hinterhofwohnung, in die Rudi Dutschke seinen chilenischen Kommilitonen Gaston Salvatore dann mitnimmt, weht Guerillaromantik. Che Guevaras Agitation radebrecht Gaston, im Zimmer umherlaufend, gestikulierend, kettenrauchend, ins Deutsche. Rudi tickert zögernd das möglichst geglättete Pathos auf deutsch in die Maschine. Guevaras Lied auf das notwendige Blut, auf den Haß als Faktor des Kampfes fasziniert und erschreckt:

»Der Haß als Faktor des Kampfes, der unbeugsame Haß dem Feinde gegenüber, der den Menschen über die natürlichen Kräfte hinaus antreibt und ihn in eine wirksame, gewaltsame, selektive und kalte Tötungsmaschine verwandelt: Unsere Soldaten müssen so sein; ein Volk ohne Haß kann über einen brutalen Feind nicht siegen.«[156]

Rudi fühlt sich zu einer Stellungnahme herausgefordert. Für Feindesliebe, wie sie ihm gepredigt wurde, ist in diesen Worten kein Platz mehr. Und nur Feindesliebe in der Politik, das hieße, den Fortbestand der Unterdrückung erdulden. Rudi fühlt sich in der Klemme, und da hilft ihm keine Guerillaromantik heraus. Das gibt er zu und schreibt im Vorwort:

»Auf der einen Seite liegt im Haß gegen jedwede Form der Unterdrückung ein militanter Humanismus. Auf der anderen Seite – wie B. Brecht richtig betont – macht auch der Haß gegen die Unterdrücker die Stimme heiser, besteht die Gefahr der revolutionären Verdinglichung, die das emanzipatorische Interesse, das alle Mittel und Formen der revolutionären Befreiung durchdringen muß, nicht mehr in den Mittelpunkt stellt. Die Gefahr des Umschlages von militantem Humanismus in verselbständigten Terror wohnt jeder Form des Hasses inne.«[157]

Eines Tages zärtlich über den noch warmen Lauf eines Gewehres streichen und kalt bleiben und ohne Traurigkeit beim Anblick eines getöteten Feindes, auch wenn es notwendig war, ihn zu töten, das ist der Anfang. Beim Töten eines Feindes es nicht mehr genauzunehmen, ob der andere wirklich ein Feind ist, so geht es weiter. Dutschke gibt zu, aus diesem Dilemma keinen Ausweg zu kennen, denn auch für ihn steht fest, daß sich die unterdrückten Völker der Dritten Welt nur mit Waffengewalt befreien können. Hier gibt es für ihn keine offene Gewaltfrage, sondern nur das Problem, die Gegengewalt des Vietcong möglichst effektiv zu unterstützen. In diesen Tagen denken im Berliner SDS darüber die meisten wie Rudi, und der Verband beschließt eine Geldsammlung: Waffen für den Vietcong. Das ist neu, gesammelt wurde bis dahin, um rein humanitäre Hilfe zu leisten, Medikamente und Lebensmittel zu beschaffen. Dafür machen die Studenten auf dem Campus auch ohne Umstände Geld locker. Jetzt, wenn die SDS-Mitglieder ihre verplombten Blechbüchsen schwenken und rufen: Spendet für den Befreiungskampf des vietnamesischen Volkes! Waffen für den Vietcong! – Jetzt ernten die Sammler skeptische Blicke, und das Geld fließt nur spärlich. Der Verdacht liegt nahe, daß Gewalt gegen Menschen jetzt auch in Berlin für die sozialistischen Studenten als politisches Mittel hoffähig wird. Rudi argumentiert dagegen: Berlin ist nicht Vietnam.

»In den Metropolen ist die Lage nämlich gegenwärtig prinzipiell verschieden: Unsere Herren an der Spitze sind völlig fungibel, jederzeit durch neue bürokratische Charaktermasken ersetzbar. Wir können sie nicht einmal hassen, sie sind Gefangene und Opfer der repressiven Maschinerie.«[158]

Das sind Rudis Ideen und seine Worte, obwohl auch Gastons Name als Mitautor am Ende unter diesem Vorwort steht. Der schaut seinem neu gewonnenen Freund über die Schulter und wundert sich über dessen gedankliche Windungen um die Gewalt. Wie oft muß er ihn wegzerren aus aussichtslosen Debatten am Mensatisch mit irgendwelchen RCDS-Studenten, denen er klarmachen will, sie gehörten eigentlich in den SDS. Er, dem jedes soziologisch sauber umrissene Feindbild vor einem guten Gesicht zerfließt, ein Versöhnler, entschuldigt das Ausbleiben des Hasses.

Aber er ist kein absoluter Pazifist. Im Tagebuch schwärmt er von Che Guevaras neuen Waffen, von denen ein aus Kuba zurückgekehrter Genosse berichtet:

»Che lebt und arbeitet in Bolivien, die dritte Front ist errichtet, d.h. es existieren dort wenigstens 200 voll ausgebildete Guerillas. Das ist sehr viel!! Kämpfen schon mit Raketenwaffen!! Die Vietcong haben solche Waffen erst vor kurzem erhalten.«[159]

Und wie will Dutschke in Berlin kämpfen? »Unsere Gewalt gegen die unmenschliche Staatsmaschinerie, gegen die Manipulationsinstrumente ist die organisierte Verweigerung. Wir stellen uns mit unseren unbewaffneten Leibern, mit unserem ausgebildeten Verstand den unmenschlichsten Teilen der Maschinerie entgegen, machen die Spielregeln nicht mehr mit, greifen vielmehr bewußt und direkt in unsere eigene Geschichte ein.«[160]

Unentschieden

Eine erste Atempause für die Aktivisten des SDS am Ende des Sommersemesters. An einem glühend heißen Tag sitzen sie in einem Schulungsheim der Gewerkschaftsjugend und brüten über der Frage, wie die neu entstandene politische Situation vom SDS gemeistert werden soll. Draußen am Wannsee ist Badebetrieb.

Eine Aktion hatte in diesem Monat die andere gejagt, ein Termin wurde vom nächsten abgelöst. Das Zuspätkommen war zum Ausweis revolutionären Fleißes geworden, die Nächte zu den Bürostunden der Revolte.

Nimmermüde und immer übermüdet war Rudi mit seinen handgekritzelten Redemanuskripten von Veranstaltung zu Veranstaltung gezogen, seine abgewetzte lederne Aktentasche unter dem Arm, deren chaotisches Innenleben wie ein Zufallsgenerator mit immer neuen Zettelkombinationen immer neue Variationen seiner Rede auswarf. Auch gab es noch die mit einem andersfarbigen Stift unter dem Eindruck diverser Vorredner hastig eingemalten Abänderungen einiger Passagen. Durchaus konnten sich die während der Fahrten auf den Knien ausgestrichenen und mit neuen Sätzen oder Stichworten versehenen Blätter von Zeit zu Zeit zu einer so noch nie gehörten Rede addieren. Auch verstand er es, auf Zurufe, auf die Stimmung im Saal einzugehen. Waren die spontanen Antworten immer richtig?

Beiratssitzung, Bündnisverhandlung wegen Vietnam-Demo im Republikanischen Club, Podiumsdiskussion im Studentenheim, Gegenermittlungsausschuß, Teufel-Hungerstreik, Arbeitskreis Kritische Universität ... Die Ereignisse prasselten auf die Akteure nieder, hielten sie auf Trab. Besonders Rudi Dutschke. Briefliche Einladungen, auch von außerhalb, stapelten sich. Leute, die noch kein Genosse je zuvor auf einer politischen Veranstaltung gesehen hatte, tauchten im SDS-Zentrum auf und wollten Mitglied werden. Fragten, was sie tun sollten. Presseleute forderten Auskünfte. Was sie dann druckten, sendeten, vermuteten, forderte Stellungnahmen, Ergänzungen, Richtigstellungen heraus. »Keine Theorie ohne Praxis, keine Praxis ohne Theorie.« Jahrelang war dieser alte Satz auf seinem ersten Teil betont worden, wenn sich, wenn überhaupt, ein kleiner, endlos debattierender Zirkel spät und zögernd endlich zu einer Aktion auf die Straße traute. Die Erklärungen dann waren abgezirkelt, die Reden wochenlang vorbereitet, der Plan der Tat so fertig wie der eines Hauses im Kopf des Baumeisters, bevor der erste Spatenstich getan wird.

Jetzt saßen die Studenten zu Tausenden in den Veranstaltungen und warteten auf Vorschläge, politisch zu handeln. Mit einem solch abrupten Umschlag hatte niemand gerechnet, auch Rudi Dutschke nicht, der als notorischer Optimist galt.

Strategiediskussion drinnen und draußen Sonnenschein. Zu viele Fragen: Wie soll der SDS all die neu politisierten Studenten organisieren? Welche praktischen Ziele müssen angepeilt werden? Wie kann die Isolation der Studentenschaft durchbrochen werden? Wie soll die zunehmende Kriminalisierung durch Polizei und Justiz abgewehrt werden?

Der äußere Druck hat die bislang recht zerstrittenen SDS-Fraktionen zusammenrücken lassen. So verschiedene Genossen wie Klaus Meschkat, Rudi Dutschke, Wolfgang Lefèvre und Bernd Rabehl zerbrechen sich gemeinsam den Kopf. Sie kommen nicht weiter. Bald reißt einer die Tür auf, rennt raus in die Sonne, streift seine Klamotten ab, hechtet in den Wannsee und schwimmt ins offene Wasser. Die anderen nach kurzem Zögern hinterher.

Den Rest des Tages spielen sie Fußball auf der Wiese vor dem See, baden und spielen Fußball. Unentschieden.[161]

Kraftprobe

Am 21. November 1967 verließ Kriminalobermeister Karl-Heinz Kurras den Gerichtssaal als freier Mann. Die 14. Große Strafkammer beim Landgericht Moabit sprach den Todesschützen des Studenten Benno Ohnesorg von der Anklage der fahrlässigen Tötung frei. Das Gericht erklärte, es gebe »keine Anhaltspunkte für eine vorsätzliche Tötung oder eine beabsichtigte Körperverletzung durch einen gezielten Schuß«. Der eines Steinwurfes am selben Abend verdächtigte Student Fritz Teufel saß weiter in Untersuchungshaft. Für den 27. November wurde die Eröffnung des Gerichtsverfahrens gegen ihn angekündigt. Das war eine deutliche Kriegserklärung für die Studenten von Berlin: Zwar waren die politisch Verantwortlichen für die Ereignisse des 2. Juni zurückgetreten, der Regierende Bürgermeister Albertz, der Innensenator Büsch, der Polizeipräsident Duensing. Aber die neue Führung der Stadt bewältigte die Ereignisse so unbeirrt, als sei nichts geschehen. Daß die Studenten mit Unruhe reagieren würden, kalkulierten auch der Senat und die Polizei ein. Als polizeiliches Problem nahm man die Studenten und ihre Vertreter jetzt ernst. Besonders Rudi Dutschke. Man hielt die Augen offen.

Mehr und ganz anderes zur Machtfrage zwischen Studenten und Senat als in den Zeitungsberichten fand sich in der Anklageschrift des Generalstaatsanwaltes beim Landgericht, Aktenzeichen 502/1 P Js 29.68, gegen Alfred Willi Rudolf Dutschke, Gaston Salvatore Pascal und Rolf Peter Schwiedrzik wegen »Veranstaltung und Leitung eines Aufzuges ohne behördliche Genehmigung und Teilnahme an einer öffentlichen Zusammenrottung einer Menschenmenge, die mit vereinten Kräften Gewalttätigkeiten gegen Personen und Sachen beging, und zwar der Angeschuldigte Dutschke als Rädelsführer.«[162] All das geschah am Nachmittag des 27. November bei naßkaltem Winterwetter in der Umgebung des Kriminalgerichtes Moabit, in dem gerade das Verfahren gegen Fritz Teufel eröffnet wurde.

Die Vorgeschichte dieser Demonstration begann jedoch zwei Tage nach dem Kurras-Urteil. Auch das weiß die Anklageschrift zu berichten.

»Am 23. November 1967 fand in der Zeit von 19.30 Uhr bis 22.30 Uhr im großen Hörsaal der TU Berlin eine Veranstaltung über eine geplante Anti-Springer-Kampagne statt. Unter den 1 200 Teilnehmern befanden sich zahlreiche Funktionäre des SDS.«

Vergessen wir aber Kriminalobermeister Wernicke von der Abteilung I nicht, der die in Blatt 7 der Ermittlungsakten abgehefteten Notizen über diesen Abend angefertigt hat:

»Der Angeschuldigte Dutschke fragte die Anwesenden unter anderem, was denn noch passieren müßte, bis man zur radikalen Tat schreite. Er erklärte, es sei jetzt an der Zeit, mit undemokratischen Mitteln zu kämpfen. Dutschke rief die Studenten auf, sich am 27. November 1967 zum ›Terror-Prozeß‹ gegen Teufel einzufinden und sich auf Auseinandersetzungen einzustellen. In diesem Zusammenhang verwies er auf politische Terror-Prozesse in Wien (1926), wo man den Justizpalast in Brand gesteckt habe. Gleichzeitig meinte er aber, dieses Beispiel solle nicht ›wörtlich‹ genommen werden. Abschließend forderte er die Anwesenden auf, eine Verurteilung von Fritz Teufel zu verhindern.«

Ob auch den Vorgesetzten des Kriminalobermeisters Wernicke aus der Abteilung I die Schwierigkeiten ihres Beamten beim Stenogramm der fremden Sprache Dutschkes aufgefallen waren oder nur aus technischer Spielerei, Kriminalobermeister Rückwardt hatte jedenfalls am Vormittag des 27. November ein Tonbandgerät dabei. Der Staatsanwalt zitiert wörtlich aus dem in den Ermittlungsakten befindlichen Tonband, das den Aufruf Dutschkes enthält:

»Darum alle 14.30 Uhr U-Bahnhof Turmstraße auf dem Wege zum Justizpalast!«

Was die Polizeiführung für ihre Einsatzplanung wissen mußte, war damit klar. Weiträumige Absperrung des Kriminalgerichts mit Spanischen Reitern, Aufstellung von 750 Polizeibeamten vor dem Kriminalgericht, Aufbau von sechs Wasserwerfern an den strategisch wichtigen Punkten, Lautsprecherwagen. Das geschah ohne Hast. Sollten sie kommen.

»Der ungenehmigte Demonstrationszug, der inzwischen auf 600 Personen angewachsen war und an dessen Spitze die Angeschuldigten marschierten, gelangte etwa gegen 14.38 Uhr an die Sperrgitter. Nunmehr wurden die Demonstranten durch Aufforderung des Lautsprecherwagens der Polizei gebeten, die Umgebung des Gerichtsgebäudes zu räumen, andernfalls Wasserwerfer eingesetzt würden (14.39 Uhr). Eine weitere Aufforderung erging deutlich vernehmbar um 14.43 Uhr. Diese Aufforderung wurde um 14.48 Uhr wiederholt. Obwohl die Demonstranten, insbesondere die Angeschuldigten, Gelegenheit hatten, sich zu entfernen oder den Demonstrationszug aufzulösen, verblieben sie an ihrem Standort. Die

Die Familie Dutschke 1946: Rudi, Mutter Elsbeth, Helmut, Manfred, Günter
Rudi beim Skatspiel mit Schulfreunden in Luckenwalde, 1955

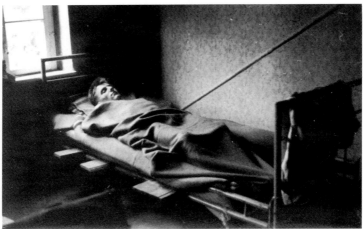

Stabhochspringer Rudi Dutschke, 1956
Studentenbude in West-Berlin, 1961

Porträtaufnahme für die Zeitschrift »Capital« von Charles Wilp, 1968

Gaston Salvatore und Rudi Dutschke auf einer Demonstration gegen den Krieg in Vietnam, Februar 1968
Demonstration vor dem Gericht in Berlin-Moabit während des Prozesses gegen Fritz Teufel, November 1967

Internationaler Vietnam-Kongreß in Berlin, Februar 1968

Ort des Attentats auf Rudi Dutschke in der Nähe des SDS-Zentrums auf dem Berliner Kurfürstendamm, 11. April 1968
Protestaktion nach dem Attentat vor dem Berliner Springer-Haus

Rudi Dutschke nach der Gehirnoperation im Krankenhaus gemeinsam mit seiner Frau Grete, 1968
Mit Sohn Hosea Che in Dänemark, 1971

Rudi Dutschke bei einem Treffen der Grünen, 1977

Menge begann, durch Dutschke angefeuert, mit Sprechchören wie: ›Teufel raus, Kurras rein‹ oder ›Teufel raus!‹.«

Polizeioberkommissar Werner Textor brüllte in das Mikrofon des Lautsprecherwagens: »Wir sind zahlenmäßig für jede Auseinandersetzung mit Ihnen gerüstet!« Dann geschah, was in den Akten der Anklage durch drei Bild- und Tonfilme der *Abendschau*, der *Tagesschau* und des Nachrichtenmagazins *Heute*, ferner durch Aufnahmen des Fotografen der *Bild-Zeitung* zweifelsfrei dokumentiert ist. »Dann gab der Angeschuldigte Dutschke die Anweisung, die aufgestellten Sperrgitter zu entfernen. Er faßte selbst mit an. Die Angeschuldigten hoben nun gemeinsam – mit anderen Demonstranten – gewaltsam die Gitter aus und schoben oder zogen diese zur Seite. Durch die so entstandene Gasse drang ein Teil der Demonstranten – die Angeschuldigten an der Spitze – in das Sperrgebiet vor dem Kriminalgericht ein. Auf Weisung des Beschuldigten Dutschke hakten sich einige Demonstranten dann unter und gingen – als geschlossene Reihe – gegen eine Kette von ca. 35 Polizeiangehörigen vor.«

In diesen Augenblicken entstanden die Fotos, die an den darauffolgenden Tagen durch die Zeitungen des ganzen Landes gingen. Von hinten über die Schultern der Polizisten gesehen, steht Rudi Dutschke, vergleichsweise klein, aber energisch, eingerahmt von zwei stämmigen Genossen. Die Kette drängt bedrohlich nach vorn.

»Es gelang ihnen, diese Polizeikette zu durchbrechen. Einige Polizeibeamte wurden dabei von den Demonstranten angerempelt. Der Angeschuldigte Dutschke hatte sich kurz vor dem Aufprall der Demonstranten auf die Polizeikette entfernt, erschien jedoch einige Zeit später wieder, um eine neue Angriffsreihe zu bilden.«

Sekunden später begannen Polizeimeister Gräbig und Polizeimeister Borries ihre Arbeit an den Kanonen der Wasserwerfer. Der Rest war nur noch Flucht, ein heilloses Davonrennen vor den alles durchnässenden Wasserstrahlen, vor den schlagstockschwingenden Beamten, vor den zu Pferde nachsetzenden berittenen Polizisten. Die Studenten hatten nicht die geringste Chance, das Gerichtsgebäude zu stürmen, und die wenigen, die das beim Anmarsch noch geglaubt haben mögen, waren triefend naß und frierend auf dem Heimweg um eine Illusion ärmer. Rudi Dutschke schaffte es zwar noch, einem eigens hinter ihm hergehetzten Greiftrupp der Polizei mit der Flanke über einen Zaun zu entkommen, sich in einer Büro-Baracke unter einem Schreibtisch zu verstecken, wenig später ein Auto anzuhalten und unerkannt durch die Polizeikordons zu entwischen. Dann aber, als er eilig bei Freunden die nasse Kleidung gewechselt und gleich wieder weiter zum Flughafen Tempelhof gefahren war, zerrten ihn zwei Polizeibeamte kurz vor dem Start aus dem Flugzeug, das ihn zu einer Veranstaltung nach Bremen bringen sollte. Man hatte den Dutschke unter Kontrolle. Doch an diesem Punkt griff der Senat in die Arbeit der Polizei ein und sorgte dafür, daß kein Haftbefehl ausgestellt wurde. Aktionen und Akteure waren zu beherrschen, warum durch die Verhaftung einer Symbolfigur die Solidarisierung unter den Studenten weiter fördern?

Die Berichterstattung der Zeitungen am nächsten Tag bot den unbewaffneten Sturmversuch auf das Landgericht als bedrohlich militante Offensive der Studenten an. Für die Beteiligten wie Rudi Dutschke dagegen speckten seine Sätze voller Hoffnung ihr Pathos ab: »Wir stellen uns mit unseren unbewaffneten Leibern, mit unserem ausgebildeten Verstand den unmenschlichsten Teilen der Maschinerie entgegen, machen die Spielregeln nicht mehr mit, greifen vielmehr bewußt und direkt in unsere eigene Geschichte ein ...«[163] Nüchtern betrachtet stellte sich die Frage nach Organisierung und der Gewalt aufs neue.

Mit der Demonstration vor dem Moabiter Gericht handelte sich Rudi Dutschke heftige Kritik im Berliner SDS ein. Sein bis dahin loyaler Freund und Genosse Bernd Rabehl ging zum ersten Mal auf Distanz. Der Vorwurf lautete, daß Dutschke den ihm zugewachsenen enormen Einfluß verantwortlich ausüben müsse. Unverantwortlich sei es, die jetzt mobilisierbare, aber wehrlose Studentenschaft in Situationen zu bringen, die unweigerlich die Kriminalisierung, schlimmstenfalls eine Wiederholung der Ereignisse des 2. Juni zur Folge haben könnten. Ausdiskutiert wurde dieser Vorwurf nicht.

Bündnispartner?

Die Zeit dazu fehlte, keinem mehr als Rudi Dutschke. Es sah gar nicht aus, als gehe man sich aus dem Weg, so viel war zu tun. Andere Genossen, besonders Gaston Salvatore, suchten Dutschkes Nähe, teilten seine Pläne und Ansichten.

Rudi Dutschke reagierte pragmatisch auf die neue Situation. Auch er sah, daß die gelungene Mobilisierung der Studenten allein die Machtverhältnisse in der Stadt nicht hatte verschieben können. Und er begriff, daß ein Gegenangriff auf das Meinungsmonopol der Springer-Presse nicht allein durch die permanent in den Straßen demonstrierenden Studenten Berlins geführt werden könne. Gegenöffentlichkeit war nur mit publizistischen Mitteln, und die nur mit Geld zu erreichen. Hier gab es einen Ansatzpunkt. Axel Springers Vormachtstellung wollten nicht nur die rebellierenden Studenten brechen. Auch Springers hoffnungslos abgeschlagene Konkurrenten, die Verleger Gerd Bucerius und Rudolf Augstein, waren daran interessiert. Rudi Dutschke als dem mittlerweile von *Spiegel* und *Stern* umworbenen Gesprächspartner fiel mit seiner Rolle als Sprachrohr der rebellischen Studenten auch die des Verhandlungspartners der »Enteignet-Springer«-Kampagne zu. Er hat sie erfolgreich genutzt, wenn es auch heute noch unmöglich ist, die genauen Geldbeträge zu ermitteln, die Dutschke bei seinen Gesprächen von Augstein, Bucerius und nicht zuletzt bei dem italienischen Großverleger Giangiacomo Feltrinelli aushandeln konnte.

Rudi Dutschke hatte Giangiacomo Feltrinelli kurz nach der Frankfurter Delegiertenkonferenz des SDS im September 1967 zum ersten Mal getroffen. Eigentlich fuhr er für zwei Tage nach Mailand, um in Feltrinellis berühmter Bibliothek sozialistischer Literatur Material für seine Doktorarbeit einzusehen. Doch die Begegnung mit Feltrinelli stand ganz unter dem Zeichen der aktuellen politischen Vorgänge in Berlin und der Erlebnisse des Italieners, der soeben von einer Reise nach Kuba und Bolivien zurückgekehrt war. In Bolivien hatte er Regis Debray, einen engen Vertrauten Che Guevaras, im Gefängnis besucht. Feltrinelli erklärte sich bereit, die Aktionen des SDS finanziell zu unterstützen. Rudolf Augstein und Gerd Bucerius traf Dutschke am 24. November in Hamburg, wohin ihn die Redaktion der *Zeit* zu einem Podiumsgespräch eingeladen hatte. Rudi Dutschke kam auch von dort nicht mit leeren Händen zurück.

Wie aber im politischen Klima West-Berlins neue Bündnispartner für die Studenten gewinnen, in einer Situation, in der es eine große Koalition aller etablierten Parteien unter Einschluß der führenden Berliner Gewerkschaftsvertreter gegen die Studentenschaft gab? – Allen tiefsitzenden und fortgeltenden Vorbehalten des DDR-Abhauers Dutschke zum Trotz nahm der SDS nach dem 2. Juni 1967 tatsächlich die Verbindung zu denen auf, die nach dem Urteil der veröffentlichten Meinung von Anfang an die Aktionen der Studenten inspiriert und gesteuert hatten: zur SEW, der DDR-treuen und -abhängigen Sozialistischen Einheitspartei West-

Berlins. Nach dem Tod von Benno Ohnesorg war im SDS-Zentrum eine Delegation der FDJ erschienen, hatte Hilfe angeboten und Geld mitgebracht.[164] Wenig später erhielten die SDS-Studenten für ihren Ermittlungsausschuß zur Untersuchung des Todes von Benno Ohnesorg Fotomaterial aus Ostberlin und Dossiers über die Nazi-Vergangenheit Westberliner Polizeiangehöriger.[165] Nicht nur Dutschke, sondern auch einer Mehrheit des politischen Beirates des SDS erschien eine punktuelle Aktionseinheit mit der SEW jetzt sinnvoll und möglich. Der Anknüpfungspunkt war der gemeinsame antiimperialistische Kampf gegen den amerikanischen Krieg in Vietnam. Die Chance lag, so das Kalkül, in der starken politischen Position des SDS in der Westberliner Linken, der für das gemeinsame Engagement in Sachen Vietnam weder gezwungen noch willens war, seinen DDR-kritischen Standpunkt zum autoritären Staatssozialismus und zum Stalinismus aufzugeben.[166] Ab dem Sommer 1967 trafen sich verschiedene Beiratsmitglieder des SDS wie etwa Wolfgang Lefèvre, Gaston Salvatore und Christian Semler in unregelmäßigen Abständen mit Gerhard Danelius, dem Vorsitzenden der SEW, und anderen führenden Funktionären seiner Partei und der SED in Ostberlin.

Ein erstes sichtbares Zeichen der neuen Zusammenarbeit war die Vietnamdemonstration am 21. Oktober 1967. Zu ihr kamen 10 000 Menschen, erheblich mehr als bei der vergangenen im Juni. Ein neuer Rekord. Die Bewegung wuchs weiter.

Die Ausnahme

Man kann nachlesen, wie die Journalisten verschiedenster Zeitungen über Monate hinweg seine immer gleichbleibende Garderobe ausmalten. Der Ringelpulli. Die Lederjacke. Die Cordhosen. Die abgewetzte Aktentasche. Fotos und Filmbilder belegen, daß das stets steigende Interesse der Medien ihn nicht im geringsten veranlaßte, seinem Äußeren mehr Beachtung zu schenken als zuvor. Seine Wohnungen blieben gelegentliche Schlafhöhlen, mit dem Unterschied, daß er sie jetzt noch seltener betrat und noch seltener putzte.

Die Feststellung, daß Dutschke materiell völlig unkorrumpierbar wäre, ist nur die langweilige Hälfte der Wahrheit. Seine asketische Enthaltsamkeit von Alkohol und Tabak, seine fortdauernde Gleichgültigkeit jedem guten Essen gegenüber, das ihn nur als Nahrung interessierte, sein kaum überbietbares Desinteresse an jeder erdenklichen Sparte privaten Konsums brachten ihn gar nicht erst in Verlegenheit. Genuß war nicht seine Sache, das ist die skurrile Seite seiner Unkorrumpierbarkeit.

Ein einziges Mal machte er eine Ausnahme und setzte politischen Einfluß für seine privaten Belange ein. Am 10. November 1967 kam aus Luckenwalde die Nachricht vom Tode der Mutter. Nach dem damals geltenden Recht bekam ein Republikflüchtiger wie Dutschke auch bei Todesfällen im engsten Familienkreis keine Einreisegenehmigung. Kaum hatte er das offiziell abgeklärt, wandte er sich sofort an Gerhard Danelius und beschwor ihn, sich bei den Behörden der DDR energisch für ihn zu verwenden. Das tat Danelius, nicht jedoch ohne sofort für die SED-Führung in Ostberlin ein Dossier über Dutschkes politischen Standort anzufertigen.[167]

Am Morgen des 14. November fuhr Dutschke zum Bahnhof Friedrichstraße und meldete sich bei der Grenzkontrolle. Zwei Herren im Trenchcoat erwarteten ihn schon. Sie packten ihn auf den Rücksitz einer geräumigen schwarzen Limousine und fuhren auf direktem Weg ohne Aufenthalt zum Friedhof in Luckenwalde. Am Grab seiner Mutter sah Rudi Dutschke zum ersten Mal nach über sechs Jahren seinen Vater, seine Brüder und deren Frauen wieder. Die Herren im Trenchcoat hielten sich im Hintergrund. Sie warteten das Ende der Begräbnisfeier ab. Dann brachten sie ihren Fahrgast ebenso zügig und schweigsam wie auf der Herfahrt zum Grenzübergang Bahnhof Friedrichstraße zurück.

In Luckenwalde sprachen die Leute tagelang über den Dutschke Rudi und warum mit ihm, gerade mit ihm, und niemandem sonst eine Ausnahme gemacht worden war.[168]

Friede auf Erden

Zwischen dem Weihnachtstag 1967 und Ende Januar 1968 bekam Friedrich Wilhelm Wachau in seiner Stammkneipe Café Hellmich in Berlin-Neukölln jede Menge Freibier, denn er hatte viele dankbare Zuhörer. Sonst hatte den älteren Herrn mit der Krücke kaum jemand beachtet. Dabei saß er hier seit Jahren beim Bier, rauchte seine Zigarillos und führte mit den anderen Gästen Stammtischreden. Er selber fand, daß seine beste Zeit vorbei war.

»Früher«, sagt er, »früher, da war ich ein Kerl. Heute bin ich ein Scheißkerl.«

Friedrich Wilhelm Wachau träumte von seiner Jugend, als er die verdammte Krücke noch nicht brauchte. Klubmeister war er gewesen im Rixdorfer »Sportverein Gaswerke« im 100- und 200-Meter-Lauf und im Weitsprung. Später hatte er Mensuren geschlagen.

»Ich bin uralter Nazi. 1929 trat ich in die SA ein. Damals waren wir die Dutschkes. Wir bekamen von den Kommunisten die Jacke voll.« Friedrich Wilhelm Wachau hatte bewiesen, daß es auch andersrum geht. Deswegen stifteten die Kellner im Café Hellmich jetzt Freibier und die Gäste hörten sich seine Erinnerungen an.

»Was gibt es heute für Ideale. Miniröcke und Antibabypille. Das sind doch keine Ideale. Ich war glühender Idealist. Ehre, Freiheit, Vaterland hieß es bei uns in der deutschen Burschenschaft. Ich habe 26 Partien gefochten, davon drei Säbelkisten. Wir haben uns die Fresse kaputtgehauen und dann an der Theke wieder Bier zusammen getrunken. In den Verbindungen findet man heute noch patente junge Leute. Nicht solche wie die Lauselümmel von dem Brandt, dem Major von der anderen Seite. Die dürfen ja sogar mit dem Ritterkreuz onanieren.«

Friedrich Wilhelm Wachau stieg die Zornesröte ins Gesicht. Schließlich hatte er für solche Ehrenzeichen als Stuka-Flieger Kopf und Kragen riskiert. Bis zum deutschen Kreuz in Gold hatte er es gebracht. Die siebte Verwundung machte ihn zum Krüppel, der sich nun nur noch am Stock fortbewegen konnte. An der Krücke, mit der er letzthin einmal kräftig kurz zugelangt hatte und um die die Leute und sogar die Presse nach dem Weihnachtstag 1967 soviel Aufhebens machten. »Wir Deutschen haben immer sauber gekämpft. In Rotterdam zum Beispiel haben wir alles kaputtgemacht, aber die Kirchen ließen wir stehen ...«

Friedrich Wilhelm Wachau schwelgte am liebsten stundenlang in seinen Kriegserinnerungen, aber die Leute, die ins Café reinkamen, ihm auf die Schulter klopften, wollten immer dieselbe Geschichte hören für das Freibier, das sie dem alten Herrn mit der Krücke ausgaben. Dabei fand Wachau, daß um diesen Dutschke viel zuviel Aufhebens gemacht wurde. »Also, eigentlich bin ich kein Kirchgänger. Aber an Weihnachten überkam es mich einfach. Ich wollte den Mitternachts-Gottesdienst in der Gedächtniskirche erleben. Die Kirche war überfüllt, ich fand nur noch einen Platz in der letzten Reihe hinter einer Säule. Da kamen sie rein, die Studenten. Die sahen aus wie die Chinesen. Wir sind doch Deutsche. Ihre Plakate waren so primitiv gemacht. Wenn wenigstens ein bißchen Kultur drin gewesen wäre.«

In der Tat fehlte den offenbar wie meist überhastet hingepinselten Transparenten die ästhetische Würde, mit der sie sich umstandslos in das Ambiente der schlicht avantgardistischen Kirche eingefügt hätten. »Helft dem Frieden – Helft Vietnam«, prangte auf dem einen in mehr lesbaren als schönen Lettern, auf dem anderen ein Schwarzweißfoto eines übel zugerichteten, gequälten Menschen, eines gefolterten Vietcong, wie es später in der Presse hieß, und dazu der Spruch: »Was ihr getan habt einem unter diesen meinen geringsten Brüdern, das habt ihr mir getan.« Nicht nur Friedrich Wilhelm Wachau mißfielen die Eindringlinge mit ihren Transparenten. Die Gottesdienstbesucher murrten zornig. »Schämt euch«, riefen sie, »wascht euch erst mal.«

Einer brüllte: »Raus, ihr Schweine.«

Droben auf der Empore intonierte der Organist das Orgelvorspiel. Aus einigen Sitzreihen drängelten sich kräftige Familienväter heraus auf den Mittelgang, aus der Sakristei eilte der Kirchendiener herbei. Alle stürzten sich auf die Demonstranten, entrissen ihnen die Transparente und boxten sie unsanft und schnell den Weg hinaus, den sie gekommen waren. Auch Rudi Dutschke war an diesem Weihnachtsabend in der Gedächtniskirche. Er wußte von der Aktion einiger SDS-Genossen und Mitgliedern der Evangelischen Studentengemeinde (ESG), war aber nicht an ihr beteiligt. Von seinem Platz in der zweiten Reihe vorn sah er, wie die weihnachtlich gestimmten Gottesdienstbesucher seine Freunde aus der Kirche prügelten.

Rudi war nicht der Typ, bei so etwas tatenlos zuzuschauen. Er stand auf, eilte mit ein paar Schritten zur nahegelegenen Kanzel und rief mitten in den Tumult: »Liebe Brüder und Schwestern!« Ob er sich selbst mit dieser Anrede inmitten der offenen Feindseligkeiten instinktiv in die Luckenwalder Gemeindekirche zurückversetzte, in der er oft und gern gesehen das Wort ergriffen hatte, oder einfach nur eine möglichst besänftigende Anrede suchte, läßt sich nicht ergründen, denn schon nach diesen Worten rissen ihn andere Gottesdienstbesucher von der Kanzel herunter, schlugen auf ihn ein und drängten Rudi ebenfalls in Richtung Ausgang. In diesem Moment trat Friedrich Wilhelm Wachau in Aktion.

»Mich packte die Wut. Ich habe meine Krücke umgedreht und einfach zugeschlagen. Mit der Rechten, das ist mein Mensurarm. Damit kann ich noch gut zuschlagen. Daß das der Dutschke war, dem ich eine verpaßt habe, habe ich nicht gewußt. Ein Polizist, der dabei war, hat gesagt: ›Was Sie getan haben, war richtig. Uns sind ja leider die Hände gebunden.‹«

Der Schlag mit dem Mensurarm saß. Rudi Dutschke blutete aus einer Platzwunde am Kopf. Während sie im Krankenhaus genäht wurde, intonierte die Gemeinde schon wieder fromme Lieder. Friede auf Erden.[169]

Hosea Che

Im Oktober 1967 kam die Nachricht aus Bolivien: Che ist gefallen. Eine bedrückende Nachricht auch für die Revolutionäre in West-Berlin. Die zweite revolutionäre Front nach Vietnam hatte einen wichtigen Kämpfer verloren, die Revolutionäre Westeuropas eine Hoffnung.

Und am 12. Januar 1968? Gretchen berichtet:

»Im Januar wurde unser erster Sohn Hosea Che geboren. Rudi hetzte von den Vietnam-Veranstaltungen ins Krankenhaus und wieder zurück, aber irgendwie schaffte er es, dabeizusein, als Hosea geboren wurde. Wir hatten uns vorher sogar einen Film über eine Geburt angesehen, damit Rudi sich vergewissern konnte, ob er bei einer Geburt zusehen konnte, ohne in Ohnmacht zu fallen. Damals war es noch sehr neu für Väter, bei der Geburt dabeizusein.«[170]

Vietnam-Kongreß. Berlin tanzt

I.
Überall im Land begannen die Streitkräfte der südvietnamesischen Befreiungsfront am 31. Januar 1968 die Tet-Offensive. Scheinbar aus dem Nichts waren sie da, bestürmten die großen Städte, eroberten die altehrwürdige Kaiserstadt Hue, fielen in Saigon ein und stürmten die amerikanische Botschaft inmitten der vor feindlichen Truppen starrenden Metropole des südlichen Landesteiles. Ein Selbstmordkommando, aber: Angriff. Der Oberbefehlshaber der amerikanischen Streitkräfte in Vietnam, General William Westmoreland, forderte weitere 206 756 Soldaten als Verstärkung. Die Generäle in Washington dachten schon an die Einberufung von Reservisten. Der Geheimdienst CIA meldete in einem Dossier für Präsident Johnson: Der Feind wird trotz aller US-Truppenverstärkungen den Zermürbungskrieg mindestens zehn weitere Monate überstehen.[171]

II.

Seit den Wintermonaten des Jahres 1967 steckte Rudi Dutschke alle organisatorische Kraft in ein sehr ehrgeiziges Projekt: In West-Berlin, dem Vorposten Amerikas in Westeuropa, sollte ein Kongreß der Vietnamkriegsgegner zusammentreten. Ein Tribunal, das wegen der internationalen Beteiligung und der Empfindlichkeit des Ortes weltweit ausstrahlen würde. Dieser Kongreß sollte anders werden als jener, den der SDS im Mai 1966 in Frankfurt veranstaltet hatte. Nicht mehr wissenschaftliche Analyse der den Konflikt verursachenden Kräfte allein, sondern Überlegungen zur praktischen Organisierung des Widerstandes waren zum Thema gestellt: »Alle Organisationen, die sich entschlossen haben, gegen den Imperialismus zu kämpfen, müssen eine Einheitsfront aufbauen, um den endgültigen Sieg der vietnamesischen Revolution zu erreichen«, so stand es in dem am 3. Januar 1968 vom SDS-Bundesvorstand beschlossenen Aufruf zu dem für den 17. und 18. Februar in West-Berlin anberaumten Kongreß. Solidarität mit dem um seine Freiheit kämpfenden vietnamesischen Volk sollte jetzt auch in Westeuropa heißen: Angriff.

Der Januar verlief ruhig. Kärrnerarbeit war zu tun: Briefe an befreundete Organisationen im Ausland. Verhandlungen mit möglichen Mitveranstaltern in West-Berlin. Reisen. Prominente Unterstützer ansprechen. Geld beschaffen.

III.

Anfang Februar flackerte Unruhe auf. Die Studenten des Romanistischen Seminars wollten eine von den Ordinarien beschlossene Veränderung des Grundstudiums nicht mehr einfach hinnehmen. Die Professoren verweigerten jede Diskussion über ihre Beschlüsse und reagierten auf die Unruhe in allen Seminaren mit einer einwöchigen Schließung des gesamten Lehrbetriebes. In einer Vollversammlung solidarisierten sich die anderen Studenten der Philosophischen Fakultät mit ihren ausgesperrten Kommilitonen. Da drangen die Studenten in eine Fakultätssitzung der Professoren ein. Die hatten sich erneut geweigert, mit den Studenten zu verhandeln, und ihnen die Türen des Sitzungssaals vor der Nase zugeknallt. Jetzt brachen die Studenten die Türen auf. Die Professoren erhoben sich langsam von ihren Stühlen und staksten wortlos durch die im Fakultätsgebäude in den Gängen und dem Vorraum sitzenden Studenten zum Ausgang und gingen nach Hause. Man redete nicht mehr miteinander.[172]

Die Stimmung einiger Aktivisten begann zu kippen. Was interessierte ihre alte Rolle als Aufklärer, wenn schon die Hörsäle und Gänge wie von selbst von ihren Thesen widerhallten, wenn schon in die Uni gepilgerte Schüler und pennälerhafte Erstsemester mit gelangweiltem Kennerblick die Reden über imperialistische Globalstrategie oder die Rolle Springers verfolgten. Einige Genossen aus der Springer-Kampagne spürten den Druck der Erwartung, daß etwas geschehen müsse. Zugleich zögerten sich ihre Verhandlungen mit den Vertretern liberaler Verlagshäuser um das Konzept der geplanten Veranstaltungen gegen den Springer-Verlag hinaus. Da organisierte der »Springer-Arbeitskreis« der »Kritischen Universität«, die sich im November 1967 als Initiative der rebellierenden Studenten gegen den etablierten Hochschulbetrieb gegründet hatte, eine Vorbereitungsveranstaltung für das geplante Tribunal. Einer aus der Arbeitsgruppe, Holger Meins, führte einen selbstproduzierten Kurzfilm vor: »Wie stelle ich einen Molotow-Cocktail her?« Danach redete man sich heiß. Ein lächerliches, völlig ernstgemeintes Ultimatum an Springer wurde gestellt: Absolutes Mitbestimmungsrecht der Studenten für alle zukünftigen Berichte über Studenten in allen Springer-Zeitungen. Dann noch mal der Molotow-Cocktail-Film. Sein letztes Bild: Das Springer-Hochhaus in der Kochstraße.

In der Nacht fuhren einige der Teilnehmer dieser Veranstaltung als Westberliner Kleingruppen-Guerilla mit Backsteinen auf den Rücksitzen ihrer VW-Käfer durch die Stadt und zerschmissen die Fensterscheiben aller Springer-Filialen, die sie finden konnten. Das Klirren der Scheiben hallte tagelang in Springers Zeitungen nach. Eine Karikatur verglich die Steinwürfe in die Schaufenster mit dem Terror der SA in der sogenannten »Reichskristallnacht«, dem offiziell veranstalteten Judenpogrom der Nazis am 8./9. November 1938. Diese Karikatur bringt die zynische und geniale Taktik des Konzerns auf den Begriff, die die Artikellawine seiner Zeitungen in den kommenden Februartagen bestimmte: Mit der Macht seiner hunderttausendfachen Auflagen bestimmte sich der Zeitungszar selbst zum armen, verfolgten und wehrlosen Opfer und schürte die Angst seiner Leser, sie würden das nächste sein. Eine Millionenstadt, von der politischen Führung im Senat bis zum Mann auf der Straße, wurde darauf eingestimmt, in gemeinsamer Bedrängnis Notwehr zu begehen gegen einen furchtbaren Angreifer: die Studentenschaft, personifiziert durch: Rudi Dutschke. »STOPPT DEN TERROR DER JUNGROTEN JETZT!« lautete die Überschrift eines Kommentars der *Bild-Zeitung* auf der Titelseite ihrer Ausgabe vom 7. Februar, unter der es halbfett für die flüchtigen Leser hieß:

»Man darf über das, was zur Zeit geschieht, nicht einfach zur Tagesordnung übergehen. Und man darf auch nicht die ganze Dreckarbeit der Polizei und ihren Wasserwerfern überlassen. Schlafen unsere Richter? Schlafen unsere Politiker? Wie lange wollen sie noch zulassen, daß unsere jungen Leute von roten Agitatoren aufgehetzt, daß unsere Gesetze in Frage gestellt, unterwandert und mißachtet werden? Aber unsere Jung-Roten sind inzwischen so rot, daß sie nur noch rot sehen, und das ist gemeingefährlich und in einem geteilten Land lebensgefährlich. Stoppt ihren Terror jetzt! BILD.«[173] Mit dem Artikel eingerahmt war ein Foto von Rudi Dutschke abgedruckt.

IV.

»Ihr müßt diese Typen sehen. Ihr müßt Ihnen ganz genau ins Gesicht sehen. Dann wißt ihr, denen geht es nur darum, unsere freiheitliche Grundordnung zu zerstören.« Neben vereinzelten Pfiffen und Buhrufen klatschte das Parteivolk begeistert. Auch blieb der Regierende Bürgermeister Klaus Schütz den Delegierten des Berliner SPD-Parteitages am 11. Februar nicht schuldig, wie er sich auf den angekündigten Vietnam-Kongreß der Studenten vorbereitete: »Wir werden alle Demonstrationen verbieten, die Ausgangspunkt krimineller und terroristischer Aktionen sind. Wir werden unseren Anordnungen Geltung verschaffen und hart durchgreifen.«[174] Das gelang Schütz mit nur einer Ausnahme: Trotz intensiven Drucks war der Rektor der Technischen Universität, Professor Weichselberger, nicht dazu zu bewegen, die Bewilligung der Räume für den Vietnam-Kongreß wieder zurückzunehmen. Schütz blieb nur eine kleine Lösung. Schon am 9. Februar lehnte der Senat den Genehmigungsantrag des SDS für die Vietnam-Demonstration am Ende des Kongresses am 18. Februar ab. Sofort danach stellte die Kampagne für Demokratie und Abrüstung den gleichen Antrag. Den lehnte der Senat am 13. Februar, dem Dienstag vor dem Kongreß-Wochenende, ebenfalls ab.

Am Mittwoch trat Rudi Dutschke im Republikanischen Club vor die Presse. Er erklärte, die Demonstration werde auf jeden Fall stattfinden, ob genehmigt oder nicht. Sie solle vom Stadtkern bis zum amerikanischen Quartier in Dahlem führen. Man wolle keine Wasserspiele am Kranzlereck, sondern eine disziplinierte Massenaktion. Man werde etwaige Steinewerfer aus den eigenen Reihen selbst als Agents provocateurs festnehmen und beaufsichtigen. In Dahlem angekommen, werde man »Agitation entfalten«.

Mittlerweile hatten sich Sozialdemokratischer Hochschulbund, Liberaler Studentenbund, Evangelische Studentengemeinde, Gewerkschaftliche Studentengruppe und Humanistische Studentenunion zu einem erneuten Demonstrationsantrag zusammengeschlossen. Nahezu die gesamte politisch aktive Studentenschaft stand hinter der geplanten Vietnam-Demonstration.

Spätabends, vermutlich am Mittwoch, ein Treffen in der Wohnung von Peter Gäng. Dort warteten Lefèvre, Rabehl und Gäng selbst. Dutschke kam mit Gaston Salvatore und einigen anderen Genossen aus dem Vorbereitungskomitee des Kongresses. Auch Christian Semler und Tilman Fichter tauchten auf.

Die Wartenden waren voller Mißtrauen. Der SDS hatte Verbindung zu einer amerikanischen Gruppe in Berlin, die die Desertation armee- und kriegsmüder GIs organisierte. Seit die Amerikaner aus der Desertationskampagne vor einiger Zeit im SDS über die Zustände in den McNeer-Kasernen in Dahlem berichtet hatten, schwirrte ein phantastischer Plan in den Köpfen einiger Aktivisten herum. Vollgepumpt mit Drogen betäubten die Soldaten den Stumpfsinn ihres Alltags in der Kaserne, erzählten die amerikanischen Genossen, lebten in Ungewißheit, vielleicht schon bald nach Vietnam in einen grausamen, sinnlosen Krieg abkommandiert zu werden, haßten sich selbst, aber noch mehr ihre Vorgesetzten. Ein Funke genüge, malten die Amerikaner aus, wenn ihr einen Sturm auf die Kasernen wagtet, würden sich die GIs mit euch solidarisieren, würden ihren eigenen Wachen und der Militärpolizei in den Rücken fallen. Eine Rebellion amerikanischer Soldaten gegen den amerikanischen Krieg in Vietnam könnte losbrechen, ein Fanal für den antiimperialistischen Kampf in den Metropolen.

Rabehl, Lefèvre und Gäng beknieten Rudi Dutschke, klarzustellen, was er und seine Vertrauten planten. Was sollte das heißen, was er auf der Pressekonferenz gesagt hatte – »nach Dahlem marschieren und Agitation entfalten«?

Rabehl packte aus, was er wenige Tage zuvor in Erfahrung gebracht hatte. Schon einige Monate unterhielt er in Kenntnis des SDS Kontakt mit einer Gruppe von Kriminalbeamten der Berliner Polizei. Er traf sie alle vier Wochen: vier Männer, zwei Frauen, irgendwo, unauffällig in Zivil, in einer Kneipe oder einer Privatwohnung. Die Formierung und zunehmende Militarisierung nach dem

2. Juni sei ihnen unheimlich geworden, erzählten sie Rabehl, als sie den Kontakt mit ihm aufnahmen. Völlig aufgelöst berichteten sie ihm beim jüngsten Treff, man sei im Polizeiapparat jetzt entschlossen, die außerparlamentarische Opposition in eine Situation zu bringen, in der man sie polizeilich-militärisch zerschlagen könne. Und sie beschworen ihn, um Himmels willen die Demonstration nicht zu den McNeer-Kasernen zu führen.

Über den Verlauf und den Ausgang des Gespräches bei Gäng ist sonst nichts Gesichertes zu berichten. Berlin war Mitte Februar voller Gerüchte, die noch heute in den Erinnerungen der Beteiligten lebendig sind. Fakten, Projektionen und Phantasien mischten sich damals unentwirrbar durcheinander und sind auch heute nicht zu entwirren.

Gaston Salvatore heute: Nie habe Rudi einen Sturm auf die McNeer-Kasernen erwogen. Aber unterstellt habe man ihm diese Absicht. Bernd Rabehl widerspricht: Die Begeisterung Rudis über den Vorschlag der Amerikaner aus der Desertationskampagne sei beängstigend gewesen. Die französischen und italienischen Genossen drängten auf eine militante Auseinandersetzung. Rudi habe in einer Konkurrenz zu dieser Militanz gestanden. Christian Semler sagt: Weder Rudi noch sonst jemand im SDS war so irrsinnig, einen solchen selbstmörderischen Sturm wagen zu wollen. Tilman Fichter versichert: Nur weil ein Genosse nach dem anderen vom Wahnsinn dieses Vorhabens überzeugt werden konnte, war Rudi mit seinen Getreuen wenige Tage vor dem Kongreß mit seinen Plänen absolut isoliert und konnte sie nicht durchführen. Das Aufblühen der Phantasien und Gerüchte und die Widersprüche der gegenseitigen Einschätzungen belegen mit Sicherheit nur eines: die zunehmende Entfremdung einst eng vertrauter Genossen.[175] Während die Studentenbewegung in Berlin und allen Universitätsstädten Tag um Tag mehr und mehr Menschen mobilisierte, während der *Spiegel* in einer Repräsentativumfrage ermittelte, daß 27% aller Studenten »mit Dutschke übereinstimmen«[176], wurde die Geschlossenheit des Berliner SDS brüchig.

Als Dutschke und seine Vertrauten nach dem Gespräch Gängs Wohnung wieder verlassen hatten, berieten die anderen, was nun geschehen müsse. Kurt Scharf, der evangelische Bischof, sagte schließlich einer – vielleicht kann der vermitteln. Rabehl wurde beauftragt, den Kontakt mit ihm aufzunehmen.

V.

»G.I., DON'T GO TO VIETNAM. Get a leave and your ID card and go to this adress ... DON'T GET YOUR BALLS SHOT!«[177] Schon an der für den Vietnam-Kongreß geplanten Desertationskampagne wurde klar, daß der Rahmen rein legaler politischer Aktivität jetzt überschritten werden mußte. Ein desertationswilliger Soldat brauchte einen falschen Paß, einen wohlüberlegten Fluchtweg aus Berlin in ein Land, in dem er untertauchen konnte. Diese Überlegungen waren Allgemeingut im SDS. Im engsten Kreis um Rudi Dutschke gingen die Gedankenspiele jetzt weiter. Ausgangspunkt war die Entwicklung, die sich seit dem mißlungenen Sturm auf das Moabiter Gericht im November abzeichnete.

Die bislang an der Universität in aller Öffentlichkeit diskutierten Widerstandsaktionen, unangemeldete Demonstrationszüge oder Sitzstreiks wurden polizeilich beherrscht, aufgelöst und schließlich juristisch verfolgt. Es gab kaum noch einen aktiven Genossen, der nicht schon mindestens ein Gerichtsverfahren am Hals hatte. Mit Ausnahme der Mitglieder der Kommune 1, die jede Anklageschrift mit ähnlich kindlicher Freude wie andere Menschen Beförderungsurkunden entgegennahmen, waren die meisten anderen über das sich abzeichnende Maß der Kriminalisierung besorgt. Aus der Sicht Dutschkes und seiner Genossen kam die Fortführung der bisherigen Aktionsformen genausowenig in Betracht wie die Aufgabe des Widerstandes. In den Gesprächen am Rande der ungezählten Vorbereitungstreffs für den Vietnam-Kongreß schälte sich das Konzept einer Doppelstrategie heraus: Deutlich abgegrenzt sollten die bestehenden Organisationen der Studentenschaft alle legalen politischen Möglichkeiten der Information, der Aufklärung und Organisierung der Bevölkerung weiter vorantreiben. Parallel dazu und organisatorisch wie personell von dieser legalen Arbeit weitgehend abgetrennt, sollten kleine Gruppen unter konspirativen Bedingungen illegale Aktionen vorbereiten und durchführen. Diese Aktionen sollten jedoch von den legal operierenden Genossen kontrolliert werden. Um möglichst wenige der Gefahr der Kriminalisierung auszusetzen, sollten nur einige wenige Kontaktpersonen zwischen legalem und illegalem Zweig vermitteln. Schwieriger, als diese Organisationsstruktur auszudenken, war es, sich auf bestimmte illegale Aktionen zu einigen.

Nur ein Projekt hatte schon Gestalt angenommen: »Radio Revolution«. Die Idee dazu stammte von dem SDS-Genossen Wolfgang Mayer, der sich nicht in den geisteswissenschaftlichen Gefilden des

Dahlemer Campus aufhielt, sondern an der Technischen Universität Nachrichtentechnik studierte. Wolfgang Mayer, ein DDR-Abhauer aus Thüringen, hatte Rudi bei den Protesten gegen die Große Koalition Ende 1966 kennengelernt. Nach den Erfahrungen des 2. Juni 1967 lag Mayers Idee auf der Hand. Ein illegaler Radiosender sollte als Instrument der Gegenöffentlichkeit aufgebaut werden.»Radio Revolution« könnte endlich den Studenten ein eigenes Medium an die Hand geben, könnte die Ohnmacht partiell durchbrechen, in der sich die Studenten allmorgendlich wiederfanden, wenn sie die unisono gegen die Studenten eingestellten Zeitungen aufschlugen.

Wolfgang Mayer wandte sich direkt an Rudi Dutschke und vertraute ihm seine Pläne an. Damit »Radio Revolution« möglichst unentdeckt aus der Illegalität senden konnte, mußte die Sendeanlage mobil sein, am besten installiert in einem Auto. Die Programme mußten kurz und prägnant ausfallen, möglichst nicht länger als drei Minuten, um den Peilwagen der Post eine Ortung des Senders zu erschweren. Rudi gefiel die Radio-Idee sofort. Dieser technische Plan fügte sich inhaltlich bestens in das Konzept von Aufklärung und Aktion: Er bedeutete eine kalkulierte Provokation, den Bruch gültiger Spielregeln durch die Mißachtung der Funkgesetze und die Möglichkeit, mit einer geheimen und völlig gewaltfreien Aktion aufklärerische Inhalte vermitteln zu können:

»Rudi hat das Geld besorgt und mir gegeben. Ich habe dafür Sender gekauft, die erst noch nicht nutzbar waren, das war erst mal Schrott. Aber nach der Veränderung dieser Sender konnte man was anstellen. Am Anfang war das sehr primitiv. Man hat auf einer Frequenz zwischen den anderen Stationen im UKW-Bereich gesendet. Das war noch etwas schwach. Nicht wegen der Sendeleistung. Aber man hätte vorher Flugblätter verteilen müssen: Hört uns heute auf der und der Frequenz. Später wurde das so entwickelt, daß man den Fernsehsender wegdrücken konnte. Das heißt, die Leute saßen vor dem Fernseher, dann wurde die Mattscheibe schwarz, und unsere Stimmen kamen durch. Das heißt, die Leute wurden gar nicht gefragt. Wir bestimmten, wann wir uns zu Wort meldeten.«[178]

Alle anderen Pläne waren bisher nur vage umrissen. Gewaltaktionen gegen Personen wurden generell ausgeschlossen, zur Debatte stand Gewalt gegen Sachen. Bei einem Gespräch, das Dutschke im Januar '68 mit Giangiacomo Feltrinelli führte, schälte sich eine konkrete Aktion heraus. Wer die Frage prüfte, was der Krieg in Vietnam mit den Auseinandersetzungen in den Metropolen konkret zu tun hatte, stieß auf die Logistik des Krieges. SDS-Genossen beschäftigten sich seit einigen Monaten mit der Frage, inwieweit die Amerikaner Nachschub an Kriegsgütern direkt von deutschem Boden aus nach Vietnam verschifften. Dutschke hatte schon im November 1967 bei einer Rede in Bremen seine Zuhörer aufgefordert, »den Hafen zu untersuchen, da höchstwahrscheinlich auch Bremen zu den europäischen Häfen gehöre, in denen Güter nach Vietnam umgeschlagen würden«.[179] Es gab nur zwei Möglichkeiten, diesen Nachschub punktuell und demonstrativ zu verhindern: eine Blockade des Hafens oder die Sprengung eines Schiffes. »Und wenn man so etwas tun will, braucht man natürlich Sprengstoff. Und der war nicht da, und den hat er uns beschafft«,[180] schilderte Dutschke später Feltrinellis Zusage vom Januar. Wie er sie einlöste, das kam offenbar jedoch für Dutschke äußerst überraschend.

Wenige Tage vor Beginn des Kongresses, mitten in die Zeit der Vorbereitungstreffen, platzte ein Anruf von Giangiacomo Feltrinelli bei Rudi Dutschke. Feltrinelli, gerade in Berlin eingetroffen, lud Dutschke ein, ihn in seiner Berliner Wohnung aufzusuchen. Er habe etwas für ihn.

Rudi war an diesem Tag Hosea Ches Babysitter. Er packte den Kleinen in seine Tragetasche und fuhr mit einem Genossen in die Uhlandstraße, wohin ihn Feltrinelli bestellt hatte. Kaum waren die beiden mit dem Kind in der im Stil der fünfziger Jahre schmucklos möblierten Wohnung eingetroffen und die Tür hinter ihnen geschlossen, holte Feltrinelli eine Reisetasche hervor, stellte sie auf den Tisch und öffnete sie. Erwartungsvoll schaute er seine beiden Gäste an. Im Innern der Tasche, sorgsam in Watte gebettet und ordentlich nebeneinander drapiert, lagen Dynamitstangen, Zündkapseln und eine Rolle rotummantelten Zündkabels.

Feltrinellis Weihnachtsmann-Stimmung verflog rasch, als er die fassungslose Reaktion seiner beiden Besucher bemerkte. »Wie bringen wir bloß das Zeug hier wieder raus«, sagte Rudi nach einer Pause schließlich zu dem Genossen, mit dem er gekommen war. Plötzlich tauchten all diese Gedanken auf: Sie konnten nicht in eine Wohnung ohne Tasche hineingehen und dann mit einer Tasche eine halbe Stunde später wieder herauskommen. Rudi Dutschke jedenfalls nicht. Wer weiß, wie genau er beobachtet wurde. Schließlich hatte er eine Idee.

Sorgsam hob er Hosea Che mit seiner Zudecke aus der Babytragetasche und legte ihn auf eine Couch. Dann zog er auch die dünne

Schaumstoffmatratze aus der Babytragetasche und legte sie zur Seite. Auf den Boden der Babytasche packte er vorsichtig die Dynamitstangen, die Zündkapseln und das rote Zündkabel um, bettete alles sorgfältig in die vorhandene Watte, glättete die Oberfläche, bis sie halbwegs eben war, schob die Schaumstoffmatratze wieder an ihren Platz und hob schließlich Hosea Che mitsamt seiner Decke wieder in die Tragetasche. Zeit für lange Debatten mit Feltrinelli gab es an diesem Tag nicht; Rudi und sein Genosse mußten wieder weiter zu einem Termin in der Technischen Universität. Auf der Fahrt überlegten die beiden fieberhaft, wo sie den Sprengstoff verstecken könnten. Bis zur Uni fiel ihnen nichts ein. Hosea Che, auf Schaumstoff und Sprengstoff gebettet, stand einen Termin lang neben seinem Vater auf dem Tisch. Danach traf Rudi einen alten Freund aus den ersten Westberliner Jahren, der nur sehr wenig mit dem SDS zu tun hatte. Der erklärte sich bereit, den Sprengstoff vorübergehend zu verstecken. Erleichtert fuhren sie gemeinsam in die Wohnung des Freundes und packten den Sprengstoff aus der Babytasche in eine Wäschetruhe des Freundes um. Hosea Che schlief.

VI.

Im Laufe des Freitagvormittags wurde Kurt Scharf, dem Bischof der evangelischen Kirche in Berlin-Brandenburg, deutlich, daß sich in der Stadt eine gefährliche Situation zusammenbraute. Drei Anrufer innerhalb kurzer Zeit rissen ihn aus einer Sitzung der Kirchenleitung im Johannisstift: Der Schriftsteller Günter Grass, Bernd Rabehl vom SDS und Heinrich Albertz, der vor vier Monaten aus dem Amt geschiedene Regierende Bürgermeister. Sie hatten alle das gleiche Anliegen. Der Bischof müsse sich als Vermittler zwischen Studenten und Berliner Senat einschalten, um zu verhindern, daß die bevorstehende Vietnam-Demonstration am Sonntag in einem Blutbad ende.

Kurt Scharf trug das den versammelten Mitgliedern der Kirchenleitung vor und erhielt von ihnen das Mandat, als Vermittler im Auftrag der Kirche tätig zu werden. Dann sagte er den Anrufern zu und lud sie für den Nachmittag in seinen bischöflichen Amtssitz in der Jebensstraße am Bahnhof Zoo ein. Heinrich Albertz winkte zunächst ab. Noch nie hatte er seinen politischen Gegnern der Junitage gegenübergesessen, für die er als der Verantwortliche für einen Toten auf ihrer Seite galt. Die Studenten werden auf dem Absatz umkehren und gehen, wenn sie mich sehen, sträubte er sich.

Bischof Scharf überredete ihn schließlich doch. Albertz sagte zu. Rabehl versprach, die Einladung auf studentischer Seite weiterzuleiten, darunter auch an Dutschke. Den traf er in der TU, hinter den Kulissen des laufenden Kongresses.

»Schließlich gelang es, Samstag mittag an Dutschke heranzukommen. Irgendwo im Labyrinth der Gänge und Flure des Verwaltungsgebäudes der ›Technischen Universität‹ trafen sich einige SDSler vom Beirat mit dem Veranstalter. Eine eher absurde Auseinandersetzung entstand. Von unten aus dem Audimax schallten die ›Ho, Ho, Ho Chi Minh‹-Rufe empor. Es folgte eine Diskussion, die seit Monaten hätte öffentlich geführt werden müssen oder die unten vor den ›Massen‹ ausgesprochen werden mußte. Inwieweit besaß eine Elite das Recht, durch symbolische Aktionen Menschenleben zu riskieren. Inwieweit nahm sie ihre eigene Analyse vom Gewaltcharakter des Staates ernst, wenn sie nicht in Rechnung stellte, daß bei illegaler Militanz Militärpolizei und Polizei schießen würden. Konnte die Begeisterung von jungen Leuten in dieser Form ausgeschöpft werden, sie in den möglichen Tod zu treiben. (...) Er [Dutschke, U.C.] stimmte zu, mitzukommen zur Runde von Bischof Scharf.«[181]

Am Nachmittag in der Jebenstraße in einem Sitzungszimmer mit hochlehnigen Armstühlen und einem grünbespannten Tisch. Bischof Scharf bat zunächst die Beteiligten um eine Bestandsaufnahme. Sie war kurz und beklemmend. Dutschke sagte, die Studentenschaft werde das Demonstrationsverbot ohne jeden Zweifel durchbrechen. Man werde die geplante Route die Clay-Allee hinunter einhalten und so nahe wie möglich an die amerikanischen Quartiere heranmarschieren. Niemand im Senat solle sich einbilden, die Durchbrechung des Demonstrationsverbotes sei nur Angelegenheit kleiner, besonders radikalisierter Grüppchen. Tausende stünden entschlossen hinter dieser Absicht. Rabehl berichtete, was er von seinen Gewährsleuten im Polizeiapparat erfahren hatte. Albertz nahm das Wort. Er halte die Mitteilungen seines Vorredners, Herrn Rabehl, für zutreffend. Auch er habe von früheren Mitarbeitern aus dem Senatsapparat Hinweise darauf, daß die Polizei die Konfrontation mit den Studenten suche. Aber nicht nur die Polizei, sondern, wie er befürchte, auch die politische Führung lasse es auf einen Zusammenstoß ankommen, insbesondere der alte und neue Innensenator Kurt Neubauer. Dessen Lehre nach dem Tod Benno Ohnesorgs sei es offensichtlich, die Ruhe der Studentenschaft mit einer Entscheidungsschlacht auf der Straße herbeiprügeln zu wollen. Er warte nur auf eine Gelegenheit. Die Studenten seien drauf und dran, sie ihm zu geben.[182]

In das betretene Schweigen hinein unterbreitete Kurt Scharf nach einer Weile einen Vorschlag: Er wolle sich nachdrücklich beim Senat für eine Rücknahme des Demonstrationsverbotes einsetzen, appelliere aber andererseits an die Studenten, die Demonstration nicht zu den amerikanischen Quartieren zu führen. Nach einiger Zeit stimmten alle Vertreter der Studenten zu: Rabehl, Knut Nevermann, Semler und auch Dutschke. Seine für des Bischofs Ohren so ungewohnten Sätze hat Kurt Scharf in Erinnerung behalten: »Ich will tun, was in meinen Kräften steht, daß sich die Studenten und die internationalen Gruppen auf die neue Route bei der Demonstration einlassen. Aber Sie müssen bedenken, ich bin der temporäre Führer einer fluktuierenden Gruppe. Ich weiß nicht, ob ich morgen noch das Vertrauen dieser fluktuierenden Massen habe und ob sie dann das, worauf ich mich eingelassen habe, wirklich einhalten. Ich hoffe, ich werde gehört.«[183] Mit dieser Zusicherung brach Bischof Scharf ins Schöneberger Rathaus auf, um Bürgermeister Klaus Schütz den Vermittlungsvorschlag zu unterbreiten. Günter Grass und Scharfs Vertrauter, der Theologieprofessor Martin Fischer, begleiteten ihn. Die restliche Runde beschloß, Scharfs Rückkunft abzuwarten.

Pause, warten, nichts zu tun. Irgendwer hatte Getränke serviert, Kaffee dampfte in den Tassen. Erst tuschelten die Studenten untereinander. Mit der Zeit bröckelte die Sitzordnung. Verhandeln war leichter als miteinander zu reden, aber es kam in Gang. Später saß Dutschke mit Albertz lange beisammen.

Scharf kam mit düsterer Miene zurück. Schütz hatte den Vermittlungsvorschlag rundweg abgelehnt, vor allem unter dem Druck Neubauers. Alles begann von vorn. Nein, auch unter den veränderten Umständen sei an eine Absage der Demonstration nicht zu denken, erklärten die Studenten. Blieb also nur noch der Weg vor das Gericht. Die Studenten telefonierten Horst Mahler herbei, der Bischof den Kirchenjustitiar von Wedel.

Spätnachts war der Schriftsatz auf Antrag einer einstweiligen Verfügung gegen das vom Berliner Senat verhängte Demonstrationsverbot fertig. Als Kläger traten darin die Evangelische Studentengemeinde und der Sozialistische Deutsche Studentenbund auf. Ungewöhnlich war daran nur, daß der evangelische Bischof von Berlin-Brandenburg mit einer persönlichen Bürgschaft dem Gericht versicherte, es werde, wie von den Veranstaltern versichert, zu keinerlei Abweichung von der beantragten Demonstrationsroute und zu keinen Gewalttätigkeiten seitens der Demonstranten kommen. Die Runde in der Jebenstraße ging einig, aber im Ungewissen auseinander. Morgen früh, wenn in der Technischen Universität der Vietnam-Kongreß beginnen würde, hatten die Richter der Bereitschaftskammer des Verwaltungsgerichts das nächste Wort.

VII.

Während sich am Samstagmorgen die Richter der Bereitschaftskammer des Verwaltungsgerichtes zur Beratung zurückzogen, traten die ersten Redner des Vietnam-Kongresses an das von Mikrofonen umlagerte Pult vor der überdimensionalen Fahne des Vietcong, die die gesamte Rückwand des Auditorium maximum der Technischen Universität bedeckte. In Riesenlettern aufstrebend nach oben auf dem Fahnentuch die Parole: SIEG DER VIETNAMESISCHEN REVOLUTION! DIE PFLICHT JEDES REVOLUTIONÄRS IST ES, DIE REVOLUTION ZU MACHEN. Ebenso aufstrebend und siegesgewiß all die stundenlangen Reden an die Fünftausend unten im Saal und den anliegenden Räumen und Gängen. Aufrufe, immer wieder Aufrufe. »Lassen wir dem Erwachen der Verdammten das Erwachen der Verdummten dieser Erde folgen, halten wir darum nicht länger die pseudorevolutionäre Praxis der stimmungsvollen Kongresse und Aufrufe für ausreichend, erinnern wir uns, daß die Waffe der Kritik die Kritik der Waffen nicht ersetzen kann!«[184] Die draußen vor der Tür Pause machten und beim Hintergrundgeräusch unverständlicher Redefetzen ihre mitgebrachten Brote aßen, diskutierten, wie die Wirkung des Tränengases mit auf Taschentücher geträufeltem Zitronensaft gelindert, wie die Kleidung gegen die Schlagstöcke der Polizisten mit Watte gefüttert werden könne. Vergeßt die Helme nicht. Drinnen im Saal die Reden. Deutsch. Französisch. Englisch. »Comrades often ask, how we can best support the Vietnamese Revolution. Ho Chi Minhs answer to those who asked this question is: Make Revolution in your own country! This is good advice.«[185] Das Auskosten der Entdeckung, daß der Beifall für einen Redner auslaufen kann in den Rhythmus des Namens von Ho Chi Minh.

Überall an den Wänden die herbe Schönheit des Veranstaltungsplakates, das die Konturen eines in geballter Faust nach oben gehaltenen Gewehres zeigt. »Was uns offensteht, ist nicht so sehr die Waffe der Kritik als die bewaffnete Kritik!«[186] Den ganzen Tag ein

Abwarten, was all die Worte morgen auf Berlins Straßen bedeuten würden.

Erich Fried sprach gerade zu dem Kongreß, als ihn ein Redner vom Podiumstisch aus kurz unterbrach. Es war 19.40 Uhr. Er wolle den Genossinnen und Genossen mitteilen, daß das Verbot der für den Sonntagmittag geplanten Demonstration soeben vom Berliner Verwaltungsgericht außer Kraft gesetzt worden sei, mit der Bedingung, die amerikanischen Wohnviertel in Dahlem dürften nicht berührt werden. Ein Beifall der Erleichterung rauschte durch den Saal. Als er verebbt war, sagte Erich Fried: »Das war die schönste Unterbrechung meines Lebens.«

Am Abend Dutschkes Hauptreferat. Er betitelte es »Die geschichtlichen Bedingungen des internationalen Emanzipationskampfes«. Wochen hatte er daran gearbeitet. Neben den bekannten Thesen über die Entwicklung des amerikanischen Imperialismus ging er besonders auf die Rolle der Bundesrepublik innerhalb der amerikanischen Strategie ein. Bundeswehr und NATO garantierten den Flankenschutz für die Amerikaner, griffen mehr und mehr direkt in die Niederschlagung sozialrevolutionärer Bewegungen ein. Deutsche Militärhilfe für Rhodesien, der Verkauf und die Lieferung von Kampfflugzeugen für Portugal nach Afrika bewiesen das. Der Kampf für den Sieg der nationalen Befreiungskämpfe in der Dritten Welt müsse also in einer Kampagne gegen die NATO geführt werden. Kampagne, das bedeute: systematische Desertion, subversive Aktionen gegen Kriegsmaterial, dafür sorgen, daß kein Kriegsmaterial aus Europa nach Afrika, Asien, Südamerika oder Vietnam gelangen könne.

Sein Vortrag klang papieren und leidenschaftlich zugleich. Mehr mitgerissen als mitreißend sprach er, wie das skeptischer und nüchterner geschriebene Redemanuskript gegen die euphorischen Zusätze in freier Rede verrät. »Ungelöst« ist die Frage der Verbreiterung der Studentenbewegung in Richtung der lohnabhängigen Schichten noch in den Notizen des Redners, der ein paar Absätze später im Schwitzkasten der tausendfachen Wünsche der Genossen im Saal frei hinzufügte, daß man bald im Ruhrgebiet werde sehen können, »wie sehr die Massen auf klare Parolen warten«. Und der entschiedene Beifall der Tausenden im Saal verkleinerte schließlich den Gegner. »Wo gab es Gegendemonstrationen?« fragte Dutschke in den Saal. »Sie wagen es nicht mehr, aus ihren Löchern zu kriechen!« triumphierte er. Auch diese Sätze standen nicht im Manuskript.[187]

VIII.
In der langen Nacht zum Sonntag gelang es, die Mitglieder aller teilnehmenden Gruppen auf die Einhaltung der neuen Demonstrationsroute zu verpflichten. 15 000 sammelten sich am frühen Sonntagnachmittag am Olivaer Platz. Damals soll der Spruch geboren worden sein: WIR SIND EINE KLEINE RADIKALE MINDERHEIT, den die Kolonnen voller Erleichterung und Ironie immer wieder auf ihrem Weg durch die Stadt vor die Deutsche Oper skandierten. Die Polizei hielt sich im Hintergrund. Nur einmal, am Platz vor der Deutschen Oper, drohte eine Schlägerei. Eben hatte Dutschke mit einem Megaphon eine Anzahl von Genossen von einem Baugerüst heruntergeordert, in der Angst, das wackelige Gestell werde der Belastung nicht standhalten, da schwangen sich in Blaumänner gekleidete und mit Bauhelmen ausgerüstete Männer auf das Gerüst, rissen die von den Demonstranten angebrachten Transparente herunter und setzten die dort ebenfalls gehißten roten Fahnen in Brand. Wütende Rufe aus der Menge drohten den Gegendemonstranten Prügel an. Ein paar Genossen schickten sich an, den Blaumännern auf dem Gerüst hinterherzuklettern.

»Hoffentlich fällt bloß keiner von denen runter und bricht sich das Genick«, murmelte Dutschke zu dem neben ihm stehenden Erich Fried, griff sich noch einmal das Megaphon und brüllte seinen Genossen hinterher: »Genossen, das macht nichts. Die, die jetzt unsere Fahne verbrennen und unsere Plakate herunterreißen, die werden die ersten sein, die die rote Fahne auf dem Springer-Hochhaus hissen! Laßt euch von denen nicht provozieren, die wissen es nicht besser!«[188] Die Spannung, die eben noch in eine Schlägerei zu münden drohte, löste sich im Gelächter. Nach den kämpferischen Reden ging die Demonstration friedlich auseinander.

Stunden später schon saß Dutschke mit Feltrinelli zusammen. »Die Revolution muß angefangen werden«, hatte der zu Rudi gesagt, als er die Tasche mit Dynamit dem deutschen Genossen voller Stolz präsentierte. Und die beiden waren sich einig, daß die Reden des Vietnam-Kongresses nicht Papier bleiben sollten. Die Überlegungen jenes Gespräches nach der Vietnam-Konferenz gab Dutschke nur einmal, zehn Jahre später, in einem Interview mit dem italienischen Journalisten Valerio Riva und dem früheren SDS-Genossen Claudio Pozzoli bekannt:

»Es ging darum, wenn der Angriff des Westimperialismus in Vietnam sich weiter steigerte und wir keine andere Möglichkeit mehr sahen, daß bestimmte amerikanische Schiffe, die mit Kriegsmaterial direkt nach Vietnam fuhren – daß wir sie halt auch sprengen werden. Im Hintergrund stand dabei nicht die Ideologie der Roten-Armee-Fraktion, sondern, wie es damals formuliert wurde: Gewalt gegen Sachen, aber nicht Gewalt gegen Personen. Um Aufklärung und Aktion durchzuführen, als symbolischen Akt, ohne dabei im geringsten Gewalt gegen Menschen anzuwenden. Ob es ein Mythos war, eine Illusion, das sei dahingestellt. Aber davon gingen wir aus.«[189]

Dutschke zog einige wenige SDS-Genossen aus Westdeutschland ins Vertrauen und weihte sie in seine und Feltrinellis Pläne ein. Noch in den nächsten Tagen wurde das Dynamit wieder aus der Wäschekiste ausgegraben und nach Westdeutschland gebracht.

Am Ku'damm in Berlin sammelte sich im Schutz der hereinbrechenden Dunkelheit die zweite Demonstration dieses Tages. Kein Polizist störte den weder beantragten noch gar genehmigten Auflauf der einigen hundert Bürger, die sich Ecke Joachimstaler Straße trafen und »Dutschke raus aus West-Berlin« rufend durch die Straßen der Innenstadt zum Rathaus Schöneberg zogen. Im Büro des Innensenators Kurt Neubauer brannte noch Licht. »Nieder mit dem roten Mob«, brüllten sie unten. Da ging die Tür des Rathauses auf, und Neubauer erschien auf der Treppe zum Eingang. Schulterklopfend und händeschüttelnd bedankte er sich bei seinen Berlinern für ihren Bürgersinn. Noch in der kommenden Woche, versprach er, werde ganz Berlin Gelegenheit bekommen, es ihrem mutigen Beispiel gleichzutun.

IX.
Gerüchte. Gerüchte jetzt überall in Berlin. Der Schriftsteller Hans Magnus Enzensberger wurde Zeuge zweier ungewöhnlicher Begegnungen Dutschkes. Eine, vermutlich aber beide, fanden in der Technischen Universität statt.

Der erste Besucher trug Mantel, Anzug und Krawatte, blieb namenlos, gab sich geheimnisvoll und wichtig und wollte vertraulich Herrn Dutschke sprechen. Er gab sich als Abgesandter der Industrie aus und ließ durchblicken, daß sich seine Auftraggeber finanziell dafür erkenntlich zeigen könnten, wenn der SDS seinen Einfluß darauf verwende, daß es bei einer eventuellen weiteren Zuspitzung der politischen Situation in der Stadt nicht zu Fabrikbesetzungen komme.

Dutschke lehnte brüsk ab. Der namenlose Herr verschwand wieder. Ähnlich verlief das zweite Gespräch. Wieder keine namentliche Vorstellung, Geheimniskrämerei, gedämpfte Stimme und ein kläglicher Ansatz von Kameraderie. Er komme vom Senat. Bei aller Gegensätzlichkeit der Interessen müsse Herr Dutschke auch ein gemeinsames Interesse im Auge behalten.

Ein gemeinsames Interesse? – Nicht direkt, eher indirekt. Was dann indirekt? – Die Schutzmächte. Man solle an die Schutzmächte denken. Wenn die eingriffen, das träfe doch beide Seiten, nicht wahr. Ob man darüber nicht mal reden könne, auf hoher Ebene. Auf Dutschkes Seite keine Reaktion. Dann, nach einer Pause, ein Lächeln: Sie wissen ja sicher, wenn's drauf ankommt, wo wir zu finden sind.[190]

X.
Lutz Dieter Mende, 27 Jahre alt, hatte am 21. Februar 1968 besonderes Pech. Es gab dafür viele Gründe.

Der erste war, daß er Verwaltungsangestellter in der Einwohnermeldestelle des Bezirksamtes Tiergarten war. Der zweite war, daß für diesen Tag nicht nur die Zentralvereinigung der Berliner Arbeitgeber, die Industrie- und Handels- und die Handwerkskammer von Berlin, der Deutsche Gewerkschaftsbund Landesverband Berlin, die Sozialdemokratische Partei, die CDU, die Jungsozialisten, die Junge Union, der Interessenverband Westberliner Grundstücks- und Geschäftseigentümer (Ostgeschädigte) und noch einige weitere angesehene Organisationen zu einer Kundgebung der Berliner Bevölkerung auf dem Schöneberger Rathausplatz aufgerufen hatten – nicht nur diese Organisationen, sondern auch Lutz Dieter Mendes Arbeitgeber, der Senat der Stadt Berlin mit seinem Regierenden Bürgermeister Klaus Schütz an der Spitze, hatten zu dieser Demonstration für die amerikanischen Freunde der Stadt aufgerufen.

Der dritte Grund für das Pech von Lutz Dieter Mende war die geringe Anstrengung, die aufgebracht werden mußte, um an dieser Kundgebung teilzunehmen. Der Finanzsenator der Stadt hatte allen Beschäftigten im öffentlichen Dienst für die um 16.30 Uhr beginnende Kundgebung ab 13.30 Uhr bei Bezahlung der normalen Arbeitszeit dienstfrei gegeben, und es war nicht schwer, mit Hilfe der für diesen Zweck eigens eingerichteten Bus-Sonderlinien der Berliner Verkehrs-Gesellschaft pünktlich, lang vor dem zu diesem Zweck auch in den Zeitungen angekündigten Läuten der Freiheitsglocke zur Stelle zu sein.

Viertens mag auch die Eindringlichkeit so manches journalistischen Aufrufes mitgespielt haben. »Heute muß Farbe bekannt werden! Heute muß gezeigt werden, wo Berlin steht und stehen wird!« schrieb »Inspektor« in der *BZ*: »Ich glaube, mich in Ihnen nicht zu täuschen: Wann immer Sie sich freimachen können – Sie werden kommen.« Vielleicht hat Lutz Dieter Mende auch die schlichte Neugierde weckende Ankündigung zum John-F.-Kennedy-Platz gelockt, da oben auf dem Podium würden neben all den Herren aus der Politik auch so urige Berliner wie der Unterhaltungskünstler Hans Rosenthal oder gediegene Kulturmenschen wie der Staatsschauspieler Carl Raddatz mit Menschen wie du und ich für unser aller Berlin einstehen.

Trotz alledem hätte dieser Nachmittag für Lutz Dieter Mende völlig normal verlaufen können, denn er gehörte ja zu diesem großen Wir, das den Platz vor dem Rathaus und die Rednertribüne füllte, und nicht zu denen, den anarchistischen Weltverbesserern, den Umstürzlern. Es kann sein, daß auch er wollte, was für alle Bürgermeister Franz Amrehn ausrief, »einen deutlichen Trennungsstrich ziehen zwischen der Bevölkerung unserer Stadt und jenen revolutionären Kräften, die uns schweren Schaden zufügen. Das gefährliche Rüpelspiel der Randalierer muß ein Ende haben!« Es mag ein erstes Mißverständnis dadurch entstanden sein, daß er dem Wir nicht so eindeutig zuzuordnen war wie zum Beispiel die Transparentträger mit ihren Parolen: »Berliner, das geht Alle an, raus mit Dutschke, Teufel, Kunzelmann« oder »Volksfeind Nr. 1 – Rudi Dutschke, raus mit dieser Bande!«.

Erschwerend kam hinzu, daß Lutz Dieter Mende als begeisterter Hobbyfotograf durch die Konzentration auf seine Kamera, das Suchen von Motiven, die Einstellung der Blende, Belichtungszeit und Entfernung ein wenig distanziert wirkte und seinen innerlichen Standort deshalb nicht durch Klatschen oder zustimmende Rufe wie all die anderen ausdrücken konnte. Entscheidend für das, was dann geschah, war die Tatsache, daß Rudi Dutschke sich an diesem Tag in Amsterdam aufhielt und es sicherlich vermieden hätte, wäre er an diesem Tag in West-Berlin gewesen, diese Kundgebung zu besuchen. Lutz Dieter Mende aber hatte mit seinen schon etwas über Normalmaß langen schwarzen Haaren und seiner relativ kräftigen Nase für Menschen, die wie die meisten damals diesen radikalen Studentenführer nur von Zeitungsfotos oder allenfalls vom Fernsehschirm her kannten, eine gewisse, wenn auch sehr entfernte Ähnlichkeit mit Rudi Dutschke.

Das war sein größtes Pech, meinte später auch Lutz Dieter Mende.

»Als ich wegging, folgte mir ein älterer Mann mit einer roten Armbinde. Er begann mich zu stoßen und rief: ›Kommunistensau, hau ab.‹

Da tönte es plötzlich aus der Menge heraus, immer lauter: ›Hier ist Dutschke!‹

Das ging wie ein Lauffeuer durch die Menge. Sie kam in Bewegung und rückte auf mich zu. Da rief ich:

›Ich bin ein Arbeiter wie ihr.‹

Man trat mir dennoch mit Schuhen ins Gesicht. Dann hatte jemand eine Flasche in der Hand und schlug auf mich ein. Ich spürte am ganzen Körper nur noch Schläge. Irgendwie konnte ich mich wieder aufrappeln. Ich suchte in einer Filiale der Firma Palm & Co. Schutz. Ich hatte fürchterliche Angst. Sie schrien: ›Schlagt ihn tot – hängt ihn auf!‹

Sie meinten mich. Ich wollte über den Ladentisch springen, aber der Inhaber stellte sich mir in den Weg. Ich bat ihn, die Polizei zu rufen. Aber da kamen schon die Verfolger herangestürmt. Der Ladenbesitzer schrie mich an: ›Gehen Sie raus aus meinem Geschäft, die schlagen mir sonst alles kaputt.‹

Mit letzter Kraft kam ich wieder raus und geriet in das brüllende Menschenknäuel. Da wurde ich zum zweitenmal niedergeschlagen.«

Glück im Unglück, daß Lutz Dieter Mende in diesem Moment einem Polizeibeamten auffiel.

»Ich war gerade nach vorn gegangen, um die Lage zu erforschen, als mir der junge Mann entgegengerannt kam. Er lief mir direkt in die Arme, fiel mir um den Hals und stammelte:

›Um Gottes willen, schützen Sie mich, die wollen mich totschlagen.‹

Hinter uns her kamen an die tausend Leute, die uns beide noch vierzig Meter verfolgten. Dann hatten sie uns eingeholt. Die Leute johlten und riefen:

›Schlagt den Dutschke tot.‹

Ich bekam Schläge auf den Rücken. Wir wurden zu Boden geworfen. Die Menge war außer sich. Wir haben uns dann die letzten Meter bis zum Wagen irgendwie hingeschleppt. Ich konnte gerade noch die Tür aufreißen und den jungen Mann hineinstoßen.«[191]

Dann hatte der Polizist alle Hände voll zu tun, sich und Lutz Dieter Mende in Sicherheit zu bringen.

Das beschrieb der Rundfunkreporter Rudolf Wagner, der ein

paar Meter entfernt mit dem Mikrofon in der Hand und laufendem Tonbandgerät die Szene beobachtete:

»Ich stehe an der Ecke Belziger Straße. Vom John-F.-Kennedy-Platz weg bewegt sich die Menge, viele rennen und sind offenbar nur darauf bedacht, in eine Schlägerei zu kommen. Der Student hat sich in einen Polizeiwagen gerettet. Dieser Polizeiwagen, ein großer Mannschaftsbus der Polizei, wird von den Demonstranten eingekreist. Sie donnern gegen die Scheiben; eine Gruppe von Polizisten versucht, den Bus zu schützen, in dem dieser Student sich versteckt hat. Nun kommt die Sperrkette der Polizei und drängt die Demonstranten weg. Aber die Demonstranten erlauben es nicht, den Bus fortzufahren. Das Blaulicht ist eingeschaltet, man hört kaum noch die Sirene. Viele Polizisten haben schon die Mützen verloren, die die Demonstranten ihnen von den Köpfen geschlagen haben, und immer noch nicht ist es dem Mannschaftswagen gelungen, aus dem Getümmel der Demonstranten herauszufahren. Offenbar wird nach Verstärkung telefoniert.

›DUTSCHKE RAUS! DUTSCHKE RAUS!‹

Man hofft, wie es scheint, den Bus umstürzen zu können. Jetzt nach rund zwei Minuten ist es endlich dem Bus gelungen, ein paar Meter voranzukommen, sich durch die Demonstranten durchzudrängen. Da ist die Verstärkung eingetroffen, die Polizisten haben jetzt den Schlagstock gezogen und werden offenbar versuchen ...

›MACH DAS MIKROFON AUS, MANN, DAS MIKROFON AUS!!‹«[192]

Das Tonband des Reporters verzeichnete daraufhin nur noch die Geräusche einer heftigen körperlichen Auseinandersetzung, dann ein unregelmäßiges Jaulen, wohl verursacht durch den Fall auf den Boden, dann nichts mehr. Wie der Reporter davonkam, ist unbekannt. Lutz Dieter Mendes Arzt diagnostizierte: Schädelprellung, eine Rißwunde an der linken Augenbraue, Prellungen am ganzen Körper, Verstauchung des linken Fußgelenkes, vorübergehende Bewegungsunfähigkeit der rechten Gesichtshälfte.

Als Gretchen am Abend von den Geschehnissen auf dem Rathausplatz hörte, stürzte sie ans Telefon und rief in Amsterdam auf dem Flughafen an. Sie ließ Rudi ausrufen, erreichte ihn tatsächlich. Sie beschwor ihn, um Gottes willen nicht nach Berlin zurückzukommen. Er beruhigte sie und kam mit dem nächsten Flugzeug zurück.

XI.

Dann, irgendwann im März, genauer Zeitpunkt unbekannt, eine Auseinandersetzung. Dutschke verriet nicht, mit wem. Es ging um die geplante Sprengung eines Schiffes, das Kriegsmaterial für die Amerikaner von einem deutschen Hafen nach Vietnam bringen sollte. »Dann wurden diejenigen, die den Sprengstoff zum Schluß bekamen, äußerst unsicher über die Aufgabe. Und von demselben Augenblick an haben wir es sofort geblockt, weil es wahnsinnig ist, so etwas Menschen zu überantworten, die sich bis dahin der Verantwortung bewußt waren und die dann unsicher wurden. Wir aber waren nur bereit, so eine Sprengung zu machen, wenn das für die Massen keine Risiken bedeuten würde.«[193]

Familienvater oder Berufsrevolutionär?

In der Woche nach dem Vietnamkongreß beriet der »Generalrat des SDS« drei Tage lang über die zukünftige Politik des Verbandes in den kommenden Monaten. Rudi Dutschke war bei dieser Debatte harter Kritik ausgesetzt. Sie lautete: Der Genosse diskutiert einen Teil seiner politischen Initiativen nicht mehr in der Öffentlichkeit des Verbandes, sondern nur noch in einem kleinen Kreis vertrauter Genossen. Die dort entwickelte Politik gilt wegen des überragenden Gewichtes, das Dutschkes Äußerungen in der Presse haben, als die Politik des Berliner SDS.

Dutschke wich einer klärenden Diskussion über die Problematik seiner öffentlichen Rolle aus. Das Problem werde gelöst, wenn er mittelfristig mit seiner Frau und dem Kind nach Amerika gehe, um dort seine Doktorarbeit zu schreiben. Dann gebe es in der Bundesrepublik keinen »Chefideologen Dutschke« mehr, auch nicht in den Zeitungen Springers. Darauf reagierten viele erst recht verärgert. Sie meinten: Der Genosse kann nicht systematisch und an führender Stelle am Aufbau der antiautoritären Bewegung mitarbeiten, nicht zuletzt durch seinen persönlichen Einsatz politische Mobilisierung auslösen und dann in einer schwierigen Übergangsphase einen Rückzug antreten, wenn Kritik an seiner Politik laut wird. Mit dem Gestus des beleidigten Führers, der sich schmollend zurückzieht, entziehe er sich seiner Verantwortung.

Über den eigentlichen Zwiespalt wurde im SDS nicht offen diskutiert. Seit Hosea Ches Geburt drängte Gretchen Rudi immer nachdrücklicher, West-Berlin zu verlassen. Sie litt doppelt unter Rudis Rolle als Berufsrevolutionär. Je weniger er auf Grund seiner politischen Arbeit Zeit für sie und das Kind erübrigen konnte, desto mehr war sie den Folgen der Hetze in den Zeitungen ausgeliefert. Drohbriefe, Drohanrufe, Schmierereien in den Treppenhäusern und an den Türen der jetzt in immer kürzeren Abständen gewechselten Wohnungen versetzten Gretchen in Angst um Rudi, sich selbst und das Kind.

Rudi gab widersprüchliche Auskünfte. Niemand wußte, was er vorhatte. Er selbst auch nicht.[194]

Alles ist in Afri-Cola

Mitte März läßt sich der exzentrische Starfotograf Charles Wilp mit verbundenen Augen auf der Rückbank eines VW-Busses kreuz und quer durch Berlin kutschieren. Er hat seine Kamera dabei, Scheinwerfer, schwarze Pappe als Bildhintergrund und diverse Requisiten. An seinem Auftrag läßt sich ermessen, bis in welche Kreise das Interesse an Dutschke mittlerweile reicht. Wilp hatte die Umsätze eines Limonadenherstellers mit der Verklärung von Afri-Cola[195] zu einem psychodelischen Rauschgetränk gesteigert, nun sollte er den Revolutionär Rudi Dutschke für das Wirtschaftsmagazin *Capital* ablichten. Und er führte noch mehr im Schilde.

Nach einer Irrfahrt durch Berlin steht Wilp an unbekannter Adresse irgendwo im dritten Stock eines Altbauhauses Rudi Dutschke gegenüber. Wilp ist einer »von der anderen Seite«, ist ein Propagandist des Konsum-Systems und steht dazu. Er erklärt Dutschke, daß er mit dem Appell an die niedrigen Instinkte das Wirtschaftssystem am Laufen halten, selbst Geld machen will, um es wie in einem System kommunizierender Röhren dort wieder einzuspeisen, zu investieren, dorthin zu verschenken, wo er es seiner Meinung nach sinnvoll und schöpferisch einsetzen kann. Dutschke habe diese Position akzeptiert, jedenfalls erinnert sich Wilp, daß er dann bereitwillig seinen Part für die Aufnahmen gespielt habe. Schließlich stand Rudi Dutschke in der Pose, die die Leser von *Capital* zu sehen bekamen: in einem dunklen Mantel mit rotem Schal, von der rechten Seite beleuchtet, die linke Gesichtshälfte im Schatten. Mit der linken Hand hielt er ein Buch an den Körper gepreßt, die Titelseite dem Betrachter zugewandt: Das »Kapital« von Karl Marx. Wilp hatte es auf Bitte der *Capital*-Redaktion mitgebracht, Rudi aber bestand darauf, sein eigenes Exemplar zu nehmen.

Charles Wilp erzählt, er habe sein Modell zu weiteren Aufnahmen überreden wollen: Rudi Dutschke mit Afri-Cola-Flasche in der Hand. Die notwendigen Requisiten hatte er in seinem Koffer mitgebracht. Dutschke lehnte ab. Dies wiederum akzeptierte Wilp. Er überließ Dutschke den Scheck über 5 000 DM, der für diesen Werbeeinsatz vorbereitet war.[196]

Das Porträtfoto war Illustration eines Interviews mit Rudi Dutschke über das Verhältnis der SDS-Revolutionäre zum Geld, das unmittelbar nach Erscheinen der Zeitschrift Anfang April noch mehr als das Foto für helle Empörung im SDS sorgte. »Ich habe ein sehr einfaches Verhältnis zum Geld. Wenn es kommt, und ich kann es politisch akzeptieren, das heißt, es ist kein Geld aus der DDR, aus der Sowjetunion oder aus anderen kommunistischen Quellen, dann nehme ich es selbstverständlich an, da wir jeden Pfennig gut gebrauchen können. Von kommunistischer Seite akzeptieren wir lediglich Literaturspenden, da die Revolution und damit auch die Genossen natürlich literarischen Halt brauchen.«[197]

Prag

»Es ist, liebe Brüder und Schwestern, sehr wichtig, wir befinden uns hier unmittelbar nach der Wahl des neuen Präsidenten der Tschechoslowakei, wir befinden uns hier im Strom einer großen Erneuerung unseres Lebens. Ich selbst war manchmal verzweifelt darüber, wie unsere Intelligenz und unsere Studenten politisch apathisch waren. Und auf einmal befinden sich unsere Intelligenz und die Studenten, aber auch die Arbeiter und Bauern, im Strome eines neuen Interesses und einer neuen Verantwortung.

Das, was heute hier geschieht, bedeutet keine Rückkehr in die vorsozialistische Zeit. Es ist kein Schritt rückwärts, sondern ein Schritt vorwärts. Auf dem Boden der sozialistischen Gesellschaft, welchen wir behaupten, wird diese Erneuerung aufgebaut. Das ist wichtig zu wissen, daß es nicht eine Rückkehr zur liberalen Bourgeoisie ist, sondern ein Versuch auf dem Boden dessen, was wir manchmal in zwei Jahrzehnten falsch und mit vielen Fehlern aufgebaut haben. Das ist wirklich ein Kampf, der um den Sozialismus geführt wird. Vielleicht um einen Sozialismus, der im Vergleich zu dem, was man über die sozialistische Welt denkt, etwas Neues bringt, das aber für uns Christen so ungemein christlich ist.«[198]

Es war der 31. März 1968 in Prag. Rudi Dutschke verstand die Bewegung des großen alten Mannes des tschechoslowakischen Protestantismus, Josef L. Hromadka, in der Begrüßungsrede für die Teilnehmer der Christlichen Friedenskonferenz sehr gut. Gretchen schildert, wie sie mit Rudi und dem gerade zehn Wochen alten Hosea Che kurz nach der Ankunft in Prag am Vortag zu Zeugen der sich überstürzenden Ereignisse in Prag wurde: »Die Stimmung war ekstatisch. Massen von Menschen liefen singend durch die Straßen, alle redeten miteinander. Es war sehr schön. Als Svoboda gewählt wurde, standen wir auf dem großen Platz vor den Regierungsgebäuden, Hosea auf Rudis Schultern. Dubček kam heraus, um das Ergebnis der Wahl mitzuteilen, und wurde von der jubelnden Menge hochgehoben und über die Köpfe der Leute von Hand zu Hand weitergereicht.«[199] Noch einen Tag davor, so erfuhren Gretchen und Rudi, war der neue Parteivorsitzende Alexander Dubček zu einer Diskussion mit den Studenten Prags in die Universität gekommen und hatte seinen Zuhörern versichert, daß die Tage des Stalinismus und der Unfreiheit niemals wiederkehren würden.

Die Christliche Friedenskonferenz (CFK) war maßgeblich der Initiative des Mannes zu verdanken, der auch in Prag 1968 die einleitenden Worte sprach: Josef L. Hromadka. Der achtzigjährige Professor für systematische Theologie in Prag hatte sich seit der Rückkehr aus dem durch den Faschismus erzwungenen amerikanischen Exil einer Politik der Verständigung zwischen den verfeindeten Machtblöcken verschrieben. Für ihn bot das Christentum die Chance, diese Feindschaft aufzulösen. Als christlicher Sozialist akzeptierte er die gegenseitige Abgrenzung der »christlichen« Industrieländer des Westens und der »sozialistischen« Staaten des Ostblocks nicht, und er hoffte, als Vermittler wirken zu können. So begann die Arbeit der CFK 1957 mit einer Konferenz über die Bedrohung des Lebens durch nukleare Waffen. Obwohl weder im Westen kirchenoffiziell noch im Osten staatlicherseits anerkannt, entwickelte sich die CFK zu einem bedeutenden internationalen ökumenischen Treffen. In Prag stand die Versammlung 1968 unter dem Motto: *Save man – Peace is possible.*

Rudi Dutschke war von der Jugendkommission der CFK, einer Arbeitsgruppe junger Theologen und Geistlicher im Rahmen des Kongresses, eingeladen worden. Er sollte den Teilnehmern aus Ost und West und der Dritten Welt über die Entstehung und die Ziele der Studentenbewegung in West-Berlin und der Bundesrepublik berichten. Für ihn selbst aber war Neugierde das treibende Motiv, nach Prag zu reisen. Was hatten die Berichte der vergangenen Wochen über den »Prager Frühling« zu bedeuten? Welche gesellschaftlichen Kräfte steckten hinter der als Sensation gemeldeten Liberalisierung, wohin genau sollte sie führen? War nicht gerade angesichts des allgemeinen Jubels über die Prager Ereignisse in den Zeitungen zu Hause in West-Berlin dem Jubel in Prags Straßen gegenüber Skepsis geboten? Dutschke wollte es genau wissen.

Ängstliche CFK-Funktionäre wollten seinen Auftritt am 1. April vor der Jugendkommission verhindern. Jetzt bloß nicht zu laute rebellische Töne gegenüber den Delegationen aus den sozialistischen Bruderstaaten, für die Dutschke eine Provokation sein mußte, erst recht dann, wenn er viele studentische Zuhörer aus Prag anzöge, die gemeinsam mit ihm die Liberalisierung in Prag zum Hauptthema machen würden, fürchteten sie. Die Mitglieder der Jugendkommission scherten sich nicht um das Verbot und verlegten die Veranstaltung mit Dutschke kurzerhand in eine Gaststätte außerhalb der offiziellen Tagung.

Die Nachricht von Dutschkes Auftritt verbreitete sich in Mund-zu-Mund-Propaganda, und die Prager Studenten kamen.

Auch hier in Prag hatte es spontanen Unmut über beengende universitäre Verhältnisse gegeben, auch hier war er durch die unnachgiebig harte Haltung der Behörden erst zum Ausgangspunkt breiterer Politisierung geworden: Eine mehr spaßhaft gemeinte »Kerzenprozession« von Prager Studenten, mit der die Demonstranten darauf aufmerksam machen wollten, daß sie in staatlichen Studentenheimen in den Abendstunden ohne Strom bei Kerzenlicht arbeiten mußten, wurde 1967 durch die Polizei auseinandergeprügelt, ein Vorgang, der erregte Diskussionen unter der Studentenschaft auslöste. Auch hier gab es eine den internen Diskussionen des SDS vergleichbare theoretische Diskussion im kleinen Kreis. Ein Unterschied war, daß sie sich aus teilweise anderen Quellen speiste – und dennoch zu ähnlichen Ergebnissen kam wie in der Bundesrepublik. Dutschke erfuhr, daß die Forderung der Studenten nach einer demokratisch-sozialistischen Erneuerung hier nicht allein in einem Rückgriff auf die in der Geschichte der Arbeiterbewegung verdrängten demokratischen Traditionen z.B. einer Rosa Luxemburg wurzelte, sondern auch in einem völlig anderen, spezifisch tschechoslowakischen Erbe: in der Auseinandersetzung mit den Thesen des böhmischen Reformators Jan Hus, der schon im 14. Jahrhundert seiner Gemeinde das Evangelium nicht im autoritären Frontalunterricht auf lateinisch verpaßte, sondern die Gottesdienste in stundenlange Diskussionen über biblische, kirchliche, soziale und politische Ereignisse umwandelte, die in der

Volkssprache geführt wurden und an denen sich jeder Anwesende beteiligen konnte.

Zwei Tage nach seinem Auftritt vor der Jugendkommission der CFK war Rudi Dutschke Gast von Milan Machovec und seinen Studenten am Philosophischen Seminar der Prager Karlsuniversität. Die Nachricht von Rudis Anwesenheit verbreitete sich wie ein Lauffeuer. Am Nachmittag, hieß es, spreche er im Audimax, an derselben Stelle, von der aus vier Tage zuvor der neue Parteichef Alexander Dubček zu den Prager Studenten gesprochen hatte. Mehr als tausend Studenten strömten in die Universität. Sie hörten einen komplizierten Vortrag, wissenschaftlich und bis in die Terminologie darum bemüht, den marxistischen Standpunkt des Redners aus dem Westen kenntlich zu machen. Zuerst berichtete Dutschke seinen Zuhörern über die Studentenbewegung in der Bundesrepublik. Dann kam er auf die aktuelle Lage in Prag zu sprechen. Seine Diagnose lautete: Die demokratische Erneuerung der ČSSR sei begrüßenswert, aber noch sei nicht gewährleistet, daß der Weg sozialistischer Demokratisierung auch wirklich beschritten werde. So sei die repräsentative Demokratie westlichen Musters keine Alternative zur Alleinherrschaft der kommunistischen Partei. Auch sie führe langfristig zur Entpolitisierung der Massen. Eine wirkliche Alternative sehe er nur in einer »Produzentendemokratie« der Betroffenen in allen einzelnen Lebensbereichen, in den Betrieben ebenso wie in den Schulen oder den Universitäten. Einen praktizierbaren Anfang sehe er in der Zulassung von Fraktionsbildungen innerhalb der bestehenden Organisationen, vor allem in der Kommunistischen Partei, in der der Stalinismus jede Demokratie zum Erliegen gebracht habe. Und es ist bemerkenswert, wie deutlich Dutschke, den die Zeitungen zu Hause bevorzugt als Ulbricht-Jünger bezeichneten, hier im Ostblock-Land ČSSR mit dem Stalinismus abrechnete:

»Marx spricht 1845 in den Feuerbachthesen, ich glaube, es ist die dritte, davon: Der Erzieher muß erzogen werden. Dieses Prinzip müßte eigentlich das Prinzip jedes demokratischen Aufbaus sein, in sozialistischer Form. Die kommunistischen Parteien in Osteuropa haben in den letzten Jahren dieses Prinzip – Der Erzieher muß erzogen werden – konterrevolutionär mißbraucht. Sie waren unfähig, dieses Prinzip schöpferisch anzuwenden, waren unfähig, sich erziehen zu lassen durch eine von ihnen selbst mitinitiierte Selbsttätigkeit von unten.

Ich würde den Stalinismus, also den autoritären Sozialismus, definieren als eine Herrschaft einer zentralen monopolistischen Bürokratie, die unnotwendig und zusätzlich ist. Das Maß der notwendigen Repression über die Menschen auf der Grundlage der Entwicklung der Produktivkräfte, auch auf der Grundlage der Entwicklung des Bewußtseins, sagen wir es positiv: das Maß der Freiheit – wurde nicht bestimmt durch die Bewußtheit der Menschen selbst, sondern wurde bestimmt durch bürokratische Entscheidungen von oben, und jeder Ruf nach individueller und gesellschaftlicher Freiheit wurde denunziert als Konterrevolution.«[200]

Arglos

Straßenumfrage in einem Westberliner Arbeiterviertel in der ersten Aprilwoche 1968. Fingerübungen eines Journalisten, der einen Prominenten porträtieren soll. Spielmaterial zu der Frage: Was halten Sie von Rudi Dutschke? Die Leute bauten sich vor der Kamera auf, antworteten: »Verbrennen müßte man so was! Vergasen! Det wär' richtig!« oder »Na ja, er sollte man richtig 'n Arsch vollkriegen, auf deutsch gesagt, damit det, wat sein Vater versäumt hat, noch nachgeholt werden könnte.« Oder »Na Gott, tja, Abschaum der Menschheit, nicht, Randalierer ersten Grades« oder »Er geht nach der Zersetzung der Demokratie, also für mich ist klar, der wird vom Osten bezahlt« oder »Tja, den sollt man in'n Sack stecken und über die Mauer schmeißen«.

Es war nicht leicht, erinnert sich Wolfgang Venohr, Dutschke in diesen Tagen vor die Kamera zu bekommen. Es klappte dann erstmals in der Cosimastraße, der Wohnung, die er gerade erst verlassen hatte. Im Hausflur stand in großen Lettern: VERGAST DUTSCHKE! Venohr kam in Anzug und Krawatte, aber unrasiert mit Stoppelbart. Er dachte, das werde Dutschke gefallen. Der kam bestens rasiert, frisch aus der Badewanne, vor allem aber heiter. Besorgniserregend heiter. Ob er nicht meine, daß die Zeichen der Bedrohung auch ein Thema für den Film seien, fragte Venohr. Dutschke winkte lachend ab. Es gäbe doch so viele wichtige inhaltliche Fragen. Also begannen die Filmleute mit ihrer Arbeit.

Stunden später, auf der Fahrt mit dem Kamerateam zu Gretchen und Hosea, fragte Venohr doch:

»Sagen Sie, Rudi Dutschke, fühlen Sie sich eigentlich bedroht?«

Dutschke entschloß sich diesmal, die Frage ernst zu nehmen. »Na, die Bedrohung ist nicht in der Stadt, die ist international. Aber ich fühle mich persönlich überhaupt nicht bedroht.«

Venohr stutzte. »Ja, aber es haben verschiedene Zeitungen in der Bundesrepublik geschrieben, es wär so etwas wie eine Pogromstimmung hier in West-Berlin?«

»No. Ich glaube, das ist eine Übertreibung. Es gibt pogromartige Ansätze, aber die sind ganz normal. Die Menschen, die tagtäglich einer wahnsinnig langweiligen Arbeit nachgehen müssen, wenn die ein paar Stunden früher zusammenkommen und trainiert sind, gegen Minoritäten und Andersdenkende halt anzutreten, daß die mal sauer sind und sich austoben, das ist klar. Aber das ist nicht gefährlich; das ist ein ohnmächtiger Protest. Er zeigt bloß, wie sehr ein Teil der Berliner Bevölkerung manipulierbar und mobilisierbar ist. Aber nicht mobilisierbar mehr in einem kämpferischen Sinne, nicht in einem ideologischen und organisatorischen Sinne, sondern eigentlich nur noch als Appendix, als Anhängsel des Staatsapparates.«

»Ja, und haben Sie nicht manchmal Angst, daß Ihnen einer übern Kopf schlägt?« »Nicht Angst. Das kann passieren; aber Freunde passen mit auf. Normalerweise fahre ich nicht allein rum. Es kann natürlich irgendein Neurotiker oder Wahnsinniger mal 'ne Kurzschlußhandlung durchführen.«[201]

Bei den Dreharbeiten von Wolfgang Venohr geschieht noch etwas Merkwürdiges. Bisher haben üblicherweise die Journalisten ihre Fragen an Rudi Dutschke gestellt oder seine öffentlichen Auftritte dokumentiert. Diesmal möchte Rudi Dutschke von sich aus eine Botschaft loswerden: Er will sich bis auf weiteres aus Deutschland verabschieden. Und er formuliert seine Abschiedsworte nicht im SDS-Zentrum, auf einer Demonstration oder einer großen Versammlung in der Universität, sondern allein, vor der Kamera eines Fernsehjournalisten, wie ein Politiker, der sich an das Wahlvolk richtet.

»Revolutionäre Genossinen und Genossen, Anti-Autoritäre! Das bürgerlich-kapitalistische Denken zeichnet sich dadurch aus, daß es gesellschaftliche Konflikte – von Menschen massenhaft gemacht – nur begreifen kann in der Gestalt von Personen. Dieses Denken *muß* personalisieren, und so war es auch kein Wunder, daß unser Konflikt mit dieser Gesellschaft – von der wir nichts mehr erwarten, mit der wir uns auseinandersetzen, gegen die wir kämpfen, weil sie uns eine neue Welt verweigert –, darum war auch von ihr nichts anderes zu erwarten, als daß sie unsere Bewegung personalisiert. So wurde die anti-autoritäre Bewegung identisch gesetzt mit Dutschke und personalisiert im fast totalen Sinne. Nun, ich meine, aus diesem Grunde und auch aus anderen, politisch-revolutionären Gründen, habe ich Rechenschaft abzulegen, warum ich jetzt für einige Zeit aus der Bundesrepublik weggehe, um im Ausland politisch zu arbeiten. Ich meine, durch diese totale Personalisierung ist ein autoritäres Moment in unsere Bewegung hineingekommen, das wir eigentlich nur durch ein systematisches Konzept von Kritik und Selbstkritik überwinden können. (...) Wenn jetzt hier von den Herrschenden gesagt wird, ohne Dutschke ist die Bewegung tot, so habt ihr zu beweisen, und in der letzten Zeit wurde es schon bewiesen, daß die Bewegung nicht steht mit Personen, sondern daß sie getragen wird von Menschen, die sich im Prozeß der Auseinandersetzung zu neuen Menschen herausbilden. Zu neuen Menschen mit neuen Bedürfnissen, mit neuen Interessen, die sich nicht von oben, links oder rechts manipulieren lassen, sondern fähig sind, an der Basis die Widersprüche zu vertiefen, in den einzelnen Sphären sich zu organisieren, mit einer klaren antiautoritären, antifaschistischen Tendenz, die in einem langfristigen Prozeß diese Gesellschaft revolutioniert. (...)«[202]

Ein Text und eine Situation voller bizarrer Widersprüche. Dutschke ist Führer einer antiautoritären, also gegen personalisierte Führer gerichteten Bewegung. Er will es nicht mehr sein. Er will diese Rolle aufgeben und bestätigt sie mehr denn je. Er tritt nicht ab im Dialog, im Kontakt mit der vielbeschworenen Basis seiner Genossinnen und Genossen, er wendet sich von oben herab im monologischen Medium Fernsehen an die anonyme, große Öffentlichkeit. Und schließlich erklärt er, sein Weggehen sei gar kein Weggehen, weil die Revolution heutzutage notwendig eine internationale sein müsse, weswegen es gleich sei, in welchem Land er weiterarbeite.

An die Adresse von Gretchens Vater in Chikago ist schon Gepäck vorausgeschickt. Visa und Flugtickets gibt es noch nicht. Kann und darf es noch nicht geben, meint Rudi gegenüber Wolfgang Venohr am Ende der Dreharbeiten, als er erfährt, daß der Prozeß gegen ihn, Gaston und andere wegen des Sturms auf das Moabiter Gericht für den 19. April anberaumt worden ist. Dem will er sich auf jeden Fall stellen.

Draußen an den Berliner Kiosken hängen die Zeitungen mit handbreit hohen Schlagzeilen: ERSCHOSSEN! FANATIKER ERMORDETE MARTIN LUTHER KING! AUFRUHR IN DEN GHETTOS! DER MANN, DER KING ERSCHOSS – WER IST JAMES EARL RAY?

In München kauft sich der junge Arbeiter Josef Erwin Bachmann Zeitungen mit solchen Berichten. Zu Hause schneidet er sich die Artikel über das Attentat auf King aus. Er steckt sie in eine Mappe, in der er auch andere Zeitungsausschnitte gesammelt hat. Zeitungsausschnitte über Rudi Dutschke in Berlin. Am Ende dieser Woche, am 8. April, kündigt Josef Erwin Bachmann seinen Job, den er erst am Anfang der Woche angetreten hat.

Er wolle nach Berlin gehen, erklärt er. Den Kollegen sagt er: Paßt auf, ihr werdet noch von mir hören.

Am Abend des 10. April 1968 um 21.52 Uhr fährt er los.

Am 11. April um 16.39 Uhr feuert er drei Kugeln auf Rudi Dutschke.

III

Opfer

Der Taxifahrer, der am Flughafen Berlin-Tegel seinen Fahrgast aus der gerade gelandeten Linienmaschine aus Hamburg aufgenommen hat, kennt diesen Friedhof nicht. »Sankt-Annen-Friedhof«, sagt der Fahrgast aus Hamburg noch einmal, »und ich weiß nur, daß er irgendwo in Dahlem liegt.«

Der Taxifahrer beugt sich ein wenig nach vorn, drückt die Sprechtaste seines Funkgerätes, nennt Standort und Nummer seines Wagens und sagt dann: »Ich habe hier einen Fahrgast zum Sankt-Annen-Friedhof, vermutlich Dahlem. Wer kann mir den Weg sagen?«

Er bekommt ungewöhnlich rasch Antwort.

»Ecke Königin-Luise/Pacelli-Allee«, schnarrt es aus dem Lautsprecher, »siehste gleich von weitem an den langhaarigen Affen, die da rumrennen, um ihren Rudi Dutschke einzubuddeln.«

Der Taxifahrgast ist der Liedermacher Wolf Biermann. Er hat auf einem Zettel ein Gedicht bei sich, das er in der vergangenen Nacht geschrieben hat.

Mein Freund ist tot, und ich bin zu traurig,
um große Gemälde zu malen
– sanft war er, sanft, ein bißchen zu sanft
wie alle echten Radikalen.

Er redete viel, und er hörte auch zu,
und er hatte ein offenes Gesicht.
Er wurde geliebt, er wurde gehaßt,
und das hielt ihn im Gleichgewicht.

Die Szene im Taxi spielte sich nicht in den Apriltagen des Jahres 1968 ab, sondern elf Jahre und acht Monate danach, am 3. Januar 1980. So lange überlebte Rudi Dutschke die Schüsse Josef Bachmanns. An Heiligabend, dem 24. Dezember 1979, erlitt Rudi Dutschke zu Hause beim Baden in der Wanne einen Anfall, rutschte während des für ihn unkontrollierbaren Krampfes hilflos mit dem Kopf unter die Wasseroberfläche und ertrank.

Es ist unsicher, ob diese epilepsieartigen Anfälle, an denen Rudi Dutschke seit dem Attentat – wenn auch sehr selten – litt, durch die Vernarbungen der Gehirnoperation ausgelöst wurden oder durch einen Knochensplitter, den die Kugel ins Gehirn geschleudert hatte und der auf Grund seiner Lage bei der Operation damals nicht entfernt werden konnte. Aber das ist einerlei, denn Rudi Dutschke war vor den Schüssen kein Epileptiker; er wurde es erst durch das Attentat.

Der Gerichtsmediziner Professor Jørgen Daalgaard stellte bei der Autopsie und einer pharmakologischen Untersuchung der Leiche Rudi Dutschkes fest, daß zweifelsfrei jede andere Todesursache – etwa Einwirkung äußerer Gewalt, Vergiftung oder Betäubung durch Medikamenteinnahme – ausgeschlossen werden konnte.

Wolf Biermann, der am 3. Januar 1980 wie Hunderte anderer Freunde Rudis zu dessen Beerdigung nach West-Berlin kommt, hat in seinem Gedicht ein paar Zeilen später geschrieben:

Wir haben nicht vergessen, wer
die wahren Mörder sind!
Es war nicht der Mann mit dem Ballermann,
dieses irre gemachte Kind.

Und Rudi lag da in seinem Blut
auf offener Straße erschossen.
Der Tod ließ sich Zeit. 11 Jahre lang
hat er gewartet. Ach! Possen,
todtraurige Possen treibt das Leben
mit den Toten auf Urlaub! Wie schade!
Wie fad!
Jetzt solln wir wohl denken, der starb im Bett!
Jetzt solln wir wohl denken, der starb im Bad!
und nicht auf der Barrikade.

Ermittlungen über Josef Bachmann, der auf Rudi Dutschke schoß

Als Rudi Dutschke gerade dreieinhalb Jahre alt war, wurde am 12. Oktober 1944 in Reichenbach, einer Kleinstadt im sächsischen Industrierevier in der Nähe von Zwickau, Josef Erwin Bachmann geboren. Über ihn gäbe es wahrscheinlich gar nichts zu berichten, hätte er nicht am 11. April 1968 auf dem Kurfürstendamm in West-Berlin Rudi Dutschke mit drei Pistolenschüssen niedergestreckt und schwer verletzt. Bis dahin sind nur ein paar Episoden aus seinem Leben erhalten, aufgezeichnet haben sie Jugendrichter, Bewährungshelfer oder Jugendamtsmitarbeiter. Eine Biographie aus Aktenvermerken über soziale Auffälligkeiten, die die Stationen einer kleinkriminellen Karriere beschreibt und ab und zu Mutmaßungen darüber enthält, warum der Jugendliche Josef Erwin Bachmann so gehandelt hat und wie seine soziale Prognose aussieht.

Aus der Anklageschrift des Staatsanwaltes Pietsch.
»Der zur Tatzeit 23jährige Angeschuldigte wurde als zweites Kind der jetzt in Peine lebenden Gertrud Brandt, geborene Bachmann, geboren. Die Mutter war unverheiratet. Sie war Rote-Kreuz-Helferin. Der Vater, damals Soldat und heute als Klempner in Süddeutschland lebend, erkannte die Vaterschaft an und kam finanziell für den Angeschuldigten auf. Beide sahen sich lediglich in mehrjährigen Abständen. Das Jugendamt Reichenbach war Amtsvormund.«[203]

Frau Bachmann lebte mit ihrem Sohn Josef und seinem sechs Jahre älteren Halbbruder allein. Sie arbeitete als Ringspinnerin in einem Textilbetrieb in Reichenbach. Eine harte Arbeit im Dreischichtrhythmus, die ihr nur wenig Zeit für ihre Kinder ließ. Aber sie muß sich dennoch, so gut sie es vermochte, für ihre Kinder eingesetzt haben. Denn Josef hing als Kind und auch später sehr an seiner Mutter: »Zur Mutter war es immer ein sehr gutes Verhältnis, sie hat sich aufgeopfert für uns Kinder; ich kann nie etwas gegen meine Mutter sagen«, bekundete er später vor dem Gericht. Josef war ein kränkliches und schwaches Kind. »Im Alter von vier Jahren kam er wegen einer offenen Lungentuberkulose in eine Heilanstalt bei Chemnitz. Während eines Spazierganges im Park stürzte er und kugelte sich das linke Hüftgelenk aus, so daß er in eine orthopädische Klinik in Leipzig überwiesen werden mußte. Er befand sich insgesamt etwa zwei Jahre im Krankenhaus; seine Leiden sind ohne Folgen verheilt.«[204]

Josef Bachmanns Leiden verheilten nicht ohne Folgen, wie die Anklageschrift glauben machen will. Denn als Josef nach seiner Entlassung aus dem Krankenhaus in Reichenbach eingeschult wurde, kam er mit den Anforderungen der Schule nicht zurecht. Josef, der acht Monate lang im Tbc-Heim eingesperrt war, der weitere Monate mit beiden Beinen bis zur Hüfte eingegipst verbringen mußte, der zwei Jahre brauchte, um wieder laufen zu lernen – er konnte um so schwerer still in der Bank sitzen und aufpassen, was die Lehrer ihm beibringen wollten. Von Anfang an war er auf schlechte Noten abonniert. Noch einen weiteren Grund gab es, warum sich Josef so an seine Mutter klammerte. Einen richtigen Vater hat er nie erlebt. Der leibliche Vater, eine Gelegenheitsbekanntschaft der Mutter, erkannte seine Vaterschaft vor den Behörden an und machte sich dann aus dem Staub in Richtung Bodensee. Gertrud Bachmann blieb mit ihren beiden Kindern allein in Reichenbach zurück.

Doch es gab eine Vaterfigur, die sich um Josef Bachmann kümmerte: sein Onkel. Der Onkel war da, als Josef wegen seines verletzten Hüftgelenks monatelang in der orthopädischen Klinik in Leipzig lag, wo ihn seine Mutter nur selten besuchen konnte. Der Onkel kam regelmäßig zu Besuch – bis er eines Tages ausblieb und auch nichts mehr von sich hören ließ.

Warum, das erfuhr Josef erst später, nach seinem Krankenhausaufenthalt. Die Nachbarn des Onkels erzählten es der Mutter hinter vorgehaltener Hand. Die Mutter erzählte es Josef:

Eines Abends hatte der Onkel in einer Kneipe einige Biere über den Durst getrunken. Das machte Stammtischlaune. Der Onkel geriet mit anderen Gästen ins Politisieren. Die Unterhaltung wurde laut und heftig. Der Onkel begann zu schimpfen. Er schimpfte über die harte Arbeit und den schlechten Lohn dafür und die Bonzen in Partei und Regierung des Arbeiter-und-Bauern-Staates DDR, die es ja eigentlich gar nicht geben dürfte in so einem Staat. Hinter dem Tresen an der Wand prangte das Foto Wilhelm Piecks, des ordensgeschmückten Präsidenten der Republik, in einem feinen Anzug. Wie der zufrieden und ungerührt in die Runde schaute, das muß den Onkel besonders in Rage gebracht haben. Irgendwann jedenfalls, erzählten die Nachbarn der Mutter und die Mutter ihrem Sohn Josef, packte der Onkel sein Bierglas und schmiß es mit Wucht an die Wand, wo es zerschellte und das Bilderglas auch und das Foto des Präsidenten ganz naß wurde vom Bier. Ein Fleck war jetzt an der Wand, und irgendwer war empört oder ganz einfach nur sauer auf den Onkel, wollte ihm was auswischen, rief die Volkspolizei. Die Volkspolizisten besahen sich die Bescherung mit dem zersplitterten Foto des Präsidenten der Republik und dem Fleck an der Wand und dem besoffenen Onkel von Josef Bachmann, schrieben alles auf, erklärten den Onkel für festgenommen und verschwanden wenig später mit ihm. Dann, erzählten die Nachbarn der Mutter und die Mutter ihrem Sohn Josef, war der Onkel erst mal weg bis zu seinem Prozeß, den sie ihm machten. Bei dem Prozeß kam zur Sprache, was der Onkel über die hohen Politiker der Republik in seinem Suff losgelassen hatte. Die Richter verurteilten ihn daraufhin zu fünf Jahren Zuchthaus. Das war 1952.

Josef Bachmann hat seinen Onkel auch später nie wieder gesehen. Doch er hat sich diese Geschichte genau gemerkt. Als er wenig später wie alle Kinder seines Alters zum Mitglied der »Jungen Pioniere« gemacht wurde, fiel er auf. Alle Pioniere bekamen als Zeichen ihrer Mitgliedschaft ein blaues Halstuch. Ein Zeichen, das die Kinder in der DDR als Auszeichnung ansehen sollten. Josef aber lehnte es ab, das blaue Tuch der Pioniere zu tragen.

Ab 1954 gab es dann zu Hause in Reichenbach einen Mann, zu dem Josef Bachmann auf Wunsch seiner Mutter »Vater« sagte. Frau Bachmann hatte geheiratet. Der neue Stiefvater hieß Johann Brandt und war Hilfsarbeiter beim Straßenbau. Geschlagen hat er seinen Stiefsohn Josef genausowenig wie er ihn liebte. »Ja, ich hab immer geschimpft, daß er das Bier mehr liebt als alles andere«, erinnerte sich Josef Bachmann später vor Gericht.

1956 setzte sich Josef Bachmanns Familie mit einem Interzonenpaß in die Bundesrepublik ab. In die DDR wollten sie nicht mehr zurück. Der goldene Westen empfing sie in Notquartieren. Vom Aufnahmelager Uelzen zogen sie zu verschiedenen Verwandten im Ruhrgebiet, zu manchen nur für ein paar Tage. Nach fünf Monaten endlich bot sich in Peine ein sicheres Quartier bei einer Tante, die der vierköpfigen Familie zwei Zimmer zur Verfügung stellte.

Dem mittlerweile elfjährigen Josef gelang es nicht, in seiner neuen Umgebung Fuß zu fassen. Die Mitschüler verspotteten ihn wegen seines unüberhörbaren sächsischen Dialektes, die Lehrer stuften ihn wegen seiner miserablen schulischen Leistungen als hoffnungslosen Fall ein. Die Anklageschrift notiert die Stationen seines schulischen Scheiterns:

»Ostern 1958 kam der Angeschuldigte wegen geringer schulischer Leistungen und eines großen Intelligenzrückstandes in die Hilfsschule, nachdem bei der Aufnahmeprüfung im Jahre 1957 festgestellt worden war, daß er im Vorstellungs- und Urteilsvermögen Lücken aufwies. Das Gedächtnis und die Merkfähigkeit waren schwach, die Phantasie arm, die Aufmerksamkeit gering. Gelesene Geschichten konnte er nicht wiedergeben, seine Zeichnungen waren primitiv. Im Schreiben, Lesen und Rechnen waren seine Leistungen – bis auf eine ausreichende Note im Abschreiben – ungenügend und mangelhaft. Er wies einen Intelligenzquotienten von 0,84 und einen Intelligenzrückstand von zwei Jahren auf. Am 14. März 1959 wurde der Angeschuldigte aus der 6. Klasse der Hilfsschule entlassen. Er hatte nur das Ziel der vorletzten Klasse erreicht. Im Abgangsbericht heißt es: ›Josef machte sich oft einen Spaß daraus, einzelne seiner Mitschüler und Mitschülerinnen zu hänseln, zu verspotten und zu belästigen. Das führte auch im Unterricht zu Erziehungsschwierigkeiten. Er konnte, wenn ihm etwas nicht paßte, leicht jähzornig werden und z.B. Gegenstände, die er im Werken gebastelt hatte, sinnlos zerstören. Besondere Begabung zeigte er für handwerkliche Arbeiten und für Zeichnen.‹«[205]

Im Wirtschaftswunderland

Als Josef Bachmanns Familie der DDR im Jahr 1956 den Rücken kehrte und sich in die Bundesrepublik absetzte –, nur mit ein paar Koffern in der Hand und dem Interzonenpaß in der Tasche – da glaubten Eltern und Kinder an die Ausreise in ein gelobtes Land. Für das, was sie nach allen Berichten in der Bundesrepublik zu erwarten hatten, konnten sie das Wenige, was sie in Reichenbach ihr eigen nannten, leichten Herzens zurücklassen. In der Bundesrepublik, das hatten sie gehört, gibt es nicht nur Arbeit und Brot für jedermann, sondern noch eine Menge begehrter Dinge darüber hinaus. Kühlschränke, Fernsehgeräte, Autos, immer neue modische Kleidung gab es, immer mehr Waren für immer mehr Leute, die vor den vollen Schaufenstern staunten und mit einem Wunsch mehr wieder weitergingen, ihn im Kopf behielten und hartnäckig dafür arbeiteten, um sich später für ihre Erschöpfung mit frischem Besitzerstolz zu entschädigen. So hielten die Leute selbst eine Wirtschaft am Leben, die sie in ihrer Sprache mystifizierten, zum höheren Wesen erklärten, zum vielgepriesenen Wirtschaftswunder.

1959 verließ Josef die Schule. Er hoffte, daß er es mit Arbeit zu etwas bringen werde wie jeder andere auch.

Aber in der Berufsausbildung scheiterte er schon nach wenigen Monaten. Josef hatte am 7. April 1959 auf der Zeche »Viktor« in Castrop-Rauxel eine Bergmannslehre begonnen, eine körperlich schwere und sehr anstrengende Arbeit, die den ziemlich schwächlichen 15jährigen überforderte. Am 13. November 1959 jedenfalls schmiß Bachmann diese Lehre und fuhr wieder heim zu seiner

Mutter nach Peine. Das Heimweh, sagte er später, war zu stark geworden.

Von da an jobbte er als Hilfsarbeiter, wechselte häufig die Firma, fing keine Ausbildung mehr an, weil ihm der Lehrlingslohn zu gering war. »Also, ich wollte mehr verdienen, und ich hab immer aufgehört, wenn ich woanders mehr verdienen konnte. Ich hab mir für das Geld Fahrzeuge gekauft, zuerst ein Moped; Kleidung hab ich auch gekauft und Kostgeld hab ich abgegeben – da ist das Geld so draufgegangen.«[206]

Er arbeitete bei der Rundfunkfabrik Kuba, bei einem Gemüsegroßhandel, für nur einen Tag in einer Schraubenfabrik, in einer Nähmaschinenfabrik, bei einem Malereibetrieb.

Ab und zu hatte Josef das Gefühl, abhauen zu müssen. Dann fuhr er für ein paar Tage weg, meist ziellos, denn er hatte weder ausgeprägte Interessen noch Freunde, die er anderswo besuchen konnte.

Vom Bau der Berliner Mauer am 13. August 1961 an geschah mit Josef etwas Merkwürdiges. Er, der bislang keinerlei Interesse an Politik gezeigt hatte, fuhr mehrmals kurz hintereinander nach Berlin. »Es war im Unterbewußtsein, als ob es mich holte. Ich mußte die Mauer sehen und die Grenzposten; obwohl die mich nichts angingen, hatte ich das Gefühl, als ob sie Gegner von mir sind.«[207]

Zu Hause war Josef nur ungern, den Stiefvater konnte er nicht leiden. Mit anderen Jugendlichen, die sich wie Josef nicht wohlfühlten in ihrem Leben zwischen stumpfsinniger Hilfsarbeit und familiärer Enge, traf er sich regelmäßig auf der Straße und in Kneipen. Irgendwer hatte die Idee, sich »Avanti-Club« zu nennen, obwohl es eigentlich gar keinen Club mit Clublokal, Vorstand oder Mitgliedsausweisen gab und schon gar kein Programm. Die »Avantis« hockten in den Kneipen Peines zusammen oder streiften mit ihren Mopeds und Motorrädern durch die Stadt. Josef Bachmann fiel nicht auf in dieser Gruppe, er war keiner ihrer Wortführer. Aber er versuchte, den anderen mit starken Gesten zu imponieren. Er kaufte sich einen Trommelrevolver, den er gemeinsam mit seinem Freund Wilhelm Völker zu einer scharfen Schußwaffe umbaute. Im Wald übten die beiden das Schießen auf ein Brett mit Zielscheibe. Das Leben mit der »Avanti-Clique« ging ins Geld, vor allem wegen der teuren Mopeds und Motorräder, die man brauchte, um in der Gruppe mehr zu gelten. Josef Bachmann hatte nicht soviel Geld. Im Oktober 1961 beging er mit seinem Freund

Völker den ersten Einbruch. Die beiden wurden erwischt und vor das Jugendschöffengericht in Peine gestellt. Wegen »gemeinschaftlichen einfachen und gemeinschaftlichen schweren Diebstahls, Vergehens nach § 24 Abs. 2 StVG und unerlaubten Führens einer Schußwaffe« wurde er zu vier Wochen Jugendarrest verurteilt. Ins Gefängnis mußte er nicht, weil seine Haftstrafe mit der Untersuchungshaft abgegolten war.

Also wieder jobben, diesmal bei Duerkop, wieder die Streifzüge mit den »Avanti«-Leuten, wieder die Faszination von Motorrädern und Autos. Aber schneller mußten sie sein, um durch sie etwas zu gelten, und dann waren sie teurer, und Bachmann blieb mit seinen Hilfsarbeiterlöhnen weit hinter seinem finanziellen Bedarf zurück. Die Schere zwischen seinen Träumen und seinen Möglichkeiten öffnete sich immer weiter. Im Juni 1962 brach er mit einem Kumpel in zwei Tankstellen ein und klaute Geld und Zigaretten, ein paar Tage später ein Auto, nur so, für eine Ausflugsfahrt. Sie endete in einem Straßengraben bei Salzgitter. Dann wieder ein Tankstelleneinbruch für das Rückfahrgeld mit der Eisenbahn, aber sie kriegten die Kasse nicht auf. Sie stahlen ein Moped, mit dem sie nach Peine zurückfuhren. Dort warfen sie es in einen Kanal. Neun Tage später erwischte die Polizei die beiden. Untersuchungshaft, Gerichtsverfahren, Urteil: Diesmal neun Monate ohne Bewährung. Aus einer offenen Strafanstalt versuchte er noch am ersten Tag zu fliehen. Den Rest seiner Strafe saß er in der Haftanstalt Hameln ab. Aus dem Abschlußbericht des Gefängnisses über den Häftling Josef Bachmann:

»Die Strafverbüßung für den verwöhnungs-verwahrlosten Angeschuldigten war zu kurz bemessen. Er bereitete erhebliche Einordnungsschwierigkeiten, Appelle an seine Einsicht scheiterten an mangelnder geistiger Kapazität und an seinem Dickkopf. Erst in den letzten Wochen zeigten sich Ansätze einer leichten Beeindruckung sowie eine Bereitschaft, sich etwas sagen zu lassen. Er versuchte, Bildungsrückstände aufzuholen, weil sie ihn sehr in seinem Selbstwertgefühl beeinträchtigten.«[208] Der Kreislauf von Bestätigungs-Konsum und Kriminalität begann bald wieder von neuem.

Ein Freund hatte eine BMW 250 gekauft. Um ihn zu übertrumpfen, besorgte sich Josef Bachmann eine 500er BMW. Das Geld, um Steuern und Versicherung zu bezahlen, hatte er nicht mehr. Er wurde erwischt, als er mit der neuen, nicht angemeldeten Maschine in Peine ein Auto streifte und abhauen wollte. Das Urteil: Zwei Wochen Dauerarrest. Das war im Februar 1965.

In dieser Zeit unternahm Josef Bachmann mit seinen Freunden Ausflüge zu der nahegelegenen DDR-Grenze. Es war dieselbe Zeit, in der er in ihrem Kreis zu politisieren anfing, nicht intensiv, nur ein wenig Stammtischgerede. Die anderen interessierten sich nicht dafür. Vor Gericht wußten sie nur zu berichten, Josef Bachmann habe über die Machthaber in der DDR und gegen Kommunisten geschimpft. Daß er die nicht leiden konnte, wurde an der Grenze offenbar. Einmal zog er plötzlich abends in der Dämmerung seinen Trommelrevolver heraus – er besaß längst wieder verschiedene Waffen – und schoß eine ganze Trommel in Richtung Osten leer. Er rief »Halt, stehenbleiben« und warf Knüppel und Steine über den Grenzzaun. Er wollte damit dort eingegrabene Minen zur Explosion bringen und ärgerte sich sehr, als ihm das nicht gelang.

Immer wieder zog es ihn an diese Grenze, über die er vor ein paar Jahren mit seiner Mutter in die Bundesrepublik gekommen war. Später, als er schon einen alten VW besaß, kam er noch einmal wieder. Er hatte ein Abschleppseil mitgebracht, legte es um einen Grenzpfahl, befestigte das andere Ende an seinem Auto, gab Gas und versuchte, den Pfahl aus der Erde zu reißen.

Josef Bachmanns Eskapaden waren die Aktionen eines einzelnen, aber sie paßten in die politische Landschaft des aufgeheizten Klimas zwischen den beiden deutschen Staaten seit dem Bau der Mauer in Berlin. Es waren die Jahre, in denen das »Kuratorium Unteilbares Deutschland« die Bürger der Bundesrepublik allweihnachtlich aufforderte, nach Osten hin Kerzen ins Fenster zu stellen. Und tatsächlich standen die grünen Windlichtkerzen, die das Kuratorium für ein paar Pfennige vertrieb, über Jahre hinweg in ungezählten Fenstern und flackerten ostwärts für die »Brüder und Schwestern in der Zone«. In den Klassenzimmern wurden fieberhaft Geschenkpakete für die da drüben gepackt, und ganz eifrige Jugendliche stellten sich mit Flugblättern an die deutsch-deutsche Grenze, in denen die Wiedervereinigung Deutschlands gefordert wurde.[209] Die Wogen echten oder wohlstandseitlen Mitleids mit den »armen Brüdern und Schwestern drüben« gingen hoch, Empörung und Haß gegen das Regime der DDR waren weit verbreitet.

Endlich hatte Josef Bachmann, der Einzelgänger, einen Gefühlsstrom gefunden, in dem er mit seiner dumpfen Wut mitschwimmen konnte. Der Antikommunismus wurde das einzige Ventil für seine vielfältigen Enttäuschungen, bei dem Dampfablassen nicht unter Strafe stand.

An Enttäuschungen war in Josef Bachmanns Leben auch weiterhin kein Mangel. Das Familienleben mit dem ungeliebten Stiefvater, der zwischen ihm und der Mutter stand, mußte Josef sehr bedrückt haben. 1966 kam er auf die Idee, seinen leiblichen Vater zu besuchen, der in einer kleinen Stadt am Bodensee wohnte. Eine niederschmetternde Begegnung, von der er später vor Gericht erzählte: »Ja, das war sehr enttäuschend. Ich dachte, er würde sich freuen. Aber er war ziemlich niedergeschlagen, als ich nach zehn Jahren vor der Haustür stand. Ich wollte ihn sehen, ich wollte wissen, wie es ihm geht, aber ich hab gemerkt, daß er es lieber gesehen hätte, wenn ich gleich wieder gefahren wäre.«[210]

Anfang Juli 1966 kommt Josef Bachmanns Freund Wilhelm Völker auf ein paar Tage aus der Untersuchungshaft frei. Er hat wieder einmal ein Verfahren wegen unbefugten Waffenbesitzes und diesmal auch wegen Körperverletzung am Hals. Bei einer Prügelei, bei der er mit einer Pistole auf seinen Gegner einschlug, löste sich ein Schuß und drang Völkers Gegner ins Gehirn. Diesmal, das weiß er, kommt er nicht mit ein paar Monaten davon. Als er Josef Bachmann trifft, sind sich die beiden einig. Sie haben von Peine die Nase voll und wollen so schnell wie möglich weg. Bachmann schmeißt seinen Anstreicherjob, die beiden packen das Nötigste und fahren mit Bachmanns altem Käfer los in Richtung Frankreich.

Die 500 Mark, die Bachmann mitgenommen hat, reichen gerade bis Nizza. Von da an klauen die beiden wieder Geld aus Autos, Wertsachen, einen Fotoapparat und Essen aus einer Villa. Am 26. Juli werden sie auf frischer Tat in Saint-Raphael von der französischen Polizei ertappt. In Bachmanns Käfer finden die Flics neben dem Diebesgut ein ganzes Waffenarsenal: mehrere Tränengaspistolen, Stahlknüppel und ein Beil.

Auf dem Polizeirevier dreht Bachmann durch. Scheinbar apathisch sitzt er mit Handschellen gefesselt auf einem Stuhl und schaut den Polizisten zu, die das beschlagnahmte Diebesgut und die Waffen auf einem Tisch im Revier ausbreiten und auf einer Liste registrieren. Da springt er auf, reißt blitzschnell trotz seiner Handfesseln eine der vor ihm auf dem Tisch liegenden Pistolen an sich, legt auf einen Polizisten an und drückt ab. Aber kein Schuß löst sich. Die Waffe ist nicht geladen. »Ich wollte nur meinem Freund beweisen, daß ich mehr Mumm in den Knochen habe als er, der immer angibt!« rechtfertigt sich Bachmann später.

Am nächsten Tag werden die beiden zu einer Gegenüberstellung aus ihren Zellen geführt. In einem günstigen Augenblick rennt Josef Bachmann los, kommt auch trotz seiner Handschellen aus dem Revier heraus, rennt weiter über die Straße Richtung Meer. Dem verrückten, kleinen Deutschen, der aussieht wie ein Kind und doch so unberechenbar ist, stürzt die halbe Besatzung des Reviers hinterher. Am Ende des Stegs bleibt er kurz stehen, dann dreht er sich um und springt mit seinen gefesselten Händen ins Meer. Ein Rettungsschwimmer zieht ihn an den Haaren raus. An Land bezieht er eine schwere Tracht Prügel von den Polizisten.

Wieder auf dem Revier macht ein Polizist eine merkwürdige Beobachtung. Bachmann dreht die Ketten seiner Handschellen mit aller Kraft so zusammen, daß seine Hände nicht mehr durchblutet werden.

Das Tribunal de Grande Instance in Draguignan verurteilt Josef Bachmann am 19. Oktober 1966 wegen mehrfachen Diebstahls, Tragens einer verbotenen Waffe der 4. Kategorie und Aufruhrs zu einem Jahr Gefängnis. Am 21. Juli 1967 wird er entlassen und in die Bundesrepublik abgeschoben.

Zurück in der Bundesrepublik, weiß Josef Bachmann nicht, wohin er gehen soll. Ein paar Tage jobbt er in München, dann verschlägt ihn das Heimweh nach Peine. Er will seine Mutter sehen, aber leben möchte er nicht mehr in dieser Stadt. Josef Bachmann fährt nach Hamburg und Bremen. Er möchte als Matrose anheuern und auf See fahren. Aber niemand stellt den schwächlich wirkenden jungen Mann als Matrose ein.

Berliner Lehrwochen

Josef Bachmann zog es nach Berlin. Er war nicht ganz zwei Monate dort. Nach den tödlichen Schüssen des Polizisten Karl-Heinz Kurras auf den Studenten Benno Ohnesorg am 2. Juni war die Stadt nicht mehr zur Ruhe gekommen. Die außerparlamentarische Opposition wuchs von Tag zu Tag, und das Nachbeben der Juni-Tage im Berliner Senat war noch nicht vorbei.

Immer stärker konzentrierten sich die Geschehnisse auf Rudi Dutschke. Josef Bachmann, der in dieser Zeit häufig die *Deutsche Nationalzeitung* las, konnte darin zu dieser Zeit einen großen Artikel über Rudi Dutschke finden. Daneben natürlich ein Bürgerschreck-Bild:

»Unsere hauptamtlichen Staatsschützer haben sich bisher vergeblich bemüht, eine glaubwürdige Definition des überall vermuteten Rechtsradikalismus zu finden. Der verharmloste und verhätschelte Linksradikalismus hat sich inzwischen längst selbst definiert. Er kennzeichnet sein politisches Wollen mit Brandbomben und Sprengkörpern, mit Demonstrationen gegen alles, was der Ordnung und Autorität verdächtig erscheint, terrorisiert Polizisten und die Bevölkerung, verhöhnt das Staatsbegräbnis von Paul Löbe, protestiert am 13. August nicht gegen Ulbrichts Zuchthausmauern, sondern mißbraucht den Gedenktag zu neuen Teufeleien. Man versucht sich immer mehr und überall in der Nachäffung der roten Garde Maos. Mitglieder des Sozialistischen Studentenbundes (SDS) randalieren, krawallieren, üben Sitzstreiks, beleidigen Professoren und Rektoren, brüsten sich mit ihrem ›kommunen‹ Sexualkollektivismus. Symbolfigur dieser Umtriebe ist Rudolf Dutschke geworden. Er bewegt sich nicht ohne Geschick am Rande der Illegalität. In seinen wirren Reden schwärmt er von ›außerparlamentarischer Opposition‹, ›antiautoritärer psychologischer Disposition‹, ›provokatorischer Gegengewalt‹. Vielleicht fehlen ihm die bildungsmäßigen Voraussetzungen, um zu erkennen, daß er uralte Kamellen als neueste soziologische Erkenntnisse verkündet. (...) Er nennt sein Paradies ›Rätedemokratie‹. Sowjetdemokratie wäre zu deutlich.«[211]

Während Josef Bachmann für den Malereibetrieb Kräkel Fenster strich, brach die seit den Junitagen schwelende Regierungskrise im Berliner Senat auf. Mitte September trat der für den Polizeieinsatz am 2. Juni verantwortliche Innensenator Wolfgang Büsch zurück, eine Woche später wurde der Polizeipräsident Duensing frühzeitig in Pension geschickt, vier weitere Tage später, am 26. September 1967, trat der Regierende Bürgermeister Heinrich Albertz nach nur 287 Tagen Amtszeit zurück. Zum ersten Mal in der Geschichte West-Berlins stürzte ein Regierender Bürgermeister. Bachmanns Kollegen sagten: Jetzt weicht die Regierung dem Druck der Straße. Das ist ein Triumph für die radikalen Studenten. Wie genau Bachmann die politischen Ereignisse dieser Wochen in West-Berlin verfolgt hat, läßt sich nicht nachprüfen.

Ende September wechselte er seine Arbeitsstelle und zog aus dem Wohnheim in der Gradestraße in die Perleburgerstraße um. Der Malereibetrieb Wittrin feuerte ihn am 11. Oktober nach nur zwei Wochen, weil er während der Arbeit Alkohol getrunken hatte.

Bachmann stand wieder einmal auf der Straße. Diesmal fiel ihm etwas Abenteuerlicheres ein als ein neuer Hilfsarbeiterjob als Anstreicher. Josef Bachmann packte seine Sachen und brach nach

Frankreich auf. Er wollte Fremdenlegionär werden. Nach nur acht Tagen in einer Ausbildungsabteilung wurde er wieder an die Luft gesetzt und nach Hause zurückgeschickt. Er sei zu unreif. Wieder einmal schlug Josef Bachmanns Wut in Depression und Selbstzerstörung um. Der Staatsanwalt notiert diese Episode später in seiner Anklageschrift:
»Er war hierüber sehr betroffen und betrank sich in Kehl/Rhein am 31. Oktober sinnlos. Mit einer Alkoholvergiftung wurde er in ein Krankenhaus eingeliefert. Auf der Tragbahre bekam er einen Wutanfall und schlug mit dem Kopf nach beiden Seiten gegen die Metallkanten der Bahre.«[212]

Von da an war Josef Bachmann noch ruheloser als je zuvor. Den nächsten Malerjob quittierte er mit der Begründung, er könne nichts dagegen tun, es liege ihm im Blut, daß er die Arbeitsstelle laufend wechseln müsse. Das war im Januar 1968 in Peine. Dann schippte er für ein paar Tage Schnee bei der Österreichischen Bundesbahn in Innsbruck. Dann München. Dort Bahnhofsverbot wegen wiederholten Aufenthaltes im Wartesaal ohne Fahrkarte. Ab 5. Februar ein Job als Abdichter bei der Baufirma Fabian. Verträglich und unauffällig war er, meinten die Kollegen über ihn, und fleißig und gewissenhaft in der Arbeit, sagte der Chef. Der erinnerte sich auch noch an Bachmanns Kündigung am 29. März, die er auch mit einem Angebot, den Stundenlohn um eine Mark zu erhöhen, nicht abwenden konnte. Diesmal kündigte Bachmann, um einer Lohnpfändung zu entgehen. Er hatte den Kaufvertrag für einen gebrauchten DKW-Sportwagen unterschrieben. 300 Mark angezahlt und dann den erhofften Bankkredit für die Restsumme nicht erhalten. Der Autohändler ging nicht auf Bachmanns Bitte ein, den Vertrag zu annullieren. Er tippte auf das Kleingedruckte, das Bachmann ungelesen unterschrieben hatte. Wutentbrannt drohte Bachmann, er werde eher die ganzen Autos zusammenhauen als zahlen. Den Händler ließ das kalt. Er behielt Bachmanns Anzahlung ein, kündigte ihm die Lohnpfändung an und schickte ihn weg.

Nächster und letzter Job, Arbeitsbeginn 1. April 1968: Eisenschutzwerker und Anstreicher bei der Firma Süd-Hansa GmbH in München. »Am 8. April erschien er im Firmenbüro und kündigte. Als Begründung gab er an, er sei mit sich selbst uneins und es gehe ihm alles daneben, er wolle nach Berlin gehen. Gegenüber verschiedenen Kollegen äußerte er, sie würden noch durch Presse, Rundfunk und Fernsehen von ihm hören. Am Mittwoch, dem 10. April 1968, holte er sich gegen 14.30 Uhr seinen Restlohn in Höhe von 102,19 DM ab; 100,– DM Vorschuß hatte er bereits am Montag zuvor erhalten.«[213]

Noch am Abend des gleichen Tages, genau um 21.52 Uhr, fuhr Josef Bachmann mit dem Interzonenzug nach Berlin.

Berlin, 11. April 1968

Nur kurz liegt Rudi blutend und regungslos auf der Fahrbahn des Kurfürstendamms, Sekunden nur, in denen sich vom Peitschen der Schüsse in Panik versetzte Fußgänger aus Angst auf den Boden werfen, und jetzt, wo es ruhig geworden ist, den Kopf heben und Bachmann nachschauen, der hastig in Richtung Bahnhof Zoo davonrennt, da wacht Rudi aus seiner kurzen Bewußtlosigkeit auf, kommt taumelnd auf die Füße, fährt sich mit den Händen durch das Gesicht, besieht seine blutigen Hände und bricht nach wenigen Schritten in Richtung SDS-Zentrum wieder zusammen.

Zwei Passanten stürzen auf ihn zu, greifen ihm unter die Arme, er wehrt sich, will allein weiter und schafft es nicht, seine Helfer packen ihn gegen seinen schwächer werdenden Widerstand fester und führen ihn zu einer Sitzbank an der Ecke von Ku'damm und Johann-Georg-Straße, direkt vor dem SDS-Zentrum. Dort betten sie ihn auf die Bank, schieben notdürftig eine Jacke als Kissen unter den blutenden Kopf. Die Neugierigen und Schaulustigen, die sich jetzt in Minutenschnelle in einer dichten Traube rund um die Sitzbank scharen, reden schon wieder. Einige erzählen, wie sie ihn schreien hörten nach den Schüssen, schreien nach Vater und Mutter, daß er: Mörder! gerufen hat und auch: Ich muß zum Frisör! und auch wirre und unzusammenhängende Worte. Noch ist die Polizei nicht da, noch können die Spaziergänger alles aus der Nähe sehen, Rudis umgestürztes Fahrrad mit der braunen Lederaktentasche voller Bücher am Lenkrad, seine beiden Schuhe und die zerbrochene Armbanduhr auf der Fahrbahn, die Blutspur von dort bis zu der Bank, auf der er halb besinnungslos und unruhig liegt.

Die Betroffensten bleiben schweigend kurz stehen, die Aktentaschen und für die Ostertage prall gefüllte Einkaufsbeutel ziehen ihre Arme zu Boden und verstärken den Ausdruck von Ratlosigkeit in ihren Gesichtern. Nicht lange, und sie gehen weiter, nach Hause. Andere, so berichten später Reporter vom Tatort, geben mit verschränkten Armen ihre Kommentare ab. »Man braucht ja nicht gleich zu schießen, aber daß der mal einen Denkzettel abgekriegt hat, ist ganz gut«, soll einer gesagt haben, und ein anderer: »Sieh mal an, wenn's ans Sterben geht, ruft sogar der nach Vater und Mutter.«[214]

Um 16.40 Uhr stoppt der Funkstreifenwagen »berta 47« am Tatort. Die Polizisten springen heraus, laufen auf die Menschentraube um Rudi zu, drängen sich in die Mitte, sehen den blutüberströmten Mann liegen, begreifen, daß dem nur die bereits alarmierten Sanitäter helfen können, wenn überhaupt jemand, machen gleich kehrt und nehmen die Verfolgung des Täters auf. Sie stellen ihn etwa 150 Meter vom Tatort entfernt. Aufgeregte Passanten erzählen, wie er den Bürgersteig des Ku'damms entlanghetzte, stehenblieb und sich umschaute, dort, wo die Nestorstraße in den Ku'damm einmündet, hineinrannte in die Seitenstraße, sie überquerte, direkt auf das Baugrundstück Nestorstraße 54 zu, sich durch Bauzäune und Verschalungen hindurchzwängte und im Keller des Rohbauhauses verschwand. Dorthin folgten ihm die Polizisten.

Bachmann bemerkt seine Verfolger. Blindlings schießt er los. Erst dadurch erfahren sie, wo er sich versteckt. »Kommen Sie heraus!« ruft einer der Polizisten durch das Fenster.

»Lebendig kriegt ihr mich nicht«, ruft es aus dem Keller. Dann wird es still.

Diese Zeit muß Bachmann dazu genutzt haben, die etwa zwanzig Schlaftabletten herunterzuwürgen, die die Ärzte später aus seinem Magen herauspumpten.

Die Polizisten draußen warten auf Verstärkung. Eine halbe Stunde später ist das ganze Haus umstellt. Der Einsatzleiter befiehlt, Tränengas einzusetzen. Bachmann soll ausgeräuchert werden. Polizisten schleichen sich an die Kellerfenster heran und schleudern Tränengasgranaten in die Richtung, in die Bachmann verschwunden ist. Aber die Zugluft verweht das Gas nach draußen, einige der Granaten schleudert Bachmann durch die Kellerfenster zurück.

17.30 Uhr. Unter dem Feuerschutz eines Kollegen dringt ein Polizist in den Keller ein. Er fordert Josef Bachmann auf, aufzugeben und die Waffe wegzuwerfen. Bachmann antwortet nicht, er schießt auf den Beamten, der auf ihn zukommt. Der schießt zurück und trifft, Bachmann schreit auf und bricht, in Brust und Arm getroffen, zusammen. Sanitäter kommen und transportieren ihn auf einer Trage ab.

Sachverständige stellen später fest, daß Bachmann schoß, solange er konnte. Er soll, bis er zusammenbrach, fünfzehn Schüsse auf die Polizisten abgegeben haben.

Zu diesem Zeitpunkt beginnt im Westend-Krankenhaus bereits die Operation an Rudi Dutschke. Die Ärzte im am nächsten gelegenen Albrecht-Achilles-Krankenhaus haben nur kurz die stark blutende Kopfwunde inspiziert und die Sanitäter mit ihm sofort weitergeschickt. Während sie noch mit Blaulicht und Martinshorn unterwegs sind, wird bereits die Neurochirurgische Abteilung des Westend-Krankenhauses alarmiert.

Bulletin. »Die erste Operation galt der Entfernung eines Projektils, das den Schädel an der linken Seite oberhalb der Schläfe durchschlagen und das frontoparietale Hirngewebe leicht beschädigt hatte, jedoch vor dem Enervationszentrum für die motorische Leistung des rechten Arms (gyrus praecentalis) steckengeblieben war. Das Operationsteam unter Dr. Arno Schulze löste das Geschoß aus dem Gehirn heraus und verschloß die Wunde. Zu einem in solchen Fällen auftretenden, höchst bedrohlichen Hirnödem – einer abnorm starken Durchtränkung des Gehirns mit Blutwasser und Lymphe – kam es nicht. Um 22 Uhr war diese Operation beendet.«[215]

Die Genossen. »Im SDS-Zentrum ratlose SDS-Genossen, einige weinen. Leise, aufgeregte Stimmen. Was tun? Jemand berichtet über eine Nachricht im *SFB*: Rudi Dutschke ist tot. Verzweiflung breitet sich auf den Gesichtern aus. Alle sind gelähmt. Jemand ruft im Albrecht-Achilles-Krankenhaus an, in das man Rudi Dutschke gebracht hat. Im Krankenhaus kann man keine Auskunft über Dutschkes Zustand geben. Vor ein paar Minuten ist er mit einem Krankenwagen weiter ins Westend-Krankenhaus gebracht worden zur Gehirnchirurgie. Dort: Keine Auskunft.

Christian Semler steht an der Fensterbank und kritzelt eine Presseinformation auf einen Zettel: Wenn auch der Attentäter noch nicht identifiziert sei, so stehe doch fest, daß der Hauptschuldige für diesen Mordanschlag Springer sei, denn seine Zeitungen schafften erst die atmosphärischen Voraussetzungen für eine solche Tat.

18.30 Uhr. Die Nachricht verbreitet sich, daß Rudi Dutschke lebt, seine Chancen seien 50:50. Die Atmosphäre entkrampft sich. Die fertig formulierte Pressemitteilung wird an alle Nachrichtenagenturen gegeben. Laufend klingelt das Telefon. Journalisten fragen an, Mitglieder der außerparlamentarischen Opposition erkundigen sich nach Rudis Befinden. Ein Flugblatt wird gedruckt. Die führenden Leute des Berliner SDS tagen in einem geschlossenen Raum. Aktionen werden diskutiert, wieder verworfen.

Soll man auf die Straße gehen? Die Auslieferung der Springer-Zeitungen verhindern? Den gesamten Straßenverkehr in Berlin lahmlegen? Das Rathaus besetzen? Soll man zum aktiven Widerstand aufrufen? Gar nichts tun?

Man beschließt fürs erste, um 19.00 Uhr eine Pressekonferenz im Republikanischen Club anzusetzen. Aber um 19.00 Uhr berät man noch immer. Eine um 20.00 Uhr im Auditorium maximum der Technischen Universität geplante Veranstaltung wird ›umfunktioniert‹ und zum Diskussionsforum über die nächsten Aktionen gemacht.«[216]

Michael Baumann: »Ich bin von der Arbeit gekommen und fahre zur K1, war genau Gründonnerstag. Da hatte ich noch Lohn gekriegt, für mich war es klar, ist jetzt Ostern, also sind einfach ein paar Feiertage, und jetzt ist irgendwie 'ne gute Sache. Als ich rinkomme und hör das, ich hab's erst gar nicht geglaubt. Denn sind wir zur Technischen Universität gegangen und denn klar zu Springer in die Kochstraße ...«[217]

20.00 Uhr Audimax TU, ein Schild in dünnen Lettern seit Spätnachmittag vor dem SDS-Zentrum am Kurfürstendamm, 20.00 Uhr Audimax TU, sagt jeder jedem weiter, der fragt, wie es weitergehen soll.

20.00 Uhr Audimax TU, überfüllt mit mehr als 2000 ratlosen Leuten, die darauf warten, daß jemand zu ihnen spricht, alles erklärt, daß etwas passiert. Schweigen, rote Fahnen, Flugblätter. Dann kommen die Genossen aus dem SDS-Zentrum. Dort, hinter der verschlossenen Tür im Versammlungsraum am Nachmittag haben sie selber geschwiegen, als das Gerücht umging, Rudi sei tot. Einige haben geweint. Jetzt brechen sie die ohnmächtige Stille mit harten Worten.

»Ich darf daran erinnern, welche Pogromhetze gerade von den Abgeordneten dieses Berliner Senats nach dem 2. Juni stattfand. Ich erinnere daran, daß ein Neubauer und ein Schütz anläßlich der Vietnam-Konferenz diese außerparlamentarische Opposition zusammenschlagen wollten. Ich erinnere daran, daß auch Neubauer und Schütz zusammen mit der Springer-Presse die Verantwortung für einen Mörder tragen, der sich an Rudi herangemacht hat, um ihn niederzuschießen. Und ich spreche ganz deutlich aus, die wirklichen Schuldigen heißen Springer, und die Mörder heißen Neubauer und Schütz!«[218]

Langer Beifall, als Bernd Rabehl das sagt, ein Beifall, der die Leute unten im Saal aus ihrer Erstarrung löst, der in Bernds Wut den Zweifel ausräumt, ob er sowas überhaupt sagen darf. So wie an diesem Abend spricht er sonst nicht. Jetzt fordern die Studenten: die Enteignung Springers, den Rücktritt des gesamten Senats, die Demokratisierung der Rundfunkanstalten und, konkret, täglich eine Stunde Sendezeit für die außerparlamentarische Opposition. Es geht so hektisch zu, daß sich nicht sagen läßt, ob der Marsch zum Springer-Haus mit knapper Mehrheit beschlossen wird, wie tags darauf die Zeitungen schreiben, oder mit überwältigender Mehrheit, wie sich einige Teilnehmer erinnern, oder ob da gar nicht mehr debattiert, sondern einfach losgegangen wurde. Jedenfalls beginnt um 21.15 Uhr auf der Straße des 17. Juni der Marsch in Richtung Springer-Haus in der Kreuzberger Kochstraße.

»... Auf dem Weg dahin haben wir im Amerikahaus die ganzen Scheiben eingeschmissen. Bei dieser Demonstration auf dem Weg zur Kochstraße ist bei mir mein ganzes Leben, alles noch mal abgelaufen, verstehst du. Alle Schläge, die ich gekriegt habe, was du so erlebst, was du als Ungerechtigkeit empfindest. Die Empörung über das Attentat an Rudi war inzwischen in ganz Deutschland so groß, und in allen Städten ist am selben Abend etwas passiert, da war so eine Stimmung voll Sympathie für Rudi, daß die Bullen gar nicht einschritten. Sie haben sich anders verhalten als sonst. Da waren Polizeioffiziere, die haben gesagt, Kinder, wir können euch doch verstehen, aber machts nicht zu doll, die haben ja in dem Getümmel noch richtig mit uns gesprochen. Als ich denn über die Straße bin und diese Fackeln und dieses Rufen immer ›Ru-di Dutsch-ke‹, das war eben für mich eine Verkörperung der ganzen Geschichte. Die Kugel war genauso gegen dich, da haben sie das erste Mal nun voll auf dich geschossen. Wer da schießt, ist scheißegal. Deshalb sind wir denn auch gleich auf dieses Springer-Haus zu und haben Steine ringeschmissen. Aber irgendwo haben die Leute nicht richtig mitgemacht, nur die ersten Reihen, die voll druff waren, der Rest ist stehengeblieben oder hat dir von hinten die Steine aus der Hand genommen, ist mir echt passiert.« (Michael Baumann)[219]

Bulletin. »Um 22.15 Uhr begann ein Team der Hals-, Nasen- und Ohrenklinik unter Leitung von Professor Hans Heinz Naumann mit dem zweiten chirurgischen Eingriff – der Entfernung des Projektils aus der rechten Wange Rudi Dutschkes. Dieses Geschoß war bis zur Ohrspeicheldrüse vorgedrungen. Die Befürchtung, daß der Ausführungsgang der Ohrspeicheldrüse gerissen war, erwies sich als unbegründet. Komplikationen traten während der 90 Minuten dauernden Operation nicht ein.«[220]

Gretchen. Rudi hätte längst zu Hause sein sollen mit dem Geld fürs Wochenende und den Nasentropfen für Hosea-Che, als einer anruft, den sie nicht kennt, und in gebrochenem Englisch berichtet, Rudi ist niedergeschossen und in ein Krankenhaus eingeliefert. Gretchen schreit. »Quatsch, es wird schon nichts passieren«, so hat Rudi seit Monaten Gretchens Angst weggelacht und zu beschwichtigen versucht. Ein paar Minuten nach dem Anruf telefoniert Gaston Salvatore, der mit Rudi verabredet war, wild herum, kriegt endlich das richtige Krankenhaus heraus und erfährt: Rudi lebt.

Sie fahren gleich hin, Gretchen, Clemens Kuby und Gaston. Sie warten zwei Stunden lang im Vorraum des Operationssaales. Dann kommt ein Arzt heraus. Die Kugel sei jetzt aus dem Kopf entfernt. Gretchen muß kurz nach Hause, um das Kind zu stillen. Als sie wiederkommt, erscheint wenig später wieder ein Arzt. In der Hand trägt er einen kleinen Beutel mit der zweiten Kugel, die in Rudis Wange gesteckt hatte. Lebensgefahr, sagt er, besteht aber immer noch für Rudi. Die nächste Nachricht bringt ein Postbote, ein Telegramm vom Bundeskanzler. Gretchen gibt es ungeöffnet an Clemens weiter, der macht es auf, liest es, zerreißt es. Gretchen wartet weiter, bis noch einmal der Arzt kommt und sagt: »Er atmet.«

Gaston: »Meinen Sie, er kann sich erholen?«

»Er atmet. Ich weiß nicht, was für Schäden er zurückbehalten wird. Ich kann nur sagen, daß er atmet und daß er nicht sterben wird. Aber was sonst passiert, kann keiner sagen.«

Gaston Salvatore später: »Das war gespenstisch. Wir haben gelebt mit der Vorstellung, er wird am Leben bleiben. Aber wir wußten nicht, ob er weiter ein Mensch sein würde oder ob er ein Möbelstück geworden ist.«[221]

Tagesschau. Die Bilder vom Tatort und, jetzt auf einmal, lauter Politiker, die sich empört geben über die Gewalt gegen Rudi Dutschke. Regierungssprecher Conrad Ahlers verliest das Telegramm des Bundeskanzlers an Gretchen Dutschke, das sie um diese Zeit noch nicht in den Händen hat:

»ich bin über das attentat auf ihren mann auf das tiefste empört, was immer uns deutsche an verschiedenheit der politischen meinungen trennen mag, es darf in unserem lande nicht dazu kommen, daß meinungsverschiedenheiten durch brutale und verbrecherische gewalt ausgetragen werden. ich hoffe von herzen, daß ihr mann von seinen verletzungen völlig genesen wird. kiesinger bundeskanzler.«[222]

Und überall läuft das Radio. Die Leute sind nicht dabei und sind es doch und hören sogar die Sirenen im Hintergrund. »Es ist jetzt 23.35 Uhr. Die Situation hier in Kreuzberg vor dem Axel-Springer-Verlagshaus hat sich in vielen Etappen abgespielt und jetzt derart zugespitzt, daß ein Wagenunterstellpark, in dem die kleinen Lieferwagen des Ullstein-Verlages stehen, in Brand gesteckt wurde. Die Feuerwehr ist jetzt mit einigen Löschzügen angerückt und versucht, den Brand zu löschen, die Feuerwehr aus der nahegelegenen Feuerwache. Die Demonstranten haben sich auf die dem Verlagshaus gegenüberliegenden Grundstücke zurückgezogen, die Wasserwerfer sind schon eine ganze Zeit nicht im Einsatz gewesen und auch die Polizeiketten wurden auf ein Mindestmaß reduziert. Es hat Verletzte gegeben während der letzten Stunden, Verletzte durch Steinwürfe, denn immer wieder prasselten die Steine gegen die Fassade und auch gegen die Fenster des Verlagshauses Axel Springer. Verletzte natürlich auf beiden Seiten. Die Wasserwerfer wurden eingesetzt, und ein Demonstrant versuchte auf einen Wasserwerfer zu klettern. Es gelang ihm sogar, die Kanone des Wasserwerfers auf die Polizeigruppe zu lenken. Auch jetzt wieder sind die Wasserwerfer im Einsatz, in diesem Augenblick, da ich diesen Bericht gebe. Hinter dem Wasserwerfer eine starke Polizeieinheit. Es ist nicht genau zu erkennen, ob diese Wasserwerfer dazu da sind, den Brand mitzulöschen, aber sie bewegen sich jetzt in Richtung auf die Demonstranten zu. Lassen Sie mich bitte noch sagen, daß die Situation hier, nachdem sie sich zunächst einmal beruhigt hatte, etwas unübersichtlich insofern geworden ist, als sich einige Gruppen zurückgezogen haben in die Nebenstraßen und dort offenbar auch den, wie ich glaube, teuflischen Plan ausgeheckt haben, hier etwas in Brand zu stecken, nämlich die Wagenhalle des Verlagshauses. Und das ist die Situation zu diesem Zeitpunkt hier in Kreuzberg ...«[223]

Der teuflische Plan. Sachlich gesprochen war der Plan die Dienstleistung eines auf Honorarbasis arbeitenden Angehörigen des öffentlichen Dienstes. Bis etwa 23 Uhr hatten die Demonstranten vor dem Springer-Hochhaus für ihre Wut nur die Parolen und höchstens Steine zur Hand. Dann kam Peter Urbach, der seit Monaten zum Freundeskreis einiger Kommune-Leute gehörte und dort ein- und ausging. Urbach, nur so viel wußten seine neuen Freunde, war kein Student, er war Arbeiter, bei der S-Bahn wegen Aufsässigkeit von seinem Chef gefeuert worden und immer gut dazu, bei diversen Aktionen und Happenings kräftig mitanzupacken. An diesem Abend hatte er in seinem Auto einen großen, geflochtenen Weidenkorb mitgebracht mit einem guten Dutzend zündfertiger Molotowcocktails darin. In dieser Situation fand er für die Mollis dankbare Abnehmer. Die Wut wegen der Schüsse auf Rudi verlangte danach, an diesem Abend auch bei Genossen, die in abstrakten Generaldebatten beim Einerseits und Andererseits über die Anwendung von Gewalt mit erhobener Stimme gemahnt und von der objektiv konterrevolutionären Funktion individueller Terrorakte im Spätkapitalismus doziert hatten. Es war leicht, bei diesen Debatten den Kopf regieren zu lassen und keine Mollis zu bauen, logisch auch, daß sie deshalb an diesem Abend keine selbstgebauten Mollis zur Hand hatten. Jetzt aber war es logisch, Peter Urbachs Ware anzunehmen, auf den Parkplatz zu ziehen, die Lieferwagen des Springer-Verlages umzukippen und sie mit den Mollis oder dem Benzin aus ihren Tanks in Brand zu setzen.

Keiner von ihnen wußte, wieviel komplizierter das alles in Wirklichkeit war. Peter Urbach war high, als die Lieferwagen brannten, berichteten Leute, die dabei waren. Er hatte reichlich Grund dazu. Für die Genossen Rudis war er der einzige, der die angemessenen Mittel gegen die Gewalt dabei hatte, die sie alle durch die Kugeln auf Rudi zu spüren bekommen hatten. Außerdem hatte Peter Urbach ganze Arbeit für seinen obersten Chef, den Innensenator Kurt Neubauer, geleistet. Für ihn, den Dienstherrn des Berliner Landesamtes für Verfassungsschutz, arbeitete der erfolgreich in die linke Szene eingeschleuste Agent Peter Urbach schon seit Monaten. An die Dienststelle seines Chefs gab er regelmäßig Informationen aus der Szene und an die Leute aus der Szene gab er am Abend des 11. April 1968 Mollis und half mit Rat und Tat, Springers Zeitungswagen anzustecken. Sie brannten etwa um 23.35 Uhr.[224]

Um 00.02 Uhr am 12. April 1968 trat für die gesamte Westberliner Polizei die höchste Alarmstufe I in Kraft. Innensenator Kurt Neubauer hatte schon eine Weile die Zuspitzung der Situation in der Kochstraße vom Dach des Springer-Hochhauses aus verfolgt. Als dann die ersten Flammen dort unten aus den Lieferwagen schlugen, ordnete er auf das Drängen seines Polizei-Vizepräsidenten Hans-Joachim Prill den Großalarm an.

Karfreitag

Ab Mittag ist das Audimax der TU wieder voll. Tausende von Studenten sind da, aber auch jüngere Gesichter sind zu sehen, Schüler, Lehrlinge. Gaston berichtet von einem Telefonat mit Gretchen. Rudi habe eine ruhige Nacht verbracht. Seine Reflexe seien normal. Das Gehirn sei nach der Operation schon wieder ein wenig abgeschwollen. Die Ärzte meinten, das sei ein gutes Zeichen. Aber noch sei er nicht wieder aufgewacht.

Gretchen ist an diesem Nachmittag bei Rudi im Krankenzimmer. Er erwacht das erste Mal nach der Operation. Um den Kopf trägt er einen großen, weißen Verband, der wie ein Turban aussieht.

»Er hat gar nichts gesagt. Er hat nur geguckt, er hat mich gesehen, und ich meine, er hat ein Zeichen gegeben, daß er mich erkannt hat. Dann ist er wieder eingeschlafen. Er hat nichts gesagt.

Das zweite Mal hat er etwas gesagt, aber nicht viel. Er sagte zu den Ärzten: ›Meine Frau‹. Aber er wußte meinen Namen nicht. Er wußte keinen Namen mehr, nur noch seinen eigenen. Aber er konnte sagen: ›Meine Frau‹. Die Ärzte haben ihn nämlich gefragt: ›Wer ist das?‹, und dann hat er gesagt: ›Meine Frau‹. Ich glaube, das war das erste, was er überhaupt gesagt hat. Und dann wußten wir: Er erkennt andere Menschen, die er vorher gesehen hat. Und die Ärzte haben ihn gefragt, wie er selbst heiße. Und er konnte sagen: Rudi.«[225]

Im Audimax der TU Grundsatzerklärungen, Reden, Referate, zweieinhalb Stunden lang. Die Einschätzungen sind unterschiedlich, aber es bleibt keine Zeit zur Diskussion.

Beschlüsse werden gefaßt. Erstens, die TU als Aktionszentrum dauernd besetzt halten. Zweitens, noch am Nachmittag Demonstration zum Schöneberger Rathaus. Die Forderungen: Der Senat soll Springer aus der Stadt vertreiben und für eine demokratisch kontrollierte Berichterstattung in Presse, Funk und Fernsehen sorgen.

Das Gefühl massenhafter Empörung, die Erinnerung an die Polizisten gestern abend, die wie paralysiert die Demonstranten gewähren ließen, steckt sonst so kühl berechnende Redner wie Wolfgang Lefèvre an. »Dieser Stadt braucht man nur noch die Augen zu öffnen über das, was hier passiert ist, um diesen Spuk tatsächlich hinwegzufegen.«

Aber es wurde auch gewarnt. »Wir dürfen nicht den Fehler machen, zu glauben, die sozialistische Umwälzung hier in West-Berlin stünde bereits vor der Tür.« Zähe Arbeit ist nötig, meint Peter Gäng. Kampagnen zum 1. Mai. Kampagnen in den Wohnvierteln. Kampagnen in der Mietfrage. Verankerung der APO in den Massen, darauf kommt es jetzt an. Und: Der Radikalität von rechts die Radikalität von links nicht opfern. Gewalt gegen Sachen und Gewalt gegen Menschen sind nicht gleichzusetzen. »Innerhalb dieser Grenze freilich, daß wir nur Gewalt gegen Sachen ausüben werden, müssen wir intensiv auch darüber diskutieren, welche Gewalt gegen welche Sachen unserer Strategie entspricht.« Der Springer-Verlag ist für Peter Gäng das richtige Ziel, Gewalt jetzt eine Frage der Konsequenz. »In unseren Aktionen gegen diese Maschinen, gegen Auslieferungen und gegen Gebäude müssen wir immer wieder demonstrieren, daß es uns hier darum geht, eine Manipulationsmaschine zu zerstören, daß wir nicht den Fehler wiederholen werden, den wir nach dem 2. Juni gemacht haben, nämlich abstrakt zu fordern: Enteignet Springer! und nichts dafür zu tun.«[226]

Schon an diesem Nachmittag gehört die Straße nicht mehr den Studenten allein. Die Polizei schlägt wieder zurück. Auf dem Schöneberger Rathausplatz, vor dem Sender *RIAS Berlin* und anderswo gibt es Straßenschlachten. Mindestens 10 000 Demonstranten sind auf den Beinen. Abends ziehen sich die Aktivsten wieder in die TU zurück. Sie erfahren, der Regierende Bürgermeister Schütz sei zu Verhandlungen mit den Studenten bereit.

Sechs Leute werden als Delegation ins Schöneberger Rathaus geschickt, darunter Horst Mahler, Bernd Rabehl, Klaus Meschkat, Eckhart Krippendorff und Christian Semler. Sie haben ein Tonbandgerät dabei und wollen das Gespräch mit Bürgermeister Schütz mitschneiden.

Schütz begrüßt die Delegation der Studenten hastig mit einem Handschlag und will gleich eine Erklärung abgeben. Christian Semler will erst das Tonband anschließen und fragt, ob das recht sei. Schütz braust auf: »Dann brauchen wir gar nicht zu verhandeln. Raus! Raus!«

Christian Semler will noch mal was sagen, kommt aber nicht dazu. Schütz brüllt: »Raus, raus, ich werde doch noch von meinem Hausrecht Gebrauch machen dürfen. Verlassen Sie sofort den Raum. Raus, raus!«[227]

Zurück in der TU berichten die Delegierten von ihrem Rausschmiß beim Regierenden. Es ist zehn Uhr abends. Alle brechen zum Springer-Hochhaus auf. Die ganze Nacht liefern sich Polizei und Demonstranten Gefechte. Aber trotz der Barrikaden aus Baumaterial, aus Fahrzeugen und Bauwagen gelingt es den Demonstranten lediglich, ein einziges Auslieferungsfahrzeug zu stoppen. Im Nu sind die Zeitungen aus dem Lieferwagen gezerrt und fliegen auf die Straße.
In Hamburg, Essen, Köln, Frankfurt, Esslingen und München spielen sich vor den Druckereien und Redaktionen der Springer-Zeitungen ähnliche Szenen ab.

Ostern

Bis zum Ostermontag überstürzen sich Aktionen und Straßenschlachten. Vor allem in Berlin. Die nicht abreißenden Debatten in der Technischen Universität, vor und nach den Demonstrationszügen irgendwohin in der Stadt, werden immer schärfer. Am späten Abend des Karsamstag sind Harry Ristock, der FDP-Mann Ralf Dahrendorf und Heinrich Albertz gekommen. Sie wollen zwischen Studentenschaft und dem Berliner Senat vermitteln. Dieter Kunzelmann stellt den Antrag, die drei sollten sich entweder bei den anstehenden Demonstrationen und Auseinandersetzung auf der Straße beteiligen oder aber aus der Versammlung ausgeschlossen werden. Wie Kunzelmann denken viele, die in den vergangenen Tagen Polizeiknüppel zu spüren bekommen haben.

»Seit Donnerstagabend agieren wir. Wir haben beim Springer-Hochhaus die Scheiben eingeschmissen. Wir haben Autos angezündet. Zu wenige! – Wir haben versucht, Wasserwerfer der Polizei zu besetzen. Wir haben die Fenster beim RIAS eingeworfen. Und heute kommen die politischen Leichen Albertz, Ristock und Dahrendorf hierher und wollen die Position der Stärke, die wir durch diese Aktionen gewonnen haben, wieder wegreden. Präses Scharf und die anderen kirchlichen Würdenträger, die gestern abend hier gesprochen haben, haben sich ausdrücklich gegen die von uns angewandte Gewalt ausgesprochen. Wir haben erstens – bisher! –

nur Gewalt gegen Sachen angewendet. Ich möchte aber all diejenigen fragen, die in der Meineckestraße in dem Schlauch waren, den die Polizei mit strategischer Überlegung gebildet hat, ob sie nicht, wenn sie auch in diesem Schlauch gewesen wären, glücklich darüber gewesen wären, einen Knüppel zu haben in dieser Notwehrsituation. Über diese Notwehrsituationen können immer nur die Leute hinwegsehen, die auf dem Podium sitzen und nie auf dem Ku'damm oder bei irgendwelchen Demonstrationen zu sehen sind.«[228]

Michael Baumann. »An dem Abend nach den brennenden Autos, da bin ich mit Urbach und Fritz herumgefahren im VW mit einer Kiste mit den restlichen Mollis, und wir haben überlegt, was wir noch anstecken können. Bei den Filialen waren wir schon zu spät, da waren schon Leute in den Filialen. Es war denn später, so zwei, und ab zwei arbeiten da schon Leute. Dann waren wir noch in der K 1 und haben überlegt, was wir am nächsten Tag machen, und waren noch im Repclub. War noch so 'ne Sitzung. Und denn haben wir noch gekieckt, was man sonst noch anstecken kann, ist uns aber nichts Richtiges eingefallen, wollten denn die Oper anstecken, aber sind denn ratlos nach Hause gefahren. Wir wollten noch rausfahren nach Schwanenwerder, wo der Springer so 'ne Villa hat, die wollten wir noch anstecken, aber dann wußte wieder keiner genau, wo die ist.

Jetzt waren die Terrorprobleme sofort sehr aktuell. Du hast denn och gesehen, ohne Vorbereitung, ohne Logistik, ohne Wissen, ohne Erfahrung und so, bleibt es Fantasie, du kannst gar nichts machen. Du siehst aber die Möglichkeit, die da drinsteckt, ein kleiner entschlossener Kreis kann so eine Auseinandersetzung noch ein Stück weiterbringen, kann fürchterliche Breschen hauen ins ganze Gefüge. Und wir haben gerade an unserem rastlosen Durch-die-Stadt-Fahren und den ganzen Geschichten gesehen, daß es so nicht weitergeht, daß man schon konkreter werden muß auf dem Sektor, um in der Richtung was zu machen.«[229]

Am Ostermontagabend werden auf einer Demonstration gegen Springer in München der 32jährige Pressefotograf Klaus Frings und der 27jährige Student Rüdiger Schreck schwer verletzt. Wenige Tage später sterben sie an den Folgen ihrer Verletzungen. Wer sie verursachte, konnte niemals geklärt werden.

Seit Ostersamstag ist Rudi außer Lebensgefahr. Nach und nach wird Gretchen klar, was die Kugel im Kopf angerichtet hat.

»Am Anfang, in der ersten Woche im Krankenhaus, wußte er die meisten Dinge nicht zu benennen. Nur ein paar Worte waren da, aber ganz wenige. Tasche oder Messer oder so. Er wußte nicht mehr, was ›Geld‹ bedeutet.

Ganz am Anfang war er noch nicht verzweifelt, weil er noch nicht erfaßt hatte, was eigentlich mit ihm los ist. Als er dann merkte, was er alles nicht mehr wußte, einige Wochen später, war er sehr verzweifelt. Rudi wollte dann kaum jemanden sehen, auch von den Genossen. Er wollte nicht, daß sie merkten, wie schlimm es um ihn stand.

Am Anfang haben die Leute vom Krankenhaus mit Rudi gearbeitet. Jeden Tag. Aber wir meinten, die ein oder zwei Stunden sind nicht genug. Wir schalteten Thomas Ehleiter ein.«[230]

Protokoll einer Therapie

Diagnose. Thomas Ehleiter: »Viele Wörter fehlten ihm. Er wußte nicht, wie er, wenn er mit einem Menschen zusammen war, diesem Menschen etwas von sich mitteilen sollte. Er rang nach Wörtern, er gestikulierte mit den Händen. Er versuchte, mit allen möglichen Bewegungen mitzuteilen, was er sagen wollte.

Als er aus der Narkose erwacht war, erinnerte sich Rudi an ein Geschehen. Er erinnerte sich, daß irgend jemand mit ihm irgend etwas gemacht hatte. Er konnte das mit Gesten andeuten, aber er konnte nicht sagen: Man hat auf mich geschossen.

Er beschrieb diesen ganzen Vorgang:

Na, Du weißt schon ... dieser Junge ... und was hier hereinging ... und was ich jetzt bin. Rudi wußte nach dem Attentat nicht genau, ob er je wieder sprechen können würde. Er war überwiegend verzweifelt, und einer seiner ersten Sätze war: Jetzt ist alles vorbei. Die Therapie gelang mir unter anderem auf Grund der Tatsache, daß wir uns jahrelang kannten und bei unseren Diskussionen immer wieder betont hatten, daß wir selbst sehr viel können, wenn wir nur wollen, wenn wir fähig sind, die entsprechende Motivation zu erzeugen.«[231]

Aus den Aufzeichnungen des Therapeuten Thomas Ehleiter.

»1. Motivation. Das Verhalten des Patienten war nicht frei von jeglicher Motivation zu Beginn der Therapie. Er hatte Wünsche. An einem dieser Wünsche, nämlich dem Wunsch nach einem bestimmten Buch, kann man erkennen, wie eine Motivation für eine Handlung entstehen kann. Der Patient spricht – so eingeschränkt, wie es ihm kurz nach der Operation möglich ist – mit seiner Frau und möchte von ihr erfahren, was mit dem Geld passiert sei, das er am Tag seiner Verletzung von der Bank abgeholt hat. Da das Wort ›Geld‹ ihm nicht verfügbar ist, gelingt ihm die Verständigung nicht. In dieser Situation denkt er zum ersten Mal an eine systematische Sprachtherapie. In derselben Unterhaltung erwähnt seine Frau das Wort ›Vietnam‹. Der Patient kann die Bedeutung des Wortes nicht mehr genau entschlüsseln, weiß nicht mehr, um welches Land es sich handelt.

Er verlangt nach einem bestimmten Atlas, kennt aber das Wort ›Atlas‹ nicht, weiß nur die Nationalität des Autors und kann den Anfangsbuchstaben mit Hilfe von Schreibbewegungen in der Luft andeuten. Statt eines ›R‹ gibt er ein ›B‹ an. Nach langem Suchen gelingt es mir, das gewünschte Buch zu besorgen. Der Patient freut sich sehr.

Er erkennt an dieser Erfahrung, daß es sich lohnt weiterzulernen.«[232]

Diagnose. »Rudi konnte noch lesen, allerdings war es ihm sehr schwer, den Text, den man ihm vorgelegt hat, fehlerfrei zu lesen. Er war nach dem Attentat auf beiden Augen zur rechten Seite hin halb unfähig zu sehen. Er konnte auf Grund seiner Verletzung die rechte Hälfte zum Beispiel eines Textes nicht ohne weiteres sehen. Es konnte also passieren, daß Rudi eine Zeile las, das letzte Wort der Zeile aber übersah, weil er meinte, die Zeile sei schon zu Ende.«

Aus den Aufzeichnungen des Therapeuten.
»2. Entmythologisierung der Therapie. Ich habe dem Patienten klargemacht, daß die Wiedererlangung seiner Sprachkompetenz nur durch konsequente Arbeit möglich sein wird. Als Therapeut werde ich keine Wunder bewirken, sondern ihn bei seiner Arbeit begleiten und ihm helfen, unnötige Fehler und Schwierigkeiten zu vermeiden.«

Wörter lernen. »Wir haben angefangen zu lernen, so ähnlich, wie ein Kind anfängt zu lernen. Oder wie ein erwachsener Deutscher, der seine deutsche Sprache vergessen hat und sich über Nacht in China befände, keinen Dolmetscher hätte und jetzt diese Sprache erlernen müßte. Es bliebe ihm keine andere Wahl, als die Sprache der Chinesen und die chinesischen Sprachzeichen von den einfachsten Elementen, also von den einfachsten Lauten und Lautzeichen, von Tag zu Tag immer besser zu studieren, zu lernen und einzuüben. Und das hat Rudi gemacht.

Es fing an mit einem Lehrbuch, das für Erstkläßler geschrieben ist und das auf der ersten Seite irgendeinen Gegenstand abgebildet hat, zum Beispiel einen Apfel, und daneben steht: Apfel.

Rudi mußte dieses Wort Apfel in Gegenwart des gezeichneten Gegenstandes lernen, so lange, bis er den Apfel, wenn er ihn sah, mit dem Wort Apfel bezeichnen konnte.

Rudi lernte die Wörter am schnellsten, die dazu dienten, den Menschen wieder mitzuteilen, was er selbst, was die Menschen unter einem vernünftigen menschlichen Leben verstehen sollten. Er lernte zum Beispiel sehr rasch die Worte Aufklärung, Liebe, Freundschaft, Zärtlichkeit, Kritik, Revolution, Befreiung, Aufhebung der Unterdrückung und ähnliche Vokabeln. Was Rudi sehr wenig interessierte, das waren so Dinge, an denen manche Menschen sehr hängen, zum Beispiel: Geld oder Strumpf oder Schuh oder Unterhose oder Hose oder Hut. Für diese Worte hatte er überhaupt keine Motivation.«

Übungsmaterial. Thomas gab Rudi ein Lehrbuch für ABC-Schützen. Es heißt: Meine Fibel. In dem Buch sind bunte Zeichnungen, wie sie Kinder gern mögen. Eine Mutter mit dem Kind an der Hand, an denen ein Wandersmann mit Rucksack und Spazierstock vorbeizieht. Im Hintergrund steht ein Haus. Rudi hat auf das Dach »Dach«, neben den Schornstein »Schornstein«, neben das Treppengeländer »Treppengeländer«, neben die Eingangstür »Eingangstür« geschrieben. Seine Schrift ist eckiger geworden. Am meisten aber hat er auf die freien Einbandseiten gekritzelt. Seine Gedanken sind ungeduldig und wollen nicht bei den bunten Bildern mit den einfachen Dingen bleiben, nur sechs Worte lang:
»der Traktor,
das Tonband,
die Erdbeeren,
der Salat,
die Schere,
die Schafe,
incidental learning (nebenbei lernen)
Getriebe,
immanent/transzendent
Totalität/Singularität

Analyse /Synthese
subversive Elemente
frustriertes Bewußtsein
Arbeiter – – – sind Bürger geworden?!
Differenzierung
Klassenkrise in der heutigen Gesellschaft nicht mehr?
Konfrontation
Mechanismen der Kulturgesellschaft ...
Welt der Automaten .../Kontrolleure – aber keine ›Arbeiter‹
neues Bewußtsein/neue Menschen/neue Gesellschaft
Veränderbarkeit des Menschen
Go-in/Sit-in
blinder Aktionismus
praktische Machtergreifung/scheinbare praktische Machtergreifung an der Universität
messianisches Sendungsbewußtsein
Entwurf
autoritäres Bewußtsein
Sektierertum
Provokation notwendig ...
unreflektierte Aktionen ...
Rückzug in die Reflexion.«

Lesen lernen. »Die Tatsache, daß Rudi mit beiden Augen nur eingeschränkt sehen konnte, hatte zur Folge, daß er das Lesen neu lernen mußte. Er mußte wieder die Buchstaben lernen, die einfachen Wörter, die komplizierten Wörter, die Sätze und ganze Textseiten. Das geschah so, daß er mit den Augen, mit dem Kopf der Zeile entlang folgen und ihn weiter nach rechts bewegen mußte, als das gewöhnliche Menschen tun. Das war eine sehr schwierige Sache, weil Rudi ja von früher her gewohnt war, eine Zeile auf einmal zu überblicken. Nach etwa einem Jahr hat er sich diesen neuen Lesestil vollendet angeeignet.«

Aus den Aufzeichnungen des Therapeuten.
»Übungsformen: 1. Ballwerfen und -fangen zur Kompensation des reduzierten Gesichtsfeldes durch das Blickfeld. 2. Tischtennis nach der Entlassung aus der Klinik, täglich 2 Stunden. 3. Lesen (unter Kontrolle des Zeit- und Fehlerfaktors). Die Kontrollergebnisse wurden mitgeteilt und analysiert. 4. Schreiben mit der Hand und mit der Schreibmaschine (Ergebnisse in einem Arbeitsheft fest-

gehalten). 5. Auswendig lernen (Gedächtnistraining), Assoziieren. 6. Nacherzählen. 7. Gegenstände benennen. 8. Wörter zuordnen. 9. Definieren und Begriffe bestimmen. 10. Berichten (Besuch, Traum, Lektüre). 11. Diskutieren. 12. Fragen stellen – Probleme formulieren. 13. Briefe schreiben. 14. Verfassen eines Vorwortes zu einem Buch.«

Bestandsaufnahme

Vier Wochen nach dem Attentat ging das Sprechen noch sehr mühsam. Thomas Ehleiter trainierte jeden Tag mit Rudi im Krankenzimmer.

In den vergangenen Wochen schwankte Rudi zwischen Verzweiflung und neuer Hoffnung. Deprimiert war er am 1. Mai. Er versuchte, die Rundfunkübertragung der Berliner Maifeier zu verfolgen. Aber in den Reden, Reden, die so sind, wie er sie selbst hätte halten können ohne die Schüsse, sind viele fremde, leere Worte.

Daß er nicht aufgeben würde, obwohl er unverfälscht Klarheit über seine Situation gewonnen hatte, daran glaubte Thomas Ehleiter seit dem 10. Mai 1968. Beim Sprachtraining formulierte Rudi eine Selbsteinschätzung, die sich Thomas in seinen Aufzeichnungen notiert hat:

»Ich habe Fehler gemacht. Ich bin einfach noch zu jung, um Politiker zu werden. Ich bin 28 Jahre alt. Ich muß mich noch mal zurückziehen und an mir arbeiten.«

Anonym

»Frankfurt, 15.5.1968

Du hast nicht nur drei Kugeln verdient, du hast vier Kugeln verdient. Leider, eine hat gefehlt. Aber du sollst nicht verrecken, sondern dein ganzes Leben Krüppel bleiben und leiden, leiden ... Als kommunistisches Schwein und Verräter hast du es verdient! Aber dann verschwinde aus Deutschland, Verräter. Hau ab nach Moskau, du kommunistisches Schwein! P. B.«

»Gretchen, ich kann Dir gar nicht sagen, wie erschüttert und betroffen wir waren, als wir die Nachricht erfuhren. Ich war beunruhigt wegen Rudi, aber ich machte mir auch große Sorgen um Dich, weil Du in dieser entsetzlichen Stadt allein warst ...

Gretchen, verlasse dieses ungeheuerliche Land so bald wie möglich. Gehe irgendwo anders hin. Nicht, daß die Vereinigten Staaten sehr viel besser wären, aber zumindest würde es hier niemand auf Rudi absehen ...
Melvin H., Berkeley, USA«

»Dutschke!
Sollten Sie das Krankenhaus doch noch lebend verlassen, so raten wir Ihnen, Ihre bisherige Lebensweise zu ändern, denn solche Menschen wie Sie müssen ausgerottet werden. Sie sollen wissen, daß es auch viele Menschen gibt, die es bedauern, daß Sie noch leben.
Gehen Sie doch nach Ost-Deutschland. Hier haben Sie nichts verloren.
Anonym, Saarbrücken«

»Ich bin Doktorand der Rechte, 28 Jahre ... Nimm meinen bescheidenen Rat an: Halte Dir eine private Polizei, die Dein Leben von 24 Uhr bis 24 Uhr mit absoluter Sicherheit verteidigt.
Roberto R., S. Carlo di Cesena, Italien«[233]

Was Rudi nach dem Attentat am notwendigsten brauchte, konnte ihm am allerschwersten garantiert werden: Ruhe. Über 3000 Menschen schrieben an ihn und Gretchen. In den Briefen Solidaritätsbekundungen, Haßausbrüche, Leninbilder für Rudi, Strampelhosen für Hosea Che, neue Drohungen, eine Gewehrkugel, Kleingeld von Rentnern für Rudis Genesung. Ratschläge für seine zukünftige Sicherheit, Ratgesuche an den »Chefideologen«, Fanpost mit der Bitte um Porträt und Unterschrift.
Eines Tages im Mai stand plötzlich ein Mann im Krankenzimmer, der Rudi bekannt vorkam, dessen Namen er aber nicht wußte. Der Mann hatte einen Fotoapparat dabei. Der Mann sprach Rudi recht vertraulich an, eben mit »Rudi«, nahm den Fotoapparat, den er umhängen hatte, in die Hände und traf Anstalten, Rudi mit seinem weißen Verbandsturban um den Kopf, im Bett liegend, zu fotografieren. So nebenbei, beim Einstellen seiner Kamera, murmelte er etwas von einer Illustrierten, und daß die Genossen im SDS einverstanden seien. Irgendwie gelang es Rudi, den ominösen Fotografen sofort rauszuschmeißen, was wohl auch daran lag, daß Flüche und Beschimpfungen zu den Wortsorten gehörten, die Rudi sehr bald wieder einfielen. Das sei immer so, hatten die Ärzte gesagt, daß Worte, die gefühlsmäßig stark besetzt

seien, bei einer Beeinträchtigung des Sprechvermögens am schnellsten wieder erinnerlich seien.

Ein paar Tage später tauchte ein Genosse aus dem Berliner SDS auf und versuchte Rudi zu überzeugen: 80 000 Mark bekäme die »Bewegung« für ein Foto von Rudi im Krankenbett. Das Geld werde gebraucht. Das solle er doch einsehen.

»Nachdem wir uns getrennt hatten, fragte ich mich: Hast Du eigentlich für den SDS und die APO, für die ganze Sache von uns allen in dieser Zeit nicht genug Kraft und Energie gegeben? Die Geier des Pressemarktes – wie immer der einzelne Journalist sich geben mag und es subjektiv gut meint, ist dabei völlig unwichtig – wollten das Bild eines Geschlagenen, eines Ausgeschalteten, das Bild eines SDS-Wracks sehen. Der Jugend sollte in letzter Konsequenz gezeigt werden: Geht bloß nicht seinen Weg, es wird euch wie ihm ergehen. Die breite und verzweifelte Mobilisierung konnte die abschreckende Wirkung des Attentats doch nicht leugnen. Mit solchen Bildern aus dem Krankenhaus sollte diese Aussichtslosigkeit gefestigt werden – nein, nein, nein.«[234]

Rudi mußte fort von Berlin. Er begriff, niemand in dieser Stadt würde ihm Schonung gönnen, seine Feinde nicht, seine Genossen nicht und schon gar nicht die Journalisten, die Neugierigen, die Gaffer.

Gretchen, Thomas Ehleiter und die ins Vertrauen gezogenen Eheleute Helmut und Brigitte Gollwitzer bereiteten ab Anfang Juni in aller Stille die Abreise aus Berlin vor. Keiner sonst sollte das Ziel der Reise erfahren. Oberarzt Dr. Schulze aus dem Westend-Krankenhaus, der Rudi operiert hatte, sorgte dafür, daß Rudi, Gretchen, Hosea und Thomas Ehleiter unter falschen Namen abreisen konnten.

Am Montagmorgen, dem 10. Juni, machte sich Rudi reisefertig. Mit einiger Mühe hatte Thomas ihn dazu überreden können, einen schwarzen Anzug und ein weißes Hemd anzuziehen. Außerdem hat er Rudi eingeschärft, sich sorgfältig zu rasieren. Rudis Haarschnitt schaute zwei Monate nach der Totalrasur wegen der Schädeloperation aus wie fünfzehn Jahre früher als Konfirmand in Luckenwalde. Die Bürstenfrisur und die Operationsnarbe am Kopf bedeckte er mit einem breitkrempigen Schlapphut. Sein Flugticket für die Maschine nach Stuttgart lautete auf den Namen Mr. Klein. So getarnt schmuggelte Oberarzt Arno Schulze seinen Patienten Rudi Dutschke alias Klein mit seinem Privatauto durch einen Hintereingang aus dem Westend-Krankenhaus heraus und chauffierte ihn durch das morgendliche Berlin zum Flughafen Tempelhof. Dort fuhr er durch den Nebeneingang Paradestraße direkt auf das Rollfeld neben die wartende Boeing. Gretchen mit Hosea kam auf demselben Weg mit einer Freundin zum Flugzeug. Auch Thomas Ehleiter fuhr unter falschem Namen mit; er nannte sich Dr. Wiener.

Der Weg, auf dem Rudi bei seiner Abreise ins Flugzeug kam, war sonst nur Staatsgästen oder Prominenten vorbehalten. Es war derselbe Schleichweg, auf dem dreieinhalb Jahre zuvor Moise Tschombé an den protestierenden Studenten, unter ihnen Rudi, vorbeigelotst worden war.

Vernehmungen

Vier Tage vor der Abreise aus Berlin erhielt Rudi Dutschke amtlichen Besuch vom Untersuchungsrichter Landgerichtsrat Günter Krüger. Herr Dutschke habe einen sehr sachlichen Bericht über den Tathergang am 11. April gegeben, bis zu dem Punkt, an dem ihn die Schüsse trafen, erst an dieser Stelle sei bei ihm der Film gerissen, berichtete Richter Krüger der Presse. Und fügte hinzu, er habe bei Dutschke keinerlei feindselige Haltung gegenüber Bachmann feststellen können.[235]

Schon am nächsten Tag stand Untersuchungsrichter Krüger wieder an einem Krankenbett, diesmal an dem von Josef Bachmann im Krankenrevier des Untersuchungsgefängnisses Moabit. Bachmann leugne jetzt seine in der ersten Vernehmung nach dem Attentat gestandene Mordabsicht, verlautete über diese Vernehmung. Er habe mit Rudi Dutschke lediglich diskutieren wollen, sei dann mit ihm in Streit geraten, wobei er ihm mit der Waffe vor die Brust schlug. Dabei hätten sich versehentlich die drei Schüsse gelöst.

Zwei Tage später, am 9. Juni, dem Vortag von Rudis Abreise aus Berlin, riß Josef Bachmann das Kabel seines Radiohörkissens aus der Wand, befestigte es mit einem Ende an seinem eisernen Bettgestell, schlang sich das andere Ende fest um den Hals, verknotete es, ließ sich auf den Boden fallen, um sich damit selbst zu strangulieren. Die Wärter fanden ihn, das Gesicht schon blau unterlaufen, aber noch lebend.[236]

Irgend etwas ging in Bachmann vor, über das ihn die Blumen und die Dankschreiben, die sich auch in seinem Krankenzimmer nach dem Attentat gestapelt hatten, nicht mehr hinwegtrösten konnten.

Münchenbuchsee

Das Sanatorium Münchenbuchsee liegt im Kanton Bern, unweit der schweizerischen Hauptstadt auf der Strecke nach Biel. Es ist eines der ältesten und angesehensten Schweizer Sanatorien, ein Fluchtort nervenkranker Bürger höherer Einkommensklassen, idyllisch eingebettet in das Schweizer Mittelland am Fuße des Schweizer Jura wie eine Dependance des Davoser Zauberbergs. Hier vermutete niemand den Aufenthaltsort von Rudi Dutschke.

In Münchenbuchsee verbrachte Rudi fast den ganzen Tag auf seinem Zimmer. Auch für die Ärzte blieb er inkognito. Herr Klein, so lautete seine Legende, leide an den Nachwirkungen einer Schädelverletzung, die er sich bei einem Autounfall zugezogen habe. Thomas Ehleiter steigerte das Sprech-, Schreib- und Lesetraining mit Rudi auf täglich sechs bis acht Stunden.

Die anderen Patienten bekamen Rudi alias Herrn Klein nur selten zu Gesicht. Meist erst am Abend, im Schutz der Dämmerung, traute er sich gemeinsam mit Gretchen, dem Kind und Thomas zu Spaziergängen in den Park und die nähere Umgebung des Sanatoriums. Thomas legte, manchmal sehr zum Unwillen Rudis, bei jedem Ausgang Wert darauf, daß Rudi wie bei seiner Abreise aus Berlin in gepflegter, konventioneller Kleidung auftrat. Er empfand dies als lästige Maskerade, die er nur für den Preis des Inkognito mit Murren duldete. Nur an eine neue Kleidungsgewohnheit dachte Rudi ganz von selbst. Ohne Hut oder Mütze empfand er seine Wunde ungeschützt.

Familie Klein und ihr Begleiter mieden die verschiedenen Gemeinschaftseinrichtungen des Sanatoriums und nahmen ihr Essen nicht im Speisesaal, sondern auf dem Zimmer ein. Nur im Tischtennisraum konnte man ab und zu beobachten, wie sich Herr Klein mit seinem Begleiter Dr. Wiener unbeholfen im Tischtennisspiel übte. Neue, präzise Reflexe mußten eingefleischt werden: Kommt der Ball von der Mitte oder von links nach rechts, Kopf nach rechts. Ohne Kopfdrehung keine Sicht. Automatisch wissen: wo der Blick aufhört, hören die Dinge nicht auf, sind ganz nahe. Die rechte Seite des Türstocks, des Flures, der Tischkante, der Zeile. Automatisch den Kopf nach rechts drehen, bis die Zeile, die Wand, die Tischkante, der Türstock ganz zu sehen sind.

Rudis Fortschritte im Sprechen, Schreiben und Lesen wurden von Tag zu Tag deutlicher. Die Möglichkeit, intellektuell und rhetorisch wieder nahezu der alte zu werden, ließ ihn Mut schöpfen.

In der namenlosen Verzweiflung der ersten Maiwochen hatte er nur noch ungern Besuch empfangen. Jetzt wurde er schon wieder neugierig darauf, Freunde und Genossen zu treffen und mit ihnen zu diskutieren.[237]

In dieser Situation übermittelte Gaston Salvatore eine Einladung an Rudi, die er gern annahm.

Italien

Die Einladung kam von dem deutschen Komponisten Hans-Werner Henze. Er bot Rudi Dutschke, seiner Familie und Thomas Ehleiter an, in den kommenden Monaten seine Gäste zu sein.

Seine Villa mit dem klangvollen Namen »La Leprera« liegt dreißig Kilometer südlich von Rom in den Albaner Bergen in der Ortschaft Marino. »La Leprera« ist umgeben von Olivenhainen und Weingärten, und rund um das alte Steinhaus herum ist eine Mauer gezogen, hinter der mächtige Hecken von außen die Blicke ungebetener Neugieriger in den Garten abhalten.

Neugierige gab es oft in dieser Straße in Marino, sei es, daß sie angezogen waren von den gediegenen Reichtum versprechenden weiträumigen Parks mit ihren prunkvollen Villen, sei es, daß sie sich nur deshalb auf die Zehenspitzen stellten und die Hälse reckten, um einen Blick auf Sophia Loren zu erhaschen, deren Villa nur ein paar Schritte entfernt von Henzes »La Leprera« lag.

Es war ein absurdes Domizil für Rudi Dutschke, der Jahre in Wohnungen gehaust hatte, die Abstellkammern glichen oder spätestens nach zwei Monaten so aussahen, klein, dunkel, schmutzig, vollgestellt mit Büchern und Papieren, vorübergehende Schlafstellen eines meist aushäusigen Berufsrevolutionärs. Bei Henze verfügte jeder Gast über eine Suite aus Schlafraum, Salon und Bad, deren Säuberung ebenso vom unauffällig tätigen Hauspersonal besorgt wurde wie der Einkauf der Lebensmittel und die Zubereitung des Essens.

Neben der Fortsetzung des Sprach- und Lesetrainings traute sich Dutschke an eine erste inhaltlich fordernde Arbeit: das Vorwort zu der Sammlung von Briefen, die an ihn und Gretchen in den Tagen und Wochen nach dem Attentat geschickt worden waren. Es ist seine erste Arbeit, die nach dem Attentat veröffentlicht wurde.

Auf den zehn Seiten des Vorwortes wird klar, daß die Schüsse Dutschkes Position härter gemacht, an seinem zuallererst auf gesellschaftliche Strukturen gerichteten Denken jedoch nichts geändert haben. Umstandslos richtet sich die in den Zeilen mitschwingende Verbitterung über den zur Gewalt gegen ihn gewordenen Haß vorbei am Täter auf soziologische Abstrakta, auf, wie er schreibt, »das System der Lüge«, auf die »Maschinerie Springers«. So wie Rudi Dutschke kein Wort über seinen aktuellen gesundheitlichen Zustand verliert, weiß er über Josef Bachmann nichts anderes zu berichten, als daß auch er ein Opfer ist:

»Der junge, lohnabhängige Arbeiter Bachmann ist nicht im wesentlichen schuld an dem Attentat. Zwar darf jeder junge Mensch ›öffentlich‹ sich ausbilden lassen. In der Wirklichkeit aber ist Bachmann und seine ganze Klasse, die erst durch Auseinandersetzungen mit dem System wieder zur ›Klasse für sich‹ (Marx) wird, durch das herrschende System seit Jahrzehnten unterdrückt. Warum sind nur ca. 5 % lohnabhängiger junger Arbeiter in der Universität zu finden, warum noch weniger junge Bauern usw.?

Bachmann mußte kaum ausgebildet sein, täglich wurde er von Springer- und NPD-Zeitungen, falschen Rundfunk- und Fernsehberichten bestimmt. Er hat das wirkliche Wesen dieser Gesellschaft als erster ausgeführt. Nie wurde die Verdrängung der faschistoiden Elemente, die sogenannte ›Ruhe, Ordnung und Sicherheit‹, so sichtbar wie vor, in und nach dem Attentat.

Der junge lohnabhängige Bachmann hat als erster auch ein volles Ja zu seiner Ausbildung gesagt: Nun schmeißen sie ihn für viele Jahre ins Gefängnis, so wie Kurras dürfen sie ihn wohl nicht behandeln. Aber gerade der junge Bachmann, ein Mensch mit riesigen Möglichkeiten, kann sich erst nach der Zerschlagung dieser unmenschlichen Ordnung zum wirklichen Menschen entwikkeln.«[238]

Nirgendwo bekennt sich Dutschke in einer Schrift so scharf zur Anwendung von Gewalt als politischem Mittel wie in diesem Vorwort. Es scheint, als hätten die Schüsse auf ihn jene Skrupel weggewischt, die er noch im März '68 hatte, als er die mit Feltrinelli geplante Schiffssprengung abblies. Jetzt bedauert er nachträglich, daß der Sturm auf das Springer-Verlagsgebäude mit nahezu leeren Händen ablief:

»Leider war wieder einmal nichts da zur rechten Zeit, keine Gruppen für die Zerschlagung der Maschinerie, keine ...; Molotow-Cocktails kamen zu spät ...

Woher kann das auch kommen? Erwarten wir das alles von einer ›radikalen Studentenbewegung‹? Die erstmals hinzugetretenen Fraktionen der Lohnabhängigen erwarteten vom SDS usw. viel schärfere Aktionen. ›Euren Mann laßt ihr erschießen, und ihr spielt weiter herum‹, so sollen viele gesprochen haben ... Es folgt die lächerliche Gewaltdiskussion.

In ihr ging es im Grunde nur um die Beibehaltung der herrschenden Gewalt. Die Phrase der Gewaltlosigkeit ist immer die Integration der Auseinandersetzung. Wer das begreift, kämpft mit allen Mitteln für sich und andere. (...)
Unsere Alternative zu der herrschenden Gewalt ist die sich steigernde Gegengewalt. Oder sollen wir uns weiterhin ununterbrochen kaputtmachen lassen? Nein, die Unterdrückten in den unterentwickelt gehaltenen Ländern Asiens, Lateinamerikas und Afrikas haben bereits ihren Kampf begonnen.«[239]

Auch die bislang gültige Abgrenzung von Gewalt gegen Sachen und Gewalt gegen Personen ist in diesem Text brüchig. Einerseits verurteilt Dutschke weiterhin Gewaltaktionen gegen deutsche Politiker als konterrevolutionär und warnt – in einer Art Vorwegnahme der in den siebziger Jahren folgenden Auseinandersetzungen zwischen »Roter Armee Fraktion« (RAF) und Staat – vor den fatalen Konsequenzen einer solchen Politik: »Das System wird sich sicherlich so etwas mal wünschen, um uns härter, für Jahre, vollständig niederschlagen zu können.«[240] Andererseits bedauert er nachträglich, daß auf den Schah bei seiner Besuchsreise kein Attentat verübt wurde. Die Unterstützung solch eines Attentats betrachtet er als Austragung eines Befreiungskampfes der Dritten Welt, der legitimerweise mit Waffengewalt geführt werde, auf westeuropäischem Boden. Daß eine solche Aktion ebenso wie ein Anschlag auf einen westeuropäischen Politiker zum Ausgangspunkt staatlicher Unterdrückungsmaßnahmen gegen revolutionäre Organisationen werden würde, bleibt außer acht.

Dutschkes Ratschläge, die radikale Studentenbewegung in eine breite, alle gesellschaftlichen Schichten umfassende Totalopposition zu verwandeln, unterscheiden sich im Prinzip nicht von den damals praktizierten Versuchen, Anschluß an die Arbeiterklasse zu bekommen. Das Ausschwärmen der studentischen Rebellen in die Betriebe und die Institutionen der Gesellschaft begann gerade. Wie die, die diesen Aufbruch mitmachten, glaubte auch Rudi Dutschke im italienischen Exil an ein Gelingen des angestrebten Bündnisses mit der Arbeiterschaft. Seine bisherige Skepsis gegenüber der Verbürgerlichung der Arbeiterklasse wirkt wie weggewischt. Die Erfolge der Ostertage vermittelten ihm den Eindruck: »Wir waren endlich wieder nicht mehr allein.«[241]

Der selbstgesetzte Druck, so schnell wie möglich wieder in die aktuelle politische Diskussion einzugreifen, hat Rudi Dutschke zu diesem Vorwort veranlaßt. Voller politischer Brüche, offenbart es seine persönliche Zerrissenheit.

Von Zeit zu Zeit kam Besuch nach Marino. Jeder Besucher wurde von einem unauffälligen Herrn in Zivil begrüßt und begutachtet, der, hatte er gerade nichts zu tun, meist beim Personal des Hauses in der Küche saß. Der Mann, ein italienischer Polizeibeamter, war zu Rudis Schutz in Henzes Villa beordert. Für seine Arbeitgeber erfüllte er überdies den nützlichen Auftrag, den bei Rudi Dutschke ein- und ausgehenden Besuch zu notieren und seinen Vorgesetzten weiterzumelden.

Die Genossen erzählten. Rudi versuchte, die Berliner Szene durch ihre Augen zu sehen. Ihre Schilderungen deckten sich nicht. Es war so schwer, aus der Ferne zu entscheiden, was sich wie und wohin in Berlin bewegte. Das Telefon wurde zu Rudis Nabelschnur zu den politischen Ereignissen zu Hause. Er rief an, er wurde angerufen. Als Henze von einer langen Reise aus Kuba zurückkehrte, fand er eine horrende Telefonrechnung vor.

»Christian Semler rief soeben aus Berlin an und berichtete von der Okkupation der ČSSR durch die Armeen des Warschauer Pakts. Zwar fragte ich, ob ich kommen solle ..., aber in Wirklichkeit wußte ich, hätte ich wissen müssen, wie unfähig ich war, wirklich mitzuwirken.

Doch wie sehr die Okkupation mich berührte, konnte niemand ganz mitbekommen. In Prag war ich davon überzeugt gewesen, daß 1956 (Ungarn) sich nicht wiederholen könne ... Welche Hunde, welche Barbaren, welche Verräter ...«[242]

Zu der politischen Hiobsbotschaft aus Prag gesellten sich ernste persönliche Probleme. Rudi und Gretchen konnten nicht auf Dauer bei Hans-Werner Henze bleiben. Aber wohin sollten sie gehen?

Sie wollten nicht nach Deutschland zurück, aus Angst vor einem neuen Attentat, aus Angst auch davor, daß Rudi zu früh zurückgerissen würde in die politische Arbeit, der er noch nicht wieder gewachsen war. Manche der Genossen, die Rudi in Marino besuchten, wollten ihn bereits wieder für eine aktive Mitarbeit gewinnen. In Berlin hätte Rudi diesem Sog auf Dauer nicht widerstehen können.

Noch während des Aufenthaltes in der Schweiz war vom amerikanischen Abgeordnete Robert Wilson in Kalifornien eine Kampagne »Haltet den roten Rudi Dutschke draußen« gestartet worden.

Er hatte von Rudis Plänen gehört, sein Studium bei Herbert Marcuse an der Universität San Diego fortführen zu wollen. Kaum lief die Kampagne, erhielt Herbert Marcuse eine vom Ku-Klux-Klan unterzeichnete Morddrohung, die ihn zwang, vorübergehend sein Haus zu verlassen und sich an einem unbekannten Ort zu verstecken.[243] Einige Wochen später teilten die kanadischen Behörden Rudi mit, sein Antrag auf Erteilung eines Visums werde abgelehnt.[244] Gretchen zog daraufhin den zur gleichen Zeit gestellten Visumsantrag für die Vereinigten Staaten freiwillig zurück, in der Hoffnung, damit bessere Voraussetzungen für eine Genehmigung zu einem späteren Zeitpunkt wahren zu können.[245] Ende August teilte das niederländische Justizministerium mit, Rudi Dutschke werde von nun an als »unerwünschter Ausländer« betrachtet, die Grenzpolizei sei angewiesen, ihn nicht einreisen zu lassen.[246] Nur Tage später kam auch aus Belgien die Nachricht, Rudi Dutschke werde auf unbestimmte Frist als »persona non grata« betrachtet und im Lande nicht geduldet.

Mitte Oktober spürten Reporter des *Stern* das Refugium der Dutschkes in Marino auf. Der *Stern*-Bericht verschwieg, daß die Aufnahmen von Rudi und Gretchen ohne deren Wissen und gegen ihren Willen aus dem Hinterhalt mit starkem Teleobjektiv aufgenommen worden waren.[247] Thomas und Rudi hatten den Fotografen hinter der Hecke entdeckt, ihm nachgesetzt und ihn beinahe sogar erwischt. Kaum war der wohlwollend formulierte Bericht erschienen, war es auf einen Schlag mit der Ruhe und Abgeschiedenheit in Marino vorbei. Jeden Tag belagerte eine Traube italienischer Journalisten Henzes Haus und wartete darauf, Rudi vor ihre Kameras oder gar für ein Interview zu bekommen. Innerhalb kürzester Zeit wurde die Situation in Marino unerträglich, ohne daß Gretchen und Rudi einen neuen, sicheren Exilort in Aussicht hatten.

In dieser Situation lud Giangiacomo Feltrinelli die Dutschkes in sein Landhaus am Comer See ein. Überstürzt und keineswegs so unauffällig, wie es notwendig gewesen wäre, brachten Freunde Henzes Gretchen und Rudi nach Einbruch der Nacht mit dem Auto nach Rom zum Bahnhof. Als die beiden am Morgen in Mailand anlangten, wartete auf dem Bahnsteig nicht nur Feltrinelli, sondern auch ein Rudel Journalisten, die sich auf die übernächtigten Neuankömmlinge stürzten. Polizisten versuchten sie abzudrängen, Gretchen warf eine Decke über Rudi, Feltrinelli und seine Begleiter, darunter ein eigens angeheuerter Leibwächter, bugsierten ihre Gäste hastig in ein Auto, mit dem Feltrinelli wie in einem schlechten Krimi in halsbrecherischer Fahrt mit quietschenden Reifen durch Mailand raste, um die aufdringlichen Journalisten, die ihn verfolgten, abzuschütteln. Vorübergehend gelang das, aber schon nach ein paar Tagen hatten die Presseleute die Adresse von Feltrinellis Landhaus am Comer See herausbekommen und postierten sich davor, um »Rudi il Rosso« zu Gesicht zu bekommen. Als nachts einer der Journalisten im Garten herumschlich, entdeckte ihn der Leibwächter, den Feltrinelli zum Schutz Rudis zurückgelassen hatte, und ballerte mit seinem Revolver Warnschüsse in die Luft. In der folgenden Nacht wiederholte sich das gleiche Schauspiel. Wie sehr diese Schüsse Rudi erschreckt haben, läßt sich nur ahnen. Nachts war wegen des verrückten Leibwächters an Schlaf kaum zu denken, tags war es unmöglich, einen Fuß vor die Tür zu setzen, ohne den wartenden Journalisten in die Hände zu fallen.[248]

Irgendwie schaffte es Feltrinelli, den völlig entnervten Rudi wenig später abzuholen und unbemerkt in seine Mailänder Wohnung zu bringen. Rudi machte die Erfahrung, daß sein Ruf als von den Medien verrufener Bürgerschreck durch die Kugeln, die ihn beinahe getötet hätten, nicht einmal gestreift worden war.

»Lieber Josef Bachmann!«

Von Mailand aus fuhr Gretchen nach London weiter. Während sie erkundete, ob die britischen Behörden Rudi eine Aufenthaltsgenehmigung erteilen würden, grübelte der über neue Nachrichten aus Berlin nach. Josef Bachmann hatte Ende Oktober zum fünften Mal versucht, Selbstmord zu begehen. Am neunten Juni versuchte er, wie erwähnt, sich mit dem Kabel eines Radio-Hörkissens zu erdrosseln.[249] Man verlegte ihn in die neurologisch-psychiatrische Abteilung des Gefängnisses Tegel und stellte ihn unter dauernde Bewachung. Am fünften Juli stürzte sich Bachmann vorbei an seinem Bewacher in die Glasscheibe eines vergitterten Fensters, griff sich eine der Scherben und machte Anstalten, sich damit die Pulsadern zu öffnen. Daran hinderte ihn jedoch sein Bewacher.[250] Ab jetzt erhielt Bachmann hohe Dosen Beruhigungsmittel. Die Bewachung ging weiter. Am achten Juli zerbrach Bachmann während des Essens den Löffel und schluckte den abgebrochenen Stiel blitzschnell herunter.[251] Der Löffel wurde ihm Mitte August in einer Operation aus dem Magen entfernt. Anfang Oktober sperrte sich Bachmann in einer Toilette ein und versuchte erneut, sich zu erhängen. Als die Wärter die Toilette aufbrachen, hatte er bereits eine Schlinge geknüpft und sie sich um den Hals gelegt. Am 23. Oktober zerbrach Bachmann beim Essen ein Messer und verschluckte es.[252]

Nur einmal, beim ersten Suizidversuch, hatte Bachmann die Gelegenheit, eine Nachricht zu hinterlassen. Die Wärter fanden einen Zettel, auf den er geschrieben hatte: »Ich glaube zu wissen, was auf mich zukommt – und das ist mehr als furchtbar. Ich stehe diese Sache nicht durch.«[253]

Wie auch die anderen Genossen hatte Rudi nie nach einer harten Bestrafung Josef Bachmanns gerufen. Das Wort vom Täter, der in Wirklichkeit selbst ein Opfer sei, war gleich nach dem Attentat in aller Munde.

Rudi Dutschke bemerkte, daß diese Rede vom Opfer einen falschen Klang hatte. Bachmann, das Opfer. Soll heißen, hinter dem Opfer steht ein eigentlich Schuldiger: Springer, der in seinen Zeitungen die Atmosphäre des Hasses gegen die Studenten und Rudi entfacht hatte. Davon war auch Rudi überzeugt.

Aber die Nachrichten über Bachmanns wiederholte Selbstmordversuche brachten ihn dazu, hinter dem Wort Opfer mehr zu begreifen als eine dürre soziologische Funktionsbeschreibung, die den Täter des Mordanschlages vom Vorwurf entlastete, selbst Triebfeder seiner Tat gewesen zu sein, und ihn dadurch als austauschbares Rädchen im Getriebe großmütig zu entschuldigen. Rudi verstand, daß Bachmann unter seiner Tat litt.

Als ihn in der ersten Dezemberwoche sein SDS-Genosse Christian Semler aus Berlin besuchte, zog Rudi den Entwurf eines Briefes an Bachmann heraus. Christian Semler:

»Der Briefentwurf war ziemlich brüsk formuliert. Rudi forderte Bachmann praktisch zu einer offenen Diskussion heraus. Das hatte einen sehr fordernden Charakter. Dabei enthielt der Brief überhaupt keine Larmoyanz, kein Gekränktsein über diese Ungeheuerlichkeit des Attentats. Am meisten an diesem Brief hat mich frappiert, daß er Bachmann zu einem Dialog über die Ursachen seiner Tat herausgefordert hat. Denn Rudi sah Bachmann in einer ganz spezifischen Opfer-Rolle. Wir in Berlin gingen damals noch der Hypothese nach, ob es sich nicht um eine Verschwörung gehandelt hatte, konnten aber keine Beweise beibringen. Rudi aber machte sich eingehende Gedanken über sich selbst, darüber, daß dieses Attentat auf ihn auch einen paradigmatischen Charakter gehabt hatte, eben darin, daß es ein junger Arbeiter war, der auf ihn geschossen hatte. Meine erste Reaktion war: Den Brief soll er gleich wieder wegstecken. Mir war der Versöhnungston darin übermächtig. Andererseits war der Entwurf noch ziemlich Kraut und Rüben. Aber dann haben wir uns zusammengesetzt und uns bemüht, das Ganze ein wenig zu glätten.«[254]

»Mailand, den 7. Dezember 1968
Lieber Josef Bachmann!

Paß auf, Du brauchst nicht nervös zu werden, lies diesen Brief durch oder schmeiß ihn weg.

Du wolltest mich fertigmachen. Aber auch, wenn Du es geschafft hättest, hätten die herrschenden Cliquen von Kiesinger bis zu Springer, von Barzel bis zu Thadden Dich fertiggemacht. Ich mache Dir einen Vorschlag: Laß *Dich* nicht angreifen, greife die herrschenden Cliquen an: Warum haben sie Dich zu einem bisher so beschissenen Leben verdammt?

Warum wurdest Du und wirst Du und mit Dir die abhängigen Massen unseres Volkes ausgebeutet, wird Deine Phantasie, wird die Möglichkeit Deiner Entwicklung zerstört? Warum werden wir alle noch immer geduckt und niedergehalten?

Für die Schweine der herrschenden Institutionen, für die Vertreter des Kapitals, für die Parteien und die Gewerkschaften, für die Agenten der Kriegsmaschinerie und der ›Medien‹ gegen das Volk, für die Parteifaschisten gegen die Massen, die sich überall finden, dürft Ihr täglich schuften.

Die wenigen Tage der deutschen Revolution von 1918 haben die Massen den 8-Stunden-Tag erkämpft – 50 Jahre später muß unser ganzes Volk, um sich erhalten zu können, genauso sich quälen wie eh und je – nur in ›schönerer‹, unmenschlicherer Form.

Die Studenten und Intellektuellen haben bisher an Eurer Benutzung und Ausbeutung sich beteiligt. Für uns taugen Studenten nur etwas, wenn sie endlich wieder ins Volk gehen.

Die Intellektuellen und Künstler müssen endlich auch ihre schöpferische Phantasie fest mit dem Leben des Volkes verbinden, bei Euch arbeiten, Euch unterstützen, sich verändern, Euch und Dich verändern. Was hältst Du von diesem Vorschlag?

Ich habe viele Jahre auf dem Lande und in Fabriken gearbeitet. Viele von uns, die die Universität abschließen, gehen jetzt als Gruppen in den Produktionsprozeß, um die Revolution vorzubereiten. Also schieß nicht auf uns, kämpfe für Dich und Deine

Klasse. Höre auf mit den Selbstmordversuchen, der antiautoritäre Sozialismus steht auch noch für Dich da.
 Rudi Dutschke

P.S.: Da ich erwarte, daß Du diesen Brief nicht von den Staatsvertretern erhältst, gebe ich ihn auch der sogenannten Öffentlichkeit in der ganzen Welt.«

Ungewißheit

Anfang Dezember 1968 meldete sich Gretchen mit guter Nachricht aus London. Einen Monat schon wohnte sie bei Erich Fried und hatte sich mit dessen Hilfe um eine Einreisegenehmigung für Rudi bemüht. Erich Fried vermittelte Gretchen schließlich den entscheidenden Kontakt zu dem linken Labour-Abgeordneten Michael Foot. Foot gelang es, dem damaligen Labour-Innenminister James Callaghan eine zunächst auf vier Wochen begrenzte Einreisegenehmigung für Rudi Dutschke abzuhandeln. Am 9. Dezember 1968 brach Rudi nach Großbritannien auf. Auf der langen Eisenbahnfahrt Richtung Norden geschah etwas Merkwürdiges. Während Rudi dasaß und die vorbeieilende Landschaft durch das Abteilfenster betrachtete, verspürte er eine erst allmähliche, dann immer schneller wirkende Verspannung seiner Muskeln, die sich bis zu einer nicht mehr kontrollierbaren Verkrampfung des ganzen Körpers steigerte. Anfänglich erlebte er diesen nicht beeinflußbaren Krampf völlig bewußt mit, dann versank er in eine kurze Ohnmacht. Als er aus der Ohnmacht erwachte, fühlte er sich müde und erschöpft. Dieser erste epilepsieartige Anfall traf Rudi unvorbereitet. Die ersten sechs Monate nach der Gehirnoperation waren – abgesehen von den bekannten Beeinträchtigungen des Seh- und Sprechvermögens – ohne weitere Nachwirkungen der Verletzung verlaufen. Die Genesung lief bilderbuchartig ab, und seine Ärzte sahen keine Notwendigkeit, ihm besondere Vorsichtsmaßnahmen einzuimpfen. So konnte Rudi zu diesem Zeitpunkt nicht wissen, daß rhythmisch wechselnde Lichteindrücke, das Flimmern von Film- und Fernsehbildern oder eben die abrupt sich ändernden Lichtverhältnisse beim Blick aus dem Fenster eines fahrenden Zuges zum Auslöser eines solchen Anfalles werden konnten.

Bei der Ankunft in London kam keine ausgelassene Wiedersehensfreude auf. Rudi sprach von seiner Erschöpfung durch die Fahrt und verschwieg Gretchen den Anfall, der ihn sehr ermattet hatte. Gretchen erklärte, daß der zukünftige Aufenthalt in England noch keineswegs gesichert war. Schäbige vier Wochen gestand man Rudi zu, nur zum Zwecke ärztlicher Behandlung und aus Gründen der Genesung. Jeder weitere Aufenthalt würde vom Urteil eines Arztes abhängig sein.

In dieser ungewissen Wartezeit wohnten die beiden mit Hosea in der Wohnung von Kathrin Frieds Bruder. Gleich am nächsten Morgen nach der Ankunft war Rudi bei einem Neurologen zur Untersuchung angemeldet. Kurz nach dem Aufstehen erlitt er zum zweitenmal einen Anfall. Gretchen, die nicht wußte, was geschah, fand ihn auf dem Fußboden liegend. Voller Angst rannte sie auf die Straße, schrie um Hilfe, hielt irgendwelche Passanten an, aber keiner kam mit. Gretchen meinte, Rudi liege im Sterben. Sie rief den Arzt an, zu dem Rudi bestellt war. Der Arzt ließ sich schildern, was geschehen war und wie Rudi aussah. Beruhigen Sie sich, sagte der Arzt, das geht vorbei. Nach solchen Verletzungen werden viele zu Epileptikern. Wenn der Anfall vorüber sei, solle sie mit Rudi in die Sprechstunde kommen.

Der Arzt war einer der prominentesten Neurologen Englands. Gretchen hatte ihn auf die Empfehlung von Freunden noch vor Rudis Ankunft in England angerufen, seinen Namen genannt und den Fall geschildert. Auf die Behandlungszusage dieses Arztes hin kam das Einreisevisum für Rudi erst zustande.

Als Rudi persönlich in der Sprechstunde erschien, stand es gleich wieder in Frage. Gretchen erinnert sich:

»Der Arzt war völlig unpolitisch und wußte bei meinem Anruf von dem Namen Dutschke her erst mal nichts. Er sagte also die Behandlung zu und wir bekamen die Visa. Dann gingen wir zu ihm hin.

Er fing an zu fragen: Was ist geschehen? Und welche Probleme haben Sie? Wie hat das angefangen? Wir erzählten, daß es mit dem Schuß in den Kopf anfing. Irgendwie hat sich der Arzt dadurch erinnert, wer Dutschke war.

Er wurde plötzlich ganz weiß im Gesicht. Total weiß. Er fing an, heftig zu zittern. Dann stand er abrupt auf, drehte sich um, stürzte aus dem Zimmer und war verschwunden. Wir saßen in seinem Zimmer, vielleicht zehn Minuten lang.

Nach dieser Zeit kam er wieder zurück und hatte sich einigermaßen gefangen. Ich weiß nicht, ob er die Polizei angerufen hat, ob Dutschke ein Verbrecher ist oder gesucht wird. Jedenfalls setzte er seine Untersuchung fort, als ob nichts geschehen wäre. Er setzte die Behandlung fort, aber als nach einem Monat das Visum abgelaufen war und wir eine ärztliche Bescheinigung brauchten, daß Rudi weitere Behandlung benötigte, weigerte er sich, Rudi so ein Gutachten auszustellen.«[255]

Am Neujahrstag, mitten in der zermürbenden Warterei auf eine Verlängerung der bis zum 10. Januar datierten Aufenthaltserlaubnis, fand Rudi Zeit für zwei Briefe. Der eine wiederum an Josef Bachmann, der andere an Gollwitzers. Aus dem Brief an Gollwitzers geht hervor, wie stark seine Gedanken zu dieser Zeit um Bachmanns Schicksal kreisten.

»Josef Bachmann hat hoffentlich meinen ersten Brief vom 7. 12. erhalten. Ich lege Ihnen einen zweiten Brief bei. Hoffentlich kommt er durch und ist für Josef Bachmann lesbar und verstehbar. Wir vom ›neuen Anfang‹ sind nur zu oft unklar für die verschiedenen Schichten des Volkes, die durchaus objektiv schon voll politisierbar sind, auf klaren Inhalt und klare Sprache warten, mithelfen und verändern wollen. Wie könnte ich Josef Bachmann böse sein! Ich lebe, werde mit höchster Wahrscheinlichkeit fit werden, bin mit einer geliebten Frau und einem permanent tätigen Sohn zusammen, werde in einiger Zeit wieder eingreifen können, allerdings ohne Wiederholung alter Fehler und alter Erscheinungsformen.« Der zweite Brief vom 31. 12. 1968 an Bachmann ist distanzierter und doch wärmer, statt »Du« schreibt Rudi »Sie«, an die Stelle von Agitation setzt er persönliche Ermutigung.

»Lieber Josef Bachmann!
Noch einmal schreibe ich Ihnen einen Brief. Ich weiß nicht, ob Sie meinen letzten (ersten) Brief überhaupt erhalten haben. Wie dem auch sei, Sie wissen, das Jahr 1968 geht dem Ende entgegen. Beide können und sollen wir auf ein neues und etwas besseres 1969 hoffen. Natürlich, Sie werden im Gefängnis in einem beschissenen ›Zimmer‹ leben. Wie dem auch sei, fangen Sie einfach an zu lesen und nachzudenken. Ich konnte nach der Schießerei nicht einmal lesen, mußte alles neu lernen, bin immer noch dabei. Ich bin Ihnen wirklich nicht böse. Ich hasse die bestehende ›Ruhe und Ordnung‹ dieses beschissenen Staates. Daß ich gegen die Stalinisten im Osten und die Kapitalisten im Westen kämpfe, haben Sie ja wohl inzwischen gehört. In der DDR durfte ich nicht studieren, weil ich den Armeedienst ablehnte. Ich war damals zu Hause schon gegen die bestehende Ordnung der Stalinisten in der DDR.

Weil ich in der Oberschule rebellierte, durfte ich nicht studieren. Der Stalinismus und Faschismus, die höchste Form des Kapitalismus, arbeiten zusammen. Faschismus und bestehende ›Ruhe und Ordnung‹ in der Bundesrepublik unterscheiden sich nur durch die Vergangenheit. Ich glaube nicht, daß Sie Faschist bleiben oder überhaupt sind.

Selbstmord ist feige, besonders wenn man ein langes Leben vor sich hat. Mit Sicherheit werden Sie in nicht allzu langer Zeit ein freies und neues Leben beginnen können.

Rudi Dutschke

P. S. : Wenn Sie mir einmal schreiben wollen, bitte an: Horst Mahler, 1 Berlin 15, Konstanzer Str. 59.«

»Lieber Rudi Dutschke!«

Josef Bachmann schrieb zurück, insgesamt zweimal.

Sein erster Brief ist nicht erhalten. Den zweiten schrieb er in seiner Zelle in Alt-Moabit genau an dem Tag, an dem Rudi mit Gretchen und Hosea Großbritannien nach vierwöchigem vergeblichem Warten auf eine längerfristige Aufenthaltsgenehmigung wieder verlassen mußten:

»Lieber Rudi Dutschke! Berlin, d. 10.1.69

Ich möchte Ihnen nun ein zweites Mal schreiben. Ich weiß nicht, ob Sie meinen ersten Brief überhaupt bekommen haben. Natürlich möchte ich mich auch für Ihren zweiten Brief bedanken, den ich mit großer Freude erhalten habe. Der zweite Brief über Prof. Helmut Gollwitzer hat mir über Sie noch einen besseren Einblick erlaubt wie bisher, und vielleicht verstehe ich Sie ein wenig besser als bisher. Ich möchte nochmals mein Bedauern über das aussprechen, was ich Ihnen angetan habe. Ich kann nur hoffen, daß Sie in Ihrer Zukunft und Ihrer weiteren Laufbahn, die ja für Sie erst anfängt, keine ernstlichen körperlichen Schäden zurückbehalten werden. Zur Zeit geht es mir etwas besser als wie in den ersten Monaten, wo ich versucht habe, mit allen Mitteln aus dem Leben zu scheiden. Ich hoffe ja, daß ich alles durchstehen werde und für mich auch noch einmal die Sonne scheinen wird. Wenn nicht, bleibt mir noch immer Zeit, von dieser beschissenen Erde zu verschwinden. Meine Einstellung über unsere heutige Deutschland-Politik im allgemeinen: gut. Unser Wohlstand ist einer der besten auf der Welt.

Jeder hat Arbeit und Brot, jeder kann frei studieren und machen, was er will. Nur frage ich mich: Warum wird demonstriert? Gegen was wird demonstriert? Warum will man die Arbeiterschaft und unser heutiges System den Verbrechern Ulbricht und Genossen in die Hand spielen?

Ich war oft in Ost-Berlin und habe sehr viel Kontakt mit der Jugend aufgenommen. Wenn man diese jungen Leute sprechen hört, dann ist es kein Wunder, daß sich mein Haß gegen alles richtet, was bolschewistisch und kommunistisch ist. Damit möchte ich Sie nicht mit dazu zählen. Ich habe vielleicht von Ihnen eine ganz verkehrte Auffassung gehabt. Vielleicht haben Sie gar nicht so unrecht, wenn Sie meinen, daß unsere Ruhe und Ordnung schon etwas zu lange anhält. Wenn ich Sie richtig verstehe und mir ein Bild von Ihnen erlauben darf, wollten Sie und Ihre Kommilitonen ein besseres System erreichen als das heutige. Aber jetzt kommt die Frage: Was soll das sein und wie will man etwas ändern, was gar nicht zu ändern geht, denn die breite Bevölkerungsschicht fühlt sich so wohl, daß sie überhaupt nicht daran denkt, sich etwas anderes aufschwatzen zu lassen. Solange es dem Volk gut geht und es sich wie die Made im Speck wohlfühlt, ist es sehr schwer, etwas Besseres zu erreichen. Es sei denn, es geht bergab, und die Masse steckt bis zum Hals im Dreck. Ich nehme ja nicht an, daß unsere heutige Generation einer Diktatur zustreben möchte, wie es in den Ostblockländern oder im Dritten Reich möglich war. Dubček in der ČSSR wollte nur ein bißchen Freiheit für sein Volk, das von dem russischen Kommunismus brutal unterdrückt und ausgebeutet wird. Es ist ja bekannt, daß Kommunismus und Nationalsozialismus die Menschheit versklaven und unterdrücken wollen. Darum ist man heute in der Bundesrepublik wachsam, was sich ziemlich links und rechts bewegt, und verschiedene Truppen mit dem linken Auge nach Osten schauen.

Hiermit möchte ich schließen, wünsche Ihnen, Rudi Dutschke, alles Gute und viel Erfolg für Ihre Zukunft.«

Ein Brief wie ein Wechselguß. Statt »Dreckiges Kommunistenschwein!« jetzt »Lieber Rudi Dutschke!«, kindlich klingende Reue an Stelle schäumenden Hasses. Fast ist der Blick verstellt auf das, was Bachmann politisch zu sagen hat. Gerade darin aber ist sein Brief ein einzigartiges Dokument über die Wirkung der Studentenrevolte auf die Arbeiterschaft.

Da steht zu lesen, daß der politische Dialog des Studentenführers

Rudi Dutschke mit dem jungen Arbeiter Josef Bachmann gescheitert ist. Das wiegt schwer, weil dieses Scheitern in einem Moment des Innehaltens und der gegenseitigen Bereitschaft fällt, sich einander zuzuhören – selten genug in der Atmosphäre von Hetze und Verteufelung der sozialistischen Studentenschaft. Auch bei den im Sommer 1968 begonnenen Versuchen von SDS-Genossen, als revolutionäre Kader in Betrieben zu arbeiten und eine direkte Verbindung mit der Arbeiterschaft aufzunehmen, kommt solche Offenheit kaum je auf. Die gutgemeinte Verlogenheit bürgerlicher Selbstverleugnung der Söhne und Töchter aus gutem Hause, die man früher in schäbigen Werkskantinen nur besuchsweise sah, diese verdächtige Askese der Leute mit den feinen Händen, die nicht ans Band oder in die Akkordgruppe hingehörten, die ständige Anbiederung an ein Proletarier-Wunschbild, das die umworbenen Proletarier wie eine altgewordene klebrige Süßigkeit verachteten, hat den Umgang miteinander einerseits mit Mißtrauen, andererseits mit Wunschdenken erfüllt.

Nichts davon im Brief Bachmanns an Rudi. Er hat begriffen, daß Dutschke kein Mann Ulbrichts ist. Er gesteht zu, daß Rudi und seine Genossen für eine bessere Welt kämpfen wollen und fragt doch gleich: Warum demonstrieren? Gegen was? Rudis Bezeichnungen der Mißstände, aber auch die Bezeichnungen eines besseren Zieles sind für Bachmann nichts weiter als leere Worthülsen: Ausbeutung. Herrschende Institutionen. Revolution. Antiautoritärer Sozialismus. Bachmann schreibt: Jeder kann machen, was er will.

Dieser Brief hätte nachdenklich machen, alarmieren können. Aber weder Rudi Dutschke noch seine Genossen in Berlin hat er aufgeschreckt. Eine Lektion, die versäumt wurde.

Der Rauswurf aus Großbritannien war ab der ersten Januarwoche 1969 abzusehen.

Obwohl Rudi jetzt regelmäßig mit Ohnmacht verbundene Anfälle erlitt, verneinte der behandelnde Neurologe die Notwendigkeit weiterer medizinischer Behandlung.

Gretchen hing tagelang am Telefon, um eine neue Bleibe in einem anderen Land zu finden. Viel Auswahl bestand nicht. Holland, Frankreich, Belgien, Kanada und die USA verweigerten Rudi von vornherein die Einreise. Vor einer Rückkehr nach Deutschland hatten er und Gretchen Angst. Schließlich bot der irische Diplomat und Schriftsteller Conor Cruise O'Brian den Dutschkes sein Haus in Dublin an. Die beiden akzeptierten sofort.

O'Brian empfing die Dutschkes mit der stolzen Versicherung, in Irland bestehe gewiß mehr politische Freiheit als in Großbritannien. Rudi stellte aber beim Besuch der Dubliner Universität fest, daß es in diesem Land zu wenig Bücher für ihn gab. Weitere Vorarbeiten für seine geplante Doktorarbeit über die Komintern waren hier nicht möglich.

Trotz seines schlechten Gesundheitszustandes zwang er sich Tag für Tag zur Arbeit am Schreibtisch. Das Lesen ging quälend langsam. Der Sehfehler und die Begriffsfindungsschwierigkeiten hatten zur Folge, daß er etwa viermal so lange für einen Text brauchte wie vor dem Attentat. Auch später verbesserte sich diese Relation nur noch wenig. Außerdem sollte Rudi für ein bei Feltrinelli geplantes Buch einen Beitrag schreiben. Der Versuch mißlang völlig. In diesen Tagen kam Gaston Salvatore zu Besuch. Niemals habe er Rudi so niedergeschlagen erlebt wie bei dieser Begegnung in Dublin, erinnert sich Gaston. »Ich hatte Rudi ein Exemplar des gerade erschienenen Buches ›Intellektuelle und Sozialismus‹ mitgebracht. Ich hatte dieses Buch herausgebracht und einen Teil darin selbst geschrieben. Rudi blätterte darin herum und sagte: ›Ich beneide Dich. Du kannst schreiben. Ich werde nie wieder so ein Buch schreiben können.‹«[256]

»Im Namen des Volkes«

I.

Es wird still im Saal, als der Vorsitzende des Gerichts auf jene Fotos zu sprechen kommt, die er einem der vor ihm auf dem Richtertisch aufgebauten Ordner voller Ermittlungsakten entnimmt.

Die Fotos zeigen das Interieur eines verwinkelten Mansardenzimmers. Auf einem schmalen Kleiderschrank stehen ein selbstgebastelter Spielzeugdampfer und ein Modellflugzeug. Reisesouvenirs zieren die Wände, ein bemalter Teller mit Berglandschaft, ein dreieckiger Wimpel vom Stierkampf in Valencia. Rechts und links des Wimpels sind zwei Degen drapiert, deren Spitzen sich kreuzen. In der Mitte über den Degen prangt ein großformatiges Bild. Adolf Hitler in Uniform, eine bekannte Fotopose, als schraffierte Kohlezeichnung nachempfunden. Links des Hitler-Bildes in einer Nische hängt eine weitere, kleinere Kohlezeichnung, ein Brustbild Napoleons.

Es ist Dienstag, der 4. März 1969. Josef Erwin Bachmann, der in diesem Zimmer in Peine gewohnt, es eingerichtet und die Bilder an der Wand selbst gemalt hat, steht in Berlin wegen der Kugeln auf Rudi Dutschke vor Gericht.

Josef Bachmann steht bei seiner Vernehmung vorn am Zeugentisch. Er trägt einen dunkelblauen Abendanzug mit dezenter Krawatte, deren Farbe mit der des Einstecktuches und der Socken übereinstimmt. Motive und Absichten, die Bachmann mit seiner Tat unterstellt werden, klaffen weit auseinander. Der Staatsanwalt erhebt Anklage wegen Mordversuches aus niedrigen Motiven. Bachmanns Verteidiger bestreiten, daß ihr Mandant Rudi Dutschke habe töten wollen. Horst Mahler, Vertreter des Nebenklägers Rudi Dutschke, will beweisen, daß Bachmanns Tat nur als Folge der Verteufelung seines Mandanten in der Öffentlichkeit geschehen konnte. Nur, *daß* die drei Kugeln trafen, ist gewiß. Jetzt, angesichts der Fotos von Bachmanns Zimmer, will Landgerichtsdirektor Heinz Brandt Aufschluß über Bachmanns politisches Weltbild erhalten.

»Richter: Die Bilder haben Sie selbst gezeichnet?
Bachmann: Ja.
Richter: Wie kam es zu den Bildern?
Bachmann: Tja, einerseits ich hab die Bilder gemalt.
Richter: Und warum?
Bachmann: Weil ich über Napoleon verschiedene Geschichtsbücher gelesen habe und über Hitler auch. Ich möchte beide als Führer bezeichnen. Und ich möchte die grausamen Taten, die Hitler begangen hat, ausschalten – aber auch er war einer von den Führern, die ein starkes Europa schaffen wollten gegen ausländische Übermacht. Hitler habe ich auch aus Protest gegenüber anderen Gruppen gemalt. Andere haben ihren Ho-Chi-Minh oder ihren Stalin oder ihren Ulbricht, die sind nicht mehr wert als Hitler selbst. Und deshalb hab ich Hitler an die Wand gehängt.
Richter: Gehören oder gehörten Sie einer politischen Partei an?
Bachmann: Nein.
Richter: Haben Sie einer Partei nahegestanden; sich ihr verbunden gefühlt? Wenn ja, welche war das?
Bachmann: Das war die NPD.
Richter: Haben Sie das Programm dieser Partei gelesen?
Bachmann: Nein, aber es stimmt nicht, wie man die NPD heute hinstellt. Man möchte sie zur Seite schaffen, weil sie die Schwesterpartei der NSDAP sein soll, die diese schrecklichen Taten gemacht hat.

Richter: Woher haben Sie denn dieses politische Wissen?
Bachmann: Aus Zeitungen.
Richter: Aus welchen denn?
Bachmann: Aus linken Blättern: *Wahrheit*, *Neues Deutschland*, *Spiegel*, *Stern*, *Pardon*.
Richter: In den Akten sind Ausschnitte aus der *Nationalzeitung* und auch aus der *Deutschen Soldatenzeitung*. Einer mit der Überschrift: »Stoppt Dutschke«. Die Ausschnitte sind in Ihren Sachen gefunden worden. Haben Sie diese Zeitungen auch gelesen?
Bachmann: Ja, die habe ich ganz vergessen, die *Nationalzeitung* und die *Deutschen Nachrichten*.
Richter: Sind denn das auch linke Zeitungen?
Bachmann: Nein, rechte.
Richter: Das sind nun zum Teil Zeitungen, die nicht täglich erscheinen, und die nicht jedem regelmäßig zugänglich sind.
Bachmann: Nein, aber mir hat's gereicht, was ich da gelesen hab.
Richter: Haben Sie auch die Tageszeitungen verfolgt?
Bachmann: Na ja, die Stadtzeitung, wo ich gerade war. Aber ich hab keine Springer-Zeitung gelesen, möchte ich nebenbei bemerken.
Richter: Haben Sie sich mal mit dem Gedanken befaßt, wie man politische Dinge ändern könnte?
Bachmann: Auf radikale Weise kann man eine politische Sache, die radikal ist, nicht lösen. Was ich in meiner Rage und in meinem Hitzkopf getan habe, das ist nicht zu vertreten, das zeugt weiter Gewalt, das muß ich heute sagen.
Richter: In Ihrer polizeilichen Vernehmung vom 16. April heißt es: ›Man braucht nur zu sehen, wie Leute an der Mauer abgeschossen werden. Die Studenten könnten ja auch gegen die Mauer angehen.‹ Und weiter: ›Kurz nach dem Attentat auf Martin Luther King wollte ich beweisen, daß es möglich ist, gegen die Radikalität vorzugehen.‹
Bachmann: Daß ich mit dem Vorsatz nach Berlin gekommen bin, um Dutschke zu töten, darf man nicht annehmen. Ich wollte lediglich mit ihm einen Treffpunkt ausmachen. Was ich damals in der Vernehmung gesagt habe, ist nur aus meinem Hitzkopf gekommen.
Richter: Bestand in Ihren Gedanken, bevor Sie nach Berlin kamen, eine Verbindung Dutschke – Martin Luther King?
Bachmann: Ich hab zwar Vergleiche angestellt, innerlich, warum

einer, der friedliebend demonstriert und Gutes will, umgelegt wird, und einer, der brutal und radikal vorgeht, frei ist, daß da keiner Hand anlegt.

Richter: Radikal und brutal. War das Dutschke Ihrer Ansicht nach?

Bachmann: Ja.

Richter: Ist es Ihr eigener Gedanke gewesen oder sind Sie von anderen Leuten darin bestärkt worden?

Bachmann: Ja, ich hab verschiedenen Diskussionen beigewohnt, das waren Studentendiskussionen mit Nichtstudenten, also mit Arbeitern. Und wenn ich Gelegenheit hatte, habe ich mitdiskutiert. Ich habe auch an NPD-Versammlungen teilgenommen, in München und in Hannover.

Richter: Was wollten Sie denn mit Dutschke besprechen?

Bachmann: Ich wollte ihn in gewisser Hinsicht warnen.

Richter: Warnen? Inwiefern?

Bachmann: Daß er nicht so aus der Reihe tanzt im großen und ganzen. Er sollte sich mehr der großen Masse anschließen und nicht einer kleinen radikalen Minderheit, die nur Unruhe und Terror macht.

Richter: Was versprachen Sie sich davon, wenn Sie ihm das sagten?

Bachmann: Sehen Sie, ich wollte mit ihm einen Treffpunkt ausmachen, wo ich das alles mit ihm richtig besprechen konnte.

Richter: Ja, dann wär's doch viel sinnvoller gewesen, Sie hätten einen Brief geschrieben oder angerufen und gesagt: ›Herr Dutschke, ich möchte Sie sprechen, wann kann ich Sie sehen?‹

Bachmann: Das ist doch genauso, als wenn ich Axel Springer anrufe, das geht in ein Ohr rein und aus dem andern Ohr raus. Und ein Brief wandert in den Papierkorb. Bei Dutschke ist das genauso.

Richter: Was sollte denn nun rauskommen bei diesem Gespräch?

Bachmann: Das kann man nicht sagen, das kommt drauf an. Je nachdem, wie ein Gespräch angefangen wird, wie ein Gespräch ausfällt. Das kann man so gar nicht sagen.

Richter: Wollten Sie ihn denn von seinem Standpunkt abbringen?

Bachmann: Ich wollte seine Reaktion persönlich testen. Ich hab mir vorgenommen, nicht über ihn schlecht zu reden. Aber weil das jetzt zur Aussprache kommt, möchte ich es sagen: Da er immer mit großen Fremdwörtern um sich geworfen hat, wollte ich ihm auch was an den Kopf werfen, wo er ganz platt von ist.

Richter: Und was sollte das sein?
Bachmann: Du Lump, man sollte dir die Fresse einschlagen. Du bist ein Kommunistenschwein.
Richter: Aber, Fresse einschlagen, da steckt doch Gewalt dahinter?
Bachmann: Na ja, bei dem anderen doch auch.
Richter: Ja, aber glauben Sie denn, wenn Sie ihm das an den Kopf werfen, daß er dann von seiner Meinung abrückt?
Bachmann: Man kann bei einem Menschen, der die Gewalt sät, nicht hingehen und in friedlicher Weise auf ihn einreden. Ich sagte ja schon, das Sprichwort in der Bibel lautet: Auge um Auge, Zahn um Zahn. Ich sage das heute nicht mehr, aber damals hab' ich daran geglaubt.«

II.
Zunächst gibt Josef Bachmanns Auftreten vor Gericht allen Prozeßbeteiligten und Beobachtern Rätsel auf. Häufig widerruft er frühere Aussagen und verwickelt sich in Widersprüche. Zu Beginn des zweiten Verhandlungstages erklärt er: »Vornweg habe ich die *Bild-Zeitung* gelesen! Sie ist die Tageszeitung, zu der man leicht greift, die einem zuerst ins Auge sticht.« Verwundert fragt der Richter: »Aber am ersten Tag haben Sie doch gesagt, Sie hätten die Springer-Presse nicht gelesen?« Bachmann zuckt mit den Schultern: »Ich weiß selber nicht, warum ich das gesagt habe. Ich wollte eben auf die Springer-Presse Rücksicht nehmen.«

Das weitere Verhör enthüllt Bachmanns Verhaltens-Kodex: Rücksicht nehmen, Sympathie erspüren und sich nach ihr ausrichten. Bachmann erspürt Mehrheitsmeinungen wie ein Seismograph die geringste Erschütterung der Erdoberfläche. In diesem Fall hat ein Artikel der Springer-Zeitung *BZ* sein feines Orientierungssystem außer Kraft gesetzt. Er fühlt sich durch die Formulierungen des Gerichtsreporters verletzt, der vom »dürftig aussehenden Angeklagten« geschrieben hat.

Der Richter kommt auf einen noch weiteren Widerspruch. Er liest Bachmann das Protokoll seiner Vernehmung vom 16. April 1968 im Krankenhaus vor. Damals hatte er erklärt: »Ich möchte zu meinem Bedauern feststellen, daß Dutschke noch lebt. Ich hätte eine Maschinenpistole kaufen können. Wenn ich das Geld dazu gehabt hätte, hätte ich Dutschke zersägt. Ich möchte darauf wetten, daß sich 70 Prozent der Bevölkerung im stillen die Hände reiben über meine Tat.«

Bachmann bestreitet diese Aussage nicht. Er erläutert sie nur:

»Es tut mir leid, daß man mich zu solchen Sprüchen gereizt hat: ›Ich möchte zu meinem Bedauern feststellen, daß er noch lebt!‹ – So was sagt doch kein normaler Mensch. Das habe ich einfach drauflos geblabbert. Ich hatte das Gefühl, daß ich die Sympathien der großen Masse hatte. Überall fand ich Sympathien. Bei den Krankenschwestern. Bei den Polizeibeamten. Wenn diese Sympathien nicht gewesen wären, hätte ich eine ganz andere Schilderung gegeben.«

Der *Spiegel*-Gerichtsreporter Gerhard Mauz schrieb damals: »In die Isolation hinein wurde Josef Bachmann geboren. Kreatürlich hat er gespürt, was die Mehrheit Rudi Dutschke, den Studenten, der Jugend wünschte. Josef Bachmann spürte den Wunsch der Mehrheit und wollte durch eine Tat, die viele ersehnten, aber keiner wagte, in die Gemeinschaft heimkehren, die ihn nie aufgenommen hatte. So schoß er.«[257]

III.
Nochmalige Bitte um Auskunft zur Person des Angeklagten, zwölf Jahre nach dem Prozeß. Der Angeklagte und sein Opfer sind tot. Die Gutachter sind am Leben, ihre Meinungsverschiedenheiten haben sich über die Jahre gehalten.

Freilich könne er sich gut an den Fall des Josef Erwin Bachmann erinnern, versichert der Mann im weißen Arztkittel, der den Angeklagten seinerzeit im Auftrag der Staatsanwaltschaft psychiatrisch untersuchte. Er wolle aber nicht, daß das Ganze auf ein politisches Gleis gerate, betont Professor Dr. med. Erhard Philipp zu Beginn der Unterredung in seinem Arbeitszimmer des Dahlemer Instituts für Rechtsmedizin: »Er träumte einerseits davon, ein großer Mann zu sein. Er träumte davon, schöne Frauen zu haben, Geld zu haben. Er träumte davon, ein schönes Leben zu führen. Und er idealisierte Führerfiguren, die er aber nicht erreichen konnte.

Diese Menschen, die ein Empfinden haben für Unzulänglichkeit bei sich selbst und gleichzeitig davon träumen, etwas Großes darzustellen, es aber nicht realisieren können, sind unruhig. Sie finden keinen rechten sozialen Bezug. Deshalb scheitern auch ihre Bindungen zu anderen Menschen. Freundschaften sind ihnen kaum gegeben, und auch auf intimem Gebiet bleiben ihre Beziehungen unzufrieden. Und so sind sie auch in allen anderen Bezügen: unzufrieden. Sie versuchen, zu kompensieren. Sie versuchen jetzt auf einmal, aus sich herauszugehen. Sie versuchen, mit *einer Tat* ihre Konflikte zu lösen.

Bachmann verehrte auf der einen Seite Dutschke. Dutschke erschien ihm als eine Figur, ja als ein Rebell, als ein Mensch, der irgend etwas erreicht hat – alles das, was er nicht hatte: Anerkennung, und daß er andere mitreißen konnte. Hier muß man eben auch von einer gewissen Opferanfälligkeit in bezug auf Dutschke sprechen, der sich als aggressiv herausstellt. Das ist natürlich eine victimologische Eigenschaft. Menschen, die in unruhigen Zeiten auf die Straße gehen, werden natürlich anfällig für Attentate. Unruhe zieht Unruhige an. Es kommt dann zu einer Kumulation, einer Zusammenballung, einer Aufschaukelung von Emotionen ...

Wir müssen davon ausgehen, daß Bachmann sich weitgehend mit nationalsozialistischen Tendenzen identifiziert hat, und Dutschke wurde teilweise doch dargestellt als ›linker Typ‹ – so möchte ich mich vorsichtig ausdrücken. Nun ist es ja so, daß Menschen, die nicht so große intellektuelle Kapazitäten haben, schnell zu Pauschalisierungen neigen. Alles, was links ist, ist Kommunist. Ich möchte jetzt nicht zu weit politisch werden, aber da bilden sich doch sozusagen Kurzschlußurteile bei diesen Menschen. Hierin ist wohl eher zu sehen, daß er eine Persönlichkeit, die er einerseits idealisiert hat, doch auch gehaßt und abgelehnt hat, ohne ihn persönlich zu kennen. Bei Bachmann war das Ziel der Selbstverwirklichung das Herostratische. Er wollte mit einer negativen Tat als negativer Held in die Geschichte eingehen ...«[258]

An diesem Punkt widersprach Rechtsanwalt Horst Mahler schon damals in der Verhandlung heftig, und diesen Widerspruch wiederholt er auch nach mehr als einem Dutzend Jahren später:

»In diesem Punkt habe ich mich in meiner Verteidigung für Bachmann eingesetzt: Wenn Rudi Dutschke wirklich das wäre, was er nach der Propaganda der Springer-Zeitung für das öffentliche Bewußtsein ist, dann ist das Attentat schon ein vorweggenommener Tyrannenmord.

Ich habe klargemacht, daß die Motivation bei Bachmann eigentlich nicht das Negative ist, sondern die Information, die diese Motivation in Bewegung gesetzt hat. Und dafür war eben nicht Bachmann verantwortlich, sondern Springer und andere. Ich habe also versucht, diesen Versuch Bachmanns, etwas Positives für die Gesellschaft zu leisten, in den Mittelpunkt zu rücken und ihn von da aus zu beurteilen.«[259]

Horst Mahler bot für den Nachweis seiner These Wolfgang Fritz Haug als Gutachter auf. Der sprach im Prozeß gleich nach Bachmanns Psychiater Dr. Philipp und kritisierte diesen heftig:

»›Die Sache mit Dutschke kam ihm gelegen‹, hebt der psychiatrische Gutachter hervor. So begründet diese Bemerkungen sind, so entschieden ist dem Gutachter zu widersprechen, wenn er immer wieder die Beliebigkeit des Aggressionsobjektes behauptet. Bachmann habe seine Minderwertigkeitsgefühle ›irgendwie‹ kompensiert; er habe ›irgendeine‹ Gelegenheit ergriffen. In Wirklichkeit war Rudi Dutschke alles andere als ›irgendein‹ beliebiges Objekt: er war offiziell designiertes Objekt von Aggression und Aussonderung. Der Mordversuch bedeutete die Identifikation mit dem ›Aggressor‹, mit Macht und Ordnung, die den Attentäter selbst bedrohten und zum Minoritären stempelten. Der Mordversuch an Rudi Dutschke war für Bachmann der Versuch, Anschluß an die Ordnung zu gewinnen, sich der Macht und Mehrheit zu integrieren. (...) Als er die Kugeln in Dutschkes Gesicht feuerte, handelte er als Exekutor eines verschlüsselten öffentlichen Auftrags, den er auf eigene Faust entzifferte.«[260]

IV.
Am 14. März 1969 sprach das Westberliner Schwurgericht im Namen des Volkes sein Urteil gegen Josef Erwin Bachmann: sieben Jahre Zuchthaus und Verlust der bürgerlichen Ehrenrechte für den gleichen Zeitraum. Die Richter folgten in ihrer Urteilsbegründung in allen Punkten der Argumentation des Staatsanwaltes und des von ihm bestellten psychiatrischen Gutachters. Demgemäß wurde Bachmann als strafrechtlich voll verantwortlich für seine Tat angesehen.

Die Urteilsbegründung ist in sich widersprüchlich. Denn sie folgt zwar der sorgfältigen Recherche der Lebensumstände Bachmanns in der Anklageschrift. Aber die darin aufgeführten Fakten lassen manche der daraus gezogenen Folgerungen nicht zu.

Ein Beispiel ist die Beantwortung der Frage, warum Bachmann ausgerechnet auf das Opfer Dutschke und nicht auf ein anderes gekommen ist.

Der Bericht des Staatsanwaltes über die Kindheit Bachmanns hebt zweierlei hervor: Bachmann war auf Grund seiner labilen Gesundheit und seiner ungünstigen familiären Situation schulisch erfolglos, sein Bildungsniveau unterdurchschnittlich. Ferner stellt die Anklageschrift die Entstehung von Bachmanns Kommunistenhaß dar, der aufkam, als noch im Kindesalter sein Onkel wegen kritischer Äußerungen gegen die kommunistischen Machthaber der DDR ins Zuchthaus gesteckt wurde.

Trotz der in Worten und Taten erwiesenen Kontinuität von

Bachmanns Kommunistenhaß, der sich durch die Geschichte seiner gesamten Jugendzeit zieht, wird anschließend im Urteil behauptet, Bachmann hätte seine Aggressionen auch an beliebigen anderen Personen auslassen können. Als Nachweis dient, daß Bachmann ein einziges Mal in einem Verhör Unternehmer als »Kapitalistenschweine« bezeichnet hatte.

Daß Bachmann seinen angeblich zufälligen Kommunistenhaß ausgerechnet an Dutschke ausließ, begründeten die Richter im Fortgang des Urteils damit, er – Bachmann – sei geistig nicht in der Lage gewesen, aus der Berichterstattung über Dutschke in der Öffentlichkeit sich ein differenziertes Bild über dessen Persönlichkeit zu formen. Das bedeutet, daß die Richter dem Angeklagten einige Absätze später den Mangel an intellektuellem Vermögen vorwerfen, den sie gerade noch als unverschuldete Folge einer benachteiligten Kindheit erklärt haben. Keine Rede davon, daß es überdurchschnittlicher Intelligenzleistungen bedurft hätte, um aus der Berichterstattung über Dutschke, die alle Differenzierungen verwischte, ein differenziertes Bild dieses Mannes zu gewinnen. Nicht einmal dieses naheliegende Argument Mahlers und seines Gutachters Haug findet Beachtung im Spruch der Richter, von der übrigen Argumentation des Nebenklägers ganz zu schweigen.

Ein weiterer Widerspruch wird offenbar, wenn in der Urteilsbegründung mit dem Verweis auf das psychiatrische Gutachten die Tatentscheidung als ausschließlich gefühlsmäßig begründet dargestellt wird. Damit wird untermauert, daß Bachmann kein politischer Attentäter aus rationaler Überzeugung gewesen sei. Wenn es um die Begründung des Strafmaßes geht, war er's dann plötzlich doch: Da wird erläutert, daß Bachmann schon Tage zuvor die Tat in München geplant und vorbereitet habe und mit beträchtlichem Aufwand – Kündigung der Arbeitsstelle, Waffenkauf, Reise nach Berlin – in Szene setzte. All diese Umstände widersprechen einer rein auf Affekte und Gefühle gegründeten Tat.

Im Namen des Volkes ließ das Gericht alles unter den Tisch fallen, was den Eindruck hätte bestärken können, daß Josef Erwin Bachmann im Namen anderer und in gewissem Sinne auch im Namen des Volkes handeln wollte, teils auch gehandelt hatte.

V.

Ein Zeitungsfoto vom ersten Verhandlungstag im Bachmann-Prozeß zeigt den Angeklagten, eingerahmt von seinen Verteidigern, an der Anklagebank stehend, eine Ausgabe der *BZ* vom Tage, dem

4. März 1969 in Händen. Bachmanns Aufmerksamkeit richtet sich auf den Leitartikel über das Thema des Tages, das für die Mehrheit der Bundesbürger und Westberliner nicht sein Prozeß, sondern am Tag darauf ein staatspolitisches Ereignis erster Ordnung hier in Westberlin sein wird. »WER WIRD'S? ES IST NOCH ALLES OFFEN!« fragt die Schlagzeile, eingerahmt von zwei Porträtfotos, links Dr. Gustav Heinemann, SPD, Justizminister, rechts Dr. Gerhard Schröder, früher Außen-, jetzt Verteidigungsminister im Kabinett des Bundeskanzlers Kiesinger.

Seit Wochen schon debattieren Politiker und Presse die für den 5. März angesetzte Wahl des neuen Bundespräsidenten. Das Rennen um das höchste Staatsamt ist spannender und politisch symbolkräftiger als je zuvor: Was macht die Vergangenheit der Kandidaten aus? Und wer wird jetzt wem ins Amt helfen? Gerhard Schröder war NSDAP-Mitglied, gilt als erzkonservativer CDU-Mann. Die 22 Wahlmänner der neofaschistischen NPD haben angekündigt, für ihn zu stimmen. Gustav Heinemann, im Widerstand gegen Hitler in der Bekennenden Kirche, leidenschaftlicher Gegner der westdeutschen Wiederbewaffnung, derentwegen er unter Protest seinen Innenministerposten im ersten Kabinett Adenauer aufgab und die CDU verließ. Heinemann ist auf die Unterstützung der FDP angewiesen.

Dreimal müssen die 1 023 erschienenen Wahlmänner am 5. März 1969 abstimmen. Dann erst, nach acht Stunden, steht fest, daß Gustav Heinemann mit dem hauchdünnen Vorsprung von gerade sechs Stimmen zum neuen Bundespräsidenten der Bundesrepublik Deutschland gewählt ist. Die Journalisten munkeln nach der Wahl vom Beginn eines Machtwechsels in der zweiten deutschen Republik.

Exilant. Szenen

London, Limes Avenue No. 10

London ab April 1969. Freunde hatten sich für die Dutschkes verwandt, hatten Geld gesammelt und Klinken geputzt. Das Visum war alle sechs Monate zu erneuern und unter der Bedingung erteilt, daß sich Dutschke jeglicher politischer Aktivität zu enthalten habe. Geduldet war er nur als Rekonvaleszent und Privatmann. Aber auf diese Rolle fühlte er sich vorerst auch ohne die Auflagen der britischen Regierung beschränkt. Noch litt er immer wieder an Ohnmachtsanfällen, an Schwindelgefühl und war zuweilen sehr lärmempfindlich. Noch hatte er nicht mehr zurückgewonnen als die Voraussetzungen für die Wiederherstellung seiner früheren theoretischen Kenntnisse und Fertigkeiten. Wie eine Alptraumfigur, die alles weiß und nichts sagen kann, hatte er seine menschliche und politische Identität nicht verloren und konnte sie dennoch nicht in gewohnter Weise anderen Menschen vermitteln. Die Wiedererarbeitung verschütteter Bewußtseinsinhalte begann schon gemeinsam mit Thomas Ehleiter, mit dem er Lenins »Staat und Revolution« und Marcuses »Der eindimensionale Mensch« wieder las. Jetzt, auf sich allein gestellt, arbeitete Rudi erneut die Marxschen Frühschriften, »Das Kapital« und einige Arbeiten von Lukács durch.

Gretchen, Rudi und Hosea zogen in eine Wohngemeinschaft im Einwandererviertel Golders Greene. Außer den Dutschkes wohnten in dem kleinen Haus in der Limes Avenue No. 10 die beiden Deutschen Dorothea und Hubertus, der Engländer Sabby und eine französische Frau. Rudi war froh, meist Deutsch sprechen zu können, denn auch seine Fremdsprachen-Kenntnisse hatten durch die Kopfverletzung stark gelitten. Immerhin lernte er innerhalb kurzer Zeit genug, um sich in den wichtigsten Alltagssituationen verständigen zu können.

Gretchen war im Februar wieder schwanger geworden. Seit dieser Zeit kümmerte sich Rudi sehr viel um Hosea und den Haushalt, gutwillig zwar, aber himmelschreiend ungeschickt.

Am 10. November wurde Gretchens und Rudis zweites Kind geboren: Polly-Nicole.

Materiell abgesichert waren die Dutschkes anfänglich durch private Spenden u.a. des *Spiegel*-Herausgebers Rudolf Augstein, ab

1971 durch ein Stipendium, das Professor Helmut Gollwitzer beschafft hatte. Gollwitzer war Mitglied des Kuratoriums der privaten »Heinrich-Heine-Stiftung für Philosophie und kritische Wissenschaft«, eine Stiftung, die der badische Textilmaschinenfabrikant Franz Morat mit dem Verkauf erheblicher Aktienanteile seines Unternehmens begründet hatte. Ohne die monatlichen 2 000 DM Stipendium wäre Rudis Genesung undenkbar gewesen.

Leserservice für Heinrich M. und den »Bund der Ordnungsliebenden Westzonenbewohner«

»An den Kommunarden Dutschke, Westend-Krankenhaus Berlin. Mit Durchschlag an Polizeiverwaltung und Springer-Verlag Berlin. Dutschke! Wir empfehlen Dir, nach Entlassung aus dem Krankenhaus, sofort durch die Zonengrenzmauer nach der Ostzone zu marschieren und Dich zu Deinem Auftraggeber ›Spitzbart-Ulbricht‹ zu begeben, andernfalls wirst Du in West-Berlin gekillt werden!!! (...) Gruß vom Bund der Ordnungsliebenden Westzonenbewohner«

»Lieber Rudi: Hau ab aus Deutschland. Ihr Roten ahnt noch nichts von Eurem Glück. Bachmann hatte eine schlechte Waffe. Meine Männer haben bessere. Gute Besserung! Heinrich M., genannt: ›Gestapo-Müller‹«[261]

Notiz in der Springer-Zeitung *Die Welt* vom 15. Juni 1969:
»RUDI DUTSCHKE (29), ehemaliger SDS-Ideologe, hat sich für seine diversen Berlin-Besuche ein neues Domizil gesucht. Es ist das Haus Im Dol 50, im Berliner Villenviertel Dahlem. Dutschke befindet sich dort in ›standesgemäßer‹ Gesellschaft: Hier sind neben Peter Brandt, dem ältesten Sohn des Außenministers, auch eine Reihe anderer APO-Mitglieder gemeldet.«[262]

Rudi fuhr aus zwei Gründen mehrfach nach Berlin. Im Westend-Krankenhaus wurde der Heilungsprozeß der Gehirnwunde überwacht, und mit Besuchen bei Genossen wollte er sich über die Entwicklungen innerhalb der außerparlamentarischen Opposition in Berlin auf dem laufenden halten. An ein aktives Eingreifen war nicht zu denken.

Rudi mied die Orte seiner politischen Aktivitäten und Triumphe. Manchmal, beim Überqueren großer, belebter Straßen, verspürte er eine panische Angst. Diese Angst überfiel ihn nicht nur in Berlin, auch in London. Einige der Freunde, mit denen Rudi darüber sprach, rieten ihm zu einer Psychoanalyse, um das Trauma des Attentats zu überwinden. Unschlüssig, was er tun sollte, konsultierte er Herbert Marcuse, der ihn in der Limes Avenue in London besuchen kam. An diesen Besuch erinnert sich die zu diesem Zeitpunkt neu eingezogene Wohngenossin Pucki Treulieb vor allem deswegen, weil seine Ankündigung einen nie vorher und nie nachher erlebten Anfall von Ordnungsliebe und Putzwut des ansonsten chaotischen Wohngenossen Rudi auslöste. Marcuse riet schroff von einer Psychoanalyse ab. Mit dem Rat des großen Lehrers war für Rudi die Debatte abgeschlossen. Gretchen sagte zu Rudi, er müsse lernen, seine Ängste zu beherrschen, wenn er je wieder ins öffentliche Leben zurückkehren wolle. Es scheint, daß sich Rudi mit aller Energie daran zu halten versuchte, denn er sprach auch in den folgenden Jahren mit kaum jemandem über die gelegentlich wiederkehrende Angst, daß sich die Schüsse auf ihn wiederholen könnten. Wenn Rudi überhaupt dieses Thema anschnitt, sparte er jede konkrete Benennung aus: Attentat, Schüsse, Kopfschuß, Gehirnwunde, all das nannte er meist: »Die große Scheiße«.

»Ich will nicht in der Menschen Hand fallen ...«

In der Nacht vom 23. auf den 24. Februar 1970 stülpte sich Josef Bachmann in seiner Zelle im Gefängnis Tegel eine Plastiktüte über den Kopf, verknotete sie fest am Hals und erstickte. Er hinterließ keinen Abschiedsbrief. Der Selbstmord geschah zu einem Zeitpunkt, als einige Anzeichen darauf hinwiesen, daß Josef Bachmann wieder Lebensmut gefaßt hatte. In Tegel bat er um die Rückverlegung in eine Gemeinschaftszelle, außerdem lief sein Antrag, die Reststrafe nicht in Berlin, sondern im Zuchthaus Celle absitzen zu können. Er wäre dann in der Nähe seiner in Peine lebenden Mutter gewesen.[263]

In Tegel hatte sich eine freiwillige Schutzhelferin um Bachmann gekümmert. Sie besuchte ihn regelmäßig, sprach mit ihm und regte ihn an, wieder mit dem Malen anzufangen. Eines Tages meldete sich diese Frau bei Horst Mahler; sie bat ihn in Bachmanns Namen um ein Bild von Rudi Dutschke, nach dem er ein Porträt von ihm malen wolle.[264]

Erich Fried besuchte gerade Rudi in seiner Londoner Wohnung, als die Nachricht von Bachmanns Selbstmord kam.

»Als Josef Bachmann tot war, habe ich Rudi das einzige Mal in wirklich aufgelöster Stimmung gesehen. Er hat geheult, lag auf der Nase und sagte, er hat alles falsch gemacht. Er hatte ihm doch erst Briefe geschrieben und ihn getröstet. Dann nicht mehr, weil er gedacht hat, wenn er zuviel Hilfsbereitschaft zeigt, werden die Schuldgefühle bei Bachmann noch größer. Vielleicht, sagte er, wenn er in Berlin geblieben wäre und ihn regelmäßig besucht hätte, hätte er diesen Selbstmord doch verhindern können.«[265]

Josef Bachmann wurde am 13. März begraben. Zu seiner Beisetzung kamen nur wenige Menschen. Bachmanns Mutter, seine beiden Brüder, die Schutzhelferin Liselotte Seidenberg und Horst Mahler mit einigen Begleitern. Einer von ihnen legte einen Strauß rot-weißer Tulpen aufs Grab, der auf einer weißen Binde die Aufschrift trug:

»Ein Opfer der Klassengesellschaft.«[266]

Das Sicherheitsrisiko

I.

Für Rudi Dutschke begann die Geschichte seiner Ausweisung aus England mit einem hoffnungsvollen Neuanfang. Am 3. Juni 1970 erteilte ihm die Universität von Cambridge offiziell die Zulassung als »fulltime-research-student«. Rudi war wieder Doktorand der Soziologie. Das Thema seiner Arbeit lautete: »Die Periode zwischen 1920 bis 1924 in der Entwicklung der Komintern unter der besonderen Beachtung der von G. Lukács und J. Revai repräsentierten politischen, philosophischen, soziologischen und sozioökonomischen Tendenzen in der Zeitschrift ›Kommunismus‹ aus Wien zwischen 1920 und 1921«.

Der Neubeginn war hart erkämpft. Das Material und die Thesen, die sich Rudi schon einmal vor dem Attentat erarbeitet hatte, waren von Grund auf neu erlesen, neu formuliert. Die Universität und die zukünftige Betreuerin seiner Arbeit, die Ökonomin Joan Robinson, forderten als Vorbedingung für die Zulassung von Rudi einen Essay über die Grundzüge der geplanten Doktorarbeit. Sie wollten einen schwarz auf weiß erbrachten Beweis, daß Rudi Dutschke intellektuell und akademisch den Anforderungen einer Dissertation überhaupt wieder gewachsen war.

Den konnte er beileibe nicht aus dem Ärmel schütteln. Die schriftliche Formulierung seiner Gedanken fiel ihm sehr schwer. Er schrieb auf deutsch. Oft ging die Arbeit von vorn los, wenn Gretchen beim Übersetzen feststellte, daß ganze Textpassagen unverständlich oder Begriffe falsch verwendet waren. Um so größer war Anfang Juni die Freude, als Rudi seine Zulassung für das King's Hall College erhielt und außerdem für die Dauer seines Studiums eine auf dem Collegegelände gelegene Wohnung für sich und seine Familie angeboten bekam.[267]

II.
Ende Mai 1970, kurz vor der Nachricht aus Cambridge, hatte Innenminister James Callaghan gerade wieder der Verlängerung der Aufenthaltserlaubnis für Rudi Dutschke und seine Familie um weitere sechs Monate zugestimmt. Zwei Wochen später entschieden die Konservativen die britischen Parlamentswahlen für sich. An Stelle des Labour-Mannes James Callaghan, der jetzt die Oppositionsbank drückte, wurde am 18. Juni 1970 der Konservative Reginald Maudling neuer Innenminister. Mit der Zulassung zum Studium änderte sich der Grund des weiteren Aufenthaltes in England, und das britische Einwanderungsgesetz schrieb vor, daß in einem solchen Fall die Gewährung der Aufenthaltserlaubnis überprüft werden müsse. Der Labour-Abgeordnete Michael Foot, der sich bereits um die vergangenen Aufenthaltsbewilligungen für Rudi Dutschke bemüht hatte, wurde deshalb bei Maudling vorstellig. Am 25. August, einen Monat nach dem Umzug der Dutschkes nach Cambridge, teilte Maudling in einem Brief an Foot mit, er halte die Dutschke auferlegte Zurückhaltung in politischen Dingen für falsch. Man könne einem Immigranten nicht vorschreiben, sich einer für jeden normalen Bürger gesetzmäßigen und erlaubten Tätigkeit zu enthalten. Deshalb aber sehe er keine Möglichkeit, einem weiteren Aufenthalt Dutschkes zuzustimmen. Offiziell und schriftlich erfuhr Rudi Dutschke selbst dies erst in einem Bescheid am 17. September, in dem ihm ohne jegliche Begründung mitgeteilt wurde, er habe bis zum 30. September England zu verlassen. Ganz nebenbei versäumte es Innenminister Maudling in seinem Brief, der gesetzlichen Verpflichtung nachzukommen, Dutschke auf die ihm zustehende Einspruchsmöglichkeit gegen diese Entscheidung beim Appellationsgericht der Einwanderungsbehörde hinzuweisen. Das besorgten Freunde.
Nach dem »Immigration Appeals Act« von 1969 hatte ein unabhängiger Schiedsrichter, ein »Adjukator«, die Entscheidung über den Verbleib des Appellanten zu treffen. Gegen die Entscheidung des Adjukators konnte dann sowohl der Innenminister als auch

der Appellant bei einem vom britischen Lordkanzler bestimmten Tribunal Berufung einlegen. Dutschke legte Einspruch ein.

Innenminister Maudling nutzte jedoch – offenbar aus Angst vor einer Niederlage, wie die britische Zeitung *New Statesman* schrieb – eine ihm zustehende Sonderregelung des Gesetzes, um das Verfahren abzukürzen. Am 29. Oktober erklärte er plötzlich, Dutschke sei »im Interesse der nationalen Sicherheit, aber auch aus politischen Gründen« auszuweisen. Die neue Begründung gab Maudling die Möglichkeit, den »Adjukator« zu umgehen und lediglich ein Tribunal anzurufen, das seinen Ausweisungsbeschluß zwar debattieren, aber nicht aufheben konnte. Außerdem entrechtete die Verfahrensregel den Antragsteller, denn weder er noch sein Rechtsvertreter durften die gegen ihn vorgebrachte Anklage erfahren.[268]

III.
In Bonn bat Bundespräsident Gustav Heinemann den britischen Botschafter zu sich. Heinemann überreichte ihm das Manuskript einer Rede, die er in den Tagen nach dem Attentat auf Rudi als Justizminister der Großen Koalition gehalten hatte. Darin stand, daß Dutschke das Opfer einer irrationalen und mörderischen antikommunistischen Hetze wurde.[269] Er habe, fügte er im Gespräch mit dem Botschafter hinzu, ein Interesse an der Gesundung und dem Frieden Dutschkes, den er hier in seinem Heimatland vorerst nicht finden könne. Die Unterredung wurde damals öffentlich nicht bekannt. Schon dieser vorsichtige diplomatische Schritt zugunsten des ehemaligen »Volksfeindes Nr. 1« wäre dem Ersten Mann des Staates als unerwünschte und nicht erlaubte Einmischung übel angerechnet worden. Am Ablauf der Ereignisse änderte sich durch Heinemanns Fürsprache nichts.

IV.
Vom 17. bis zum 22. Dezember 1970 sitzt das »Immigration Appeal Tribunal« im Thanet-House in London über den Fall Dutschke zu Gericht. Das Tribunal selbst besteht aus fünf höchst angesehenen Säulen des konservativen britischen Establishments, solide Herren im Alter von etwa 50 Jahren. Den Vorsitz führt der prominente Anwalt Sir Derek Hilton, seine Beisitzer sind zwei ehemalige Staatsdienst-Chefs des Außenministeriums, Lord Gore-Booth und Lord Garner; ferner ein General im Ruhestand und ein pensionierter britischer Richter der früheren Kronkolonie Kenia.

Der Anklagevertreter ist kein Geringerer als »Attorney General« Sir Peter Rawlinson. Sir Peter, bekannt in England durch seine wiederholten Versuche, die Todesstrafe wieder einzuführen, ist nicht nur Generalstaatsanwalt, sondern zugleich Kabinettsminister der Regierung Heath und teilt sich mit Innenminister Maudling das in England nicht bestehende Ressort des Justizministers. Rudi hat auf Anraten vieler Freunde ebenfalls einen prominenten konservativen Anwalt, Sir Basil Wegoder, als Verteidiger engagiert. Sir Peters Eröffnungsrede zählt auf, was Rudi angelastet werden soll: Kontakt mit subversiven Gruppen in England, Einflußnahme auf die Aktivitäten linksradikaler Gruppen in der Bundesrepublik und Kontakt mit Vertretern von Befreiungsbewegungen aus Chile, Amerika und dem Mittleren Osten. Blaß und kränklich aussehend sitzt Rudi Dutschke in einer braunen Strickjacke und einem beigen offenen Hemd den Herren in ihren Richterroben und Perücken gegenüber. Das Kinn auf beide Hände gestützt schaut er unverwandt zum Richtertisch, das angestrengte Zuhören ist ihm am Gesicht abzulesen. Immer wieder streicht er sich mit einer nervösen Geste seiner Hand durch die Haare. Im Kreuzverhör, das in englischer Sprache geführt wird, schlägt Sir Peter einen eisigen Ton an.

»Haben Sie sich mit Vertretern der Volksfront zur Befreiung Palästinas getroffen? Oder Mitgliedern der Al Fatah?«

»Nein, ich habe mich nicht mit Mitgliedern dieser Organisation getroffen. Ich habe Leute getroffen, die, ich glaube, aus Israel kamen und mit ihnen über das Palästina-Problem gesprochen.«

Sir Peter nennt Namen nach Namen. Der britische Geheimdienst scheint alle Besucher Dutschkes notiert zu haben.

»Haben Sie nicht auch Tariq Ali getroffen?« – »Ja, ich habe ihn getroffen. Und ich habe das Angebot, in seiner Zeitschrift ›Black Dwarf‹ mitzuarbeiten, abgelehnt, mit der Begründung, daß ich mich nicht politisch betätigen dürfe.« – »Und die Besucher aus Deutschland?«, hakt Sir Peter nach.

»Ich bin daran interessiert, was dort los ist, aber für mich steht an erster Stelle meine Doktorarbeit und meine gesundheitliche Entwicklung. Außerdem gebe ich keine Direktiven. Das sind doch keine Kleinkinder, die nach London kommen und den Prominenten Dutschke fragen, was sie tun sollen. Aber ich glaube doch, daß es eine völlig normale Sache ist, in einem Land, in dem nicht der Faschismus herrscht, über Politik zu diskutieren!«

»Ist es Ihnen vielleicht möglich, Herr Dutschke«, fällt ihm der

Gerichtsvorsitzende Sir Derek Hilton ins Wort, pikiert, sehr britisch und herrisch, »ist es Ihnen vielleicht möglich, von Ihnen auf die Fragestellung beschränkte Antworten zu erhalten anstelle von Grundsatzreden?« Sir Peter fährt fort: »Und was war während Ihres Besuches in Swansea während des Stahlarbeiterstreiks im benachbarten Port Talbot im August 1969? Gab es da nicht Gespräche darüber, zu den streikenden Arbeitern zu gehen?« – »Ja, es gab solche Überlegungen. In Deutschland gibt es keine Streiks, und ich war als Soziologe daran interessiert, einen mitzuerleben. Ich wollte nicht als Agitator hingehen – dazu wäre mein Englisch zu schlecht. Außerdem, ich bin ja nicht hingegangen.« Drei Stunden Verhör. Frage um Frage läßt sich das dichte Netz der Bespitzelung deutlicher erahnen. Die Namen der Besucher in Golders Greene sind notiert. Rawlison weiß über Dutschkes Reisen außerhalb des Landes Bescheid, befreundete Geheimdienste des britischen MI 5 haben also »Amtshilfe« geleistet. Die detaillierten Fragen zu den Begegnungen mit alten SDS-Genossen am Rande seines Berlin-Aufenthaltes im Mai 1969 belegen das. Andere Informationen können nur aus der Überwachung der Briefpost und der Telefongespräche der Dutschkes stammen.

Dutschke scheint keinen unbewachten Schritt gegangen zu sein: Besuch in der rotchinesischen Botschaft, zwei Besuche auf dem Parteitag der trotzkistischen »International Socialists«, Treffen mit Bahman Nirumand. Basil Wegoder bleibt nur, durch Zusatzfragen an Dutschke die einzelnen, so verschwörerisch klingenden Vorhaltungen des Staatsanwalts zu entschärfen. Aus dem Empfang »gewisser Dokumente« in der rotchinesischen Botschaft wird die banale Abholung gratis erhältlicher Broschüren, die jedermann zugänglich sind. Wegoder stellt klar, daß Rudi auf den Parteitagen der »International Socialists« nur kurz als Zuhörer zugegen war und nie das Wort ergriff.

Am nächsten Tag der Auftritt der Zeugen der Verteidigung. Rudis Anwalt Basis Wegoder hat zehn Zeugen benannt, der Staatsanwalt keinen einzigen. Er stützt sich ausschließlich auf Geheimdienstmaterial. Zwei der englischen Neurologen bestätigen, daß Rudis Genesungsprozeß zwar fortgeschritten, aber noch nicht beendet sei. Dr. Gleave sagt: »Ich glaube, um seine völlige Wiederherstellung sicherzustellen, sollte er ermutigt werden, seine akademische Karriere zu Ende zu bringen.« Aus Berlin sind Helmut Gollwitzer und Heinrich Albertz gekommen. Gollwitzer berichtet über Rudis Persönlichkeit. Staatsanwalt Sir Peter Rawlinson hört mißtrauisch blickend zu. Vor ihm liegt die Übersetzung von Rudis Beitrag in »Rebellion der Studenten« und die Abschrift einer Rede Rudis vom Februar 1968 in Amsterdam. Rudi hat damals von Sabotageaktionen gegen den Krieg in Vietnam gesprochen. Gollwitzer sagt, daß Rudi als christlicher Sozialist zwar radikal und konsequent seine Überzeugungen bekundet hat, daß er aber immer die Diskussion suchte und von der Anwendung von Gewalt abriet. Heinrich Albertz bestätigt das, berichtet von der Auseinandersetzung in der Nacht vor der Vietnam-Demonstration im Februar 1968. »Seit Dutschke nicht mehr in Berlin ist, sind die Demonstrationen gewalttätiger geworden.« – »Sie sind Pastor, Herr Zeuge, nicht wahr?« kommentiert Rawlinson mit einem süffisanten Lächeln Albertz' Aussage.[270]

IV.
Am folgenden Tag hatten unter Ausschluß der Öffentlichkeit die Agenten des britischen Geheimdienstes und der ehemalige Innenminister James Callaghan das Wort. Was sie vorgebracht haben, ist bis heute im dunkeln geblieben.

Am 8. Januar 1971 gab das Tribunal seine Entscheidung bekannt: Der Ausweisungsbeschluß wurde bestätigt. Aus der Urteilsbegründung:

»Wir glauben nicht, daß der Appellant bis zum gegenwärtigen Zeitpunkt eine nennenswerte Gefährdung der nationalen Sicherheit dargestellt hat. Dessen ungeachtet (...) glauben wir, unter Beachtung aller Umstände dieses Falles, daß in der Fortdauer seines Aufenthaltes ohne Zweifel ein Risiko besteht.«

Aldershvile

Als das Fährschiff »Winston Churchill« aus Harwich kommend am 21. Februar 1971 im Hafen von Esbjerg einlief, nutzte der Familie des an Bord befindlichen Mr. Smith der blasse Tarnname nichts. Die am Kai stehenden Reporter warteten auf Rudi Dutschke und wußten, wie er aussah.

Ein neues Exil, und wieder keine Ruhe?

Der Abschied von Cambridge war ein Ausbruch aus dem von Journalisten umlagerten Haus. Es kam zu Handgreiflichkeiten zwischen den dänischen Freunden, die beim Umzug halfen, und einigen britischen Fotografen. Noch auf dem Fährschiff verklebte Dutschke die Seitenscheiben des roten VW-Käfers mit Pappe. Auf den einen Karton schrieb er: »Danke, Dänemark, daß Du uns kommen läßt.« Wortlos verkroch er sich auf den Rücksitz des Autos. Er wollte niemanden sprechen. Niemand konnte ihn sehen. Der Freund am Steuer folgte den dänischen Freunden, die in einem Kleinbus mit der Habe der Familie Dutschke vorausfuhren. Hinterher der Troß der Journalisten. Der Weg der Autokarawane führte an der Westküste entlang nach Norden, dann quer durch Jütland an die Ostseeküste nach Aarhus. Sie endete 35 Kilometer nördlich der Stadt auf der Halbinsel Mole, vor einer Gruppe gehöftartig angelegter Ziegelhäuser. Ein Stallgebäude, ein Gutsverwalterhaus und ein Wohnhaus, rund herum Wiesen und Felder, an einer Seite sanft abfallend zu einer Bucht, das war Aldershvile. Ein wenig Mark Brandenburg mit Ostseeanschluß.

Als sich die Nachrichten über die bevorstehende Ausweisung Dutschkes aus England Ende 1970 verdichteten, war in dem abgelegenen Bauernhaus in Aldershvile der Plan entstanden, ihm und seiner Familie eine neue Zuflucht anzubieten. Die sechs Bewohner des Hauses, alle Studentinnen und Studenten der Aarhuser Universität und politisch aktiv in deren Studentenrat, bearbeiteten den als liberal geltenden Professor Sloek, Dutschke an seinem Institut für Ideengeschichte einen Lehrauftrag anzubieten und sich für ihn um eine Aufenthaltsgenehmigung bei dem von einem Konservativen geführten dänischen Justizministerium zu bemühen. Sloek willigte ein und übermittelte Dutschke das Angebot. Der erbat sich Bedenkzeit, hoffte noch immer auf einen Erfolg bei der Klage gegen die Ausweisung. Dann, zwei Tage nach der Bestätigung des Ausweisungsbeschlusses vor dem Appellationsgericht, am 10. Januar 1971, meldete sich Dutschke aus Cambridge bei Sloek: Er nehme das Angebot dankend an und komme gerne nach Dänemark. Sloeks Studenten, die Initiatoren des Angebotes, fragten zurück, wie er und seine Familie wohnen wollen. Am liebsten in einer Wohngemeinschaft und in größtmöglicher Ruhe und Abgeschiedenheit, antwortete er. Diese Wünsche paßten auf Aldershvile, und Platz genug gab es dort auch.

Das Gehöft lag abseits jeder Ortschaft an einer Bucht, von der sich die Leute erzählten, dort hätten sich vor Jahrhunderten Wikinger versteckt. Das dunkle Rot der Ziegel war auf der Sonnenseite des Hauses mit wildem Efeu überwuchert.

Aldershvile – auf deutsch: »Altersruhe« – war am Ende des vergangenen Jahrhunderts als Ruhesitz für Bauern erbaut worden. Hier stoppte die aus Esbjerg kommende Autokolonne am Nachmittag des 21. Februar 1971. Rudi drängte sich ohne ein Wort an den wartenden Reportern vorbei in das Haus. Der Empfang in Dänemark war freundlich, auch die Artikel in den Zeitungen. Nach einer Pressekonferenz in der Aarhuser Universität ebbte auch der Ansturm der Journalisten ab. Am Schwarzen Brett des Institutes für Ideengeschichte hing eine Seminarankündigung: »Rudi Dutschke: Die Diktatur des Proletariats. Beginn: 3. März. Vorbereitungslektüre: Marx, Philosophisch-ökonomische Manuskripte; Marx, Der Bürgerkrieg in Frankreich; Lenin, Staat und Revolution; Lukács, Kritische Bemerkungen über Rosa Luxemburg.«

Die ersten Wochen in Aldershvile stand ein Gewehr neben Rudis Bett. Doch die undefinierbare Bedrohung, die er in seiner neuen Umgebung empfand, verebbte mit jedem Spaziergang, jeder neuen Bekanntschaft im Lebensmittelladen im Nachbardorf, jedem unbekannten Gesicht, das ihm vertraut wurde. Das fing mit Jensen, dem mißtrauischen Verwalter im Nebenhaus an. Der, ein ehemaliges Mitglied der rechtsgerichteten »Dänischen Heimwehr«, hatte Rudis dänische Wohngenossen wissen lassen, den roten Dutschke wolle er in Aldershvile nicht haben. Rudi ging rüber ins Verwalterhaus und stellte sich vor. Schließlich waren Jensens Kinder in Hoseas und Pollys Alter. Ein steifes Gespräch, bis sich herausstellte, daß der Dutschke aus einer Bauersfamilie kommt wie der Jensen auch. Ein paar Wochen später verjagte Jensen, bedrohlich einen Heurechen schwenkend, eine Horde von Reportern, die es auf Rudi abgesehen hatten. Die Dutschkes hatten erstmals wieder ein Zuhause.[271]

Besuche

Aldershvile war abgelegen und ruhig und doch nicht aus der Welt. Besuch kam und das Telefon ging unaufhörlich, und der Weg nach Berlin war nicht weit. Diese Umstände gaben Dutschke die Gelegenheit, alte Freundschaften wieder aufzunehmen, neue Beziehungen zu knüpfen. Gleich im Sommer 1971 kam Besuch, den Dutschke mit großer Spannung erwartete: Ernst Bloch und seine Frau Karola aus Tübingen. Nur für Stunden hatten sie im Februar 1968 in der Evangelischen Akademie Bad Boll miteinander diskutieren können. Das damals verabredete Wiedersehen war durch das Attentat vereitelt worden.

Von Anfang an bestand eine sehr herzliche Beziehung zwischen Dutschke und Bloch, die manches miteinander gemein hatten:

»Beide waren heiter, vital, lebhaft; beide hatten einen tief verwurzelten Optimismus«, schreibt Karola Bloch. Andere Berichterstatter aber geben sich mit solchen Kleinigkeiten nicht ab und sind nicht eher zufrieden, bis nicht beim Kaffeetrinken der Weltgeist aus den Tassen dampft. John Feketi, ein Exilungar, der Dutschke in Cambridge kennengelernt hatte und zur gleichen Zeit wie die Blochs in Aldershvile zu Besuch war, schreibt:

»Ich erinnere mich an einen Spätnachmittag im Sommer 1971 in einem leeren Gasthof irgendwo auf dem Land in Dänemark in der Nähe von Aarhus. Rudi Dutschke und wir, die ihn in seinem neuen Heim im Exil besuchten – Ernst Bloch, seine Frau Karola und ich –, waren dorthin gefahren, um einen stillen Platz für unsere Gespräche zu finden. Wie wir da saßen, diskutierten und einen Kaffee nach dem anderen tranken und gar nicht merkten, wie die Schatten immer länger wurden, verbunden durch die Fäden unserer europäischen und nordamerikanischen Geschichten, im Bewußtsein der Forderungen nach weltweiter Humanität, in Übereinstimmung mit Stimmen aus der Vergangenheit und unseren Vermutungen über die Zukunft, da waren wir zu viert, aber auch stellvertretend für viele über Generationen hinweg. Bloch sprach nicht mehr Englisch; Dutschke übersetzte hin und her zwischen uns, ständig die verschiedenen Zeiten, Umgebungen, Erfahrungen und Sprachen vermittelnd. Bloch erzählte auf seine charakteristische Weise Anekdoten und pochte auf die Notwendigkeit neuer revolutionärer Mythen der Hoffnung. Dutschke, ganz der praktische Kämpfer, fragte unermüdlich nach Blochs Bewertung der ›empirischen Wirklichkeit‹.«[272]

So wenig dieser Bericht den Einfluß Blochs auf Dutschke erhellt – er berichtet eher von zweien, deren Nachdenken auf ganz verschiedenen Ebenen angesiedelt ist –, so beispielhaft belegt er eine Zuschauerhaltung, die lebendige Personen ganz ohne deren Zutun in mythische Figuren verwandelt. Mit dieser Zuschreibung hatte Dutschke in all den Jahren nach dem Attentat zu kämpfen. Wer das wollte und für sich brauchte, benutzte seinen Namen als Anrufung einer Vergangenheit, die glänzend war, über die die Sätze mit leuchtenden Augen beginnen konnten: »Weißt du noch ...«

Ein Jahr später, im Juli 1972, parkte vor dem Haus von Helmut und Brigitte Gollwitzer in Berlin eine schwarze Mercedes-Limousine mit einem Chauffeur hinter dem Steuer und dem bundesdeutschen Stander seitlich der Kühlerhaube. Auf den Gehwegen patrouillierten Polizisten in Uniform und in Zivil. Im Haus warteten

Gustav Heinemann, damals Bundespräsident, und seine Frau Hilda auf den Besuch von Rudi Dutschke. Heinemanns hatten diesen Wunsch über Gollwitzers, mit denen sie eng befreundet waren, an Dutschke ausrichten lassen. Der freute sich auf die Gelegenheit, Heinemann für die private finanzielle Hilfe zu danken, die dieser Rudi und seiner Familie für die Übersiedlung von England nach Dänemark hatte zukommen lassen. Als er dann kam, war ihm anderes erst einmal wichtiger. »Herr Heinemann, was wird jetzt aus dieser SPD«, so stürzte er gruß- und formlos ins Zimmer und verwickelte die Anwesenden sofort in eine Debatte über die Krise der in diesem Sommer langsam zerbröckelnden Autorität der ersten Regierung Brandt/Scheel. Das war der Beginn eines gut sechs Stunden langen Gesprächs, in dem sich eine recht unerwartete Rollenteilung herauskristallisierte. Heinemann, nach den für Politikerkarrieren gültigen Maßstäben als Bundespräsident eine Persönlichkeit von hohem politischem Ansehen und mit der Möglichkeit zumindest moralischer Einflußnahme versehen, entwarf ein Bild der politischen Verhältnisse in der Bundesrepublik, das von tiefer Resignation durchsetzt war. Dutschke, der mitten im Anlauf gescheiterte Rebell, versuchte dagegenzuhalten.

Heinemann listete die Reihe seiner Enttäuschungen auf. Zuerst zerplatzte sein unbefangener Glaube an die sogenannte Stunde Null. Als CDU-Justizminister in Nordrhein-Westfalen hatte er erlebt, daß ein Bodenrechtsreformprogramm seines damaligen CDU-Kollegen Heinrich Lübke auf Druck der Westalliierten nicht beschlossen wurde. Es sah eine weitreichende Umverteilung und den Abbau alter Privilegien vor und hatte bei allen damals in der Regierung vertretenen Parteien, von der CDU bis zu zwei von der KPD gestellten Landesministern, Billigung gefunden.

Dann das Scheitern seines Widerstandes gegen die Remilitarisierungspolitik Adenauers. Überall im Lande Empörung, pazifistische »Ohne-mich-Stimmung« – und doch wählten nur ganze 1,3% Heinemanns neugegründete Gesamtdeutsche Volkspartei, die sich eindeutig gegen die Wiederbewaffnung Deutschlands aussprach. Kein Verlaß auf die Gewerkschaften in dieser Frage. Auch in der gegenwärtigen Phase setzte er nur sehr begrenzte Hoffnungen in die Reformfähigkeit der regierenden SPD. Seiner Einschätzung nach sei die Außerparlamentarische Opposition der Studenten die erste, halbwegs erfolgreiche basisdemokratische Massenbewegung in der Geschichte der Bundesrepublik gewesen. Drehte den Spieß um und befragte Dutschke nach dessen Erfahrungen.

Ein Satz Heinemanns blieb dem Rebell der sechziger Jahre besonders im Ohr: »Ihr werdet wohl erst Häuser besetzen müssen, ehe wir ein anderes Mietrecht bekommen, denn demokratischere Uni-Strukturen gab es auch erst, nachdem ihr die Freie Universität besetzt hattet.«[273]

Doktor Rudi Dutschke

Drei Jahre lang quälte sich Rudi Dutschke mit seiner Doktorarbeit herum. Sie war eine doppelte, eine aufzehrende Herausforderung. »Moralisch fiel es mir schwer, diese Studie, an der ich jahrelang gearbeitet hatte, dazu zu gebrauchen, den Titel eines ›Dr. phil.‹ zu erwerben. Mein inneres Selbstverständnis sprach dagegen. Freunde, Genossinnen und Genossen, und auch Gretchen sagten übereinstimmend: ›Vergiß nicht, die Bourgeoisie und viele andere wollen dich als ›Ausgeschiedenen‹ als ›Arbeitsunfähigen‹ exemplarisch denunzieren. Zeig denen nicht nur ein Buch, das vielleicht erst nach Jahren in der sozialistischen Diskussion anerkannt wird, absolviere damit gleich auch noch die Prüfungen an der Freien Universität!‹«

Das Thema war keine akademische Pflichtübung, sondern der Versuch Dutschkes, die für ihn dringlichste politische Frage zu klären. Düsterer noch als in seinen frühen Aufsätzen über die Sowjetunion sah er deren Rolle seit der Niederschlagung der sozialistischen Erneuerung in der ČSSR durch die Invasion der Warschauer-Pakt-Truppen im August 1968. Kritische Abgrenzung war nötiger denn je. Die antiautoritäre Studentenbewegung zerfiel. Der SDS löste sich im September 1969 selbst auf. Eines der ersten Spaltprodukte dieses Auflösungsprozesses wurde die DKP, die eilends versicherte, der Einmarsch der Roten Armee und der Bruderarmeen des Warschauer Paktes sei erfolgt, um das tschechoslowakische Volk vor einer Konterrevolution, einem Rückfall in den Kapitalismus zu retten. »Am allermeisten machte mir die Wendung so vieler SDSler meiner Generation zu schaffen«, schrieb Dutschke 1977 rückblickend. »Am 21. August 1968 waren noch so viele bei der Demonstration gegen die Okkupation der ČSSR durch die Armeen des Warschauer Pakts dabei. Kurz danach aber wurden diese Leute ›Marxisten-Leninisten‹. Es quälte mich in den nächsten Jahren darum immer mehr die Frage, wie Sozialisten-Kommunisten demokratischen Typs zu ›Marxisten-Leninisten‹ werden können. War die Erbschaft der bürgerlichen Revolution, die Demokratiefrage, nicht ernstgenommen worden? In dieser Not stand für mich nur eine Wendung zur Debatte. Es war die Notwendigkeit, sich erneut an die Wurzeln und Resultate der ›Großen Oktoberrevolution‹ heranzuarbeiten.«

Mitte 1974 promovierte Dutschke mit seiner Arbeit »Zur Differenz des asiatischen und europäischen Weges zum Sozialismus«[274] an der Freien Universität Berlin zum Dr. phil. Noch im August des gleichen Jahres erschien die leicht umgearbeitete Dissertation unter dem Titel »Versuch, Lenin auf die Füße zu stellen« als Buch. Das Echo der Rezensenten war geteilt, aber voller Respekt. Im *Spiegel* schrieb Georg Wolff:

»Die russische Revolution von 1917 hat einen ›halb-asiatischen‹ Staats-Sozialismus‹ hinterlassen. ›Der Sumpf zaristisch-bürgerlicher Verhaltensformen‹ ist geblieben; er ›stinkt zum Himmel‹. Die Partei des ›Leninschen Typus‹ ist, wenngleich sozialistisch gewendet, weitgehend ein Ebenbild des despotischen Zarismus. Die Partei hat, von Rußland aus, ihr ›halbasiatisches‹ Modell allen europäischen Kommunisten aufgezwungen. Lenin brach ›mit dem revolutionären Prinzip des Selbstbestimmungsrechts der Nationen und Nationalitäten‹. Er preßte die Völker in einen ›geduckten Gang zum Kommunismus‹ – ›ein Fehler, der noch bis in die Gegenwart reicht‹: Erkenntnisse Rudi Dutschkes, dargelegt in einer Dissertation, die diese Woche unter dem Titel ›Versuch, Lenin auf die Füße zu stellen‹ im Buchhandel erscheinen wird.

Dutschkes Lenin-Kritik setzt bei jenem Problem der Geschichte der russischen Revolution an, das die Marxisten seit nunmehr fast einem ganzen Jahrhundert umtreibt – der Frage nämlich, ob Lenin überhaupt eine russische sozialistische Revolution planen durfte, obwohl Rußland nach marxistischen Vorstellungen dafür noch nicht reif war. Rußland hatte noch nicht die – nach dem Marxschen Geschichtsschema notwendige – bürgerliche Revolution hinter sich. Es war weder um 1900, als Lenin seine bolschewistische Partei aufzubauen begann, noch 1917, als er in Petersburg die Macht an sich riß, ausreichend industrialisiert, und es besaß ein nur geringes Proletariat. Der Klassen-Antagonismus war noch nicht voll entwickelt. Wichtiger noch: Er entwickelte sich in Rußland anders als in Westeuropa. Die Dissertation legt (unabhängig davon, wie man zu Thesen und Inhalt steht) Beweis dafür ab, daß Dutschke die Folgen des 1968 gegen ihn verübten Attentats überstanden hat und im Vollbesitz seiner geistigen Kräfte ist. Die Dissertation imponiert durch die Masse ihrer Gedanken, durch den

Fleiß, mit dem darin Daten zusammengetragen wurden, und durch die intellektuelle Kraft, mit der sie Dutschke bewältigt hat. Die Dissertation erschreckt aber durch ihre zitatbeladene und auch sonst ungemein schwierige Sprache – eine Tatsache, die erste Zweifel daran aufkommen läßt, ob es dem Autor gelungen ist, was er eigentlich mit seinem Buch will: die Revolution auf die ›Füße‹ zu stellen, anders ausgedrückt: auf die Massen. Was immer Dutschkes Sprache ist – Sprache der Füße ist sie nicht, ebensowenig wie, laut Dutschke, Lenins Revolution eine Massen-Revolution war.«[275]

Enttäuscht war Dutschke über die Aufnahme seines Buches innerhalb der Linken. Unübersehbar war, was er geschrieben hatte, linke, marxistische Kritik an der Oktoberrevolution, an Lenin: Eine detailgenaue Untersuchung der russischen Gesellschaft vor der Revolution nach marxistischen Kriterien war sein Ausgangspunkt: Wie wurde produziert im vorrevolutionären Rußland? Unter welchen Bedingungen wurde in Landwirtschaft, im Handwerk, in der erst beginnenden Industrie gearbeitet? Wer eignete sich die Arbeitsprodukte an, und in welcher ökonomischen Form lief diese Aneignung ab? Dutschkes Ergebnis lautete: Lenin und die Bolschewiki fanden im zaristischen Rußland nach der von Marx getroffenen Unterscheidung von Gesellschaftsformen durch ihre Produktionsweise weder eine feudalistische noch eine kapitalistische, sondern eine asiatische Produktionsweise vor. Das im Umkreis einiger Städte bereits entstandene Industrieproletariat machte nur eine verschwindende Minderheit der russischen Bevölkerung aus. Die große Mehrheit der Bauern und Handwerker kannten weder Privateigentum an Boden oder Produktionsmitteln noch Lohnarbeit, Warenproduktion und entwickelten Warenaustausch. »Eine Produktionsweise, die sich in den voneinander isolierten Dorfgemeinschaften stagnierend bewegte, hielt die Entwicklung der Produktivkräfte und der ›Zivilisation‹ niedrig. (...) Daß in einem Gesellschaftstypus, in welchem autarke Dorfgemeinschaften isoliert voneinander sich reproduzieren, die bedroht werden durch ›ausländische‹ Intervention, durch regelmäßig auftretende Überschwemmungen im Bereich großer Flüsse etc., daß solche Dorfbewohner einer besonderen Staatsform ›bedürftig‹ wurden, ist selbstverständlich. Die besondere asiatische Staatsform dieser Epoche bildet sich in einem langen und schmerzvollen Prozeß voller Kämpfe heraus.«[276]

Dutschke argumentierte: Auf der wirtschaftlichen Basis der russischen Gesellschaft konnte sich kein politisches Selbstbewußtsein der Produzenten erheben, wie das in der den Feudalismus sprengenden bürgerlichen Revolution Westeuropas der Fall gewesen war. Dort entstanden die Forderungen nach Freiheit, Gleichheit, Brüderlichkeit, um die kapitalistische Produktionsweise gegen hemmende Feudalverhältnisse durchzusetzen. Diese Forderungen, letztlich im Kapitalismus für die Arbeiterklasse nicht einlösbar, wiesen mit der Zuspitzung des Gegensatzes zwischen Kapital und Arbeit über die bestehende kapitalistische Ordnung hinaus – auf den Sozialismus. In ihm erst ließen sich die Ideale der bürgerlichen Gesellschaft in gesellschaftliche Realität umsetzen.

Das zaristische Rußland sieht Dutschke von diesen Voraussetzungen weit entfernt. Der den Bolschewiki zur Unzeit gelungenen militärisch-politischen Machtübernahme entsprach kein von unten entwickeltes sozialrevolutionäres Bedürfnis der Massen nach Sozialismus. Anstatt die ökonomische und politische Form der Umwälzung auf die Bedürfnisse der tatsächlich unter dem Zarismus leidenden, potentiell revolutionären Bauernschaft auszurichten, folgerte Dutschke, sei der Sozialismus zur Unzeit nur durch die Erziehungsdiktatur der Kommunistischen Partei zu erreichen gewesen. Ihren politisch-organisatorischen Ausdruck habe diese Entwicklung in der leninistischen Parteistruktur, im sogenannten demokratischen Zentralismus gefunden. Gerade deshalb bestehe heute für westeuropäische Sozialisten und Kommunisten nicht der geringste Anlaß, dieses leninistische Parteimodell wieder zu beleben.

Damit bezog Dutschke bereits wieder Stellung zur aktuellen Entwicklung der Linken in der Bundesrepublik. Ehemals antiautoritäre Genossen präsidierten diversen Zentralkomitees. Die Unterschiede in der Einschätzung der bundesdeutschen Verhältnisse entschieden sich vorwiegend an der Frage, ob die Genossen mehr dazu neigten, ihre Sichtweise der Einschätzung der sowjetischen oder eher der der chinesischen Genossen anzugleichen. Entsprechend fielen die Reaktionen auf das Lenin-Buch aus. Dutschke mußte sich staunend daran gewöhnen, von den verschiedenen Organisationen nicht mehr als abgrenzende Etiketten verpaßt zu bekommen. Die erhofften inhaltlichen Diskussionen konnte er nicht auslösen. Seine in der erzwungenen Abgeschiedenheit erarbeiteten Thesen erwiesen sich als sperrig und störend im hektischen politischen Geschäft, in dem er keine Rolle mehr spielte, keinen Posten bekleidete, keinerlei Einfluß besaß. Manches, was er dazu bemerkte, läßt Enttäuschung und sogar Verbitterung spüren. »Mit einem Bein in der leeren Vergangenheit, mit dem anderen in Moskau oder Peking, kann man durchaus ›stark‹ sein. Ihre scheinbare Stärke gewinnen sie dadurch, daß der größere Teil des Gehirns einer ›Weltmacht‹ übergeben wird. Die konkrete Wahrheit ist dann ein Hemmnis, nicht Aufgabe und Grundvoraussetzung des sozialistischen Standpunktes. Das Leben und Denken mit der Halbwahrheit und Lüge ist die Konsequenz. Wenn die Sektierer ein radikales Bedürfnis hätten, sich an die konkrete Wahrheit heranzutasten, so müßten sie ja ihre eigene Daseinslage korrigieren, um ihr Bewußtsein neu entwickeln zu können. Eine solche Anstrengung erfordert Selbstveränderung, keine leichte Sache – allerdings für keinen von uns.«

Deutschland, Deutschland ohne alles

Seit dem Abschluß des Grundlagenvertrages zwischen der sozialliberalen Bundesregierung Brandt/Scheel und der DDR-Regierung im Jahre 1972 durften auch ehemalige »Republikflüchtlinge« wieder zu Besuch in die DDR einreisen. Von West-Berlin nutzte Rudi Dutschke diese Gelegenheit, um seinen Vater und die Familien seiner Brüder in Luckenwalde und Potsdam zu besuchen.

Zum erstenmal konnte er jetzt auch Wolf Biermann und Robert Havemann besuchen. Beide lebten seit Jahren als Dissidenten im eigenen Land. Biermann durfte seine Lieder nicht öffentlich singen, Havemann nicht mehr als Professor an der Universität lehren oder publizieren. Beide waren linke Kritiker der DDR-Verhältnisse: Wolf Biermann, der Sohn eines von den Nazis ermordeten jüdischen und kommunistischen Hafenarbeiters, war 1953 von Hamburg nach Ost-Berlin umgesiedelt, weil er in einem sozialistischen deutschen Staat leben wollte. Robert Havemann hatte als KPD-Widerstandskämpfer mit Erich Honecker gemeinsam im Zuchthaus Brandenburg eingesessen und gehörte wie dieser zu den Gründervätern der DDR. Als SED-Mann brachte er es bis zum Volkskammerabgeordneten. Biermann und Havemann hatten immer wieder die Entmündigung der Bürger in der DDR durch die Parteibürokratie der SED und die Überwachungsorgane des Staates kritisiert, Zustände, denen sie das Modell eines freiheitlichen Sozialismus im Sinne Rosa Luxemburgs entgegenhielten. Beide wollten keineswegs auf bundesrepublikanische Zustände hinaus und lehnten alle Angebote der DDR-Behörden ab, in den Westen zu gehen. Es liegt auf der Hand, daß Rudi Dutschke von den beiden unbeugsamen Genossen aus Ost-Berlin sehr beeindruckt war.

Die Gespräche in Biermanns Wohnung in der Chaussee-Straße förderten bei ihm weit mehr zutage als eine Reihe abstrakter politischer Gemeinsamkeiten.

Biermann war fortgelaufen Richtung versprochenem Sozialismus aus einem Deutschland, das in seinem Aufbautaumel schon wieder für tüchtige Nazis in Chefetagen und Regierungsämtern Verwendung hatte und Kommunisten wie gehabt als Staatsfeinde behandelte. Er hatte zum Sozialismus hinzu die Freiheit der Kritik und der Meinung gefordert und dafür den Mund verboten bekommen. Dutschke war fortgelaufen Richtung versprochene Freiheit der Person aus einem Land, das in seinem sozialistischen Aufbautaumel dem arbeitenden Volk das richtige Denken per Parteidekret verpaßte und Pazifisten als vaterlandslose Gesellen diskriminierte. Dort, wo die Freiheit der Meinung bestand und er sie sich nahm, den Sozialismus zu fordern, war er zum Volksfeind stilisiert und in den Kopf geschossen worden. Sie verstanden sich gut, der Mann, der mit der Baskenmütze seine Wunde bedeckte, und der Mann, der seine Gitarre nur in diesem Zimmer spielen durfte.

Seit dieser Zeit brachte Dutschke in Interviews und Artikeln einen in der Linken tabuisierten Begriff ins Gespräch: Immer wieder plädierte er für eine »sozialistische Wiedervereinigung Deutschlands«. Was er damit meinte, grenzte er ebenso scharf von der ideologischen Formel der Unionsparteien ab, die die fünfziger Jahre beherrschte, wie auch von der aktuellen Entspannungspolitik der sozialliberalen Bundesregierung Brandt/Scheel. Die Adenauer-Formel von der »deutschen Wiedervereinigung« lehnte Dutschke wie alle Linken ab, weil sie, ob ausgesprochen oder nicht, die Einbeziehung der DDR in die kapitalistisch verfaßte Bundesrepublik meinte. Damit war der Begriff der Wiedervereinigung über Jahrzehnte behaftet, und dieser Umstand hatte ihn – zu Recht – zu einem Tabubegriff aller Linken werden lassen. Die Entspannungspolitik der sozialliberalen Regierung betrachtete Dutschke zwiespältig. Einerseits begrüßte er den Wegfall der zwischenstaatlichen Aggressivität, die die Jahre des kalten Krieges ausgezeichnet hatte. Andererseits befürchtete er, daß das Agreement über Wirtschaft und Handel den Herrschenden beider deutschen Staaten die Niederhaltung ihrer jeweiligen innerstaatlichen Oppositionsbewegungen erleichtern werde. »Über die Schwierigkeit, ein Deutscher zu sein«, schrieb Dutschke 1977: »Die Bourgeoisie im Westen und die Monopolbürokratie im Osten versuchen, den Arbeitern, Werktätigen, Studenten immer wieder einzureden, wo ›Sozialismus‹ und wo

›Freiheit‹ ist. Diese Vernebelung zu durchbrechen, zur konkreten Wahrheit durchzustoßen ist die erste Voraussetzung, um Identität und Geschichte zurückzugewinnen. Ohne Annäherung der beiden deutschen Staaten, noch viel mehr: ohne reale Annäherung der Menschen wird die Zurückgewinnung der Identität und Geschichte schier unmöglich werden. Ganz zu schweigen von der Kooperation der sozialistischen und demokratischen Opposition in beiden deutschen Staaten.

Die Entspannungspolitik der sechziger Jahre war ein Schritt vorwärts, aber gleichermaßen einer zurück. Eins ist klar: Formal wird entspannt, real wird Kapital bewegt und weiter aufgerüstet. Der Osten rüstet, der Westen rüstet. Eine beunruhigende Realität, alles ist wieder mal real, bloß nicht der Sozialismus, bloß nicht die Demokratie. Beide Systeme stecken in einer Krise. Zeigen die Linken einen Ausweg?«[277]

Dutschke selbst hat nie einen realpolitischen Ausweg gewiesen. Allerdings hätten staatspolitische Vorschläge, das Problem der Einheit der Nation auf der Ebene der hohen etablierten Politik zu lösen, zu seiner Grundintention auch im Widerspruch gestanden: daß diese Frage nämlich von unten, von den Bürgern beider deutscher Staaten auf die Tagesordnung gebracht werden müsse. Von oben, das gab es ja schon. Aber Dutschke wollte nicht Bismarcks Spuren folgen. So erschöpfte sich sein Engagement darin, Mißstände in der DDR ebenso deutlich zu benennen wie solche in der Bundesrepublik. Da war er frei von masochistischer Scham, wie er sie besonders bei der Deutschen Kommunistischen Partei entdeckte. Das Berufsverbot für Biermann in der DDR geißelte er als Berufsverbot, die Gefängnisstrafen für den wissenschaftlich-kritischen Dissidenten Rudolf Bahro und den Wehrdienstverweigerer Nico Hübner aus Ost-Berlin als Unterdrückung der Meinungs- und Gewissensfreiheit, den vom Staatssicherheitsdienst über Robert Havemann verhängten Hausarrest als Maulkorbpolitik der Herrschenden in der DDR.

Bei Dutschke vereinigten sich die beiden Teile Deutschlands – in der Kritik an den herrschenden Verhältnissen.

Wieder da?

»Rudi Dutschke ist wieder da. Zum erstenmal seit dem auf ihn verübten Attentat vor fünf Jahren trat der linksgerichtete Revoluzzer wieder an die Öffentlichkeit. Auf einer Kundgebung des ›Nationalen Vietnam-Komitees‹ wurde er von 20 000 Demonstranten stürmisch gefeiert.«[278]

So stand es Mitte Januar 1973 in fast allen bundesdeutschen Zeitungen. Dutschke selbst muß die Berichte über seinen Auftritt mit gemischten Gefühlen studiert haben. In den Tagen vor der Kundgebung hielt er sich in West-Berlin auf, um an seiner Dissertation zu arbeiten.

Vertreter des Westberliner Vietnam-Komitees sprachen ihn an. Sie waren der Ansicht, ein möglichst prominenter Redner solle in Bonn auftreten. So könne die vor wenigen Tagen in den USA ausgesprochene Drohung des designierten Vize-Verteidigungsministers Clements, man erwäge jetzt den begrenzten Einsatz von Atomwaffen im Vietnamkrieg, am wirksamsten bekanntgemacht werden. Erst zögerte Dutschke, dann sagte er zu.

Am Vorabend der Kundgebung kam er nach Bonn, mit einem Redemanuskript für zwanzig Minuten in der Tasche, aufgeregt. Der Empfang in der geschäftigen Runde war kühl. Die Funktionäre einer Vielzahl vorwiegend maoistischer Gruppen machten das Programm für den nächsten Tag. Der Redner für die Berliner Genossen? – Dutschke. Dutschke? Dutschke für die Berliner? Streit kam auf. Vor allem die Vertreter des »Neuen Roten Forum« aus Heidelberg (des späteren Kommunistischen Bundes Westdeutschland, KBW) lehnten Dutschke ab. Die »Rote Hilfe« aus West-Berlin setzte sich für ihn ein, bestand darauf, daß jede Organisation seinen Redner und dessen Rede selbst bestimmen könne. Es dauerte fünf Stunden, bis dieser Vorschlag und damit Dutschke als Redner akzeptiert wurde. Nicht ohne die Durchsicht der Ausführungen des Genossen Dutschke durch die Vertreter der anderen Gruppen, nicht ohne die Beschränkung der zugestandenen Redezeit für ihn auf sechs Minuten. Heraus fielen alle Äußerungen, in denen er sich mit den Differenzen innerhalb der Bewegung gegen den Vietnamkrieg befassen wollte. Dutschke begriff anschaulich, was es hieß, wenn die diversen neuerstandenen Zentralorgane von ML-Parteien in der tönenden Sprache der zwanziger Jahre davon schrieben, es sei mal wieder eine Aktionseinheit geschmiedet worden.

Manchmal in diesen Stunden nahm Dutschke die Feilscherei und das Hickhack um seinen Redebeitrag nur wie aus der Ferne wahr. Seine eigene Geschichte, nichts für diese Runde, etwas, was er mit sich selbst ausmachen mußte, schob sich in den Vordergrund. Wichtig war, das hatte er sich immer wieder eingeredet, wichtig war der Sieg über die Angst, daß ein neuer Bachmann kommen und ihn niederschießen könne. Das Trauma des Attentats in einer Psychoanalyse aufzulösen, hatte er bekanntlich abgelehnt. Gretchen hatte ihm daraufhin erklärt, wenn er je wieder politisch aktiv werden wolle, müsse er die Angst, wann immer sie komme, verbergen. Das war unmöglich gegenüber den engen Freunden, die ihn aus der Nähe erlebten. Die aber bekniete er, darüber anderen gegenüber nicht zu sprechen. Er wollte ein normales Leben führen. Er fürchtete, daß die Springer-Presse nur darauf wartete, ihn mit Krokodilstränen zum psychisch Versehrten zu stempeln. Er war voller Mißtrauen, ob ihn nicht auch Genossen, denen er mit seinen abweichenden Meinungen lästig fiel, mit dem gutgemeinten Verweis auf die Folgen der Schüsse aufs politische Altenteil schicken würden.

Der gespenstische Abend in Bonn paßte zu seinen Befürchtungen. Selten zuvor ist er so aufmerksam, jede Einzelheit beobachtend, auf ein Rednerpodium geklettert wie am darauffolgenden Tag. Aber der volksfestartige Auflauf der Demonstranten, die kurzzeitig aufflackernden Auseinandersetzungen rivalisierender Gruppen vor dem Podium, ja nicht einmal der von Sprechchören begleitete Polizeieinsatz gegen eine Gruppe von Demonstranten, die sich auf der Rathaustreppe aufgestellt hatten, nichts von all diesen Eindrücken erweckte in Dutschke jene unheimliche Angst, die ihn manchmal packte, wenn er allein durch eine Straße ging und ein einzelner Mann, plötzlich die Straßenseite wechselnd, scheinbar auf ihn zukam oder ihn einzuholen versuchte und dann – vorbeiging. Vor den Tausenden da unten zu sprechen ängstigte ihn nicht. Ärgerlich, aber eine Herausforderung war es, als ihn der Versammlungsleiter auf dem Podium schon nach drei Minuten drängte, zum Ende seiner Rede zu kommen.[279] Dutschke steckte sein Manuskript weg und sprach den Rest der Zeit frei. Nachdenklich genoß er den Beifall für seine Rede. Die Zeitungen hatten recht; er war wieder da. Aber wo sollte er hin?

Noch in den letzten Monaten in England hatte sich Rudi Dutschke mit Manfred Scharrer angefreundet, einem Genossen aus West-Berlin, der damals für einige Monate in London lebte. Scharrer erinnert sich an einen Sommertag, an dem er mit Dutschke draußen im Garten saß und Pläne schmiedete. Beide wußten, was sie nicht wollten: das Aufblühen dogmatischer, sektiererisch voneinander abgegrenzter, straff und ohne innerparteiliche Demokratie organisierter linker Kaderparteien. Scharrers Rückkehr nach West-Berlin stand bevor. Die beiden neuen Freunde überlegten, wie man die organisatorische Einheit der Linken herstellen könnte. Vor ihnen lagen Stifte und ein Schreibblock im Gras. Rudi malte Kästchen auf das Papier, verband sie mit Pfeilen hin und her, beschriftete sein Gemälde. Das Gemälde war die Partei: rätedemokratisch, mit imperativem, jederzeit durch die Basis kontrolliertem Mandat, und dennoch aufsteigend zu einer Ebene zentralistischer Leitung, welche aber eine vermittelnde Instanz zwischen den unter Umständen widersprüchlichen Vorstellungen der zentralen Leitung und bestimmten Bezirken der dezentralen und weitgehend autonomen Basis haben sollte. Von Zeit zu Zeit verwarfen die beiden ein Modell, blätterten eine neue, weiße Seite auf und begannen ihre Arbeit von vorn. Politik, das waren nur noch Wünsche, Ideen, Träume.

Dann die Reisen durch Deutschland. Zum erstenmal mit Manfred Scharrer und Jürgen Treulieb, einem früheren SDS-Genossen aus West-Berlin, der 1968 AStA-Vorsitzender an der Freien Universität war, und der kleinen Polly, die Rudi Dutschke auf dieser Reise durch das Land mitnahm. Ein Wiedersehen mit vielen Genossen, die jetzt in verschiedenen Gruppen vor Ort arbeiteten.

Dutschke sprach in München mit Jusos und der Gruppe »Arbeitersache«, die bei BMW eine Betriebsgruppe mit deutschen und ausländischen Arbeitern aufgebaut hatte. In Stuttgart traf er die Mitglieder der »plakat«-Gruppe bei Daimler-Benz um Willi Hoss und Manfred Mühleisen. In Tübingen besuchte er Ernst Bloch, in Hannover den Alt-SDSler und Soziologieprofessor Oskar Negt. In Offenbach diskutierte er mit Klaus Vack und anderen Mitgliedern des »Sozialistischen Büros«. Die gaben eine Presseerklärung über das Treffen mit Dutschke heraus. Über das zutreffende Zitat hinaus, daß Dutschke die Folgen des Attentats von 1968 »gut überstanden« habe und seine »politische Wahrnehmungsfähigkeit ausgezeichnet« sei, verbreitete die Presse eilfertig, Dutschke plane den Aufbau einer neuen linkssozialistischen Partei jenseits von SPD und DKP. Darüber war gar nicht gesprochen worden. Wenn er vor Ort gefragt wurde, was er denn eigentlich wolle, antwortete Dutschke meistens: »Ich muß doch erst mal rumriechen, bevor ich das Maul wieder aufmache.«

Angst

Draußen. Ende 1973 hatte Dutschke seine Dissertation abgeschlossen und die Arbeit abgegeben. Zu dieser Zeit machte ihm Helmut Gollwitzer ein Angebot: Er bereitete als Herausgeber eine

Festschrift zu Ehren von Gustav Heinemann vor, die am Ende seiner Amtszeit als Bundespräsident im Sommer 1974 in Buchform erscheinen sollte. Dutschke sollte sich an diesem Buch beteiligen. In einem Gespräch in Berlin steckte Gollwitzer mit ihm den Rahmen seines Beitrages ab. Im März wurde er fertig. Wenig später verlangte der Verlagslektor Kürzungen am Manuskript. Widerwillig stimmte Dutschke zu. Er besorgte diese Arbeit in Berlin, hier gab es auch das Quellenmaterial, das er für seinen Aufsatz brauchte.

Zugleich war dies die Zeit, in der Dutschke den Abschluß seiner Doktorprüfung erwartete. Noch immer stand eine abschließende Bewertung seiner Dissertation aus, waren die mündlichen Doktorprüfungen nicht angesetzt. Die Zeit aber drängte. Im Oktober war die letzte Rate des auf drei Jahre befristeten Dissertationsstipendiums der Heinrich-Heine-Stiftung ausgezahlt worden. Die Familie brauchte Geld zum Leben. Die Angst kam zurück.

Sie war merkwürdig anders als bisher und richtete sich nicht allein auf eine mögliche Wiederholung des Attentats. Auch andere, darunter frühere Genossen, hatten kritische Studien über den Leninismus und die russische Revolution in Arbeit. In ihm bildete sich die fixe Idee, jemand habe die wichtigen Ideen seiner Arbeit kopiert, wolle ihm mit der Veröffentlichung dieser Ergebnisse zuvorkommen und ihn unter Umständen deswegen sogar an den Rand drängen.

Als er Ende März nach Aarhus zurückkam, war er völlig von dieser Wahnidee besessen.

In dieser Situation erfuhr er, daß auch der CDU-Vorsitzende Helmut Kohl vom Verlag des Heinemann-Buches aufgefordert worden war, einen Beitrag zur Festschrift für den Bundespräsidenten zu liefern. Dutschke folgerte, daß die Kürzung seines Beitrages um mehrere Seiten nur geschehen war, um in letzter Minute Platz für Helmut Kohl zu schaffen, und er verfaßte eine neue, polemische Schlußbemerkung, die auf Helmut Kohl Bezug nahm. Es kam zum Konflikt mit dem Verlag. Dutschkes Beitrag fiel völlig heraus.

Das Gefühl der Bedrohung wurde immer schlimmer. Rudi Dutschke war unfähig, einen Gedanken an Arbeit zu fassen. Längst überwundene Sprachschwierigkeiten stellten sich wieder ein. Er traute sich kaum aus der Wohnung, hatte Angst, allein zu sein. Aus Deutschland hatte er sich eine waffenscheinfreie Gaspistole mitgebracht, die er immer in seiner Nähe hatte. Eines Tages fuchtelte er damit einem Mann aus der Nachbarschaft vor der Nase herum. Der schlug sie ihm aus der Hand. Rudi rannte auf die Straße, hielt ein Auto an und beschwor den Fahrer, ihn schnell auf das Polizeirevier zu bringen. Er hatte geglaubt, der Nachbar wolle ihn umbringen.

Es dauerte Wochen, bis sich Rudi wieder beruhigt hatte. So wie im April 1974 scheint die Angst nie wiedergekommen zu sein. Seit dieser Zeit litt Rudi nach Gretchens Angaben auch nicht mehr an den gelegentlichen epilepsieartigen Anfällen. Sein gesundheitlicher Zustand stabilisierte sich zunehmend. Wie es in ihm aussah, ist schwer zu sagen, weil ihn die Angst vor der Entdeckung seiner Angst schweigsam sein ließ.

Welcher Kampf geht weiter?

Abschied. »Holger, der Kampf geht weiter!« – Freilich konnte jedermann Rudi Dutschke diesen Satz für seine Zwecke wegnehmen, von der *Bild-Zeitung* angefangen bis zur Sympathisantenszene der Roten Armee Fraktion, diesen dumpfen, gepreßten Ausruf vor dem offenen Grab, in das er vorher eine Handvoll Erde auf den Sarg geworfen hatte, in dem ein toter Genosse lag.

Am 18. November 1974 wurde Holger Meins in Hamburg beerdigt. Er starb nach einem zweimonatigen Hungerstreik für menschenwürdige Haftbedingungen an Entkräftung. Der Gefängnisarzt war in Urlaub gegangen.

»Holger, der Kampf geht weiter«, das ließen sich die Fernsehteams am Grab nicht entgehen, das flimmerte in jeder Nachrichtensendung am Abend über Deutschlands Bildschirme. Die Szene offenbarte wenig von dem, was in Dutschke in den Momenten vor dem offenen Grab ablief, so wenig wie die Bilder von einem in die Tiefe stürzenden Selbstmörder von dessen langer Lebensgeschichte zeigen, die er selbt in einem inneren Film in Sekunden noch einmal erlebt. Politisch war dieser Satz fatal, weil er den Eindruck erwecken konnte, Dutschke billige den Kampf, den die Rote Armee Fraktion und die Bewegung 2. Juni seit 1970 in der Bundesrepublik und West-Berlin begonnen hatten: bewaffnete Gefangenenbefreiung, Bombenanschläge auf amerikanische Militäranlagen in Frankfurt und Heidelberg, das Springer-Hochhaus in Hamburg, auf das Auto eines Karlsruher Bundesrichters, auf Polizeigebäude in Augsburg und München und schließlich – am Tage nach dem Tod von Holger Meins – die Ermordung des obersten Berliner Richters Günter von Drenkmann.

»Holger, der Kampf geht weiter«, schrieb Dutschke jedoch in einem Leserbrief an den *Spiegel*, »das heißt für mich, daß der Kampf der Ausgebeuteten und Beleidigten um ihre soziale Befreiung die alleinige Grundlage unseres politischen Handelns als revolutionäre Sozialisten und Kommunisten ausmacht. Unsere Methoden und die Lösungen der aktuellen politischen Aufgaben sind somit von dem sozialistischen Ziel des Sieges der Arbeiterklasse nicht zu trennen. Der politische Kampf gegen die Isolationshaft hat einen klaren Sinn, darum unsere Solidarität. Die Ermordung eines antifaschistischen und sozialdemokratischen Kammer-Präsidenten ist aber als Mord in der reaktionären deutschen Tradition zu begreifen. Der Klassenkampf ist ein politischer Lernprozeß. Der Terror aber behindert jeglichen Lernprozeß der Unterdrückten und Beleidigten.«[280] – Die umständliche Argumentation im nachhinein, die alles wieder etwas klarer macht als vor dem offenen Grab, erklärt zwar Dutschkes Position zum individuellen Terror, läßt aber den mißverständlichen Gruß am Grab noch unverständlicher werden. Dabei war mehr im Spiel: mächtige, nicht verdrängte Erinnerung. Die Kluft der Jahre, in denen er durch die Schüsse hinauskatapultiert worden war aus der Nähe zu den Genossen. Die Ahnung, daß der Weg in den bewaffneten Kampf für viele mit der Gegengewalt gegen die Schüsse auf ihn begonnen hatte. Der Wille, die Genossen als Menschen festzuhalten. Holger Meins 1967: Der Genosse, der die Kamera zur Waffe macht, mithilft, im Gegenermittlungsausschuß der Studenten die Lügen der Polizei über den Tod Benno Ohnesorgs zu widerlegen, einen Dokumentarfilm dreht über einen alten Mann, der verarmt und im Kampf mit starrsinnigen Behörden am Rande des Wohlstands-Berlin dahinvegetiert. Holger Meins Februar 1968: Der Genosse, der für das Springer-Tribunal einen Lehrfilm über die Herstellung von Molotow-Cocktails produziert. Holger Meins April 1968: Einer der Genossen, die nach den Schüssen auf Rudi Dutschke die Debatten über die Legitimität von Gewalt gegen Sachen satt haben, einer, der die Mollis jetzt baut und schmeißt. Dann ist der Faden gerissen bis zu dem Foto des auf Haut und Knochen und den riesenhaften Bart ausgemergelten, verhungerten Toten, den die Gefängnisbürokraten auf Raten sterben ließen.

Oder Ulrike Meinhof: Die 1968 nach den Schüssen auf Rudi noch schrieb: »Gegengewalt läuft Gefahr, zu Gewalt zu werden, wo die Brutalität der Polizei das Gesetz des Handelns bestimmt, wo ohnmächtige Wut überlegene Rationalität ablöst, wo der paramilitärische Einsatz der Polizei mit paramilitärischen Mitteln beantwortet wird. Das Establishment aber, die ›Herren an der Spitze‹ – um mit Rudi zu reden – in den Parteien, Regierungen und Verbänden haben zu begreifen, daß es nur ein Mittel gibt, ›Ruhe und Ordnung‹ dauerhaft herzustellen: Die Enteignung Springers. Der Spaß hat aufgehört. ›Protest ist, wenn ich sage, das und das paßt mir nicht. Widerstand ist, wenn ich dafür sorge, daß das, was mir nicht paßt, nicht länger geschieht.‹«[281] Die dann, nach der Befreiung Baaders, in einem Interview aus dem Untergrund davon sprach: Bullen sind Schweine. Mit Schweinen redet man nicht, auf sie wird geschossen.

Oder Jan Karl Raspe, der 1967 im SDS-Vorstand arbeitete.

Oder Horst Mahler, der die Demonstrationen gegen das Springer-Haus nach dem Attentat mit 76 000 DM Geldstrafe und dem Berufsverbot als Rechtsanwalt, kurz, mit der Zerstörung seiner bürgerlichen Existenz bezahlen mußte, und der Dutschke kein Wort von seiner bereits feststehenden Entscheidung, in den Untergrund zu gehen, mitteilte, als er ihn 1970 noch einmal in London besuchte.[282]

»Holger, der Kampf geht weiter!« – Das war ein trotziger Versuch, den gemeinsamen Ausgangspunkt trotz tiefster Entfremdung voneinander festzuhalten. In diesem Sinne war Dutschke Sympathisant, zu deutsch: Mit-Leidender. Er weigerte sich, die Kritik an den unmenschlichen Haftbedingungen der »RAF-Gefangenen« aufzugeben, nur weil er die Politik der Roten Armee Fraktion ablehnte. Er weigerte sich ebenso, die Kritik an der revolutionären Entfremdung seiner Genossen aufzugeben, nur weil auch deren Haftbedingungen unmenschlich waren.

Unmittelbar nach der Beerdigung von Holger Meins besuchte Dutschke Jan-Karl Raspe im Gefängnis Köln-Ossendorf. »Zu Jan Raspe hatte ich meinen Sohn und dessen Freund mitgenommen, wollte dem Jan Raspe andere, ganz andere Gesichter zeigen: Sie kamen mit ins Gefängnis hinein, aber nicht mit ran zu Jan Raspe. ›Ohne gebilligten Antrag kommen hier auch keine Kinder durch, Herr Dr. Dutschke. Und was soll so ein Besuch?‹«,[283] notierte Dutschke später über den bürokratischen Starrsinn derselben Gefängnisbeamten, die in den Medien bei jeder Gelegenheit gebetsmühlenhaft wiederholten, Isolationshaft gebe es in deutschen Gefängnissen gar nicht. An das Ehepaar Gollwitzer schrieb er über diesen Besuch: »Strauß brachte die gegenwärtige Phase vor wenigen Tagen auf den richtigen Begriff: ›Wenn der Terror nicht durch neue Gesetze schnellstens zu beseitigen ist, dann wird der Ruf nach dem starken Mann erfolgen.‹ Besser konnte das eigene Interesse versteckt und vernebelnd nicht ausgedrückt werden. Die fast reaktionäre Rolle der RAF hat hier durchaus ihren Stellenwert. Subjektiv sich als antiimperialistische Revolutionäre fühlen, schließt nicht aus, eine verhängnisvolle Rolle zu spielen. Der gesellschaftlich dosierte Terror der Arbeitslosigkeit, der Kurzarbeit und des mörderischen Leistungssystems wird runtergehalten und die ›Anarchisten-Gefahr‹ hochgejubelt. Die Gruppe will das bisher wohl noch immer nicht glauben, gerade das aber scheint mir ein besonderes Zeichen der Auswirkungen von Isolationshaft zu sein. Bei Jan Raspe hatte ich beim Besuch in Köln-Ossendorf – der Hungerstreik währte schon eine Woche – den Eindruck, daß er diese Gefahrenquelle richtig durchschaute, sein ›Begierig-Sein‹ nach Information über die gesellschaftliche Wirklichkeit außerhalb des Gefängnisses war dafür ein Ausdruck. Aber die Gruppenzwänge scheinen da, trotz Isolationshaft, bzw. gerade darum, ihre Eigendynamik zu haben. Die Resultate einer falschen Konzeption, einer Isolationshaft im Gefängnis, u.a., treiben einen Selbstzerstörungsprozeß voran. Den zu durchbrechen, sehe ich zur Zeit keine Chance. Aber es sollte das Interesse der Linken sein, den Genossinnen und Genossen im Knast eine kritische Solidarität und Kooperation zukommen zu lassen.«

Keine der unversöhnlichen Parteien hatte Dutschke auf seiner Seite, die Guerilla nicht und nicht die Staatsmacht. Er sah die unheilvolle Dialektik walten, daß der inhumane Wahnsinn der einen Seite den inhumanen Wahnsinn der anderen Seite befördert. Solche Weigerung, zwischen Schafen und Böcken zu unterscheiden, zog in der Regel den verbündeten Haß der sonst verfeindeten Parteien auf sich. Erstaunlicherweise blieb Dutschke von derartigen Angriffen weitgehend verschont. Denunziationen als RAF-Unterstützer blieben ihm ebenso erspart wie sonst so gängige Beschuldigungen aus der linken Szene, er habe sich zum Staatsschutzagenten gewandelt.

Nach den Morden an Generalbundesanwalt Siegfried Buback, dem Bankier Jürgen Ponto, dem Arbeitgeberpräsidenten Hanns-Martin Schleyer und der Entführung eines Lufthansa-Flugzeuges voller ahnungsloser Spanien-Urlauber verschärfte Dutschke seine Kritik am individuellen Terror: »... Oder ist es schon lange kein sozialistisches Ziel mehr, was die Terroristen bewegt? Letzteres ist nicht auszuschließen. Denn in ihren Argumentationen und Diskussionen, soweit sie überhaupt von außen durchschaubar und erkennbar sind, gibt es die Frage der sozialen Emanzipation der Unterdrückten und Beleidigten schon lange nicht mehr. Der individuelle Terror ist Terror, der später in die individuelle despotische Herrschaft führt, aber nicht in den Sozialismus. Wir wissen nur zu gut, was die Despotie des Kapitals ist, wir wollen sie nicht ersetzen durch Terrordespotie.«[284]

Marx' Wahlspruch, daß an allem zu zweifeln sei, war in dieser Sache auch der von Dutschke: In dem letzten Gespräch, das er kurz vor seinem Tod mit Erich Fried hatte, unterhielten sich die beiden über die mysteriös lückenhaften Ermittlungen zum Tod der Stammheimer RAF-Häftlinge Ulrike Meinhof, Andreas Baader, Gudrun Ensslin und Jan-Karl Raspe. Dutschke meinte, es sei an der Zeit, die von offizieller Seite behauptete Selbstmordversion einer gründlichen kritischen Prüfung zu unterziehen.

Partei im Kopf

Wo geht's lang, Rudi? – Meist fuhr der Exilant im Zug von Stadt zu Stadt. Er wohnte bei alten und neuen Genossinnen und Genossen, in Wohngemeinschaften, im Milieu. Die Gastgeber fuhren ihn ins örtliche sozialistische Zentrum, ins AStA-Büro, begleiteten ihn in den Saal, in dem er diskutieren oder eine Rede halten sollte, organisierten das obligatorische Kneipengespräch danach, das in der Regel erst spät nachts am Wohngemeinschaftsküchentisch endete. Säle, für die Dutschke als Redner angekündigt wurde, waren immer voll. Dutschke verhielt sich zum Mythos um seine Person wie ein Kind, das die Hände vor das Gesicht breitet, durch die Ritzen zwischen den Fingern blinzelt und behauptet, es sehe nichts. Die Zuhörer waren da, weil er seit der Veröffentlichung des Lenin-Buches für eine linke Kritik an der linken Sektiererei stand und zugleich in der Erinnerung an seine frühere Rolle den Mitte der siebziger Jahre unerfüllbaren Traum organisatorischer Einigkeit und Stärke der Linken verkörperte. In beinahe jeder Rede versuchte Dutschke, die bewußt oder unbewußt verspürte Last der Wünsche an ihn abzuschütteln. Ich bin kein ehemaliger Studentenführer, rief er aus, oder: Natürlich kann ich euch für eure Praxis keine Ratschläge geben. Müde Dementis, die wie Bestätigungen wirkten vor den langen Reden voller Visionen, waren sie auch noch so allgemein. Wenn er weiterreiste am Morgen danach, schleppte er wieder einen Packen Erwartungen mehr nach Hause. Auch die Gespräche mit seinen Genossen in West-Berlin in dieser Zeit belegen das. Immer häufiger kreisten sie um das Thema Organisierung. Manfred Scharrer berichtet, daß Dutschke in seinen Absichten schwankte.

»Ich erzählte Rudi bei einem seiner Besuche von einem Zirkel hier in West-Berlin, der sich traf, um über Organisierung zu reden.

Er sagte: Mensch, du willst schon wieder eine Partei machen. Sagte ich: Ich will keine Partei machen, glaub mir das. Ich will nur, daß die 68er, die auf die Teach-ins, auf die Demonstrationen kommen, die sich engagieren wollen, daß die sich in einer Organisation zusammenfinden, die keine Partei ist, damit wieder gemeinsam was zustande kommt.

Dann fuhr er wieder nach Dänemark zurück. Und ein paar Wochen später, Ende November 1975, passierte etwas völlig Unerwartetes. Da kam er direkt von Aarhus aus dem Zug in letzter Minute zu diesem Organisierungs-Treff im Grunewald angereist und hielt eine Rede, in der er sagte: Wir müssen jetzt zur Bundestagswahl 1976 eine Partei gründen.

Nun war alles umgekehrt. Die anderen Genossen und ich haben ihn danach mit seinen eigenen Argumenten gegen eine Parteigründung angegriffen. Er antwortete: Das müsse eben eine Partei neuen Typs sein. Wir entgegneten ihm: Das Gerede nutzt nichts, wenn man nicht genau sagen kann, wer sie macht und wie sie aussieht. Von einer Partei neuen Typs sprach Lenin auch schon. Das ist eine Leerformel.

Was sich da abspielte, war nicht nur Rudis Problem. Ihn traf es besonders, weil sich auf ihn so viele Erwartungen richteten. Das war unser aller Situation: Einhundertfünfzig Intellektuelle trafen sich, von denen jeder meinte, er sei ein Genie. Das war eine gespenstische Veranstaltung. Die Leute haben sonst nichts mehr miteinander zu tun gehabt. Viele waren Professoren geworden, fast alle kamen von der Universität. Jeder hat sein eigenes Zeug erzählt, vollkommen am anderen vorbei. Eine tragikomische Veranstaltung. Der letzte Akt war: Die Presse erfuhr davon und berichtete ganz groß über Rudi Dutschkes Parteigründungsveranstaltung.

So war er zum doppelten Opfer seiner alten Rolle geworden. Den Leuten gegenüber, vor denen er Reden hielt, die von ihm wissen wollten, wo es langgehen soll, und denen er als Exilant nichts Konkretes sagen konnte. Der Öffentlichkeit und der Presse gegenüber, weil die neue Story nahtlos an seine alte Geschichte paßte.«[285]

»Die Bevölkerung ist hellwach ...«
(Balthasar Ehret, Weisweil)

Im Jahr 1973 fiel das Auge der baden-württembergischen Landesregierung auf ein 40 Hektar großes, mit Ahornbäumen, Eschen und Ulmen bewachsenes Stück Land am Ufer des Oberrheins zwischen Flußkilometer 245,2 und 246,3 auf der Gemarkung der badischen Ortschaft Whyl am Kaiserstuhl. Dort sollte ein Atomkraftwerk errichtet werden, das bislang größte der Bundesrepublik. Ministerpräsident Filbinger aus Stuttgart schickte jedem der 1 800 Whyler Bürger einen persönlichen Brief, in dem er sinngemäß versprach, daß die 150 Meter hohen Kühltürme des geplanten Kernkraftwerkes dereinst als Wahrzeichen für Fortschritt und Wohlstand der Ortschaft gelten würden. Verfingen die auf dem Briefkopf des Landesvaters dargelegten Beschwichtigungen und Versprechungen noch bei den Whylern selbst – sie entschieden sich am 12. Januar 1975 noch mit knapper Mehrheit für den Kraftwerksbau –, so trauten die Bürger der unmittelbar angrenzenden Gemeinden der frohen Botschaft von Anfang an nicht.

Widerstand entwickelte sich, am Stammtisch, in den Kirchengemeinden, in den Rathäusern und in den Vereinen. Die Bürger schlossen sich in Initiativen zusammen. Schon im Februar 1975 war die Unruhe im Kaiserstuhlgebiet so angewachsen, daß die ersten Bautrupps vorsichtshalber unter Polizeischutz anrückten. Die Polizisten vertrieben zweihundert zornige Bürger vom Bauplatzgelände. Ein paar Tage später aber mußten Polizisten und Bauarbeiter 28 000 Kernkraftgegnern aus dem Kaiserstuhlgebiet weichen, die den Bauplatz für ein ganzes Jahr besetzt hielten.

Zwar nahmen am Widerstand der Kaiserstühler auch Intellektuelle und Studenten aus dem nahegelegenen Freiburg teil, aber sie hatten ihn nicht ins Leben gerufen. Was sich vor ihren Augen in der Provinz abspielte, sprengte in doppelter Hinsicht die in den Theoriedebatten der Studentenbewegung erarbeitete politische Phantasie: Konservative Weinbauern, Geistliche, Mitglieder von Jagdvereinen, Handwerker und Naturliebhaber übten sich in Selbstorganisation gegenüber der gewählten Obrigkeit. Gerade sie hatte keine von den Studenten unternommene Klassenanalyse je im entferntesten als gesellschaftskritische Gruppen ausgemacht. Ihr Aufstand richtete sich nicht in erster Linie gegen verschärfte Ausbeutung und Vernutzung menschlicher Arbeitskraft im kapitalistischen Industriesystem, sondern gegen die drohende Zerstörung natürlicher Lebensgrundlagen der Region, in der sie leben.

In Freiburg beteiligten sich auch ehemalige SDS-Mitglieder an der neu entstandenen Bürgerinitiativ-Bewegung gegen das Atomkraftwerk in Whyl. Sie staunten über das, was sich vor ihrer Haustür tat, und fühlten sich nicht – wie einer von ihnen, Walter Mossmann, beschreibt – als die Durchblicker aus der Stadt. »Die Parole

›Linke in die Provinz‹ gefällt uns nicht. Die Leute in den Dörfern und Kleinstädten haben keine Sehnsucht nach Missionaren, die mit korrekten Einschätzungen aus den Universitätsstädten anreisen und auch mal auf dem Land ihren Linienstreit austoben.«

Da stand eines Tages im Frühjahr 1976 auf einem Plakat in der Freiburger Universität: Rudi Dutschke spricht. Diese Rede wollten sich auch Walter Mossmann und seine Freunde aus der »Initiativgruppe Freiburg KKW nein« nicht entgehen lassen.

»Rudi hielt damals Reden überall in der Bundesrepublik. Wo er hinkam, wurde von Parteigründung gemunkelt, die Luft war voller Gerüchte um eine neue USPD ... Damals war bei uns schon Entscheidendes passiert: der Start der Bürgerinitiativ-Bewegung. Mich haben die Leute vom Kaiserstuhl als Sänger gekapert. Mir gefiel das, und es war lehrreich für mich. Wir merkten: Die Bürgerinitiativen funktionieren und haben eine ganz andere Kraft als die K-Gruppen, mit denen wir sowieso nichts zu tun hatten. Die gefielen uns nicht; wir waren eben antiautoritär.

Rudis Rede im Freiburger Audimax war furchtbar. Davor gab es eine Podiumsdiskussion, bei der lauter Schwächlinge von anderen Gruppen, die leicht fertigzumachen waren, etwas gesagt haben. Rudi sackte sie kraft seiner Rhetorik und der besseren Gedanken ganz schnell ein. Und dann hob er ab. Wir standen nur noch da und sagten: Scheiße! Völlig nichtsnutziges Gerede!

Die Leute reagierten auf ihn wie auf einen Popstar. Es war klar: Er kam als lebendiger, wiederauferstandener Mythos an. Die da wie verrückt Beifall klatschten, hörten gar nicht weiter auf das, was er gesagt hat, vielleicht noch auf ein paar Reizwörter und die singende Stimme. Ein ästhetischer Reiz, mehr nicht.

Es waren die Visionen, die uns geärgert haben, Visionen aus den zwanziger Jahren. Aber für uns hatte sich in der Zeit seit Whyl und Marckolsheim ungeheuer viel verändert. Zwar stammten wir auch zum großen Teil aus der Studentenbewegung. Doch ärgerten wir uns sehr, weil Rudis große Show in Freiburg überhaupt nichts damit zu tun hatte, was wirklich vor Ort los war. Hinterher gab es im örtlichen linken Buchladen noch ein Gespräch mit ihm. Da haben wir ihm gesagt: Das war nichts. Du bist irgendwo hingekommen, hast was abgelassen und dich nicht informiert, was hier wirklich los ist.

Damit war erst mal Schluß. Nach dem Mißklang fuhr er wieder ab.

Völlig überraschend, irgendwann ein paar Monate später im Sommer, kam ein Anruf. Eine knarrende Stimme aus einem Telefonhäuschen am Freiburger Bahnhof sagte: ›Hallo, hier bin ich, der Rudi. Ich bin jetzt gerade in Freiburg und habe Zeit. Ihr habt mich doch so kritisiert. Jetzt möchte ich gern wissen, wie ihr das genau meint.‹ Ich habe ihn abgeholt.

Wir hatten in der Wohngemeinschaft gerade ein kleines Kämmerchen frei, mit Bett und Schreibtisch. Dort wohnte er für etwa eine Woche. Jeden Morgen bekam er einen Stoß Flugblätter von der Bürgerinitiativ-Bewegung. Wir hatten sehr viel produziert zur Zeit der Bauplatzbesetzung in Whyl, dort, wo sozusagen die Wiege der ökologischen Bewegung steht. Er kriegte auch Bücher und alles Material, was es zu studieren gab. Und er saß den Vormittag am Tisch, hat alles durchgelesen und sich seine Notizen gemacht. Nachmittags habe ich ihn ins Auto gepackt, und dann sind wir rumgefahren: auf den Whyler Bauplatz, in die Dörfer der Umgebung. Ich habe ihm erzählt, wie alles entstanden ist.

Dann sind wir zu Balthasar Ehret gefahren, einem ehemaligen Fischer und Bürgerinitiativler aus Weisweil, einem Nachbardorf von Whyl. Der merkte mit der Zeit etwas und sagte nach einer Weile: Sag mal, bist du nicht der Rudi Dutschke?

Er war ganz sauer, weil wir ihm nichts gesagt hatten, und meinte: ›Schließlich hab ich doch auch demonstriert, als du in Berlin niedergeschossen worden bist.‹ Aber es war Rudis Wille, den Leuten nicht von vornherein mit seinem Namen ins Haus zu fallen. So war er einfach ein Freund, der mitkommen und sich informieren will. Wir waren noch da und dort. Jedesmal fragte Rudi die Leute aus; ich habe das nur vermittelt.

Nachts hockten wir in der Wohngemeinschaft und diskutierten. Das ging eine ganze Weile und war eine einfache Sache, eigentlich nichts weiter als: richtig. Jemand wird kritisiert, daß er wohin kommt und nicht richtig informiert ist. Er hat Zeit oder nimmt sie sich, beschäftigt sich mit der Kritik und informiert sich. Trotzdem, ich kenne fast niemanden, der sich Kritik gegenüber so verhalten hätte wie Rudi, erst recht keinen, der ein sogenannter Prominenter ist und dessen Name noch immer gut genug dazu ist, große Säle auch mit seinen alten Reden zu füllen und dafür Claqueure in Massen zu finden.

Es war eine schöne Zeit mit ihm. Für mich fiel da vieles von ihm ab, was die Medien ihm angetan hatten.«[286]

Nicht ganz ein Jahr später, im April 1977, bekannte Dutschke selbst, welch starken Eindruck die Tage in Whyl auf ihn gemacht hatten. »Seit mehreren intensiven Gesprächen in Freiburg und

Whyl, vermittelt durch Walter Mossmann und andere, war mir im letzten Jahr klargeworden: Wenn du als Sozialist das Bedürfnis hast, zu wissen, was im Lande los ist, so verfolge genauer die Bürgerinitiativen. Dein vorläufiger Aufenthalt in Dänemark beschränkt dich zwar in dieser Hinsicht, aber dennoch wird das Dabeisein in Brokdorf und Itzehoe dir ermöglichen, die BRD-Wirklichkeit mehr kennenzulernen.«[287]

Die Beteiligung an der Großdemonstration gegen das Atomkraftwerk Brokdorf wurde zum Anfang einer ausführlichen Expedition zurück in das eigene Land. Von da an tauchte Dutschke, wann immer er die Zeit dafür erübrigen konnte, an den Brennpunkten der Auseinandersetzung um das Atomprogramm der Bundesregierung auf: in Hannover, in Gorleben, in Bonn. In seinen Kommentaren mischten sich Faszination und kritische Vorbehalte.

Dutschke begriff: Aus dem Widerstand gegen die Atomkraftwerke entstand die erste breite soziale Bewegung seit der Studentenrevolte. Aber die Atomkraftgegner waren noch weniger als schon die rebellierenden Studenten in ihrer Gesamtheit eine sozialistische Massenbewegung. In ihr trafen sich Menschen aus völlig unterschiedlichen gesellschaftlichen Gruppen, die zunächst nur das radikale Bedürfnis nach Gesundheit und Überleben einte.

In Dutschkes Einschätzung lag der Grund für den forcierten Bau von Atomkraftwerken in der Logik des Kapitalismus begründet und war konsequenterweise nur mit antikapitalistischer, auf sozialistische Veränderung der Gesellschaft zielender Politik zu bekämpfen. Dennoch lehnte er den Versuch ab, die gesamte Anti-AKW-Bewegung im Sinne des eigenen, sozialistischen Standpunktes funktionalisieren zu wollen. Er gewann die Meinung, die Lernprozesse der an der Bewegung beteiligten Menschen dürften nicht durch machtpolitische Einflußnahme und Bevormundung unterbunden werden. Und beim Versuch, dies zu tun, bestehe die Gefahr einer Spaltung, die die Bedeutungslosigkeit der Bewegung zur Folge haben werde.

Ab Ende 1977 spiegelten sich Dutschkes Erfahrungen mit der Bürgerinitiativ-Bewegung in deutlich veränderten Überlegungen zu seinem Dauerthema: Parteigründung und Teilnahme an den Wahlen. Hatte er bislang an die Gründung einer sozialistischen Partei jenseits von SPD und DKP gedacht, so verwarf er dieses Vorhaben zugunsten einer breiten Bündnisbewegung verschiedener Gruppen:

»Eine sozialistische Partei aus dem Boden zu stampfen, wäre

eine völlige Mißachtung von solchen Vorgängen und ihren sektiererischen Auswirkungen. Als ob es nicht genug Erfahrungen damit gibt.«[288]

Und so schlug Dutschke im Hinblick auf die bevorstehenden Europa-Wahlen vor: »Eine linke Liste, die nicht durch Sektiererorganisation, sondern durch glaubwürdige Persönlichkeiten aus den verschiedensten gesellschaftlichen Bereichen getragen würde, könnte eventuell dadurch, daß die verschleiernde Alternative Schmidt-Strauß nicht zur Debatte steht, realpolitisch testen, wieviel diejenigen in dieser Gesellschaft politisch wert sind, die das konkrete Menschenrecht des Überlebens, Demokratie und Sozialismus in den Mittelpunkt stellen.«[289]

Grüne Zeiten

Zur gleichen Zeit, als Dutschke gegen Ende 1977 vom Konzept einer sozialistischen Parteigründung abrückte, bildeten sich an verschiedenen Orten der Republik aus dem Umkreis der Bürgerinitiativen Wahlbündnisse heraus. Nacheinander entstanden die »Grüne Liste Schleswig-Holstein«, die »Grüne Liste Umweltschutz« (GLU) in Niedersachsen, die »Bunte Liste Wehrt Euch« in Hamburg und die »Grüne Liste Hessen«. Die »Grüne Liste Umweltschutz« in Niedersachsen verbuchte die ersten Wahlerfolge: je einen Sitz im Kreistag von Hildesheim und Hameln. Einige Monate später, im Sommer 1978, erreichte die GLU in Niedersachsen bei den Landtagswahlen bei ihrer ersten Kandidatur 4,0%. Im Juli 1978 gab es eine grüne Parteigründung von oben: Dr. Herbert Gruhl, Autor des wachstumskritischen Buches »Ein Planet wird geplündert«, trat aus der CDU aus und begründete die »Grüne Aktion Zukunft« (GAZ).

Im Frühjahr 1979 bekam Rudi Dutschke in Aarhus Besuch aus Bremen. Olaf Dinné und Delphine Brox, zwei von 27 Bremer SPD-Mitgliedern, die kurz zuvor ihre Partei verlassen und die »Bremer Grüne Liste« (BGL) gegründet hatten, berichteten ihm von ihrer Absicht, bei den im Oktober anstehenden Bürgerschaftswahlen als parlamentarischer Arm der Bürgerinitiativen im Bremer Raum zu kandidieren.[290] Die beiden blieben in dieser Zeit nicht die einzigen, die Dutschke in der Hoffnung ansprachen, ihn zur Mitarbeit und Unterstützung ihrer Pläne zu gewinnen. Auch Dutschkes tschechoslowakischer Freund Milan Horaček, der die Listy-Blätter, die Zeitschrift der tschechoslowakischen Sozialistischen Partei, im

Exil herausgab, und der Gewerkschafter Heinz Brandt, dessen Widerstand gegen die atomindustriefreundliche Gewerkschaftspolitik Schlagzeilen gemacht hatte, drängten Dutschke, die entstehende Grüne Bewegung zu unterstützen. Rudi Dutschke sagte zu. Besonderen Wert legte er darauf, daß diese Bündnisbewegung sich eindeutig und unmißverständlich von der Beeinflussung durch marxistisch-leninistische K-Gruppen abgrenzen solle.

Diese Abgrenzung vertrat er mit äußerster Schärfe, als er in der letzten Woche des Bremer Wahlkampfes auf zwei Veranstaltungen um Stimmen für die Bremer Grüne Liste warb, und er beharrte auf ihr bei einem Vorbereitungstreffen des Gründungsparteitages der GRÜNEN als bundesweite Partei Anfang November in Offenbach. In einem Interview nach der Bremer Bürgerschaftswahl legte Dutschke seinen Standpunkt dar:

»Die grüne Opposition, die zweite APO, muß substantiell und inhaltlich noch manches klären. Es muß Klarheit geben in bezug auf die Frage von Demokratie und Sozialismus, das Verhältnis von Ökonomie und Ökologie muß geklärt werden. Hier ist noch vieles ungeklärt, aber eines ist, meines Erachtens, das Entscheidende: In der wichtigsten Frage herrscht Einheit. Alle wissen, daß der Weiterbestand der Gattung in Frage steht. Es geht nicht nur um ein Klasseninteresse.

Frage: Für einen Sozialisten etwas überraschende Erklärungen?

Dutschke: Nur für den Sozialisten, der nicht weiß, daß vom Kommunistischen Manifest angefangen bis zum ›Kapital‹ das Klasseninteresse immer nur ein Interesse war, das über die Klasse hinausgehend die Menschheit insgesamt, die Befreiung der ganzen Gattung anstrebte. Ich bin Sozialist in der Tradition von Rosa Luxemburg – Freiheit ist die Freiheit des Andersdenkenden –, in der Tradition der bürgerlichen Revolution und der weiterreichenden sozialistischen Umwälzung. Diese Linie schließt leninistische und stalinistische Traditionen aus. Sie macht aber Bündnisse möglich mit allen Kräften, die in der Tradition der bürgerlichen Revolution, in christlichen Traditionen sich bewegen.«[291]

Am 7. Oktober 1979 erzielte die Bremer Grüne Liste bei den Bürgerschaftswahlen 5,14 % der abgegebenen Stimmen. Es war das erste Mal, daß ein grünes Wahlbündnis den Einzug in ein deutsches Länderparlament schaffte.

Rudi Dutschke feierte am Wahlabend gemeinsam mit seinen Freunden den Wahlsieg. Er begriff ihn, wie immer, als eine Etappe, einen »Prozeßpunkt«, wie er sagte.

Noch zweimal kam er in den nächsten Wochen wieder nach Bremen: einmal, um die Eröffnungssitzung der Bürgerschaft mitzuerleben, ein zweites Mal am 14. und 15. Dezember zu einer Mitgliederversammlung der Bremer Grünen Liste, auf der er mit großer Mehrheit zu einem der Delegierten zum Parteigründungskongreß der GRÜNEN am 10. Januar 1980 in Karlsruhe gewählt wurde.

Dann fuhr er nach Aarhus, wo es so viel zu besprechen gab. Gretchen war schwanger, und Rudi drängte seit seinem Engagement für die Bremer GRÜNEN darauf, jetzt endlich wieder aus dem Exil heimzukehren. Es war alles offen.

Gestatten Sie mir bitte zu träumen

Am Spätnachmittag des 24. Dezember ließ sich Rudi Badewasser ein und stieg in die Wanne. Im Zimmer nebenan hörten Gretchen und eine Freundin, die zu Besuch war, eine Weile lang Rudi herumplätschern und vor sich hin summen. Aber sie waren ins Gespräch vertieft und achteten nicht weiter auf die Geräusche aus dem Bad, bis ihnen nach geraumer Zeit auffiel, daß es dort ganz still geworden war.

Als Gretchen ins Bad stürzte, um nach Rudi zu sehen, lag er ertrunken in der Wanne. Alle Wiederbelebungsversuche kamen zu spät.

Rudi Dutschke war tot.

Wenige Tage vor seinem Tod hatte die *Süddeutsche Zeitung* aus München bei Rudi Dutschke angefragt, ob er sich an einer Silvesterumfrage der Redaktion beteiligen wolle. Aller Wahrscheinlichkeit nach sind die Antworten, die er kurz vor Weihnachten 1979 an die Zeitung schickte, Rudis letzter Text.

Die Redaktion hatte drei Fragen gestellt:
»1. Was erhoffen Sie sich von den achtziger Jahren?«
»1. Mal wieder in dem Lande zu leben, aus dem ich am Ende der 60er Jahre (11.4.68) physisch-politisch davongejagt worden war. Bei den Bremer Bürgerschaftswahlen (1979) fühlte ich mich bereits ziemlich wohl. Ob es nach den Bundestagswahlen sein wird, ist nicht sicher, allerdings beileibe nicht unmöglich. Ich hoffe jedenfalls, in den 80ern zu denjenigen zu gehören, die eine erste Wende der weiterhin zunehmenden Atomisierung und Chemisierung in der Gesellschaft erkämpfen. Freiheit, Frieden und Sicherheit in einem sozialen und befreienden Sinne, d.h. Demokratie und Sozialismus, ist weiterhin meine Grundhoffnung. Von den Regierungen in Ost und West erwarte ich keine Befriedung.«

»2. Was befürchten Sie vom nun beginnenden Jahrzehnt?«
»Eine Hetze und Denunziation gegen die gesellschaftlich immer relevanter werdende ›grüne Opposition‹, will doch keine der drei herrschenden Parteien einen Platz im Parlament verlieren. Strauß

hat Angst vor einem Sprung der ›Grünen‹ über die antidemokratische Fünf-Prozent-Klausel, Genscher zittert und Schmidt ist bisher dennoch nicht bange: der Bundeskanzler scheint sich seiner nächsten Atomkraftwerke-Koalition sicher zu sein. Den tobsüchtigen Raketensystemen auf beiden Seiten der Großmächte sollen nun immer mehr Atomkraftwerke hinzugefügt werden. ›Keine Experimente‹ hieß es einmal in einem betrügerischen Sinne bei Adenauer, um die Wahlen von 1957 zu gewinnen. Treiben Schmidt, Genscher und Strauß mit ihrem Atomkonzept nicht das gefährlichste Experiment nach dem 2. Weltkrieg?«

»3. Und worauf können Sie in den nächsten Jahren herzlich gern verzichten?«

»Gestatten Sie mir bitte zu träumen:

I
Wir sind
die deutschen Soldaten
und haben die Taschen
voller Tomaten

II
Die wünschen wir nicht allein
zu genießen,
wollen die DDR-Kameraden
ja nicht verdrießen

III
Mein Kollege Hon. und ich
Eure Schmiede,
werden die Waffen auflösen
um uns alle zu erlösen.

IV
An Arbeit wird es dann
nicht mangeln,
denn das Neue wird heißen:
Selbsttätigkeit und Gammeln.

›Solch ein Gewimmel möcht ich sehen‹, ... was wird da nicht alles geschehen, vergehen und neu entstehen? Würde schließlich das

Ausland nicht voller Entzücken rufen: Solch ein Deutschland will ich sehen, ein Land, wo dann mit Sicherheit keine Kriege mehr entstehen. Und wer möchte nicht auf Atomwaffen und Atomkraftwerke verzichten?«[292]

Nachwort zur Taschenbuchedition der vollständig überarbeiteten und ergänzten Neuausgabe

Wie dieses Buch entstand

Die Medienfigur Dutschke kannte ich wie viele andere auch: Mit fünfzehn sah ich im Dezember 1967 das Fernsehinterview »Zu Protokoll Rudi Dutschke« von Günter Gaus. Danach gab es eine heftige Diskussion mit meinen Eltern bis tief in die Nacht. An ihre Einzelheiten erinnere ich mich nicht mehr, nur an das Gefühl, jetzt so etwas wie einen zweiten großen Bruder zu haben, der vieles sagen konnte, was ich fühlte und woran ich mich in Gedanken herantastete. Im April 1968 stand ein Kofferradio beim Fußballspielen auf der Wiese. Als die Nachricht über das Attentat in Berlin kam, hörten wir auf zu spielen. Ich erinnere mich, daß ich zur Demonstration zum Münchner Springer-Haus gehen wollte. Aber die Fernsehbilder voller Gewalt machten mir angst.

Durch Zufall habe ich Rudi Dutschke zwölf Jahre später persönlich kennengelernt – soweit man das sagen kann nach einer einzigen Begegnung, die etwa fünf Stunden lang dauerte. Es war Ende Juli 1979. Herbert Marcuse war gestorben. Ich arbeitete als Reporter und Moderator für ein Jugendmagazin im Hörfunk des Bayerischen Rundfunks und hatte die Idee, Dutschke zu befragen, der Marcuse persönlich und seine Theorien kannte, der durch sie inspiriert praktische Politik machte und der noch halbwegs verständlich für die Hörer eines Jugendprogrammes im Radio sprechen konnte. Beim Versuch, ihn zu erreichen, bekam ich heraus, daß er auf dem Weg zur Totenfeier für Marcuse in Starnberg unterwegs war – ganz in der Nähe von München. Als ich ihn endlich ans Telefon bekam, erklärte er sich spontan bereit, ins Funkhaus zu kommen. Ich legte ihm die Nachrufe verschiedener großer Zeitungen auf Marcuse vor. Der des *Münchner Merkur* war überschrieben: »Schreibtischtäter und Munitionslieferant«. Dutschke sagte: »Und die *Bild-Zeitung*? Hat sie auch etwas geschrieben? – Das ist sehr wichtig!« (Tatsächlich hatte sie ihren Kommentar auf Seite 2 Marcuses Tod gewidmet.)

So kamen wir schnell auf Dutschkes Leben, auf das Attentat – und immer wieder auf Josef Bachmann, dessen Schicksal ihn – für mich überraschend – stark beschäftigte. Nach dem Interview im Studio fragte ich Dutschke, was denn dran sei an der Behauptung, daß er so sportlich sei. Er sagte: »Okay, sehen wir mal, wer zuerst wieder oben ist im vierten Stock«, und er lachte, als wir schnaufend oben ankamen. Nach dem Wettrennen fing ich an, ihn zu mögen und wollte mehr wissen. Wir redeten und redeten. Ich unterbreitete ihm einen Vorschlag: gemeinsam zum nächsten Jahrestag des Attentats eine Rundfunksendung zu produzieren, in der die historische Situation im April 1968 noch einmal aufgerollt werden sollte. Er stimmte zu, und wir haben noch einige Male, zuletzt im Herbst 1979, am Telefon über Einzelheiten des Plans gesprochen. Nach Dutschkes überraschendem Tod im Dezember habe ich die Sendung dennoch produziert. Sie lief am 11. April 1980 im *Zündfunk*, dem Jugendprogramm des Bayerischen Rundfunks. Aber was ich bei den Recherchen fand, war zuviel für eine Stunde Rundfunk und genug, mich immer neugieriger zu machen. So begann die Arbeit an diesem Buch.

Es basiert auf zwei Säulen: auf Dokumenten und auf ausführlichen Befragungen von Zeitzeugen. Das »APO-Archiv« an der Freien Universität, aufgebaut von Tilman Fichter, Siegward Lönnendonker und Jochen Staadt, war hierzu eine unverzichtbare Grundlage. Je mehr die Teilnehmer der Studentenrevolte in den scheinbaren vorrevolutionären Taumel der Jahre 1967/68 gerieten, desto weniger kümmerten sie sich um die Ablage. Für ihr Nachleben haben die Revolteure von einst den belächelten Archivaren zu danken.

Mit über 50 Personen habe ich insgesamt 70 teils mehrstündige Interviews aufgezeichnet – für die überarbeitete Neuausgabe sind noch weitere hinzugekommen. Befragt habe ich Familienmitglieder, Freunde, Genossen, politische und publizistische Gegner, kurz, die meisten, die mir beim näheren Befassen mit Dutschkes Leben wichtig erschienen sind. Jedoch kann diese Recherche keinen Anspruch auf Vollständigkeit erheben, denn Zahl und Umfang der intensiven politischen Kontakte Dutschkes waren unfaßbar groß. Soviel an eigener, oft noch nicht vollständig aufgearbeiteter Geschichte schwingt in manchen Erinnerungen mit, daß es nicht selten erst nach mehreren Gesprächen möglich war, Widersprüche in den Darstellungen verschiedener Zeugen zum gleichen Ereignis auszuräumen. Manchmal, wie im Kapitel über den Vietnam-Kongreß im Februar 1968, mußten diese Widersprüche unaufgelöst stehenbleiben. Schwierig gestalteten sich auch die Recherchen in der DDR in den Jahren von 1980 bis 1983 für die erste Ausgabe des Buches. Briefe wurden abgefangen, und auf einer Transitreise nach West-Berlin interessierten sich Volkspolizei respektive Stasi, unter dem Vorwand, ich sei von den Transitwegen abgewichen, für meine mitgeführten Unterlagen. Außerhalb der Familie in Luckenwalde, die mich mit großer Herzlichkeit aufgenommen und mir über ihren Sohn, Bruder und Schwager offen berichtet hat, waren Recherchen damals unmöglich.

Nicht in allen bekannten Dingen bietet das Buch enzyklopädische Vollständigkeit. Eine Reihe wichtiger Medienereignisse und Auftritte Dutschkes kommt nicht zur Sprache, insbesondere das berühmte Gespräch mit Günter Gaus vom 3. Dezember 1967, Dutschkes mit Abstand beeindruckendster Medienauftritt, der mit Nachdruck die Ernsthaftigkeit der Studentenbewegung und ihres Protagonisten Rudi Dutschke unterstrich.

Dem Leser wird ferner auffallen, daß ich das Privatleben der Familie von Rudi Dutschke, vor allem in den siebziger Jahren, nur sparsam beleuchtet habe. Dies geschah bei meinen Recherchen von 1980 bis 1983 mit Rücksicht auf seine Familie. Ich sah mich nicht in der Lage, das freilich legitimierbare Interesse an einer »Person der Zeitgeschichte« ohne Rücksicht auf die psychischen Kosten der ohnehin durch die Geschehnisse traumatisierten Familie durchzusetzen.

Wie dieses Buch überarbeitet wurde

Wer als Autor zehn Jahre nach der Erstausgabe einer Biographie den eigenen Text durchforstet, möchte an vielen Punkten eingreifen und verändern. Doch die in Betracht kommenden Änderungen gehören ziemlich unterschiedlichen Kategorien an. Es geht einerseits um Fakten, andererseits um Interpretationen – und um sprachliche Überarbeitung. Ich habe mich dazu entschieden, neue Fakten im laufenden Text einzubringen, offenkundige Errata zu korrigieren und den gesamten Text sprachlich zu überarbeiten. Neue Bemerkungen zu meinem Verständnis der Person und meiner Interpretation der politischen Rolle Dutschkes füge ich gesondert als Teil dieses Nachwortes ein. Ich hielt es nicht für richtig, zehn Jahre später Retuschen an den Interpretationen in den Text von 1983 einzufügen, die der Leser nicht als neue Einfügungen erkennen kann.

Zu den neuen Fakten. Nach der Wende des Jahres 1989 und dem Ende der DDR habe ich die Chance genutzt, Rudi Dutschkes Jugend in der DDR ausgiebig zu recherchieren, vor allem das entscheidende Ereignis der DDR-Sozialisation, die Wehrdienstverweigerung im Jahr 1958. Es war nun möglich, ehemalige Lehrer und insgesamt über zehn Mitschüler Dutschkes an der Luckenwalder Gerhard-Hauptmann-Oberschule aufzufinden und zu befragen. Mindestens ebenso wichtig war es allerdings, in dieser Frage nun auch den Zugang zu Archivmaterial zu erhalten. Man kann dies an Dutschkes ehemaligem Schuldirektor Johannes Schöckel illustrieren. Schöckel profilierte sich nach den Erinnerungen einiger Mitschüler durchaus emsig dabei, Dutschke in der Frage seiner Wehrdienstverweigerung zu bedrängen und umzustimmen. Auch Schöckel habe ich im Laufe der neuen Recherche auffinden können. Auf seine Rolle angesprochen, behauptet er, sich an einen Schüler Dutschke überhaupt nicht erinnern zu können; er sei vor Jahren erstmalig von einem ehemaligen Lehrerkollegen daran erinnert worden, daß sich Dutschke an seiner Schule befunden hätte. Es war von daher nicht unerheblich, Schöckels Rolle durch archivalische Funde klären zu können. Die Bewertung der Totalamnesie des Mannes, dessen Unterschrift nach einer durchaus ungewöhnlichen öffentlichen Auseinandersetzung mit seinem Schüler Dutschke in der Aula der Schule unter den wichtigen einschlägigen Dokumenten steht, vor allem unter der parallel zum Abiturzeugnis ausgefertigten Schülerbeurteilung, die Dutschke jeglichen Studienplatz verwehrte, kann nun der Leser selbst vornehmen. Aus der Recherche in Archiven und bei Zeitzeugen entstand ein völlig neuer Text des Kapitels »Verweigerung«.

Neu hinzugekommen sind ferner die Abschnitte »Alles ist in Afri-Cola«, Ergänzungen zu dem Kapitel »Vietnam-Kongreß. Berlin tanzt« (vor allem über den Aufbau des illegalen Senders »Radio Revolution«) und eine Ergänzung des Abschnittes »Arglos«. Er enthält Ausschnitte eines bislang weithin unbeachteten Dokumentes: der vor einer Fernsehkamera gehaltenen Abschiedsrede Dutschkes von seinen Genossen, die in der Woche vor dem Attentat aufgezeichnet wurde.

Rudi Dutschke – 1999 revisited
Eine kleine Revue verblassender Tabus
und Projektionen – nebst einer aktuellen Polemik
gegen unbefugte Vereinnahmungen eines Toten

I. Der »Asket«

»Die drei Leben des Rudi Dutschke« ist neben Jürgen Miermeisters im Februar 1986 erschienenen Rowohlt-Monographie »Rudi Dutschke«[1] die einzige Gesamtdarstellung von Dutschkes Leben geblieben – sehr zum Erstaunen des Autors. Insbesondere aus dem engen Umkreis der SDS-Genossen, darunter ausgewiesene Federn verschiedener Disziplinen, hat niemand den Versuch unternommen, über Rudi Dutschkes Leben zu schreiben. Diese Zurückhaltung hat mit eigener Verstrickung zu tun, und sie hat schon in der Recherchephase Anfang der achtziger Jahre auch auf meine Darstellung Dutschkes Einfluß genommen. Angelpunkt für die Scheu, über Dutschke wie über irgendeinen anderen Beteiligten an der Revolte zu sprechen, ist das Attentat und der daraus folgende frühe Tod Dutschkes. Überall begegnete ich der Einschätzung, daß die Schüsse auf Dutschke der ganzen Bewegung gegolten hatten. Nicht selten war herauszuhören, daß dieser Zusammenhang mit Schuldgefühlen wahrgenommen wurde. So erfuhr das ohnehin schon vorhandene Charisma des unverwundbaren Dutschke durch seinen stellvertretenden Opfertod noch einige Zugaben an Entrückung. Ich bin dieser Entrückung aufgesessen, über die Jürgen Miermeister einige Jahre später schrieb: »Nicht nur in Erinnerungen von Mitkämpfern wie Cohn-Bendit oder Michael Schneider (in mündlichen Überlieferungen ohnehin) wird dieses Image reproduziert, auch in der sonst empirisch akribischen Biographie Chaussys erscheint Dutschke als geschlechtsloses Politwesen.«[2] Hier erwies sich für mich nachträglich, daß meine nur flüchtige Bekanntschaft mit Dutschke eben nicht nur den Vorteil der Unbefangenheit mit sich brachte, sondern auch die Gefahr, der nahezu kollektiven Verklärung Dutschkes im Urteil seiner nächsten Weggefährten keine eigenen Erfahrungen entgegensetzen zu können. Die notwendigen Worte zur Korrektur finden sich auch bei Jürgen Miermeister und seien hiermit nachgetragen. »In Berlin, fast immer in Berlin, allemal, zum Glück, ein wenig Sodom und Gomorrha, nahm er wahr, daß es außer der Lebensgefährtin weitere weibliche Wesen auf Erden gab. In Berlin, nicht ganz so unfähig zum Genuß des Augenblicks, wie ihm nachgerufen wird, ging er, sehr selten zwar und immer in Eile und nach dem Motto *Verliebt zu sein, heißt nicht unbedingt, sich auf der Höhe der Zeit zu befinden*, durchaus auch erotischen Abenteuern nach. Über Liebe, Sexualität, Ehe sprach er, wenn überhaupt, mit einer angenehmen, rührenden Scham, Welten entfernt von der aufdringlichen Neuen Schamlosigkeit der Kommunarden. Auch dadurch entstand der Mythos vom sinnesfeindlichen, totalen Asketen«.[3]

Es scheint mir kein Zufall, daß mit Jürgen Miermeister ein Autor das Rezeptions-Tabu über Dutschke brach, der ihn erst in den Jahren nach dem Attentat persönlich kennengelernt und dann über einen längeren Zeitraum erlebt hat.

II. Der »urbane Guerillero«

Als Günter Gaus Rudi Dutschke in seinem Interview »Zu Protokoll« auf dessen pazifistische Vergangenheit in der DDR ansprach und daran die Frage anschloß, ob er für seine revolutionären Ziele notfalls auch mit der Waffe in der Hand eintreten würde, antwortete Dutschke:

»Wäre ich in Lateinamerika, würde ich mit der Waffe in der Hand kämpfen. Ich bin nicht in Lateinamerika, ich bin in der Bundesrepublik. Wir kämpfen dafür, daß es nie dazu kommt, daß Waffen in die Hand genommen werden müssen. Aber das liegt nicht bei uns. Wir sind nicht an der Macht. Die Menschen sind nicht bewußt sich ihres eigenen Schicksals, und so, wenn 1969 der NATO-Austritt nicht vollzogen wird, wenn wir reinkommen in den Prozeß der internationalen Auseinandersetzung – es ist sicher, daß wir dann Waffen benutzen werden, wenn bundesrepublikanische Truppen in Vietnam oder in Bolivien oder anderswo kämpfen – daß wir dann im eigenen Land auch kämpfen werden.«[4]

Diese Interviewaussage belegt – wie zahlreiche andere Äußerungen –, daß Rudi Dutschke alles andere als ein Pazifist mennonitischer Prinzipientreue war. Er hat daraus auch keinen Hehl gemacht. Als Kritierium dafür, ob die Anwendung von Gewalt gegen Personen ein legitimes Mittel revolutionärer Auseinandersetzungen sei, hat Dutschke immer mit einer, wenn auch holzschnittartigen Unterscheidung der gesellschaftlichen Strukturen geantwortet:

»Einen Ky, Branco, Duvalier, den Schah und andere mehr können die Menschen hassen, sie müssen einen unerbittlich harten militärischen Kampf des Volkes gegen die Diktatoren beziehungsweise Marionetten organisieren, Attentate durchführen, revolutionären Terror gegen die Unterdrücker und ihre Helfershelfer anwenden. Diese Charakteristik trifft für die Metropolen nicht zu. Bei uns in den Metropolen, und das heißt auch in Nordamerika, ist die Lage prinzipiell verschieden: Unsere Herren an der Spitze sind völlig fungibel, jederzeit durch neue bürokratische Charaktermasken ersetzbar. Wir können sie nicht einmal hassen, sie sind Gefangene und Opfer der repressiven Maschinerie des kapitalistischen Verwertungsprozesses. So hätte es keinen Sinn gehabt, gegen Humphrey per Attentat vorzugehen, es wäre vielmehr ein konterrevolutionärer Akt gewesen.«[5]

Es liegt nahe, daß diese scheinbar gefestigte Position zur Gewalt gegen Personen so gefestigt nicht sein kann. Sie gerät zwangsläufig ins Wanken, wenn ein verhaßter Despot der Dritten Welt als Staatsgast in der Sphäre der modernen Metropolen auftaucht, als gesuchter Gesprächspartner jener »austauschbaren Charaktermasken«, die man schon wegen ihrer Austauschbarkeit ja gar nicht hassen kann. Wie soll sich die Linke in den Metropolen dann verhalten? Dutschke formulierte in der ersten Auflage des auf Mai 1968 datierten, aber noch im April in den Tagen nach dem Attentat ausgelieferten Buches »Rebellion der Studenten« über den Besuch des Schahs in der Bundesrepublik: »Es war nicht möglich, in Zusammenarbeit mit den persischen Kampforganisationen des Untergrunds für ein Attentat auf den Schah zu sorgen. Der Tyrannenmord ist die seit Jahrhunderten richtige Form des Widerstands des Volkes gegen eine unmenschliche Herrschaft einer Clique. Im Zeitalter der organisierten Repression und des koordinierten Imperialismus ist ein Attentat nur richtig und sinnvoll, wenn es zum direkten Ausgangspunkt der sozialen Revolution, des direkten militärischen Kampfes gegen das Regime wird. Da im Juni 1967 die Kampforganisationen der persischen Bauern noch nicht stark genug waren, um aus einem erfolgreichen Attentat den Anfang der sozialrevolutionären direkten Umwälzung werden zu lassen, mußte jegliches Attentat von der Linken unterbleiben, wäre nichts als ein in letzter Konsequenz konterrevolutionäres Unternehmen gewesen.«[6] Diese Passage ist erst nach dem Attentat auf Dutschke, sicher ohne seine Mitwirkung, in den schnell folgenden späteren Auflagen des Buches abgeschwächt worden.[7] Der Vorgang beleuchtet die wahrscheinliche politisch-moralische Zuspitzung, auf die Dutschke mit seiner Position zusteuerte: Es bedurfte beispielsweise nur noch des Besuches eines verhaßten Dritte-Welt-Tyrannen – man denke beispielsweise an eine Deutschland-Visite des nicaraguanischen Despoten Anastasio Somoza Ende der siebziger Jahre –, in dessen Land eine revolutionsbereite und -fähige Untergrundbewegung wie die Sandinisten existierte. Alle bekannten Äußerungen über Dutschkes ablehnendes persönliches Verhältnis zur Gewalt gegen Personen, über sein »versöhnlerisches Wesen« lassen erahnen, in welch eminente Bredouille er geraten wäre.

Illegale Aktionen unterhalb der Schwelle der Gewalt gegen Personen haben die Studentenbewegung überhaupt erst ins Bewußtsein der Bevölkerung katapultiert. Dutschke formulierte: »Ohne Provokationen werden wir überhaupt nicht wahrgenommen. Darum sind Provokationen unerläßliche Voraussetzung für die Öffentlichkeit.«[8] Wolfgang Kraushaar hat darauf hingewiesen, daß Rudi Dutschke gemeinsam mit dem Frankfurter SDS-Genossen Hans-Jürgen Krahl im September 1967 die Ausweitung dieser Strategie begründet und verkündet hat – und hier zum ersten Mal in der bundesdeutschen Diskussion der Begriff des »städtischen Guerilleros« verwendet wird.[9] »Die Propaganda der Schüsse (Che) in der Dritten Welt muß durch die Propaganda der Tat in den Metropolen vervollständigt werden, welche eine Urbanisierung ruraler Guerilla-Tätigkeit geschichtlich möglich macht. Der städtische Guerillero ist der Organisator schlechthinniger Irregularität als Destruktion des Systems repressiver Institutionen.«[10]

Kann sich also die deutsche Stadtguerilla RAF auf Rudi Dutschke als Gründervater berufen? Sie kann es nicht. Genausowenig wird sich allerdings irgendeine achtbare, bis ins Mark gewaltfreie Aktionsgruppe etwa der Friedensbewegung der achtziger Jahre auf ihn als Ahnherren beziehen können. Rudi Dutschke war 1968, seinen bekannten Äußerungen und Aktionen zufolge, beiden gleichermaßen nahe und fern.

Sein iranischer Freund Bahman Nirumand berichtete 1989 in seinem Buch »Mein Leben mit den Deutschen«, wie er mit Rudi Dutschke und einer (von dem später als Verfassungsschutz-Spitzel enttarnten Peter Urbach gelieferten) Bombe von Berlin nach Frankfurt reiste, um als symbolische Aktion einen Antennenmast des amerikanischen Soldatensenders *AFN* in die Luft zu sprengen. »Es sollte zu einer kurzen Unterbrechung kommen. Mit dieser Aktion wollten wir unseren Protest gegen den Vietnamkrieg demonstrieren. Dabei hätte es einen geringen Sachschaden gegeben: den Sturz eines Antennenmastes, wir hielten das für gerechtfertigt.«[11]

Diese Aktion scheiterte aus kuriosen Gründen, beispielsweise, weil Dutschke, die Bombe im Gepäck, am Frankfurter Flughafen verhaftet wurde. Dabei hatte die Polizei nicht die mindeste Kenntnis von der mitgebrachten explosiven Fracht. Sie sistierte Dutschke nur, weil zur selben Zeit eine Demonstration in der Frankfurter Innenstadt abgehalten wurde und die Polizei fürchtete, Dutschke wolle dort als Agitator auftreten, was er schon wegen der geplanten militanten Aktion gar nicht vorhatte. Nirumand und Dutschke wurde erlaubt, während des Polizeigewahrsams die Tasche mit der Bombe in einem Schließfach am Flughafen abzustellen. Nach ihrer Freilassung und der Weiterreise verhinderten weitere Pannen in Saarbrücken, dem Ort der geplanten Sprengung, die Aktion. Dutschke und Nirumand flogen daraufhin, mit der Bombe in ihrem Gepäck, von Frankfurt nach Berlin zurück.

Mag diese Episode belegen, wie weit Dutschkes Bereitschaft zur Durchführung militanter Aktionen, konkret: zur Gewalt gegen Sachen, ging, so belegt Dutschkes im Januar 1968 mit Giangiacomo Feltrinelli gefaßter und später im März 1968 aufgegebener Plan zur Sprengung eines Schiffes mit Kriegsmaterial für den Vietnamkrieg deutlich seine Skrupel: Diese Sprengung wird Dutschkes Angaben zufolge abgeblasen, weil nicht die Gewähr geboten werden konnte, daß kein Mensch bei dieser geplanten Gewalt gegen Sachen zu Schaden kommt. Hiermit aber war das Ziel gefährdet, nur und ausschließlich die Obszönität einer scheinbar sachlichen Handelsbeziehung sichtbar zu machen: daß mit in Deutschland gefertigtem und von dort direkt geliefertem Napalm die Bundesrepublik offen in den Krieg der Amerikaner gegen die Vietnamesen eingetreten war. Die Planung der Aktion (ein mit Kriegsmaterial beladenes Schiff zu sprengen) zielte auf Aufklärung, auf Bewußtseinsbildung, nicht auf ein militärisches Messen mit dem Gegner.[12] Wolfgang Kraushaar weist darauf hin, daß sich darin Dutschkes und Krahls Vorstellungen deutlich von den späteren Konzepten und der Praxis der RAF abhoben:

»Die Logik der RAF lag dagegen von Anfang an auf einer anderen Ebene. Obwohl sie die Rhetorik, die Bomben ›auch ins Bewußtsein der Massen‹ zu werfen, gepflegt hat, verfing sie sich schon mit ihrem Gründungsakt, der Baader-Befreiung, in den selbst ausgelegten Maschen einer vermeintlichen Logistik. Nicht um einen bewußtseinsschaffenden Akt ging es ihr, sondern im direkten Sinne um eine Handlung, die sich nur noch an militärischen Kriterien messen lassen wollte.«[13]

Rudi Dutschke blieb es erspart, sich in den »selbst ausgelegten Maschen einer vermeintlichen Logistik« zu verfangen, über die er offenkundig intensiv nachgedacht hatte. Bei der Sichtung der Akten des SDS-Bundesvorstandes ist ein dreiseitiges handschriftliches Papier Dutschkes aufgetaucht, das wahrscheinlich aus der Vorbereitung des mit Krahl gehaltenen Organisationsreferates stammt. Das in Gliederungs-Stichworten gehaltene Papier beschäftigt sich mit der »Fokustheorie in der Dritten Welt und ihre(r) Neubestimmung in den Metropolen«. Hier entwirft Dutschke einen »urbanen militärischen Apparat der Revolution«, der aus »a) Parallelorganisation der Selbstverteidigung (politisch unbekannte und unverdächtige Genossen) – weniger verwundbar von der Repression« bestehen soll und aus »b) T. u. Son.-Gruppen, die durch ein System von Aktionen gegen die imperialistische Infrastruktur sich als Organisation i. d. Praxis konstituieren (von der Selbstverteidigung zur Konter-Offensive)«. Er stellt sich ferner eine nicht näher erläuterte Anbindung illegaler Arbeit an den politisch legal arbeitenden Arm der Bewegung vor, versucht die »soziale Basis der Stadtguerilla« auszumachen – und landet in einem letzten Absatz bei den »Grenzen der Stadtguerilla«:

»a) Verwundbarkeit durch die Repression

b) Beweglichkeit als movens der Guerilla geht verloren – Rückzug kann leicht abgeschnitten werden.

c) Die Kleingruppen (4–6) führen ein Doppelleben – können sich weder theoretisch noch praktisch proletarisieren, bilden nicht die Vorform einer Volksbefreiungsarmee, was der letzte Sinn eines jeden focus ist. Der neue Mensch, der im Kampf seine individuelle und gattungsgeschichtliche Vergangenheit aufhebt, kann nicht in der Nacht der Guerilla und am Tag dem Kapital gehören.«

Rudi Dutschke kam nicht dazu, die so beschriebenen »Grenzen der Guerilla« theoretisch und praktisch weiter zu reflektieren. Die Schüsse Bachmanns rissen ihn aus der Debatte. Als er sich Jahre später als Rekonvaleszent und Beobachter von außen daran wieder beteiligte, hatte er die Geschichte der RAF zu kommentieren. Vor ihm lief Geschichte eines verselbständigten »bewaffneten Kampfes« ab, der sich als Zielperspektive entweder mit Aktionen zur Gefangenenbefreiung auf die Selbstreproduktion der Gruppe beschränkte oder durch Mordaktionen an Repräsentanten des Systems dieses auszuhebeln glaubte – analytisch und moralisch ein gewaltiger Rückschritt hinter alles, was Theoretiker der Revolte von 1968 wie Rudi Dutschke längst herausgearbeitet hatten. Die

Schärfe der Kritik Dutschkes seit dieser Zeit sollte nicht vergessen machen, daß *er* den »städtischen Guerillero« einst in die Debatte brachte.

III. Mauerspringer Rudi Dutschke

»So sah ich schon sehr früh die Schrecken des Krieges. Ich hörte, daß mein Onkel bei Maikop durch einen Volltreffer in seinem Panzer ums Leben gekommen war. Die Benachrichtigung darüber sagte aus: Gefallen für Führer und Reich. Was uns dieser Führer und dieses Reich gebracht haben, sehen wir erst heute, da an eine Einheit Deutschlands noch nicht wieder zu denken ist.«

Diese Sätze, in denen kursorisch die »Einheit Deutschlands« als Anliegen aufblitzt, stammen aus dem frühesten von Rudi Dutschke überlieferten Text vom 3. Februar 1958. Der noch nicht 18jährige rechtfertigt in einem handschriftlichen Brief an den Direktor der Gerhard-Hauptmann-Oberschule seine Weigerung, den Wehrdienst in der Nationalen Volksarmee der DDR anzutreten.

Der Fundort dieses Dokumentes hat mit der Beharrlichkeit zu tun, mit der sein Verfasser an dem Anliegen der »Einheit Deutschlands« bis zuletzt festgehalten hat – auch wenn er dafür im eigenen politischen Lager Spott, Unverständnis und Verärgerung erntete. Der Brief des Schülers Dutschke befand sich nicht, wie die Unterlagen seiner 19 Mitschüler, im Archiv der Luckenwalder Gerhard-Hauptmann-Oberschule, er ziert die Stasi-Akte des Rudi Dutschke. Die aber wurde nicht über den Jung-Dissidenten des Jahres 1958 angelegt, sondern erst über den ehemaligen Republikflüchtling und Westberliner Studentenführer der Jahre 1966 bis 1968. Um sich Hintergrundwissen über den aus der DDR stammenden Aufrührer zu verschaffen, wurde seine Schülerakte ausgehoben und teilweise dem entstehenden Stasi-Konvolut einverleibt. Der früher gewiß zentrale Teil der Stasi-Akte von 1966 bis 1968 ist jedoch mit der Ausnahme einiger weniger Blätter nicht mehr vorhanden; ob er gezielt vernichtet worden ist oder nur noch nicht aufgefunden wurde, läßt sich nicht mit Sicherheit beantworten. Wie unbequem Dutschkes Auftreten von jeher seitens der sozialistischen Staatsmacht DDR empfunden wurde, geht aus den mehrfach angeordneten Einreisesperren hervor. Eine erste spricht das ZK-Mitglied Paul Verner drei Tage vor dem Attentat am 8. April 1968 aus, und zwar auf Grund eines Berichtes über Dutschkes Äußerungen zur DDR bei seinem Aufenthalt in Prag[14]. In späteren Jahren lautet dann die Anweisung, Dutschke solle bei der Einreise befragt werden, wem sein

Besuch gelte und sei nur dann einzulassen, wenn er seine Familie aufsuchen wolle. Im vorhandenen Konvolut aus den siebziger Jahren gilt das Interesse des Ministeriums für Staatssicherheit dem Rekonvaleszenten und gelegentlichen DDR-Besucher Rudi Dutschke, der nicht allein auf den konzedierten Pfaden wandert, zum Vater und den Familien der Brüder in Luckenwalde und Potsdam. Dutschke rührt sich wieder und taucht bei Freunden und Genossen auf, mit denen er gemeinsame Perspektiven sucht, darunter Robert Havemann, Wolf Biermann und Thomas Brasch.[15]

In der westdeutschen Linken wurde Dutschkes in seinen letzten Lebensjahren immer deutlicher geäußertes Interesse an den Verhältnissen in der DDR und in Osteuropa überwiegend mit Mißfallen registriert. So schrieb er im Juli 1977: »Vor kurzem sprach ich mit einem Hamburger Genossen aus der Generation der Nachkriegs-Geborenen. Es ging dabei um die ›Konferenz gegen Repression und Unterdrückung‹. Als ich ihn fragte, ob es nicht unerläßlich sei, die Auseinandersetzung nicht an der Elbe zu beenden, sondern bis zur Oder fortzuschreiten, sagte er: ›Portugal hat mit uns mehr zu tun als die Deutsche Demokratische Republik‹.

Ich war betroffen, aber nicht überrascht. Wie gerne hatten er und seine Organisation z. B. Wolf Biermann eingeladen zu Großveranstaltungen und wie wenig scheint er bereit zu sein, die historische und nicht nur die geographische Nähe der DDR, des anderen Teils eines in zwei Staaten gespaltenen Landes, zu begreifen und zu empfinden. Die deutsche Misere ist bei einer solchen Denk- und Daseinsweise in eine linke Misere umgeschlagen.«

Wolfgang Kraushaar hat sich 1992 in seinem ausführlichen Essay »Rudi Dutschke und die Wiedervereinigung«[16] mit dessen durch alle Lebensphasen anhaltendem Interesse an der nationalen Frage befasst. Kraushaar weist nach, daß es auch in der Phase der Studentenrevolte lebendig war, als Dutschke als *der* Protagonist einer ausschließlich im Weltmaßstab agierenden internationalistischen Bewegung galt. Als Beleg führt er unter anderem einen bislang weitgehend unbekannten Text an, den Dutschke damals unter Pseudonym veröffentlicht hat.[17] Der Pseudonymos R.S. entwickelt im Taumel der explosiv sich entwickelnden Verhältnisse nach dem 2. Juni 1967 den bizarren Plan, ein befreites West-Berlin zu einem Focus für die revolutionäre Veränderung der beiden deutschen Staaten Bundesrepublik und DDR zu machen: »Ein von unten durch direkte Rätedemokratie getragenes Westberlin, in der die freien Individuen in direkter Wahl in allen Bereichen des gesellschaftlichen Lebens die ständig rotierende und nur temporäre – jederzeit durch Räteversammlungen absetzbare – Führung wählen, so in den Betrieben, den Schulen, Universitäten, Verwaltungen, etc. könnte ein strategischer Transmissionsriemen für eine zukünftige Wiedervereinigung Deutschlands sein. Hier könnte ein beispielhaftes Modell eines dezentralisierten, real-demokratischen Lebens für die beiden anderen Teilstaaten, für die ganze Welt demonstriert werden.«[18]

Als Rudi Dutschke Anfang der siebziger Jahre in der Zeitschrift »Langer Marsch« sein Projekt einer sozialistischen Wiedervereinigung weiter entwickelt, zeichnet er ebenfalls mit Pseudonym. Er nennt sich »R. Bald«. Es scheint, er habe die einschnappenden Reflexe geahnt, die er Jahre später erfuhr, als er sich ab 1977 in einer Serie von Artikeln offensiv mit der Wiedervereinigung und der nationalen Frage befasste. Ein Vereinnahmungsversuch von rechts durch den rechten Theoretiker Henning Eichberg[19] – zwei Abmahnungen von links durch Arno Klönne[20] und Günther Nenning[21] –, das Ende der Debatte erfolgte aus einer Mischung von Desinteresse und dem Unwillen, Dutschkes Tabuverletzung eingehend zur Kenntnis nehmen zu wollen (durchaus auch kritisch, wie dies Wolfgang Kraushaar vorgeführt hat).

Natürlich hat sich die deutsche Einheit nicht so vollzogen, wie sich das Rudi Dutschke vage gewünscht hat, als »sozialistische Wiedervereinigung«. In welch unendlicher realgeschichtlicher Ferne diese Möglichkeit auch für Dutschke lag, kann man daran ermessen, daß er sich nie ausführlich und konkret über dieses Projekt geäußert hat. Er hätte es gewiß nicht versäumt, sich 1989 unüberhörbar zu Wort zu melden. So aber hat durch Rudi Dutschkes Tod im Jahr 1979 in der historischen Situation der Wende der Linken in der Bundesrepublik eine wichtige Person gefehlt, die nicht dastand wie dann die meisten – mit leerem Kopf und leerem Herzen.

Heftig widersprechen muß ich aber den Versuchen ehemaliger Protagonisten der Studentenrevolte, Rudi Dutschke in jüngster Zeit für *ihre* teils kruden Reflexionen der nach 1989 entstandenen Lage als Gewährsmann anzuführen. Warum geschieht das? Und warum erst jetzt auf diese Weise? Eine kleine Rezeptionsgeschichte.

IV. Das vierte Leben des Rudi Dutschke – eine Polemik gegen unbefugte Vereinahmungen eines Toten

Das Buch »Die drei Leben des Rudi Dutschke« erschien 1983 in der ersten Fassung und war die erste Biographie von Rudi Dutschke überhaupt. Es ist bis heute die ausführlichste Recherche über sein

Leben geblieben, man kann dies an den in der Folge erschienenen Texten von Jürgen Miermeister[22] und Gretchen Dutschke[23] nachprüfen. Die wesentlichen Stationen seines Lebenslaufes, die wichtigsten Positionen seines Denkens waren seither thematisiert. Auch Widersprüche, Überraschungen und Ungereimtheiten, die aber erst mit beinahe zehnjähriger Verzögerung ab Anfang der neunziger Jahre intensiv zur Kenntnis genommen und diskutiert wurden. Zu nennen ist zweierlei: Daß Dutschke, der aus den Zeiten seiner größten öffentlichen Bekanntheit vor allem wegen seines Eintretens für die Befreiungs- und Entkolonialisierungsbewegungen in der Dritten Welt als glühender Internationalist wahrgenommen worden war, in verschiedenen Lebensphasen mit Äußerungen, ja sogar Aktionen zur »nationalen Frage« hervorgetreten war, zunächst als jugendlicher Oberschüler in Luckenwalde und später als Publizist in seinen letzten Lebensjahren.

Im Kontext des gesamten Lebensentwurfes erwiesen sich diese Äußerungen Anfang der achtziger Jahre als gedankliches Sperrgut, genauso wie die Recherchen, die Dutschkes zeitweise schwankende Haltung in der Frage der Gewalt öffentlich machten. Ich war verblüfft: Gleich zwei der im Buch erstmals veröffentlichten spektakulären Aktionen Dutschkes fielen in der Rezeption des Buches weitgehend unter den Tisch: Nicht in einer einzigen der zahlreichen Rezensionen wurde Dutschkes Plan erwähnt, gemeinsam mit Giangiacomo Feltrinelli im Frühjahr 1968 ein Schiff in einem deutschen Hafen zu sprengen, mit dem die Amerikaner Napalmwaffen für den Krieg nach Vietnam transportierten. Beinahe genausowenig wurde Dutschkes spontane Aktion gegen den Bau der Berliner Mauer im August 1961 vermerkt.

Für beide Auslassungen kann man plausible Begründungen anführen. Natürlich und mit Recht überwog die Tendenz, »Die drei Leben des Rudi Dutschke« als Anlaß zu begreifen, die längst überfällige Rehabilitierung des Bürgerschrecks und Umsturz-Monsters Rudi Dutschke voranzutreiben. Daß er zu diesem »Volksfeind Nummer eins« durch eine unverantwortliche Medienhetze aufgebaut und dem Attentäter Josef Bachmann als Aggressionsobjekt angedient worden war, der sein Opfer nur aus Presseveröffentlichungen kannte, zählte zu dem wenigen, was in der Öffentlichkeit über Rudi Dutschke einigermaßen bekannt war. Nun war Gelegenheit, die Person Dutschkes hinter dem aufgebauten Feindbild anhand einer ersten Gesamtbilanz seines politischen Denkens und Handelns kennenzulernen. Es wäre unverhältnismäßig gewesen, gerade sechs Jahre nach dem Höhepunkt von RAF-Terror und öffentlicher Terror-Hysterie, vor allem Dutschkes zeitweise Nähe zum Konzept »Gewalt gegen Sachen« und zu Aktionen der frühen RAF groß herauszustreichen. Unverhältnismäßig, weil sich Dutschke diesen Konzepten zwar tatsächlich und praktisch angenähert, sie aber letzten Endes doch als falsch erkannt und ihren Versuchungen widerstanden hatte.

Ähnlich unbeachtet blieb im Erscheinungsjahr dieses Buches 1983, ein Jahr nach der vom damals neuen Kanzler Helmut Kohl propagierten »geistig-moralischen Wende«, der ebenfalls dokumentierte Unterstrom von Dutschkes politischer Vita, sein verschiedentlich aufblitzendes Interesse an der »nationalen Frage«. In einer Zeit, in der sich gerade erst herausstellte, daß der CDU-Kanzler die einst bekämpfte sozial-liberale Ostpolitik fortsetzen und im Verhältnis zur DDR weiterhin auf Koexistenz und Kontinuität in den Beziehungen setzen würde, war niemandem danach, den Linken Dutschke als Propagandisten der Wiedervereinigung der beiden deutschen Staaten aufzurufen oder ihn zum Nationalrevolutionär zu erklären. Auch Dutschkes enger Kampfgefährte der sechziger Jahre, Bernd Rabehl, wie Rudi ein DDR-Abhauer mit ähnlichen Ost/West-Prägungen, verwendet diesen Begriff damals nicht. Noch nicht.

Zehn Jahre nach Dutschkes Tod der Epochenbruch des Jahres 1989. Alles geschieht, was von keiner einzigen realpolitischen Warte erwartet worden war – und auch von keinem noch so analytisch beschlagenen ehemaligen Protagonisten der Studentenrevolte. Gorbatschows Revolution des Sowjetstaates von oben, der Zusammenbruch der Sowjetunion und, mit der Loslösung der an sie gebundenen Ostblockstaaten aus dem Warschauer Pakt, schließlich auch der Fall der Mauer und das Ende der DDR. Kleines Abfallprodukt der großen Wende: Auch der Autor der Dutschke-Biographie hat durch die Öffnung der Archive der ehemaligen DDR die Gelegenheit, die Jugend des Protagonisten jetzt unbehindert zu recherchieren.

Tatsächlich belegten die neu aufgefundenen Quellen, daß Dutschke schon in seiner ersten politischen Standortbestimmung, der Begründung seiner Wehrdienstverweigerung, etwas anders argumentiert hatte, als dies bis dahin angenommen werden mußte[24]. Es erwies sich: Dutschkes Festhalten am christlichen Pazifismus, der sich bis zur Revision der SED-Westpolitik mit der partei- und regierungsoffiziellen Linie gedeckt hatte, war nicht das alleinige Motiv seiner Kriegsdienstverweigerung gewesen. Vielmehr hatte Dutschke in seinem Auftreten vor der FDJ-Schulgruppe, in seinem Brief an den Schuldirektor und in seiner Rede vor der Schulversammlung die Aufstellung einer ostdeutschen Armee hellsichtig als die endgültige Preisgabe einer anderen, bis dahin gültigen SED-Leitlinie begriffen, nämlich als die Preisgabe der ursprünglich angestrebten Wiedervereinigung Deutschlands, an der er als Ziel festhalten wollte.[25]

Im September 1993 konnte ich die bei Christoph Links verlegte, völlig überarbeitete Neuausgabe (also diesen hier vorliegenden Text) im Rudi-Dutschke-Haus der taz in einer öffentlichen Lesung vorstellen. In der anschließenden Diskussion kam Bernd Rabehl auf seine und seines früheren Kampfgefährten Rudi Dutschke entscheidenden Motive für den Aufbruch von 1968 zu sprechen – und hinterließ ob seiner bisher unbekannten neuen Sichtweise ein mehrheitlich verdutztes Publikum. »Mit der Ansicht, er [Dutschke, U.C.] habe in den nationalen Befreiungsbewegungen die eigentliche ›identitätsbildende‹ Quelle und die Antriebskraft für emanzipatorisches Handeln gesehen«, schrieb der Berichterstatter der taz, »mochten sich im Rudi-Dutschke-Haus nur wenige anfreunden.«[26] Gleichwohl verstand ich damals Rabehls Hinweis, er und Dutschke hätten im SDS ein nationalrevolutionäres Konzept verfolgt, noch rein beschreibend – analytisch, ja sogar als Warnung angelegt vor der gefährlichen Ambivalenz eines solchen Politikansatzes. Durchaus einleuchtend und von zahlreichen Äußerungen Dutschkes gedeckt, war Rabehls Analyse, daß Dutschke mit der komplementären Kritik, hier an der kapitalistischen Bundesrepublik, da an der staatssozialistischen DDR, und der Herausarbeitung einer gemeinsamen Wurzel dieser deutsch-deutschen Misere gemeinsamkeitsstiftende Befreiungswünsche ansprach: Beide deutschen Staaten seien eben besetzt, ihre jeweiligen politisch-ökonomischen Ordnungen das Ergebnis von Diktaten der Hegemonialmächte USA in der Bundesrepublik und Sowjetunion in der DDR. »Alles ist wieder mal real, bloß nicht der Sozialismus, bloß nicht die Demokratie. Beide Systeme stecken in der Krise«,[27] schrieb Dutschke einst und kultivierte den Traum von der Abschüttelung dieser Fremdbestimmungen. Welch verlockende Kippfigur. »Das Nationale« erscheint in ihr als das wahre Reich der Freiheit – als Negation des von der Sowjetunion oktroyierten Scheinsozialismus in der DDR und als Negation der von den USA oktroyierten kapitalistischen Scheinfreiheit in der Bunderepublik. Wenn's nur so wäre.

Ich erinnere mich, wie Bernd Rabehl in früheren Jahren noch die komplizierte Dialektik würdigte, die etwa am amerikanisch initiierten Lernort »Freie Universität« bei den Studenten in Gang kam, jener Gegengründung zur ideologisch gegängelten Humboldt-Universität im Ostteil Berlins. Hier, an der FU, lernten die späteren Akteure der Revolte jenen Katalog von Menschenrechten und des Selbstbestimmungsrechtes der Völker kennen, aus dem sie später, während des Vietnamkrieges, den USA jeden einzelnen Verstoß vorbuchstabierten. Auch wie sie das taten, war von Amerika abgeschaut. Die Versuchslabors für zivile und gewaltfreie Widerstandsaktionen der deutschen 68er waren die Campusse amerikanischer Universitäten wie Berkeley oder die lokalen Komitees der Bürgerrechtsbewegung der schwarzen Amerikaner gegen die Rassendiskriminierung.

Im Dezember 1998 hielt Bernd Rabehl eine Rede in der pflichtschlagenden Studentenverbindung »Danubia« in München, in der er die weitere Transformation seiner Auffassungen zu Protokoll gab. »Die nationale Frage spielte bereits in den sechziger Jahren eine Rolle bei der Konstituierung einer neuen Opposition. Sie war damals vor allem antiamerikanisch und antirussisch eingestimmt. So gesehen gehörten die ›Nationalrevolutionäre‹ Dutschke und Rabehl zu keinem Zeitpunkt zur traditionellen Linken.[28] Damit erklärt Rabehl den arkanen Dutschke zum wahren Dutschke. Nur zwei reichlich bizarre, gut versteckte Veröffentlichungen[29], in denen Dutschke bis zum Attentat je nationalrevolutionäre Perspektiven andeutete, wären demzufolge authentisch. Alle weithin bekannten Reden, Artikel und Stellungnahmen dagegen, in denen Dutschke die internationale Solidarität der Staaten der ersten Welt mit den um Freiheit und Selbstbestimmung kämpfenden Völkern in der Dritten Welt einforderte und für den antiautoritären Sozialismus warb, wären dann wohl Makulatur, nichts als Irreführung der Öffentlichkeit gewesen. Schon das ist, um das wenigste zu sagen, gewagt, aber Rabehl wird hierfür wahrscheinlich am Ende seine Zeitzeugenschaft an Rudis Seite aufbieten.

Für das Katastrophen- und Untergangsszenario, das Rabehl vom heutigen Deutschland in seiner Rede vor der »Danubia« zeichnet, ist jedoch jede Berufung auf Rudi Dutschke unzulässig. Da ist zunächst Rabehls Verschwörungstheorie gegen die »nationale Identität« der Deutschen zu nennen. Sie wurde seiner Auffassung nach systematisch durch das vornehmlich von deutsch-jüdischen Remigranten getragene Reeducation-Programm der amerikanischen Militärregierung zerstört. Rabehl greift bruchlos den rechtsextremen Topos der sogenannten »Umerziehung« auf, wenn er schreibt: »Die ›psychologische Aktion‹, von der die amerikanischen Deutschlandspezialisten 1944/45 sprachen, die nationale Tradition aufzulösen, die Eliten zu entmachten und auszutauschen, die Kultur und die psychologische Disposition der Menschen zu verändern und vor allem Institutionen zu schaffen, die der Dynamik eines modernen Kapitalismus entsprachen, ist 1998 längst verwirklicht.«

Man reibt sich die Augen: Was anderes sollte 1945 geschehen als die »Entmachtung und der Austausch der Eliten« seitens der alliierten Kriegsgegner, nachdem die Deutschen es bis zuletzt nicht geschafft hatten, sich ihrer Hitlers, Himmlers, Goebbels', Görings usw. zu entledigen? War es nicht die bittere Erkenntnis der rebellierenden Studenten gewesen (ich erinnere an den Einzelkämpfer Reinhard Strecker[30]), daß die alten Eliten entgegen dem erklärten Anspruch der Alliierten eben nicht konsequent genug ausgetauscht worden waren? Daß ein Alt-Nazi wie der Kommentator der Nürnberger Rassengesetze Globke bei Kanzler Adenauer zum Staatssekretär aufstieg? Daß ehemalige Nazi-Richter auf allen Ebenen der Gerichtsbarkeit bis zum Bundesgerichtshof dafür sorgten, daß kein einziger Richter des ehemaligen sogenannten »Volksgerichtshofes« für seine Terrorurteile zur Verantwortung gezogen wurde?

In Rabehls Sicht ist Deutschland zu einem Spielball fremder Mächte geworden. »Deutschland ist heute ›offener Raum‹, der sich prägen läßt von außen, und der Politik nur als Marketing oder Inszenierung erträgt. Deshalb dominiert das Bild von der multikulturellen Gemeinschaft der Nationen, Völker, Religionen und Kulturen, ein Reklamespot, denn real existieren derartige Gemeinschaften nirgendwo auf der Welt. (...)« Infolge dieser Wehrlosigkeit herrsche in Deutschland – und hier fällt bei Rabehl ein weiterer zentraler Kampfbegriff der Rechtsextremisten – »Überfremdung«, »Korruption und Kriminalität wachsen, und die einzelnen Banden, Partisanen, Gruppen, Religionen« steckten ihr Terrain ab.

Die Gründe, warum ein hochmögender Soziologe wie Rabehl bei der Beschreibung des wahrlich nicht geringzuschätzenden Konfliktpotentials einer »offenen Gesellschaft« in die Rhetorik rechtspopulistischer Wahlwerbung abgleitet, erschließen sich nicht bei der Lektüre seines Textes. Nur soviel: daß sie »Rückzugsraum« für Partisanen und zu Hause nicht gelittene »Partisanen des Geistes« ist, hat Rabehl früher anders kommentiert. Nicht mit Schauer angesichts militanter PKK-Demonstrationen, sondern mit Erleichterung: Wie anders hätte Marx seine Studien und Schriften in London ungestört vollenden können, wie anders hätten Kommilitonen wie der Iraner Bahman Nirumand vor dem Zugriff des iranischen Schah-Regimes geschützt werden können?

Ich breche hier mit der Wiedergabe von Rabehls Suada ab. Klarzustellen ist, sie gibt nur *seine eigene veränderte* Position wieder. Bernd Rabehl hat oft die Fixierung auf den Medienstar Dutschke in der Spätphase der Revolte beklagt. In dem von ihm angezettelten Diskurs muß man ihn auffordern, selbst von ihr zu lassen, sie ist nichts als eine unstatthafte Vereinnahmung: Die begrenzten Zeugnisse, aus denen Rabehl seine und Dutschkes Position als »Nationalrevolutionäre« in der Situation von 1968 belegt, lassen eine Verortung Dutschkes in der heutigen Situation, in ihren Konflikten und Widersprüchen, nicht zu. Rudi Dutschke hat 1989 nicht erleben dürfen, nicht den Fall der Mauer, nicht die Rufe der Leipziger Demonstranten, zunächst »Wir sind das Volk«, dann »Wir sind ein Volk«. Rudi Dutschke hatte nicht mehr mit den real existierenden Spannungen unserer zunehmend multikulturellen Gesellschaft zu tun. Er hat die manchmal tödlichen Ausbrüche des Fremdenhasses vor den Asylunterkünften und Wohnungen von Ausländern in Hoyerswerda, Hünxe, Rostock, Lübeck und Mölln nicht mehr ansehen müssen. Es bleibt Rabehls nicht dargelegtes und somit unbewiesenes Geheimnis, wie die »Wiedergewinnung nationaler Identität«, die man sich realpolitisch als die künstliche Errichtung eines deutschen Reservates innerhalb einer immer weiter globalisierten Welt vorzustellen hat, die von Rabehl erhoffte pazifizierende Wirkung auf Deutschland und die Deutschen ausüben sollte.

Rudi Dutschke ist seit 1979 tot. Der Epochenbruch, der sich zehn Jahre später ereignete, sprengt das Koordinatensystem an Wahrnehmungen und Folgerungen, das er aus seinem politischen Erleben bis 1979 errichtet hatte. Rudi Dutschke, der sich stets als Lernender begriff und zu Lebzeiten immer für Überraschungen gut war, spielt nicht mehr mit.

Der Biograph zuckt mit den Schultern, tat dies immer schon, wenn er auf Lesungen gefragt wurde, bei welcher Partei Dutschke denn wohl heute..., wen er denn wählen..., was er denn heute den jungen Leuten anraten..., ob er denn resigniert wäre oder warum doch nicht.

Soviel Respekt muß sein.

Dank

der Familie, besonders Gretchen Dutschke-Klotz, dem Vater Alfred Dutschke (†) und den Brüdern mit ihren Familien in Luckenwalde und Potsdam, ferner allen Gesprächspartnern. Stellvertretend für die vielen, die mir in der Entstehungsphase des Buches nicht nur mit Auskünften in der Sache, sondern auch mit Ermutigungen immer wieder geholfen haben, möchte ich besonders Brigitte (†) und Helmut(†) Gollwitzer, Jürgen Miermeister, Dorothea Rein, Gaston Salvatore, Jürgen Treulieb und Erich Fried (†) und trotz alledem und immer noch Bernd Rabehl Dank sagen.

Bei der Überarbeitung und Neuausgabe halfen und berieten: der alte und neue Lektor Wieland Eschenhagen, Hosea Dutschke, Helmut Dutschke, Jochen Staadt, Wolfgang Kraushaar und Charles Wilp. Dank auch an meinen Berliner Quartiermacher Peter Boltz.

Ulrich Chaussy, im Juni 1999

Anmerkungen

1 Die Darstellung beruht auf der Anklageschrift gegen Josef Bachmann, Aktenzeichen 1 Kap Js 315/68 vom 20. September 1968, vor der Großen Strafkammer beim Landgericht Berlin, verfaßt von Staatsanwalt Pietsch, hier S. 16ff.
2 *Deutsche National Zeitung (DNZ)*, 22.3.1968. Dutschke und der SDS wurden Anfang 1968 zu einem bevorzugten Thema, für das der Herausgeber Dr. Gerhard Frey selbst zur Feder griff. Vgl. auch *DNZ* vom 16.3.1968: »Brecht Dutschkes Terror. Stoppt die roten Banditen!« Am Ende dieses langen Leitartikels fordert Frey zwischen den Zeilen jene Art Selbstjustiz, die Josef Bachmann dann vollstreckte: »Das deutsche Volk wird sich auf die Dauer nicht von einigen hundert Gammlern und Kommunisten tyrannisieren lassen. Wenn die Staatsführung das Volk nicht schützt, wird das Volk sich selber schützen.«
3 Anklageschrift gegen Josef Bachmann, a.a.O., S. 17f.
4 Unveröff. Manuskript von 1979: Georg Büchner und Peter Paul Zahl oder: Widerstand im Übergang und mittendrin. Die Erinnerung Dutschkes an das Attentat ist in zwei Punkten ungenau. Objektiv falsch ist der Eindruck, Bachmann sei mit einem Auto zum Tatort gelangt. Dutschke deutet dieses Geschehen falsch: Als ihn Bachmann erblickte, wollte dieser vom Mittelstreifen aus hastig die Fahrbahn überqueren, achtete nicht auf den Verkehr und wurde beinahe von einem Auto angefahren, dessen Außenspiegel dabei zu Bruch ging. Bachmann wollte den Autofahrer schnell loswerden, drückte ihm zehn Mark in die Hand und eilte weiter zu Dutschke. Außerdem hat Dutschke seinem Freund und Sprachtherapeuten Dr. Thomas Ehleiter gegenüber kurz nach dem Attentat geäußert, er habe auf Bachmanns Frage: Sind Sie Rudi Dutschke? einige Zeit gezögert, weil er etwas Übles befürchtete.
5 Stenografisches Protokoll der Verhandlung am 4. März 1969, aufgezeichnet von den Gerichtsreportern Hans-Joachim und Margarete Frohner aus Berlin (im Besitz des Autors).

6 Der Rundfunkreporter am Tatort war Rudolf Wagner. Das Band mit seiner Reportage befindet sich im Schallarchiv des *SFB*, Band Nr. 801 210; der Augenzeuge, den ich 1980 noch einmal befragt habe, war der Tabakwarenhändler Herbert Katscher, der den Laden im Erdgeschoß des SDS-Zentrums am Kurfürstendamm 142 betrieb.
7 Die Informationen für dieses Kapitel erhielt ich von Dutschkes Vater Alfred und seinen Brüdern Manfred, Günter und Helmut.
8 R. D.: Warum ich Marxist bin – doch Marx sagte von sich: »Ich bin kein Marxist«. In: Warum ich Marxist bin, Hrsg. Fritz Raddatz. Frankfurt 1980, S. 87. (Dieser Aufsatz wird im folgenden: WMB.)
9 WMB, S. 87.
10 R. Bald (i.e.: Rudi Dutschke): 17. Juni – Sozialistische Wiedervereinigung. In: *Langer Marsch*, Nr. 5 / Juli 1973.
11 Die Informationen über Dutschkes Sportaktivitäten gaben mir seine Brüder und einige Jugendfreunde aus Luckenwalde, insbesondere Bernd Thesing.
12 WMB, S. 90.
13 Hier der Wortlaut der Sendung von *RIAS Berlin* am 17. Juni 1953:
»Bereits in den frühen Morgenstunden formierten sich die ersten Züge bei strömendem Regen, um sich vor den Gebäuden der SED-Regierung zu einer Demonstration zu vereinigen. Es gab erste Verletzte, als Volkspolizisten von ihren Holzknüppeln Gebrauch machten.
9.00 Uhr. Die Demonstranten zerstörten am Potsdamer Platz die vom Stadtsowjet aufgestellten Sektormarkierungen.
9.15 Uhr. Demonstrationszüge in allen Straßen. Der Sitz der Zonenregierung ist durch mehrere Volkspolizeiketten hermetisch abgeriegelt. Scheiben gehen in Trümmer, HO-Kioske in Brand auf. Die Volkspolizei wagt nicht, einzugreifen. Rufe werden laut wie: ›Schließt euch an!‹ Vereinzelt gehen Volkspolizisten zu den Massen über.
10.30 Uhr. In der Stalinallee ruht die Arbeit. Aus den Berliner Randgebieten werden anmarschierende Kolonnen von Arbeitern gemeldet. ›Ich war vor einer halben Stunde drüben in Hennigsdorf.‹
›Was hat sich denn drüben heute vormittag getan?‹
›In den Ortschaften gehen die Leute auf die Straßen, sie dis-

kutieren, die Arbeit ist überall niedergelegt in den beiden großen Schwerpunktbetrieben LEW und Stahlwalzwerk Hennigsdorf. In Hennigsdorf gibt es z.B. kein Brot mehr zu kaufen und so ruht überhaupt die gesamte Arbeit dort.‹
›Waren die Züge, die Demonstrationszüge, nun drüben schon formiert oder bildeten sich Gruppen und sie vergrößerten sich?‹
›Es bilden sich immer noch neue Gruppen von Demonstrationszügen, die versuchen, über die Grenze nach Berlin reinzukommen. Es wird aber wahrscheinlich jetzt nicht möglich sein, da man im verstärkten Einsatz neue Sowjettruppen mit Transportfahrzeugen an die Zonengrenze geschafft hat, um einen verstärkten Absperrungsgürtel durchzuführen.‹
›Es wurde gesagt, daß es drüben Verletzte gegeben hat. Haben Sie davon etwas gehört?‹
›Ich habe, da ich ja nur flüchtig auf der Durchreise war, habe ich allerdings gehört, daß man einen Volkspolizisten mit Steinen erschlagen hätte oder man hätte ihm die Waffe fortgenommen und derartige Zwischenfälle sollen sich tatsächlich ereignet haben.‹
10.45 Uhr. Es regnet in Strömen. Die rote Fahne der Sowjets wird von Demonstranten vom Brandenburger Tor heruntergeholt. *(Reporter, im Hintergrund Beifall und Klatschen)*: ›Unter dem Beifall der Bevölkerung in Ost und West sind nun zwei Jugendliche auf das Brandenburger Tor hinaufgestiegen. Sie arbeiten nun an den Fahnenschnüren und immer in Deckung der Fahnenstangen versuchen sie sich zu schützen vor eventuellen Schüssen des sowjetischen Militärs, das immer noch auf der Ostseite des Brandenburger Tors in vielleicht 50 m Entfernung steht. *(Beifall, Bravorufe)* Nun geht die rote Fahne runter, die Demonstranten klatschen, sie schwenken ihre Hüte.‹
11.00 Uhr. Die S-Bahn stellt den Verkehr ein. Tausende von Arbeitern aus Hennigsdorf erreichen die Sektorengrenzen. Bei ihrem Vorbeimarsch am sogenannten Walter-Ulbricht-Stadion zertrümmern sie die Propaganda-Initialen des SED-Generalsekretärs.
11.30 Uhr. Die Sowjets werfen Truppen in die Stadt, mit Sturmgepäck, voller Bewaffnung und Feldküche. An dem Regierungsviertel sind schwere Panzer aufgefahren. Die Sowjets versuchen, die Demonstranten vom Haus der Ministe-

rien fernzuhalten, indem sie mit den Panzern in die Menschenmenge hineinfahren. Ein Bombardement von Ziegelsteinen ist die Antwort. Ein Arbeiter springt auf einen sowjetischen Panzer und reißt die Antenne herunter. Jeder Verkehr ruht.
13.00 Uhr. Die sowjetischen Panzer geben Feuerstöße über die Köpfe der Menschenmassen hinweg ab. Der Aufruhr in der Stadt erreicht seinen Höhepunkt. Der sowjetische Kommandant verhängt den Ausnahmezustand. Radio Ost-Berlin meldet: ›Befehl des Militärkommandanten des sowjetischen Sektors von Berlin: Für die Herbeiführung einer festen öffentlichen Ordnung im sowjetischen Sektor von Berlin wird befohlen:
1. Ab 13.00 Uhr des 17. Juni 1953 wird im sowjetischen Sektor von Berlin der Ausnahmezustand verhängt.
2. Alle Demonstrationen, Versammlungen, Kundgebungen und sonstige Menschenansammlungen über drei Personen werden auf Straßen und Plätzen wie auch in öffentlichen Gebäuden verboten. Jeglicher Verkehr von Fußgängern und der Verkehr von Kraftfahrzeugen und Fahrzeugen wird von 21.00 Uhr abends bis 5.00 Uhr morgens verboten.
4. Diejenigen, die gegen diesen Befehl verstoßen, werden nach den Kriegsgesetzen bestraft.‹ *(Reporter am Potsdamer Platz)* ›Inzwischen ist der Potsdamer Platz von Westberliner Polizisten abgesperrt worden, aber die meisten Demonstranten haben sich in den Sowjetsektor hinübergezogen und bilden dort jetzt eine große Menschenmenge, die die eine Hälfte der Leipziger Straße ausfüllt. Und während hier noch große Transparente zu Boden fallen ... *(Schüsse im Hintergrund)*, beginnt soeben wieder ein heftiger Schußwechsel. Schwere sowjetische Panzer haben soeben die Leipziger Straße besetzt und rollen weiter vor. Wir müssen jetzt ebenfalls zurückgehen und hinter einem Wagen Deckung nehmen. Die Demonstranten fliehen wieder zurück in den Westsektor, und so ist ganz deutlich erkennbar, daß dieser Potsdamer Platz in der nächsten Zeit noch keine Ruhe erfahren wird.‹«

14 R. Bald (i.e.: Rudi Dutschke): 17. Juni ..., a.a.O.
15 Ebenda.
16 Brief von Pfarrer Martin Skrodt vom 30.12.1981 an den Autor.
17 Ministerium für Staatssicherheit, Akte Rudi Dutschke. Das

dort befindliche handschriftliche Schreiben Dutschkes an Direktor Schöckel vom 4.2.1958 wurde bei der Eröffnung der Stasi-Akte offensichtlich dem Schularchiv der Gerhard-Hauptmann-Schule entnommen. Dort nämlich sind die Unterlagen aller 19 Mitschüler noch vorhanden – nur Dutschkes Akte fehlt.

18 Das Gebäude des Luckenwalder Gymnasiums in der Parkstraße 59 in Vergangenheit und Gegenwart. In: Festschrift. 1863-1993 gymnasiale Ausbildung in Luckenwalde. Hrsg. Gymnasium Luckenwalde, 1993. Dem neuen Schulleiter Michael Kohl danke ich die Einsicht in das Schularchiv. Mit Hilfe des dort aufgefundenen Klassenbuches konnte ich viele ehemalige Mitschülerinnen und Mitschüler sowie Lehrer von R. D. ermitteln und befragen.

19 Im Landeshauptarchiv Brandenburg, Potsdam-Sanssouci (LHAB), befinden sich unter der Signatur Rep. 531 KL Luckenwalde Nr. IV/407/378 die Akten und Sitzungsprotokolle der Betriebsparteiorganisation der Gerhard-Hauptmann-Oberschule. Aus ihnen geht z.B. hervor, daß Schulleiter Schöckel ab 1957 von seiten der SED Kreisleitung wegen einer geplanten Reise nach Westdeutschland unter Druck stand und nur mühsam davon abgehalten werden konnte, diese anzutreten. Das hinderte ihn jedoch nicht daran, im gleichen Zeitraum vor den Schülern als streng linientreuer Erzieher aufzutreten. Im August 1958, einen Monat nach Dutschkes Abitur, setzte sich Schöckel mit seiner Familie in den Westen ab. Er lebt heute in Nordenham. An R. D. kann er sich nach seinen Angaben überhaupt nicht erinnern. Schöckels Unterschrift ziert jedoch nicht nur das Abiturzeugnis von R. D. Schöckel hat auch die dem Schüler nicht zugängliche Beurteilung unterschrieben, in der die Schule empfiehlt, Dutschke nicht zum Studium zuzulassen.

20 *Schulecho* Gerhard-Hauptmann-Oberschule Luckenwalde, Nr.1, Mai 1958, 5. Jg., S. 1.

21 LHAB, a.a.O., Bl. 58.

22 Kreisarchiv Luckenwalde, Zug Nr. VI 1501. In einem Schreiben an den Rat des Kreises, Abteilung Volksbildung, charakterisiert Direktor Schöckel am 21.2.1958 Bry als den Typus des suspekten bürgerlich-dekadenten DDR-Verweigerers, was verblüffende Ähnlichkeiten mit der später in der Bundesrepublik üblichen kleinbürgerlichen Beschreibung des »Gamm-

ler«-Typus aufweist: »Seit dem 11. Schuljahr fällt seine betont westliche Kleidung, sein Haarschnitt und seine bewußte Zurückhaltung in politischen Gesprächen auf. Er versuchte, sich auf alle erdenkliche Art und Weise von gesellschaftlichen Einsätzen fernzuhalten und mußte überall dort, wo ihm dies nicht gelang, beständig zur Ordnung und Disziplin gerufen werden. Bry ist einer der wenigen Abiturienten, die es ablehnten, nach dem Abitur den Ehrendienst in unserer NVA abzuleisten. Sein Schreiben an die *Märkische Volksstimme* charaktersiert ihn überdies als egoistischen, arroganten und mit wenig geistiger Reife ausgestatteten Menschen, für den auf unseren Oberschulen kein Platz mehr zu finden sein dürfte.«

23 Ministerium für Staatssicherheit, Akte Rudi Dutschke, Schreiben Dutschkes an Direktor Schöckel vom 4.2.1958.

24 R. D. in Wolfgang Venohrs im April 1968 gedrehtem Fernsehfilm »Porträt Rudi Dutschke«. Eine weitere Darstellung dieser Schulversammlung gibt R. D. in: WMB, S. 90: »So wurde die über Sportzusammenhänge erlernte Sachkenntnis und Rhetorik nun politisch gehandhabt, um die deutsche Einheit zu fordern und mit Elementen von Heinrich Heine u.a. fremde Armeen nicht gerade freundlich zu besprechen, den Sozialismus in Deutschland als unsere Sache zu sehen.« Es ist auffällig, daß die Darstellung dieses Ereignisses mit immer größerem zeitlichem Abstand immer »politischer« ausfällt (WMB wurde 1978 geschrieben!). Wahrscheinlich wurden hier Projektionen wirksam. Gerade deshalb erscheint mir die eher unpolitische Argumentation, die R. Dutschkes Schulfreund Bernd Thesing berichtet hat, der Wahrheit am nächsten zu kommen.

25 LHAB, a.a.O., Bl. 50f. Hier wird, ein wenig holprig zwar, auch formuliert, wie der erfolgreiche DDR-Erzieher beschaffen sein soll: »Jeder Lehrer muß ein glühender Marxist sein, und die Schüler müssen das spüren. Unsere Wirtschaftsfunktionäre sollen ja auch Erzieher sein, aber wo sollen diese erzogen werden, wenn nicht hier. Wie kommt die Eins des Schülers Dutschke zustande? Es besteht ein Beschluß des ZK: Daß mit allen Genossen, wenn sie nicht als solche auftreten, zu dikutieren ist und eine Auseinandersetzung stattfinden muß – es kann dabei auch zum Ausschluß des Genossen kommen. Mit Filzpantoffeln kommen wir nicht zum Sozialismus, es kommt darauf an, Revolutionär zu sein.«

26 R. D. in: Gerald Zschorsch: Glaubt bloß nicht, daß ich traurig bin. Frankfurt 1981, S. 136.
27 Ebenda.
28 Brief an Bernd Thesing. Seinen Nachnamen hatte Dutschke ausgerissen und darüber mit »Scholz« unterzeichnet.
29 Bernd Rabehl in einem Interview mit dem Autor, März 1980.
30 Ebenda.
31 Dutschke war ein eifriger Tagebuchschreiber. Bis heute (1993) ist nur ein Bruchteil dieser Aufzeichnungen zugänglich – eine Auswahl, die R. D. selbst noch vor seinem Tode exzerpiert und offenbar für die Publikation vorbereitet hatte. Die Auswertung der gesamten Tagebücher hat sich die Witwe Gretchen Dutschke-Klotz für eine eigene Publikation vorbehalten.
32 Thomas Ehleiter in einem Interview mit dem Autor, Sommer 1980.
33 Zit. nach: Frederik Hetman: Rosa L. Die Geschichte der Rosa Luxemburg und ihrer Zeit. Frankfurt 1979, S. 214.
34 Ebenda, S. 362.
35 Vgl. auch WMB, S. 91: »Die Bindung war gerissen, der neue gesellschaftliche und persönliche Standpunkt mußte erst wirklich noch gefunden werden.«
36 Bernd Rabehl in einem Interview mit dem Autor, März 1980.
37 Ausführlich dokumentiert ist die Geschichte der Subversiven Aktion in: Subversive Aktion. Der Sinn der Organisation ist ihr Scheitern. Herausgegeben und kommentiert von Frank Böckelmann und Herbert Nagel. Frankfurt 1976. Hier findet sich auch eine Schilderung der Aktion auf der Jahrestagung des Bundes Deutscher Werbeleiter (S. 146) und das Flugblatt »Aufruf an die Seelenmasseure« (S. 147). Die zitierten Erinnerungen von Frank Böckelmann an die Projekte der Subversiven Aktion und an die Person R. D. stammen aus einem Interview des Autors mit Böckelmann.
38 Subversive Aktion, a.a.O., S. 146.
39 Vgl. ebenda, S. 47, 69.
40 Frank Böckelmann im Interview mit dem Autor, 1981.
41 Subversive Aktion, a.a.O., S. 223.
42 Frank Böckelmann im Interview mit dem Autor, 1981.
43 Subversive Aktion, a.a.O., S. 114. Beide Hefte der »Unverbindlichen Richtlinien« sind dort komplett von S. 70-121 dokumentiert.

44 Tagebuch R. D., Anfang Mai 1964.
45 R. D.s Aufsatz in *Anschlag 1* hat den Titel: Die Rolle der antikapitalistischen, wenn auch nicht sozialistischen Sowjetunion für die marxistischen Sozialisten in der Welt. Erstmals abgedruckt in: Subversive Aktion, a.a.O., S. 169ff., wiederabgedruckt in: R. D.: Geschichte ist machbar, Hrsg. Jürgen Miermeister. Berlin 1980, S. 12ff.
46 Subversive Aktion, a.a.O., S. 170.
47 Ebenda.
48 Leo Trotzki: Die verratene Revolution. 1957, S. 54, zitiert in: Subversive Aktion, a.a.O., S. 171f.
49 Subversive Aktion, a.a.O., S. 173.
50 Ebenda, S. 171.
51 Gretchen Dutschke-Klotz im Interview mit dem Autor, Juli 1980.
52 R. D.s zweiter Aufsatz in *Anschlag 1* hat den Titel: Diskussion: Das Verhältnis von Theorie und Praxis. Erstmals abgedruckt in: Subversive Aktion, a.a.O., S. 190-195, wiederabgedruckt in: R. D.: Geschichte ist machbar, a.a.O., S. 20-26.
53 Subversive Aktion, a.a.O., S. 192f.
54 Eduardo Galeano: Die offenen Adern Lateinamerikas. Wuppertal 1980, S. 247. Über die Schulung mit lateinamerikanischen Studenten berichteten Bernd Rabehl und Gaston Salvatore.
55 Gaston Salvatore in einem Interview mit dem Autor, Sommer 1981.
56 Eduardo Galeano: Die offenen Adern ..., a.a.O., S. 244.
57 Tagebuch R. D., 12. März 1965.
58 Wichtige Quelle für dieses Kapitel und viele weitere bis zum 2. Juni 1967 ist: Tilman Fichter/Siegward Lönnendonker unter Mitarbeit von Claus Rietzschel: Freie Universität Berlin 1948-1973, Teil IV: Die Krise. Berlin 1975 (im folgenden: Fichter/Lönnendonker, FU/IV). Zur Tschombé-Aktion siehe: Fichter/Lönnendonker, FU/IV, S. 9f. Ebenfalls wichtig ist für die folgende Darstellung: Tilman Fichter/Siegward Lönnendonker: Kleine Geschichte des SDS, Berlin 1979 (im folgenden: Fichter/Lönnendonker, SDS).
59 R. D.s »Diskussionsbeitrag«, den er als Rundbrief an die Mitglieder der Subversiven Aktion verschickte, ist abgedruckt in: Subversive Aktion, a.a.O., S. 307-328; gekürzt auch in: R. D.: Geschichte ist machbar, a.a.O., S. 27-38.

60 R. D.: Diskussionsbeitrag, a.a.O., S. 324.
61 Ebenda.
62 Gretchen Dutschke-Klotz in einem Interview mit dem Autor, Juli 1980.
63 Die folgende Schilderung ist eine Montage aus zwei Interviews mit Bernd Rabehl und Harry Ristock. Das Interview mit Harry Ristock fand – Ironie der Geschichte – zufällig unmittelbar nach Ristocks Rücktrittserklärung als Bausenator der Stadt Berlin am Vormittag des 8.1.1981 statt, mit dem der Abschied der SPD von der Macht in Berlin eingeleitet wurde.
64 Den Besuch der Mutter Dutschke schilderte mir Bernd Rabehl, Alfred Dutschkes Besuch an der Freien Universität hat er mir selbst erzählt.
65 Tagebuch R. D., 27.1.1965.
66 Fichter/Lönnendonker, SDS, a.a.O., S. 15. Eine streckenweise sehr subjektive, aber auch materialreiche Schilderung des SDS. Wer die Szene auch einmal »optisch« begreifen will, der sollte sich den Fotoband von Michael Ruetz: APO in Berlin 1966-1969. Frankfurt 1980, anschauen.
67 Fichter/Lönnendonker, SDS, a.a.O., S. 15.
68 Tilman Fichter in einem Interview mit dem Autor, September 1980.
69 Die Studie von McGeorge Bundy ist zitiert nach: Neil Sheehan (Hrsg.): Die Pentagon-Papiere. Die geheime Geschichte des Vietnamkrieges. Frankfurt 1971, S. 421f.
70 Tagebuch R. D., 19. April 1965.
71 Ebenda, 21. April 1965.
72 Ebenda, Anfang Mai 1965.
73 Ebenda.
74 Subversive Aktion, a.a.O., S. 338ff. Die Aktion am 10. Mai wird bei Fichter/Lönnendonker, FU/IV, S. 26 erwähnt. Nähere Einzelheiten schilderte mir Bernd Rabehl.
75 Subversive Aktion, a.a.O., S. 338f.
76 Ebenda, S. 333.
77 Kubys Rede ist zitiert nach: Tilman Fichter/Siegward Lönnendonker: Freie Universität Berlin 1948-1973, Teil III. Berlin 1978, S. 77 (im folgenden: Fichtner/Lönnendonker, FU/III).
78 Zum Fall Kuby siehe auch: Fichter/Lönnendonker, SDS, S. 88f.; ferner Fichter/Lönnendonker, FU/IV, S. 25ff.

79 Das Briefzitat von R. D. findet sich in: Subversive Aktion, a.a.O., S. 340.
80 Diese erste Begegnung mit R. D. schilderte mir der spätere Mitbegründer der Roten Armee Fraktion (RAF) Horst Mahler in einem Interview kurz nach seiner Haftentlassung im August 1980.
81 Frantz Fanon: Die Verdammten dieser Erde. Frankfurt 1966. Hier zitiert nach dem Vorabdruck einiger Kapitel in: *Kursbuch* 2, Hrsg. von H. M. Enzensberger. Berlin 1965, S. 1-55, hier S. 4.
82 Ebenda, S. 48.
83 Ebenda, S. 55.
84 Ebenda, S. 3.
85 Ebenda, S. 8.
86 I can't get no satisfaction, geschrieben von Mick Jagger, zitiert in der Übersetzung von Carl Weissner, aus: Das Rolling Stones Songbuch, 155 Songs, Deutsch von Teja Schwaner, Jörg Fauser und Carl Weissner. Mit 75 Alternativübersetzungen von Helmut Salzinger, Frankfurt 1979.
87 Herbert Marcuse: Der eindimensionale Mensch. Studien zur Ideologie der fortgeschrittenen Industriegesellschaft. Neuwied und Berlin 1970, S. 267.
88 »Bommi« Michael Baumann: Wie alles anfing. Frankfurt 1976, S. 7, 12.
89 Zu den Notstandsgesetzen siehe das Protokoll des Bonner Kongresses gegen die Notstandsgesetze am 30. Mai 1965: Demokratie vor dem Notstand, Hrsg. Bundesvorstand des SDS. Frankfurt, August 1965, das die Reden u.a. von Karl Dietrich Bracher, Werner Maihofer, Jürgen Seifert, Walter Fabian, Bernt Engelmann, Heinrich Hannover auf diesem Kongreß zu Einzelfragen der Notstandsgesetzgebung enthält.
90 Zur »formierten Gesellschaft« vgl.: Reinhard Opitz: Der große Plan der CDU: die »Formierte Gesellschaft«. In: Blätter für Deutsche und Internationale Politik, Heft 9/1965.
91 Tagebuch R. D., Oktober 1965.
92 *BZ*, 18. August 1965.
93 *BZ*, 26. August 1965.
94 *BZ*, 28. August 1965.
95 Zur Auseinandersetzung um den FU-AstA vgl.: Fichter/Lönnendonker, FU/IV, S. 44f.
96 Zur Sammelaktion für Vietnam-Soldaten vgl.: ebenda, S. 54, 60.

97 Ebenda, S. 55.
98 Das Plakat der »Internationalen Befreiungsfront« (Erhard und die Bonner Parteien unterstützen MORD) findet sich in: ebenda, S. 66. Weitere Einzelheiten der Plakat-Aktion berichtete Bernd Rabehl.
99 »Heirat« ist eine Montage aus zwei Interviews, die der Autor mit Gretchen Dutschke-Klotz und Thomas Ehleiter geführt hat.
100 Zur Vietnam-Demonstration Februar 1965 vgl.: Fichter/Lönnendonker, FU/IV, S. 67f.
101 Ebenda, S. 69.
102 Zu den Auseinandersetzungen im SDS vgl.: Fichter/Lönnendonker, SDS, S. 177f.
103 Karl Marx: Enthüllungen über den Kommunisten-Prozeß zu Köln. In: Marx-Engels-Werke, Bd. 8. Berlin (DDR), 1960.
104 Georg Lukács: Legalität und Illegalität. In: Geschichte und Klassenbewußtsein. Berlin 1923, S. 262.
105 »Der Kronzeuge widerruft« beruht auf einem Interview mit Lothar Menne.
106 Tagebuch R. D., Mai 1966.
107 R. D. hat Georg Lukács im September 1967 noch einmal besucht. Aufzeichnungen darüber können sich nur in den nichtveröffentlichten Tagebüchern finden.
108 Mehr über die Entwicklung zumindest eines Teils der ursprünglichen Kommune-Gruppe, der späteren Kommune 2, findet sich in deren Buch: Kommune 2. Versuch der Revolutionierung des bürgerlichen Individuums. Berlin 1969, meist nur noch als Reprint erhältlich. Das Zitat über das Treffen am Kochelsee steht auf S. 17.
109 Bernd Rabehl im Interview mit dem Autor, Juli 1980.
110 Dieter Kunzelmann im Interview mit dem Autor, Dezember 1981.
111 Das Zitat von Gretchen Dutschke stammt aus: R. D.: Aufrecht gehen. Eine fragmentarische Autobiographie. Berlin 1981, S. 15 (aus dem Einleitungskapitel »Unser Leben« von Gretchen Dutschke-Klotz).
112 Ulrich Enzensberger im Interview mit dem Autor, Februar 1982.
113 Ebenda.
114 Die Bibliographie R. D.: Ausgewählte und kommentierte Bibliographie des revolutionären Sozialismus von Karl Marx

bis in die Gegenwart. Sondernummer der SDS Korrespondenz, Oktober 1966 ist – leicht gekürzt – abgedruckt in: R. D.: Geschichte ist machbar, a.a.O., S. 45-60.
115 *Die Zeit*, 9. September 1966.
116 Dieser Abschnitt beruht auf einem Interview des Autors mit Gretchen Dutschke-Klotz im Juli 1980.
117 Tagebuch R. D., September 1966.
118 Ebenda.
119 Ebenda.
120 Ebenda.
121 Zur Diskussion mit dem südvietnamesischen Botschafter vgl. Fichter/Lönnendonker, FU/IV, S. 129, 374.
122 Kommune 2, a.a.O., S. 21.
123 Ulrich Enzensberger im Interview mit dem Autor, Sommer 1982.
124 Das Manifest von Provo ist entnommen aus: Roland Günter: Amsterdam. Reinbek 1982, S. 138.
125 Fichter/Lönnendonker, FU/IV, S. 375. Mehr zum Spaziergangsprotest a.a.O., S. 131f.
126 Tagebuch R. D., 18. Dezember 1966.
127 Der Autor des *BZ*-Artikels über R. D., Udo Bergdoll, arbeitet heute als Redakteur der *Süddeutschen Zeitung*. Bergdoll gehörte später zu den Journalisten, die die Arbeit bei Springer wegen der tendenziösen Eingriffe des Verlages in die Berichterstattung über die Studenten quittierte. Er kündigte unmittelbar nach dem 2. Juni 1967, als die Hetze gegen die Studentenschaft in den Springer-Zeitungen einen ersten Höhepunkt erreichte.
128 Tagebuch R. D., 20. Dezember 1966.
129 Das Interview führte Heinrich von Nußbaum am 31.12.1966 für den *SFB*, Archiv-Band-Nr. *SFB* 902 749.
130 Kommune 2, a.a.O., S. 30.
131 Ulrich Enzensberger im Interview mit dem Autor, Sommer 1982.
132 Kommune 2, a.a.O., S. 38.
133 Interview von Axel Buchholz mit Edmund Rehwinkel für den *SFB*.
134 Über die Entstehung des Jugendclubs berichteten mir Günter Soukup und Wolfgang C. Müller, zwei der ehemaligen Gründer des Ça Ira.
135 Günter Soukup im Interview mit dem Autor, Dezember 1981.

136 Die Episode mit Benno Ohnesorg im Ça Ira hat Günter Soukup miterlebt.
137 Die Darstellung von Ohnesorgs Tod findet sich in allen Einzelheiten in: *Kursbuch* 12: Der nicht erklärte Notstand. Dokumentation und Analyse eines Berliner Sommers, Hrsg. von H. M. Enzensberger. Berlin 1968, S. 78-83.
138 Heinrich Albertz im Interview mit dem Autor, Februar 1980.
139 Heinrich Albertz: Blumen für Stukenbrock. Biographisches. Stuttgart 1981, S. 246.
140 Den Plan, sich zur Selbstverteidigung Waffen zu besorgen, erwähnten Fichter/Lönnendonker im Textteil des Fotobandes von Michael Ruetz: APO in Berlin 1966-1969, a.a.O., S. 35.
141 Tilmann Fichter/Siegward Lönnendonker/Jochen Staadt: Freie Universität Berlin 1948-1973, Teil V. Berlin 1983, S. 11f. (im folgenden: Fichter/Lönnendonker/Staadt, FU/V.).
142 Die Diskussionen der Berliner Studenten auf dem Kurfürstendamm dokumentiert der von Filmstudenten produzierte Film »Ruhestörung«, dessen Interviews und Kommentare zusammen mit Bildern aus dem Film abgedruckt sind in: Studentenbewegung 1967-1969. Protokolle und Materialien, Hrsg. und eingel. von Frank Wolff und Eberhard Windaus. Frankfurt 1977.
143 Vgl. auch: Fichter/Lönnendonker/Staadt, FU/V, S. 13ff.
144 Die beiden Briefe an den AStA der FU und an Christa Ohnesorg sind zitiert nach: *Kursbuch* 12, a.a.O., S. 150f.
145 Der Kongreß ist mit allen Reden dokumentiert in: Bedingungen und Organisation des Widerstandes. Der Kongreß in Hannover. Protokolle, Flugblätter, Resolutionen, Hrsg. Berward Vesper. Berlin 1967.
146 »Ex cathedra für Teufel« beruht auf einer Schilderung von Bernd Rabehl.
147 Sämtliche Vorträge und Diskussionen Marcuses in Berlin 1967 sind abgedruckt in: Herbert Marcuse: Das Ende der Utopie. Vorträge und Diskussionen in Berlin 1967. Frankfurt 1980, hier S. 12.
148 Ebenda, S. 52.
149 Das *Spiegel*-Gespräch mit R. D. erschien in Nr. 29 am 10. Juli 1967.
150 In: Herbert Marcuse: Das Ende der Utopie, a.a.O., S. 92f.
151 Ebenda.

152 Ebenda, S. 106.
153 Ebenda, S. 118.
154 Ebenda, S. 120.
155 Gaston Salvatore in einem Interview mit dem Autor, Juli 1980.
156 Die Schrift: Che Guevara: Schaffen wir zwei, drei, viele Vietnam, eingel. und übers. von Gaston Salvatore und Rudi Dutschke. In: Kleine Revolutionäre Bibliothek Nr. 1, Berlin 1967, ist schwer erhältlich.
157 Ebenda, Vorwort.
158 Ebenda.
159 Tagebuch R. D., 17. Juni 1967.
160 In: Che Guevara: Schaffen wir ..., a.a.O., Vorwort.
161 Diese Szene voller Ratlosigkeit hat Bernd Rabehl berichtet.
162 Dieses Kapitel heißt im Untertitel: Eine Anklageschrift erzählt. Denn sie dokumentiert deutlicher noch als den Sturm auf das Landgericht die Überwachungsmethoden der Polizei, und wenn man die Randglossen des Textes (z.B. Bl. 81 PHK Behrens, PM Gräbig und Borries, Beamte der Wasserwerferwagen) auflöst, dann bekommen die Aktionen der anonymen Staatsmacht auch ein etwas persönlicheres Gesicht.
163 Aus einem Redemanuskript im Nachlaß, vom Autor eingesehen in Aarhus, datiert 13.7.1967. Nahezu wortgleich äußert sich R. D. im *Spiegel*-Interview vom 30.7.1967.
164 Bernd Rabehl spricht von einer Summe von 5 000 Mark. Mit Sicherheit ist durch diese Kontakte der unkontrollierte Konvoi hunderter von Fahrzeugen mit dem Sarg Ohnesorgs an der Spitze über die Transitstrecke nach Hannover ermöglicht worden.
165 Vgl. Stiftung Archiv der Parteien und Massenorganisationen der DDR im Bundesarchiv, Bestand Norden, IV/A 22028/106.
166 Berichte über diese Zusammenkünfte, die die beteiligten FDJ-Funktionäre wie Erich Rau an das ZK-Mitglied und Leiter der SED-Westabteilung Albert Norden ablieferten, bezeugen die Hartnäckigkeit der SDS-Vertreter in den Gesprächen. Bei einem gemeinsamen Seminar von FDJ und SDS in Ostberlin vom 25.-28.7.1967 notierten die FDJler eifrig mit, was in der DDR öffentlich zu diskutieren völlig undenkbar war. Der SDS monierte u.a.: »Es ist doch wohl fraglich, ob im Osten Deutschlands nach 1945 die Arbeiterklasse und die

Volksmassen die Revolution gemacht haben. War es nicht vielmehr so, daß die Entwicklung durch die Anwesenheit der Roten Armee und durch die KPD (und später die SED) bestimmt wurde, ohne daß die Masse der Arbeiterklasse sich dieser Entwicklung überhaupt bewußt war? (...) Warum werden von der DDR so wenig die vorhandenen ernsthaften Schwierigkeiten der inneren Entwicklung öffentlich dargestellt? Es hat den Anschein, daß es keine Probleme und keine Korrekturen bestimmter Fragen in der DDR gibt. Das widerspricht aber der Wirklichkeit.« Usw., usw. (Aus: Stiftung Archiv der Parteien und Massenorganisationen ..., a.a.O.) Fast alle Dokumente, in denen Vertreter der FDJ die Geschehnisse der Studentenrevolte einzuschätzen versuchen, werden von Albert Norden sogleich an die SED-Spitze (zu dieser Zeit Walter Ulbricht und Erich Honecker) weitergeleitet, was den hohen Stellenwert belegt, den die SED den Geschehnissen beimißt. Zugleich belegen die vorliegenden Einschätzungsversuche, daß FDJ und SED dem Phänomen der Studentenrevolte völlig fassungs- und begriffslos gegenüberstehen. Was an Strategien daraus folgt, ist klar: Die Bewegung soll instrumentalisiert werden. Ihr vordergründiger Nutzen soll sein, die Destabilisierung der Systemkonkurrenz Bundesrepublik voranzubringen.

167 Leider ist dieses Dossier bislang nicht aufzufinden. Wie aufmerksam Dutschkes Entwicklung von der SED verfolgt wurde, beweist jedoch eine »Ergänzung der Information über Rudi Dutschke vom 10.11.1967«, datiert vom 23.11.1967. Sie sei hier auszugsweise dokumentiert, um diese spezifische Perspektive auf Dutschke deutlich werden zu lassen: »In der jüngsten Zeit hat Dutschke einige Reden gehalten und praktische Schritte unternommen, die darauf hindeuten, daß er eine gewisse Korrektur seiner in der Information vom 10. November umrissenen Anschauungen vornehmen will. Es handelt sich dabei vor allem um seine Rede auf der Veranstaltung der Westberliner Falken zum 50. Jahrestag der Oktoberrevolution, um das Auftreten von Rabehl und Semler (beide mit D. im Beirat des Westberliner SDS, in dem ihr Auftreten festgelegt wurde) und um das Referat und die Diskussionsbeiträge von D. auf der Landesvollversammlung des Westberliner SDS vom 18. November 1967. Aus diesen Materialien ist ersichtlich, daß D. – zumindest was seine Äußerungen betrifft –

beginnt, bestimmte Änderungen in seinen Auffassungen vorzunehmen. Das läßt sich folgendermaßen zusammenfassen. 1. Er übt selbst offen Selbstkritik an vielen seiner bisherigen Postulate. Sein Referat auf der Delegiertenkonferenz des SDS (September 1967 in Frankfurt) sei vielleicht falsch gewesen. 2. Seine These, daß sich die Klassen aufgelöst hätten, sei falsch. Es gibt Klassen, die Arbeiterklasse hat doch revolutionäre Potenzen. Das Hinweggehen über Probleme der Arbeiterklasse und die Vernachlässigung der Herstellung des Bündnisses mit ihr sei von ihm ein bedeutender Fehler gewesen. (...)«

168 Den Besuch R. D.s beim Begräbnis der Mutter schilderten dem Autor der Vater Alfred und die Brüder.
169 Das Porträt von Friedrich Wilhelm Wachau beruht auf einem Bericht des *Stern* vom 28. Januar 1968. Um die Gottesdienst-Störung gab es in den folgenden Tagen erheblichen öffentlichen Wirbel. R.D. hat, was wenig beachtet wurde, einige Tage später in Bethel sein Verhalten bedauert.»In einem Vortrag über ›Hochschulpolitik als Gesellschaftspolitik der Zukunft‹ erklärte Dutschke, es sei falsch gewesen, daß er selbst in die Kirche eingedrungen sei und daß zum Beispiel nicht junge Mitglieder der Gemeinde eine Protestaktion veranstaltet hätten.« (*Süddeutsche Zeitung*, 19.1.1968.)
170 Gretchen Dutschke-Klotz in: R.D.: Aufrecht gehen. Eine fragmentarische Autobiographie. Berlin 1981, S. 16, aus dem von ihr verfaßten Anfangskapitel: Unser Leben.
171 Vgl.: Die Pentagon-Papiere, a.a.O., S. 11.
172 Vgl.: Februar 1968. Tage, die Berlin erschütterten, Hrsg. Klaus-Uwe Benneter u.a. Frankfurt 1968, S. 16ff.
173 Ebenda, S. 69. Dort ist als Dokument 6 ein Faksimile des *Bild*-Artikels vom 7.2.1968 abgedruckt. Als Mathias Walden als autorisierter Vertreter des Hauses Springer mir gegenüber in einem Interview diesen Artikel interpretierte, sagte er: »Ja, Herr Chaussy, ich habe dieses Zitat zur Hand. Ich kenne auch diese Passage, die Sie selber eben sinngemäß richtig zitierten. Es ist damals oft verwendet worden, ich habe das selber in Diskussionen erlebt, auch in APO-Diskussionen. Es wurde immer unterschlagen, daß es weiterging im Text, nämlich so: ›Schlafen unsere Richter, schlafen unsere Politiker?‹ Der Vorwurf, es sei mit dieser Passage, man solle die ganze Dreckarbeit nicht der Polizei allein überlassen, sinngemäß zur Selbstjustiz der Bürger aufgerufen worden,

wird durch den unterschlagenen Nachsatz absolut aufgehoben, denn die Anrufung der Justiz ist ja das Gegenteil von Selbstjustiz. So wurde damals manipuliert, und ich finde es interessant, daß so etwas noch ein Dutzend Jahre nachwirkt.« Herrn Waldens Textinterpretation wäre origineller, wenn *Bild* ein Fachblatt exklusiv für Richter und Politiker gewesen wäre. Leider lesen diese Zeitung wie damals so auch heute ein paar Millionen andere Leser auch, denen sozusagen an den Herren Richtern und Politikern vorbei die rhetorische Frage gestellt wurde, ob die denn schlafen. Gemessen an dem gesellschaftlichen und politischen Chaos, das laut *Bild* tagtäglich herrscht, bleibt dem vertrauensvollen Leser kaum eine andere Antwort als die: Ja, die Politiker und Richter schlafen. Für Herrn Walden stand jedoch 1980 so unerschütterlich wie 1968 fest, »... daß die Zeitungen des Springer-Verlages überhaupt keinen Einfluß auf das Geschehen gehabt haben, kann man so natürlich nicht sagen. Ich hoffe, daß sie Einfluß auf das Geschehen gehabt haben. Im Sinne der Frage, ob sie im Sinne der Tat Bachmanns eingewirkt haben, gibt es überhaupt absolut keinen Anlaß für den Springer-Verlag, sich im nachhinein Vorwürfe zu machen.« (Aus dem Interview des Autors mit Walden im Februar 1980.)
174 Fichter/Lönnendonker/Staadt, FU/V, S. 72.
175 Die damals Beteiligten Bernd Rabehl, Christian Semler, Tilman Fichter und Gaston Salvatore, auf deren Schilderungen dieser Abschnitt beruht, sind auch nach mehrmaligem Nachfragen bei ihren gegensätzlichen Darstellungen geblieben.
176 26% waren R. D. gleichgültig, 44% lehnten ihn ab. In: *Der Spiegel*, 14.2.1968, S. 31. Die Emnid/Ifak-Institute hatten im Auftrag der Zeitschrift eine repräsentative Blitzumfrage unter 2 960 Berufsschülern, Schülern und Studenten im Alter zwischen 15 und 25 Jahren in Orten über 10 000 Einwohner veranstaltet. Noch drastischer als die Antworten zur Person von R. D. belegt ein weiteres Teilergebnis der Umfrage die politisierte Stimmung der Jugend. Auf die Frage: »In vielen Städten protestieren und demonstrieren Jugendliche. Finden Sie das gut?« antworteten 67% aller Befragten mit »Ja«, 58% erklärten, sie würden selbst demonstrieren.
177 Text eines vor allem in Nähe von US-Kasernen verbreiteten Plakates.
178 Wolfgang Mayer im Interview mit dem Autor, August 1993.

179 *Tagesspiegel*, 29.11.1967. In dem Bericht heißt es weiter: »Nach seiner (i.e. Dutschkes) Meinung wäre es eine ›ungeheure Hilfe‹ für den Vietcong in Vietnam, wenn auch unter den Hafenarbeitern Hilfsgruppen gebildet werden könnten. Das gelte für Bremen ebenso wie für Hamburg.«
180 R. D. im Interview mit Valerio Riva und Claudio Pozzoli im Frühjahr 1978, das Riva für seine demnächst erscheinende Feltrinelli-Biographie geführt hat. Riva und Pozzoli haben mir das Typoskript dieses Interviews freundlicherweise zur Verfügung gestellt. Hieraus geht auch der zeitliche Ablauf hervor, über den Dutschke an anderer Stelle sagt: »Wir hatten den Kontakt mit Giangiacomo Feltrinelli *vor* dem Kongreß, sonst hätte er es ja gar nicht mitgebracht, sowas bringt man ja nicht so schnell und kriegt man ja nicht so schnell. Es war vor dem Februar, es muß also im Januar gewesen sein, da wurde das schon geplant, sonst wäre ja überhaupt keine Möglichkeit gewesen für ihn, daß er es so schnell uns bringen kann.«
181 Bernd Rabehl: Am Ende der Utopie. Die politische Geschichte der Freien Universität Berlin. Berlin 1988, S. 266f. In seinem Buch schildert Rabehl auf den S. 244ff. in den Abschnitten »Die Generationsrevolte und die Rolle Dutschkes« und »Der Vietnam-Kongreß« seine zunehmende Entfremdung von seinem einst engsten Freund und Gefährten R. D.
182 Heinrich Albertz im Interview mit dem Autor, August 1980.
183 Kurt Scharf in einem Interview mit dem Autor, August 1980.
184 Bahman Nirumand, wie alle anderen Redner dokumentiert in: Der Kampf des vietnamesischen Volkes und die Globalstrategie des Imperialismus. Internationaler Vietnam-Kongreß Westberlin, Hrsg. SDS Berlin und Internationales Nachrichten- und Forschungs-Institut (INFI). Berlin 1968 (im folgenden: Vietnam-Kongreß), S. 62f.
185 Tariq Ali in: ebenda, S. 38.
186 Ein namentlich nicht genannter Vertreter der PSIUP (Italienische sozialistische Partei der proletarischen Einheit) in: ebenda, S. 105.
187 Das gesprochene Wort der Rede Dutschkes ist dokumentiert auf der Kassette: R. D.: Reden 1966-68. Stechapfel-Produktion, Berlin. Alle Reden des Vietnam-Kongresses sind vom *SFB* mitgeschnitten worden und befinden sich unter der Nummer *SFB* 900 665, Bd. I-XX im Schallarchiv.

188 Berichtet von Erich Fried in einem Interview mit dem Autor, Juli 1982.
189 R. D. im Interview mit Valerio Riva und Claudio Pozzoli, Frühjahr 1978.
190 Diese Begegnungen hat Hans Magnus Enzensberger dem Autor in einem Gespräch geschildert.
191 Lutz Dieter Mendes Schilderung findet sich in einem Artikel des *Stern*, Nr. 10, 10.3.1968.
192 Rudolf Wagners Reportage befindet sich unter Bd. Nr. 801 260 im Schallarchiv des *SFB*.
193 R. D. im Interview mit Valerio Riva und Claudio Pozzoli, Frühjahr 1978.
194 »Familienvater oder Berufsrevolutionär« beruht auf Informationen von Tilman Fichter, Bernd Rabehl und Gretchen Dutschke-Klotz.
195 So lautete der von Wilp erfundene Werbeslogan für seine Afri-Cola-Anzeigen.
196 Charles Wilp in einem Interview mit dem Autor, August 1993.
197 *Capital*, April 1968, abgedruckt in R. D.: Mein langer Marsch, a.a.O., S. 175ff. Empörung löste vor allem die folgende Passsage aus. Auf die Frage: Gibt es SDS-Gruppen oder dem SDS nahestehende Organisationen, die mit kommunistischen Mitteln finanziert werden? antwortete Dutschke: »Na ja, man spricht davon, daß der Sozialistische Bund früher aus dieser Richtung Geld bekam. Über die Höhe weiß ich nichts, und auch die SAS-Gruppe in Köln soll nach Gerüchten mit DDR-Geldern unterstützt werden. Aber das sind eben nur Gerüchte. Genaues weiß ich nicht.« – R. D. hat immer wieder betont, dieses Interview sei nicht wahrheitsgemäß wiedergegeben worden.
198 Josef L. Hromadka ist zitiert nach: Suche den Frieden. Texte der Prager Friedenskonferenz, Hrsg. M. Geiger, U. Ott, L. Fischer. Zürich 1969.
199 Gretchen Dutschke-Klotz in: R. D.: Aufrecht Gehen, a.a.O.
200 Die Darstellung von R. D.s Auftreten in Prag stützt sich auf die Angaben zweier Teilnehmer der Konferenz: Pfarrer Martin Stöhr und Pfarrer i.R. Bernhard Wiebel. Pfarrer Wiebel hat mir neben anderen Dokumenten zur CFK freundlicherweise auch einen Tonbandmitschnitt der Rede von R. D. in Prag überlassen.

201 R. D. in: Wolfgang Venohr: Porträt Rudi Dutschke, gedreht im April 1968 für *Stern-TV*.
202 Ebenda.
203 Anklageschrift gegen Josef Bachmann, a.a.O., S. 4.
204 Ebenda.
205 Ebenda, S. 5.
206 Stenografisches Protokoll der Verhandlung am 4. März 1969, a.a.O.
207 Ebenda.
208 Anklageschrift gegen Josef Bachmann, a.a.O., S. 8.
209 Allein 1961 verbreitete das »Kuratorium Unteilbares Deutschland« 21 Millionen Anstecknadeln mit einem stilisierten Brandenburger Tor und der Aufschrift »Macht das Tor auf«.
210 Stenografisches Protokoll der Verhandlung am 4. März 1969, a.a.O.
211 *Deutsche National-Zeitung*, 25. August 1965, S. 3.
212 Anklageschrift gegen Josef Bachmann, a.a.O., S. 11.
213 Ebenda, S. 12.
214 *Der Spiegel*, 22.4.1968, S. 61.
215 Ebenda, S. 62.
216 Stefan Aust in: *Konkret*, Nr.5, 1968.
217 Michael Baumann: Wie alles anfing, a.a.O., S. 38ff.
218 Fichter/Lönnendonker/Staadt, FU/V, S. 83.
219 Michael Baumann: Wie alles anfing, a.a.O., S. 38ff.
220 *Der Spiegel*, 22.4.1968, S. 62.
221 Gaston Salvatore im Interview mit dem Autor, Juli 1980.
222 Faksimile in: Briefe an R. D., Hrsg. Stefan Reisner. Frankfurt 1968.
223 Die Reportage vor dem Springer-Hochhaus ist von Hans-Werner Kock, Band Nr. 801 228 im Tonarchiv des *SFB*.
224 Hinweise auf die Rolle des Verfassungsschutz-Agenten Peter Urbach gibt es bei: Fichter/Lönnendonker, SDS, S. 127.
225 Gretchen Dutschke-Klotz im Interview mit dem Autor, März 1982.
226 Zitiert nach Archiv-Band *SFB* 900 597 vom 12.4.1968.
227 Fichter/Lönnendonker/Staadt, FU/V, S. 84.
228 Zitiert nach Archiv-Band *SFB* 900 600, Bd. 3.
229 Michael Baumann: Wie alles anfing, a.a.O., S. 42.
230 Gretchen Dutschke-Klotz im Interview mit dem Autor, März 1982.
231 Thomas Ehleiter im Interview mit dem Autor, Februar 1980.

232 Für die Überlassung dieser Aufzeichnungen und der Lesefibel mit Dutschkes Einträgen danke ich Thomas Ehleiter. Hieraus und aus dem Interview ist das gesamte Kapitel montiert.
233 Alle Briefe zitiert nach: Briefe an R. D., a.a.O.
234 R. D.: Aufrecht gehen, a.a.O., S. 97f.
235 Ausgerechnet *Bild*-Berlin meldet dies am 7.6.1968.
236 Vgl. *Tagesspiegel*, 7.6.1968, *Der Spiegel* 17.6.1968, S. 34.
237 Über den Aufenthalt in Münchenbuchsee berichtete Thomas Ehleiter.
238 Briefe an R. D., a.a.O. S. II.
239 Ebenda, S. IVf.
240 Ebenda, S. IXf.
241 Ebenda, S. III.
242 Tagebuch R. D., 21.8.1968.
243 *Tagesspiegel*, 12.7.1968.
244 *Süddeutsche Zeitung*, 10.10.1968.
245 *Die Welt*, 27.8.1968.
246 *Tagesspiegel*, 29.8.1968.
247 *Stern*, August 1968: »Rudi Dutschke spielt Krocket«.
248 Die Flucht nach Mailand schilderte Gretchen Dutschke-Klotz.
249 *Tagesspiegel*, 11.6.1968.
250 *Tagesspiegel*, 6.7.1968.
251 *Tagesspiegel*, 9.7.1968.
252 *Morgenpost*, 24.10.1968.
253 *Die Welt*, 10.7.1968.
254 Christian Semler in einem Interview mit dem Autor, Oktober 1981.
255 Gretchen Dutschke-Klotz im Interview mit dem Autor, März 1982.
256 Gaston Salvatore in einem Interview mit dem Autor, Juli 1980.
257 *Der Spiegel*, Nr. 12/1969.
258 Prof. Dr. Erhard Philipp in einem Interview mit dem Autor, Februar 1980.
259 Horst Mahler in einem Interview mit dem Autor, August 1980.
260 Wolfgang Fritz Haug: Warenästhetik, Sexualität und Herrschaft. Gesammelte Aufsätze. Frankfurt 1972, S. 167. Unter dem Titel: »Der Mordanschlag auf R. D. vor dem Hintergrund der latenten Pogromstimmung gegen die studentische

Minderheit« ist Haugs Gutachten vor Gericht in dieser Aufsatzsammlung auf S. 155-169 abgedruckt.
261 Aus: Briefe an R. D., a.a.O.
262 Die angegebene Adresse stimmte wirklich. Mit anderen Worten: Ein Jahr und einen Monat nach dem Attentat wurde Dutschke auf diese Weise ein zweites Mal zum Abschuß freigegeben. Ein zweiter Bachmann hätte sich diesmal gar nicht erst auf das Einwohnermeldeamt begeben müssen, um sein Opfer zu finden.
263 *Tagesspiegel*, 25.2.1970.
264 Horst Mahler in einem Interview mit dem Autor, August 1980. Mutmaßungen, die Schutzhelferin sei eine politische Gefangenenbetreuerin aus der rechten Szene gewesen, halte ich nach meinen Gesprächen mit Frau Dr. Seidenberg für gegenstandslos. Leider war sie jedoch nicht bereit, nähere Auskünfte über Bachmann und seine Haftzeit zu geben.
265 Erich Fried im Interview mit dem Autor, Juli 1981.
266 *BZ*, 13.3.1970.
267 Über die Zeit in London berichteten Gretchen Dutschke-Klotz und Pucki Treulieb.
268 Wichtigste Quelle zu den Absonderlichkeiten des Ausweisungsverfahrens war: B. A. Hepple: Aliens and Administrative Justice: The Dutschke Case. In: The Modern Law Review, Vol. 34, Sept. 1971, S. 501-519. Der Jurist Hepple stellte darin u.a. auch noch klar, daß es nie wieder ein vergleichbares Verfahren zu dem gegen Dutschke gegeben hat: Das Gesetz, auf Grund dessen die Ausweisungsverhandlung gegen R. D. durchgeführt wurde, wurde nämlich einige Zeit nach seinem Fall wieder abgeschafft.
269 Heinemann wörtlich: »Wer mit dem Zeigefinger allgemeiner Vorwürfe auf den oder die vermeintlichen Anstifter oder Drahtzieher zeigt, sollte daran denken, daß in der Hand mit dem ausgestreckten Zeigefinger zugleich drei andere Finger auf ihn selbst zurückweisen. Damit will ich sagen, daß wir alle uns zu fragen haben, was wir selber in der Vergangenheit dazu beigetragen haben, daß ein Antikommunismus sich bis zum Mordanschlag steigerte und daß Demonstranten sich in Gewalttaten der Verwüstung bis zur Brandstiftung verloren haben. Sowohl der Attentäter, der R. D. nach dem Leben trachtete, als auch die elftausend Studenten, die sich an den Demonstrationen vor den Zeitungshäusern beteiligten, sind

junge Menschen. Heißt das nicht, daß wir Älteren den Kontakt mit Teilen der Jugend verloren haben oder ihnen unglaubwürdig geworden sind? Heißt das nicht, daß wir Kritik ernst nehmen müssen, auch wenn sie aus der jungen Generation laut wird? (...)« In: Fichter/Lönnendonker/Staadt, FU/V, S. 295.

270 Heinrich Albertz im Interview mit dem Autor, August 1980. Weitere Informationen von Brigitte und Helmut Gollwitzer. Aus der Vielzahl der Zeitungsberichte vgl.: *Die Zeit*, 25.9.1970; *Der Spiegel*, 21.12.1970; *The Times*, 19. und 21.12.1970; *Sunday Times* 20.12.1970.

271 Nach Schilderungen in Interviews mit Vibeke Sperling, Februar 1983, und Walter Mossmann, Februar 1983.

272 John Feketis Schilderung des Bloch-Besuches findet sich in: Telos. A Quarterly Journal of Radical Thought. St. Louis, Mo., USA, 52/1982, S. 167-170.

273 Die Unterredung von R. D. mit Gustav und Hilda Heinemann schilderten Helmut und Brigitte Gollwitzer und Jürgen Treulieb.

274 Die Dissertation ist in einer gekürzten Fassung – unter dem Titel: R. D.: Versuch, Lenin auf die Füße zu stellen. Über den halbasiatischen und den westeuropäischen Weg zum Sozialismus. Lenin, Lukács und die Dritte Internationale, Berlin 1974 – bei Wagenbach erschienen. R. D. hat in seinen letzten Lebensjahren, vor allem unter dem Einfluß des ehemaligen Spanien-Kämpfers Günther Berkhan, seine ablehnende Position gegenüber der nachrevolutionären Entwicklung in Rußland noch verschärft und kennzeichnete die gesellschaftlichen Verhältnisse in der Sowjetunion mit dem Begriff »Allgemeine Staatssklaverei«. Seinen Meinungswandel beschreibt er in: R. D.: Aufrecht gehen, a.a.O., siehe besonders S. 117ff.

275 *Der Spiegel*, 19.8.1974, S. 83.

276 R. D.: Versuch, Lenin auf die Füße zu stellen, a.a.O., S. 35.

277 Zu den ersten Ausführungen R. D.s über »sozialistische Wiedervereinigung« gehört das Interview: »Es geht um das Problem der sozialistischen Wiedervereinigung«. In: *Blickpunkt*, Zeitschrift des Landesjugendrings Berlin, 6.11.1973.
Weitere Veröffentlichungen zur »Nationalen Frage«: R. D.: Die Deutschen und der Sozialismus. In: *Das Da*, Nr. 7, Juli 1977; R. D.: Wer hat Angst vor der Wiedervereinigung. In: *Das Da avanti*, Nr. 4, April 1978; R. D.: Breschnew, das

DDR-Manifest und die »deutsche Frage«. In: *Das Da avanti*, Nr. 6, Juni 1978; R. D.: Zur Nationalen Frage, in: *Das Da avanti*, Nr. 9/10, Oktober 1978.
278 *TZ München*, 15.1.1973.
279 R.D.s Rede in Bonn wurde im vollen Wortlaut veröffentlicht in: *Konkret*, Januar 1973.
280 *Der Spiegel*, Nr. 48, 1974.
281 *Konkret*, Mai 1968.
282 Horst Mahler im Interview mit dem Autor, August 1980.
283 R. D.: Mein langer Marsch, Hrsg. Gretchen Dutschke-Klotz, Helmut Gollwitzer, Jürgen Miermeister. Reinbek bei Hamburg, August 1980, S. 119.
284 Der Aufsatz: R.D.: Kritik am Terror muß klarer werden, wurde in der *Zeit*, 16.9.1977 veröffentlicht.
285 R.D.s Auftreten bei der Organisationsdebatte Ende November 1975 beschrieb Manfred Scharrer in einem Interview. Redebeiträge und Papiere, u.a. von R.D. bei dieser Veranstaltung, sind veröffentlicht in: Neuorientierung, Neuorganisierung. Zur zweiten Organisationsdebatte in der BRD, Herausgegeben vom Verlag Arndtstraße. Frankfurt/ Main 1976.
286 Walter Mossmann in einem Interview mit dem Autor, Februar 1993.
287 R.D.s Lernprozesse spiegelten sich in den Artikeln: R.D.: Atomstaat Nein Danke!. In: *Das Da*, April 1977; und R.D.: Von der APO zur Linken Liste. In: *Das Da*, November 1977.
288 R. D.: Von der APO zur Linken Liste, a.a.O.
289 Ebenda.
290 Über die Zusammenarbeit von R. D. mit der Bremer Grünen Liste berichtete Olaf Dinné dem Autor in einem Interview, Januar 1983.
291 Telefoninterview nach der Bremer Wahl im Oktober 1979, in: R.D.: Mein langer Marsch, a.a.O., S. 203f.
292 R.D.s Antworten auf die Silvesterumfrage der *Süddeutschen Zeitung* wurden am 31.12.1979 veröffentlicht.

Anmerkungen zum Nachwort

1 Jürgen Miermeister: Rudi Dutschke: Mit Selbstzeugnissen und Bilddokumenten. Reinbek bei Hamburg, Februar 1986.
2 Ebenda, S. 134, Fußnote 269.
3 Ebenda, S. 117.

4 R. D. in: Rudi Dutschke. Zu Protokoll. Fernsehinterview von Günter Gaus. Frankfurt 1968, S. 14. (Das im November 1967 aufgezeichnete Interview wurde am 3. Dezember 1967 im ARD-Fernsehen ausgestahlt.)
5 R. D. in: Rebellion der Studenten oder Die neue Opposition. Reinbek bei Hamburg 1968, S. 79.
6 Ebenda.
7 Sie lautete dann: »Ein Attentat auf den Schah *etwa* in Zusammenarbeit mit den persischen Kampforganisationen des Untergrunds war nicht denkbar. Der Tryrannenmord ist *zwar* die seit Jahrhunderten *geübte* Form des Widerstands des Volkes gegen eine unmenschliche Herrschaft einer Clique. Im Zeitalter der organisierten Repression und des koordinierten Imperialismus ist *aber* ein Attentat nur sinnvoll, wenn es zum direkten Ausgangspunkt der sozialen Revolution, des direkten militärischen Kampfes gegen das Regime wird. Da im Juni 1967 die Kampforganisationen der persischen Bauern noch nicht stark genug waren, um aus einem Attentat den Anfang der sozialrevolutionären direkten Umwälzung werden zu lassen, wäre jegliches Attentat nichts als ein in letzter Konsequenz konterrevolutionäres Unternehmen gewesen.« Die Worte *etwa* und *zwar* wurden eingefügt, das Wort *geübte* trat an Stelle von »richtige«; am Schluß der zitierten Passage wurde der Halbsatz gestrichen: *mußte jegliches Attentat von der Linken unterbleiben.*
8 R. D. in der Fernsehsendung *Monitor* vom 3. November 1967, abgedruckt in: R. D.: Mein langer Marsch, a.a.O., S. 79.
9 Wolfgang Kraushaar: Autoritärer Staat und Antiautoritäre Bewegung. Zum Organisationsreferat von Rudi Dutschke und Hans-Jürgen Krahl auf der 22. Delegiertenkonferenz des SDS in Frankfurt (September 1967). In: *1999*, Heft 3, 1987.
10 Rudi Dutschke und Hans-Jürgen Krahl: Organisationsreferat auf der 22. Delegiertenkonferenz des SDS, September 1967, abgedruckt unter dem Titel: Das Sich-Verweigern erfordert Guerilla-Mentalität. In: R. D.: Geschichte ist machbar, a.a.O., S. 94.
11 Bahman Nirumand: Mein Leben mit den Deutschen. Reinbek bei Hamburg, 1989, S. 112.
12 Dutschke und Krahl waren der Meinung, in der Bundesrepublik habe sich ein System des »Integralen Etatismus« etabliert. Der von Max Horkheimer übernommene Begriff bezeichnet

ähnlich wie Marcuses Begriff von der Eindimensionalen Gesellschaft eine monopolkapitalistische Gesellschaft ohne Opposition, in der die Beherrschten die ökonomische Gewalt verinnerlicht haben. Der Staat kann auf äußere Repression verzichten, Manipulation hat Repression ersetzt. Im Organisationsreferat folgern sie daraus: »Wenn die Struktur des Integralen Etatismus durch alle seine institutionellen Vermittlungen hindurch ein gigantisches System von Manipulationen darstellt, so stellt dieses eine neue Qualität von Leiden der Massen her, die nicht mehr aus sich heraus fähig sind, sich zu empören.« (Organisationsreferat, a.a.O., S. 89.) Hieran schließt sich die Legitimation anarchistischer Konzepte an.
13 Wolfgang Kraushaar: Autoritärer Staat ..., a.a.O., S. 87.
14 Siehe zu Dutschkes Prag-Aufenthalt S. 222ff. In dem 1998 aufgetauchten Bericht über Dutschkes Auftreten in Prag wird erwähnt, daß sich Dutschke gegen den »autoritären Charakter« der DDR ausgesprochen und sie als »letzte Bastion des Stalinismus« bezeichnet habe. Ferner heißt es: »Der SDS unterstütze eine Anerkennung der DDR, setze sich dafür in Westberlin und Westdeutschland ein und arbeite mit der SED-Westberlin zusammen. Auf der anderen Seite versuchten sie auch ›in die DDR zu gehen und mit einigen Gruppen zusammenzuarbeiten‹. Vom ›sozialistischen Standpunkt‹ seien sie sehr daran interessiert, ›linke Gruppen in der DDR zu unterstützen‹, jedoch ›nicht außerhalb der Partei und gegen die Partei‹.«
15 Zu dieser Zeit interessierte sich vor allem die West-Abteilung der SED und der zuständige ZK-Sekretär Albert Norden für Dutschke.
16 Wolfgang Kraushaar: Rudi Dutschke und die Wiedervereinigung. Zur heimlichen Dialektik von Internationalismus und Nationalismus. In: *Mittelweg* 36, Zeitschrift des Hamburger Instituts für Sozialforschung, Heft 2, 1992, S. 12-47.
17 R.S. (i.e. Rudi Dutschke): Zum Verhältnis von Organisation und Emanzipationsbewegung. In: *Oberbaumblatt*, Nr. 5, 12. Juni 1967. (Kraushaar weist schlüssig nach, daß die Datumsangabe falsch und auf 12. Juli zu korrigieren ist.)
18 Ebenda, S. 4. Leichter zu finden bei: Kraushaar: R.D. und die Wiedervereinigung, a.a.O., S. 24. Die komplett abgehobenen Visionen eines befreiten West-Berlin tauchen dann noch in einem »Gespräch über die Zukunft« auf, das Hans Magnus

Enzensberger mit Rudi Dutschke, Bernd Rabehl und Christian Semler im Oktober 1967 geführt und im August 1968 veröffentlicht hat in: *Kursbuch* 14, Hrsg. H. M. Enzensberger, Frankfurt 1968, S. 146-174.
19 Henning Eichberg: National ist revolutionär – Was Rudi Dutschkes Thesen zur »Nationalen Frage" für die Linken bedeuten. In: *Das Da avanti*, Nr. 11, November 1978, S. 16-17.
20 Arno Klönne: Vorsicht nationale Sozialisten – Antwort auf Rudi Dutschkes Thesen zur »Nationalen Frage«. In: Ebenda, S. 20ff.
21 Günther Nenning: Deutsche Einheit – NS-Nostalgie! 10 Thesen zur »Nationalen Frage«. In: Ebenda, Nr. 5, 1979.
22 Rudi Dutschke. Mit Selbstzeugnissen und Dokumenten dargestellt von Jürgen Miermeister. Rowohlts Monographien, begründet von Kurt Kusenberg, herausgegeben von Klaus Schröter, Reinbek 1986.
23 Gretchen Dutschke: Wir hatten ein barbarisches, schönes Leben. Rudi Dutschke. Eine Biographie, Köln 1996.
24 In der ursprünglichen Recherche blieb das bei einem DDR-Besuch der Familie Dutschke schriftlich aufgezeichnete Interview mit Dutschkes Sportkameraden Bernd Thesing für mich die einzige und direkteste Quelle. Thesing war bei der Schulversammlung in der Aula anwesend und gab Dutschkes Rede aus seiner Erinnerung wieder. Ich wußte – und habe diese Einlassung auch seit der Erstausgabe 1983 zitiert –, daß Dutschke im März 1968 gegenüber Wolfgang Venohr in dessen Fernsehfilm »Porträt Rudi Dutschke« und später in seinem Aufsatz »Warum ich Marxist bin« (1978) schon behauptet hatte, er habe sich in seiner Rede vor der Schulversammlung zur Wiedervereinigung bekannt und dagegen, in einer Armee zu dienen, in der möglicherweise Deutsche auf Deutsche schießen müßten. Thesings Erinnerung erschien mir aber immer besonders authentisch. Sie spiegelte, wie ich meinte, eine altersangemessene Naivität. Ich mißtraute eher Dutschkes Einlassungen, die mir zunächst vom politischen Aktivisten des Jahres 1968, dann in der summarischen Rückschau des Jahres 1978 nachträglich mit politischen Inhalten aufgeladen erschienen. Aber die neuen Dokumente, wie etwa sein Brief an den Schulleiter, bewiesen: Dutschke hatte sich korrekt erinnert, der Biograph falsch gewertet.
25 Vgl. S. 22ff.

26 *taz*, 1.10.1993.
27 Siehe Haupttext, Anmerkung 277.
28 Bernd Rabehl: Ein Volk ohne Kultur kann zu allem verleitet werden. In: *Junge Freiheit*, Nr. 52-53 vom 18.12.1998, nachzulesen auch im Internet unter der Adresse: http://www.partisan.net/sds.
29 Die eine unter Pseudonym im völlig unbekannten *Oberbaumblatt*, und die andere ein kaum mehr beachtetes Gespräch im Kursbuch, gemeinsam mit Bernd Rabehl, Christian Semler und Hans Magnus Enzensberger, siehe Anmerkungen 18 und 19 dieses Nachwortes.
30 Siehe S. 82f. des Haupttextes. Es war Bernd Rabehl, der mich in der Recherchephase des Buches auf Reinhard Strecker aufmerksam machte.

Personenregister

Abendroth, Wolfgang 178
Adenauer, Konrad 29, 55, 80–81, 83, 290, 303, 309, 329, 348
Adorno, Theodor W. 46–48, 179
Ahlers, Conrad 251
Albertz, Heinrich 102, 149, 153, 169–170, 173, 177, 191, 209–211, 244, 256, 298–299
Ali, Tariq 297
Amrehn, Franz 33, 217
Anders, Günter 47
Augstein, Rudolf 195, 291

Baader, Andreas 317, 319, 339
Bachmann, Josef Erwin 7–11, 229, 233–248, 265, 268, 272–274, 277–290, 292–294, 311, 331, 340, 344, 351, 367
Baez, Joan 166
Bahr, Egon 67
Bahro, Rudolf 310
Bakunin, Michail A. 139
Baldeney, Christopher 45, 51
Barth, P. 35
Barzel, Rainer 274
Baumann, Michael 108–110, 249–250, 257
Bebel, August 142
Beck, Erwin 145
Bedurke, Hans-Günter 24
Bergdoll, Udo 362
Berghan, Günther 373
Bergmann, Uwe 163
Besson, Waldemar 143
Biermann, Wolf 233–234, 308–310, 342
Bismarck, Otto von 310
Blanqui, Louis Auguste 139
Bloch, Ernst 64, 301–302, 313
Bloch, Karola 301–302
Böckelmann, Frank 45, 47–49, 95

Boltz, Peter 350
Borries (Polizeimeister) 193
Bosch, Juan 97
Branco, Castelo 62, 336
Brandt, geb. Bachmann, Gertrud 235–239, 293–294
Brandt, Heinz 282, 326
Brandt, Johann 237, 239, 242
Brandt, Peter 292
Brandt, Willy 33, 42, 65, 67, 80, 125, 144, 149, 167, 198, 303, 308–309
Brasch, Thomas 342
Brecht, Bertolt 58, 187
Breton, André 47
Briefs, Götz 112
Brox, Delphine 325
Brückner, Peter 178
Bry, Reinhard 25, 355–356
Buback, Siegfried 318
Bucerius, Gerd 195
Bucharin, Nikolai I. 54
Büchner, Georg 351
Bundy, McGeorge 84–86, 88, 90
Büsch, Wolfgang 191, 244
Callaghan, James 275, 295, 299
Camus, Albert 36–37
Chruschtschow, Nikita D. 57
Claessens, Dieter 185
Clements 311
Cohn-Bendit, Daniel 335
Comte, A. 35
Cotton, Jerry 109

Daalgaard, Jørgen 234
Dahrendorf, Ralf 35, 256
Damerow, Peter 115
Danelius, Gerhard 196–197
Danton, Georges Jacques 51
Debray, Regis 195
Degenhardt, Franz Josef 167

Deppe, Frank 140
Diepgen, Eberhard 52
Dinné, Olaf 325
Döpfner, Julius (Kardinal) 65
Drenkmann, Günter von 315
Dubček, Alexander 223, 225, 279
Duensing (Polizeipräsident) 191, 244
Dutschke, Alfred (Vater von R. D.) 15–17, 19–21, 29–30, 32, 73, 134, 197, 308, 333, 350, 352
Dutschke, Elsbeth (Mutter von R. D.) 15–20, 26, 29–30, 32, 73–75, 91, 100, 134, 197
Dutschke, Günter (Bruder von R. D.) 15, 18–20, 29–30, 32, 73, 197, 308, 333, 352
Dutschke, Helmut (Bruder von R. D.) 15, 18–20, 29–30, 32, 73, 197, 308, 333, 350, 352
Dutschke, Hosea Che (Sohn von R. D.) 200, 208–209, 220–221, 223, 226, 251, 263–264, 266, 276, 278, 291, 301, 350
Dutschke, Manfred (Bruder von R. D.) 15, 18–20, 29–30, 32, 73, 197, 308, 333, 352
Dutschke, Polly-Nicole (Tochter von R. D.) 291, 301, 313
Dutschke, Willi (Onkel von R. D.) 16
Dutschke-Klotz, Gretchen 59, 71, 84, 100–101, 119–121, 131–132, 135–136, 141–143, 155–156, 200, 219–221, 223, 226, 251–252, 254, 257, 262–267, 270–272, 275–278, 280, 291, 293–295, 304, 312, 315, 327–328, 335, 344, 350, 352
Duvalier François 64, 336
Dylan, Bob 166

Ebert, Friedrich 71
Ehleiter, Thomas 40, 79, 121, 258–262, 264–266, 271, 291, 351, 370

Ehret, Balthasar 320, 323
Eichberg, Henning 343
Eisermann, Gottfried 35
Ellsberg, Daniel 85
Engels, Friedrich 35, 50, 54, 107, 128
Ensslin, Gudrun 319
Enzensberger, Hans Magnus 215, 376–378
Enzensberger, Ulrich 135–136, 151, 161–162
Erhard, Ludwig 112–114, 118, 144
Erler, Fritz 111
Ernst, Werner 165
Eschenhagen, Wieland 350

Fanon, Frantz 103–105
Farah Diba 168, 171
Feketi, John 302
Feltrinelli, Giangiacomo 195, 207–209, 214–215, 268, 271–272, 281, 339, 344, 368
Ferguson, Adam 35
Fichter, Tilman 79, 83–84, 204–205, 331, 367
Filbinger, Hans 321
Fischer, Martin 211
Foot, Michael 275, 295
Franklin jr., John F. 124–125
Freiesleben, Hubertus von 38
Freud, Sigmund 35
Frey, Gerhard 351
Fried, Erich 213–214, 275, 293, 319, 350
Fried, Kathrin 276
Frings, Klaus 257
Frohner, Hans Joachim 351
Frundsberg, Georg von 351
Furth, Peter 185

Gäng, Peter 89, 204–205, 255
Galeano, Eduardo 62–63
Garner, Lord 296
Gasché, Rudolphe 45, 48, 51, 53
Gattner, Wolfgang 25

Gaus, Günter 331, 333, 336
Gebbert, Volker 161
Geiger, Theodor 35
Genscher, Hans Dietrich 329
Gente (Richter) 83
Gerstenmaier, Eugen 65
Ginsburg, Allan 109
Glaubitz, Sebald 28
Gleave (Arzt) 298
Gleitze, Alfred 145
Globke, Hans 348
Goebbels, Joseph 348
Göring, Hermann 348
Gollwitzer, Brigitte 264, 302–303, 317, 350
Gollwitzer, Helmut 177–178, 264, 277–278, 292, 298–299, 302–303, 313–314, 317, 350
Gorbatschow, Michail 345
Gore-Booth, Lord 296
Goulart, João 61–62
Gräbig (Polizeimeister) 193
Grass, Günter 113, 209, 211
Gruhl, Herbert 325
Guevara, Che 187–188, 195, 338

Haberl, Othmar Nikola 146
Habermas, Jürgen 178–181
Hackelberg 147
Hameister 136–137, 139
Hammer, Manfred 135
Haug, Wolfgang Fritz 126–128, 287, 289
Havemann, Robert 308, 310, 342
Heath, Edward 297
Hegel, Georg Wilhelm Friedrich 35
Heidegger, Martin 51
Heine, Heinrich 356
Heinemann, Gustav 290, 296, 303–304, 314
Heinemann, Hilda 303
Hemmer, Eike 119–163
Hentig, Hartmut von 178
Henze, Hans Werner 267, 270–271
Herberger, Sepp 94
Hilton, Sir Derek 296, 298

Himmler, Heinrich 348
Hitler, Adolf 16, 46, 52, 80, 91, 111, 116, 281–282, 348
Ho Chi Minh 84, 147, 170, 176, 210, 212, 282
Hobbes, Thomas 35
Hochhuth, Rolf 113
Honecker, Erich 308, 358
Horaček, Milan 325
Horkheimer, Max 46–47
Horlemann, Jürgen 89, 92, 118–120
Hosea (Prophet des Alten Testaments) 121
Hoss, Willi 313
Hromadka, Josef L. 222
Hübner, Nico 310
Hus, Jan 224

Izard 87

Jacopetti, Cualtiero 138
Jagger, Mick 106
Janossy, Franz 131, 159
Janossy, Maria 131
Jaspers, Karl 35
Jensen 301
Jesus 41–42
Johnson, Lyndon B. 33, 84–85, 88, 90, 97, 117, 149, 200
Johnson, Uwe 161
Jung, Franz 137

Kamenjew, Lew B. 93
Kanh (südvietnamesischer Präsident) 85
Kant, Immanuel 35
Katscher, Herbert 352
Kennedy, Jackie 42
Kennedy, John F. 42–43, 99
Kerouac, Jack 37, 109
Kiesinger, Kurt Georg 144, 251–252, 274
King, Martin Luther 228–229, 283
Klatzer, Leo 152–153, 156
Klett (Oberbürgermeister von Stuttgart) 44

Klönne, Arno 343
Klotz (Eltern von Gretchen Dutschke-Klotz) 120–121, 142–143, 228
Kogelfranz, Siegfried 87
Kohl, Helmut 314, 345
Kohl, Michael 355
Kohout, Pavel 166
König, René 35
König, Traugott 103
Korsch, Karl 50, 54, 131, 139, 142
Koster, Koosje 152
Kotzebue, August von 52
Krahl, Hans-Jürgen 338–340
Kraushaar, Wolfgang 338–339, 342–343, 350
Krippendorff, Eckhart 255
Krüger, Günter 265
Kuby, Clemens 251
Kuby, Erich 98–100, 174, 178
Kulessa, Bodo 24
Kunzelmann, Dieter 45, 51, 72, 95–96, 134–137, 161, 217, 256
Kurnitzky, Horst 122
Kurras, Karl-Heinz 168–169, 181, 191, 193, 243, 268
Ky, Nguyen Cao 85, 336

Langhans, Rainer 9, 163
Langnickel, Herbert 28
Lefèvre, Wolfgang 115–116, 126, 185–186, 190, 196, 204, 255
Lemmer, Ernst 125
Lenin, Wladimir Iljitsch 36, 50, 54, 56–57, 62, 73, 93–94, 107, 128, 159, 263, 291, 301, 305–307, 319
Lieber, Hans-Joachim 74–75, 116–117, 125, 146, 164, 173–174
Liebknecht, Karl 54, 70–71, 141
Links, Christoph 346
Löbe, Paul 244
Locke, John 35
London, Jack 109
Lönnendonker, Siegward 332
Löwenthal, Richard 174, 185–186
Loren, Sophia 267

Lübke, Heinrich 65, 171, 303
Lüers, Herbert 99
Lukács, Georg 50, 54, 128–132, 291, 294, 301, 361
Lumumba, Patrice 65
Luxemburg, Rosa 40–41, 50, 54, 71, 141, 145, 224, 301, 308, 326

Machovec, Milan 225
Mahler, Horst 9, 101–102, 126, 169, 211, 255, 278, 282, 287–289, 293–294, 317
Maihofer, Werner 111
Malcolm X. 143
Mandel, Ernest 156, 158–159
Mao Tse Tung 157–159, 244
Marcuse, Herbert 46–48, 54, 94, 107–110, 135, 183–185, 271, 291, 293, 331
Marinowitz (Lehrerin Gerhard-Hauptmann-Oberschule) 28
Marx, Karl 35, 37–39, 50, 54, 60, 68–69, 80, 94, 107, 121, 126–128, 139–140, 151, 221, 225, 268, 291, 301, 305–306, 319, 349, 352, 361
Maudling, Reginald 295–297
Mauz, Gerhard 286
May, Karl 109
Mayer, Wolfgang 206–207, 367
Meinhof, Ulrike 316, 319
Meins, Holger 202, 315–317
Mende, Erich 144
Mende, Lutz Dieter 216–219
Menne, Lothar 131, 133
Meschkat, Klaus 129, 181, 190, 255
Miermeister, Jürgen 335–336, 344, 350
Mill, John Stuart 35
Morat, Franz 292
Mossmann, Walter 321–322, 324
Mozart, Wolfgang Amadeus 171
Mühleisen, Manfred 313
Müller, Heinrich (»Gestapo-Müller«) 292
Müller (»Kongo-Müller«) 138
Müller, Richard 72

Müller, Wolfgang C. 362
Müntzer, Thomas 64

Nagel, Herbert 53, 95–96
Napoleon Bonaparte 281
Naumann, Hans Heinz 251
Negt, Oskar 313
Nenning, Günther 343
Neubauer, Kurt 72, 210–211, 215, 249–250, 253–254
Neuss, Wolfgang 116–117
Nevermann, Knut 211
Neye, Manfred 25
Ngo Dinh Diem 85
Nguyen Quy Anh 146–147, 164
Nirumand, Bahman 298, 338–339, 349
Norden, Albert 364–365, 376
Noske, Gustav 71, 73

O'Brian, Conor Cruise 280–281
Ohnesorg, Benno 167–169, 171–172, 177–178, 181, 183, 191, 196, 210, 243, 316, 363–364
Ohnesorg (Bennos Frau) 176
Opitz, Reinhard 114
Ortega y Gasset, José 35
Oswald, Lee Harvey 43

Pahlevi, Schah Reza 168, 171, 336–337
Paul VI. (Papst) 65
Petöfi, Sandor 121
Philipp, Erhard 286–287
Pieck, Wilhelm 236
Pietsch (Staatsanwalt) 235, 351
Platon 35
Pohle (Bundestagsabgeordneter) 165
Ponto, Jürgen 318
Pozzoli, Claudio 214, 368
Presser, Inge 131
Prill, Hans-Joachim 254
Proudhon, Pierre Joseph 139

Quiros, Salomon Espinoza 101–102

Rabehl, Bernd 36, 38, 42–43, 48, 50, 53, 62–63, 65, 67, 70–73, 79, 89, 95–98, 105, 118, 127, 135, 190, 194, 204–205, 209–211, 250, 255, 345–350, 365, 367, 377–378
Raddatz, Carl 217
Raddatz, Fritz 352
Radek, Karl 93
Raspe, Jan-Karl 317–319
Rau, Erich 364
Rawlinson, Sir Peter 297–298
Ray, James Earl 228
Rehwinkel, Edmund 165
Reich, Wilhelm 135–137
Reidemeister, Andreas 135
Reidemeister, Helga 135
Rein, Dorothea 350
Reuter, Ernst 30
Revai, J. 294
Ristock, Harry 72–73, 144–145, 256, 359
Riva, Valerio 214, 368
Rjasanov, David 142
Robespierre, Maximilien de 51
Robinson, Joan 294
Rolling Stones 106, 108, 110, 166
Rosenthal, Hans 217
Rückwardt (Kriminalobermeister) 192

Salvatore, Gaston 62, 187–188, 191, 194, 196, 204–205, 228, 251, 254, 267, 281, 350, 367
Sartre, Jean Paul 109
Scharf, Kurt 205, 209–211, 256
Scharrer, Manfred 312–313, 319
Schauer, Helmut 114
Scheel, Walter 303, 308–309
Schenk (Hauptmann der NVA) 29
Schleyer, Hanns-Martin 318
Schlotterer, Jörg 147, 163
Schlotterer, Lisbeth 163
Schlotterer, Michaela 163
Schmidt, Helmut 80, 325, 329
Schneider, Michael 335

Schöckel, Johannes (Schulleiter) 23, 25–28, 334, 353
Schreck, Rüdiger 257
Schröder, Gerhard 290
Schulz, Eberhard 163
Schulze, Arno 248, 264
Schumacher, Kurt 80–81
Schütz, Klaus 203, 211, 216, 249–250, 255–256
Schwan, Alexander 185
Schwiedrzik, Rolf Peter 191
Seeger, Pete 167
Seehuber, Dagmar 135, 161
Seeler, Uwe 94
Seidenberg, Liselotte 293–294, 372
Semler, Christian 196, 204–205, 211, 248, 255–256, 270, 273, 365, 367, 377–378
Sinowjew, Grigorij J. 93
Skrodt (Pfarrer in Luckenwalde) 22
Sloek, Professor 300
Somoza, Anastasio 338
Soraya (1. Frau von R. Pahlevi) 168
Soukup, Günter 167, 355
Springer, Axel Caesar 34, 115, 169–170, 176, 185, 191, 195, 202, 214, 220, 248, 252–256, 268, 273–274, 283–285, 287, 292, 312, 315–317, 331, 366–367
Staadt, Jochen 332, 350
Stalin, Jossif W. 54–58, 90–91, 93, 107, 159, 225–226, 282
Stammer, Otto 40
Steinhaus, Kurt 140
Stöhr, Martin 369
Strauß, Franz Josef 317, 325, 328–329
Strecker, Reinhard 82, 348, 378
Sudrow 181
Svoboda, Ludvik 223

Taubes, Jacob 185
Teufel, Fritz 72, 135, 137, 139, 161, 181, 191–193, 217, 257

Textor, Werner 193
Thadden, Adolf von 274
Thesing, Bernd 21, 27, 29, 34–36, 352, 356, 377
Tillich, Paul 121
Tischner, Helmut 35
Treulieb, Jürgen 313, 350
Treulieb, Pucki 293
Trotzki, Leo 54, 57, 93, 141, 159
Tschombé, Moise 64–67, 69–71, 79, 138, 265, 358

Ulbricht, Walter 8, 52, 99, 149, 225, 244, 279–280, 282, 292, 353, 365
Urbach, Peter 253, 257, 338

Vack, Klaus 313
Valerien, Harry 27
Venohr, Wolfgang 226–228, 356, 377
Verner, Paul 341
Völker, Wilhelm 239–240, 242

Wachau, Friedrich Wilhelm 197–199
Wagner, Rudolf 218, 352
Walden, Mathias 366–367
Weber, Max 34–35
Wedel, von (Kirchenjustitiar) 211
Wegoder, Sir Basil 297–298
Weichselberger (TU-Rektor) 203
Wernicke (Kriminalobermeister) 192
Westmoreland, William 200
Wetzel (Dekan) 174
Wiebel, Bernhard 369
Wilp, Charles 221–222, 350
Wilson, Robert 270
Wolff, Georg 305

Zahl, Peter Paul 351
Zetkin, Clara 71